ETUDE

SUR

SYMPHORIEN CHAMPIER.

SYMPHORIEN·CHAMPIER

Dessiné et gravé par J.M. Fugère   Impr. Louis Perrin, Lyon

ETUDE

Biographique & Bibliographique

SUR

SYMPHORIEN

CHAMPIER

PAR M. P. ALLUT

SUIVIE

DE DIVERS OPUSCULES FRANCOIS DE SYMPHORIEN CHAMPIER

L'ORDRE DE CHEVALERIE LE DIALOGUE DE NOBLESSE ET LES ANTIQUITES

DE LYON ET DE VIENNE.

A LYON

Chez Nicolas SCHEURING, Libraire-Editeur,

Rue Boiffac, n° 9.

MDCCCLIX

AUX

BIBLIOPHILES LYONNOIS

———

POURQUOI, dira-t-on peut-être en ouvrant ce volume, lorf-qu'on a des loifirs qu'il étoit facile, ce femble, d'employer plus utilement ailleurs, les perdre à exhumer la mémoire d'un pefant érudit, d'un pédant hériffé de grec & de latin, de l'oubli qui pèfe fur elle depuis trois fiècles? Vainement vien-droit-on nous dire que les écrits de Symphorien Champier, puifqu'il faut le nommer, excitèrent au plus haut degré l'admiration & l'enthou-

fiafme de fes contemporains : que nous importe ?
puifque ces écrits & la gloire paffagère qu'ils
valurent à leur auteur ont difparu avec lui dans
la pouffière du fépulcre.

Cette réflexion, je l'ai faite moi-même plus
d'une fois, avant de me mettre à l'œuvre, & elle
n'étoit pas, je l'avoue, de nature à m'encourager
à pourfuivre une étude littéraire qui pouvoit
n'être qu'une tâche ingrate & ftérile. En effet,
qui connoît feulement le nom de Symphorien
Champier ? Parmi les lettrés, parmi les médecins
même, combien en eft-il qui fe foient avifés de
parcourir, je ne dirai pas fes œuvres entières,
mais feulement le plus mince & le plus inof-
fenfif de fes opufcules, ou qui s'en foient jamais
préoccupés au point de vue de la philologie, de
l'hiftoire, de la philofophie ou de la fcience médicale ? Je n'en connois pas un feul. Malgré fon
immenfe bagage fcientifique & littéraire, peut-
être à caufe de ce bagage, Champier eft pour
ce fiècle comme s'il n'avoit rien écrit, comme
s'il n'avoit pas exifté. Il fut, il eft vrai, comblé
d'honneurs, faturé de louanges & d'adulation
pendant fa vie ; mais fa gloire, reftée intacte
jufqu'à fon dernier jour, ne lui a pas furvécu. Et
cependant cet homme, fi complètement ignoré,

avoit rempli l'Europe de sa renommée ; il fut proclamé par les plus doctes, les plus graves & les plus illustres personnages de son temps, le Phénix de la science, la Merveille de la nature, & cela étoit vrai, car il n'ignora rien de ce qui étoit alors du domaine de l'intelligence. La théologie, ce premier anneau de la chaîne qui rattache l'homme à son Créateur, les Saintes Ecritures, la philosophie, la dialectique, la métaphysique, la médecine, l'astrologie même & l'alchimie n'eurent pour lui ni secrets ni mystères ; les Muses ne se montrèrent pas plus avares de leurs faveurs pour lui que pour les autres rimeurs ses contemporains ; les grands écrivains de l'Antiquité, les docteurs de l'Eglise & les Saints Pères lui étoient familiers aussi bien que les langues anciennes, & s'il ne fut pas davantage, c'est que, à cette époque de rénovation, où l'ignorance & la routine livroient leurs derniers combats, il n'avoit pas encore été donné à l'homme de pénétrer plus avant dans les profondeurs de la science.

Pour être réputé savant, au xvᵉ siècle, ce n'étoit plus assez d'être cet homme d'un seul livre, si redouté des anciens, « homo unius libri; » il falloit, à l'exemple du fameux Pic de La Mi-

randole, pouvoir difcuter contre tout venant
« de omni re fcibili & de quibufdam aliis, » *comme
on difoit alors. Les difputes entre les érudits
avoient pris la place des pas d'armes & des
combats en champ clos ; elles avoient leurs main-
teneurs & leurs défendeurs. Seulement, au lieu
de rompre des lances, ce qui commençoit déjà
à n'être plus qu'une métaphore, on entaffoit
textes fur textes, glofes fur glofes, contre fon
adverfaire, &, de même que dans les tournois
le prix étoit décerné au plus vaillant & au plus
habile, dans ces combats à outrance d'un nouveau genre la victoire reftoit au plus docte &
au plus fubtil. Champier, plus que nul autre,
eut ce rare privilége de pouvoir traiter toutes
les queftions avec une égale facilité : il écrivit,
differta, controverfa fur toutes les matières,
même fur celles qui fembloient devoir être le
plus étrangères à fa profeffion, & l'on a dit
avec raifon de fes œuvres, que, fi elles étoient
réunies, elles formeroient à elles feules une
forte d'encyclopédie où l'on trouveroit de tout,
fouvent, il eft vrai, jeté au hafard, fans ordre
ni méthode, comme s'il n'avoit eu d'autre but
que de faire parade de fon vafte favoir & d'éblouir
les lecteurs par la prodigieufe univerfalité de*

son génie; mais enfin, quoi qu'il en soit, une érudition immense qui, malgré les défauts de l'auteur, & eu égard au temps où il vivoit, dut fasciner les esprits & le faire considérer comme un être surnaturel.

J'ai donc cru que je pouvois, sinon relever le piédestal sur lequel Symphorien Champier fut placé par ses contemporains, au moins restituer au savant le rang qui lui appartient légitimement dans l'histoire littéraire de la fin du xve siècle & de la première moitié du xvie, & le classer parmi les écrivains qui ont aidé le plus activement au triomphe de la Renaissance; car il combattit sans relâche les préjugés & les erreurs que l'ignorance avoit enracinés, & il propagea avec un zèle infatigable l'amour des lettres & des bonnes études. Ce n'est point, toutefois, un panégyrique que je prétends faire ici, bien moins encore une apothéose : les morts sont morts, & le flambeau de Prométhée lui-même ne rallumeroit pas les rayons d'une gloire éphémère éteinte sans retour. Je rappellerai les titres littéraires de Champier, je dirai ce qu'il a fait: on le jugera sur ses œuvres. Seulement, on ne l'oubliera pas, ce n'est pas au point de vue du xixe siècle que l'on doit se placer pour apprécier convenablement les hommes qui reçurent la miſſion d'affranchir l'Humanité & de guider ſa marche incertaine à travers les obſtacles ſans ceſſe renaiſſants qui l'obſtruoient, au XVe ſiècle. Pour être juſtes, reportons-nous par la penſée au temps où ils vécurent, examinons les difficultés qu'ils eurent à combattre & à ſurmonter, & nous ſerons forcés d'être indulgents même pour leurs erreurs, car ces erreurs ont été plus d'une fois un acheminement vers la vérité.

Que Champier ſoit perdu & oublié au milieu de l'hiſtoire générale des lettres, il faut bien y ſouſcrire. Relégué par la marche du temps & du progrès dans la foule des ouvriers qui travaillèrent à l'émancipation de l'eſprit humain, ſon nom n'eſt pas de ceux qui ſont arrivés juſqu'à nous environnés d'une glorieuſe auréole. Auſſi, s'il nous étoit étranger, j'aurois laiſſé à d'autres le ſoin de ces Recherches. Mais Champier fut notre concitoyen; l'hiſtoire littéraire de Lyon commence avec lui; il contribua puiſſamment à la fondation du premier collége ouvert dans notre ville pour l'inſtruction de la jeuneſſe; il fut élu deux fois conſeiller de la cité, & c'eſt lui encore qui, devançant ſon ſiècle, eut la ſalutaire penſée de règlementer la pratique de la médecine & de conftituer le corps médical. A défaut de titres fcientifiques, fi l'on s'obftinoit à méconnoître les fiens, les fervices rendus par lui à fon pays ne font-ils pas affez éclatants pour qu'il foit permis à un Lyonnois de difputer à l'oubli un nom autrefois illuftre & vénéré?

Gefner (1), La Croix du Maine & Du Verdier (2), Van der Linden (3), le P. Meneftrier (4), le P. de Colonia (5), Aftruc (6), Dom Calmet (7), le P. Niceron (8), Pernetti (9), l'abbé Goujet (10), Roffotto (11), Malacarne (12), Haller (13), Eloy (14), Dezeimeris (15), ont donné fur Symphorien Champier

(1) Bibliotheca univerfalis, feu Catalogus, &c. Tiguri 1545, in-fol.

(2) Bibliothèques françoifes.

(3) De Scriptis medicis libri duo. Amftelredami 1662, in-8°.

(4) Diverfes manières d'étudier l'hiftoire. — Hiftoire civile & confulaire.

(5) Hiftoire littéraire de Lyon.

(6) Mémoires pour l'hiftoire de la Faculté de médecine de Montpellier. Paris 1767, in-4°.

(7) Bibliothèque lorraine.

(8) Mémoires pour fervir à l'hiftoire des perfonnes illuftres dans

la république des lettres, t. xxxij.

(9) Lyonnois dignes de mémoire.

(10) Bibliothèque françoife.

(11) Syllabus fcriptorum Pedemontii, &c. Monteregali 1667, in-4°.

(12) Delle opere de' medici e de' cerufici, &c. Torino 1786, in-4°.

(13) Bibliotheca medicinae practicae, Bafileae 1776, in-4°.

(14) Dictionnaire hiftorique de la médecine ancienne & moderne.

(15) Dictionnaire hiftorique de la médecine, &c. Paris 1831, in-8°.

des notices plus ou moins abrégées, plus ou moins inexactes. Si quelques-uns de ces auteurs m'ont été utiles parfois pour sa bibliographie, ni les uns ni les autres ne m'ont été d'aucun secours pour écrire sa vie; car tous se sont bornés à répéter tour à tour & invariablement dans les mêmes termes ce qui avoit été dit déjà, sans recourir aux sources & sans se mettre en peine de feuilleter ses livres, pour s'assurer s'il y avoit ou non quelque chose à rectifier ou à ajouter aux lieux communs dont ils se faisoient les échos. L'abbé Goujet a copié mot à mot le P. Niceron, lequel avoit copié le P. de Colonia, & ainsi des autres. Ce n'est pas que je veuille blâmer ces écrivains estimables, ni les accuser de négligence: les documents leur manquoient, ou plutôt ils n'ont pas eu l'idée de les chercher dans les écrits de Champier. Cochard lui-même, ce diligent scrutateur des archives lyonnoises, ne nous apprend sur lui rien de plus que les autres, dans sa Notice historique & statistique du canton de St-Symphorien-le-Château, où cependant la biographie de Champier ne devoit pas être omise, puisque non seulement il naquit dans cette petite ville, mais encore il occupe le premier rang parmi ceux qui l'ont illustrée.

Les modernes ne pouvant me fournir que des ressources insuffisantes, & ne voulant pas m'en tenir à des redites fastidieuses, j'ai dû me résigner à la pénible tâche d'explorer les cinquante ou soixante volumes petits ou gros qui nous restent de Champier, dans l'espoir d'y découvrir quelques particularités, au moins quelques noms, quelques dates qui pussent me mettre sur la voie & me servir de guides dans le dénuement absolu où je me trouvois. Mais là se présentoit une autre difficulté : il n'y a pas d'édition de ses œuvres complètes, & ce qu'on a de lui est disséminé volume par volume dans les dépôts publics & dans les cabinets de quelques curieux.

J'avois espéré trouver à la bibliothèque de la Faculté de Montpellier, au moins une ample collection de ses œuvres médicales ; &, en effet, ne devoient-elles pas avoir un refuge assuré dans ce réceptacle des produits de la science hippocratique, où l'on entasse depuis des siècles tout ce qui a été écrit sur les maux qui affligent l'humanité & sur les moyens de les guérir ? Mais non : il n'y a point eu de place dans cette vaste nécropole pour celui qui ressuscita les saines doctrines au XVIe siècle, & qui remit en honneur Hippocrate & Galien dont les empiriques & les charlatans de l'école d'Averrhoès & de Mesué avoient usurpé l'autorité: je n'y ai trouvé de Champier qu'un exemplaire du Speculum Galeni, enfoui sous une poussière séculaire (1). Dans cette grave Université, qui se glorifie de compter Rabelais au nombre de ses nourrissons, & qui montra longtemps avec orgueil les lambeaux de la robe sous laquelle il prit ses degrés (2), le nom de Champier est

(1) Je serois inexact si je n'ajoutois que j'y ai vu aussi un très bel exemplaire des Chroniques de Savoye, que le Conservateur, M. le docteur Kühnholtz-Lordat, a eu la bonne fortune de trouver au prix de 3 fr. Le volume, dont la tranche est dorée & ciselée, est encore dans sa première reliure en vélin.

(2) L'immense succès du Pantagruel valut à Rabelais une célébrité qui s'étendit jusqu'à la Faculté de médecine de Montpellier, & ce fut à ce point, qu'il suffisoit, pour être rangé parmi les savants, d'avoir endossé la robe qu'il avoit portée dans ses exercices publics. Cette robe, que la tradition de l'École a fait passer longtemps pour avoir appartenu à Rabelais & que l'on montroit aux visiteurs comme une curiosité insigne, étoit une tunique en drap rouge, à manches larges, & descendant jusqu'aux talons, « tunica talaris. » Elle servoit indistinctement à tous les candidats, lors des examens pour le baccalauréat & la licence. Rabelais la porta comme ceux qui l'avoient précédé & comme d'autres l'ont portée après lui; ce n'étoit donc pas plus sa robe, que celle d'un candidat quelconque; ce qui n'a pas empêché qu'on ne lui ait donné le nom de robe de Rabelais. Cette opinion s'enracina à ce point, que les écoliers & les curieux en coupoient des lambeaux qu'ils conservoient religieusement comme des reliques précieuses. Quoi qu'il en soit de cette fameuse robe, dit Astruc, elle fut refaite en 1612 sous la régence de François Ranchin (elle avoit duré plus de quatre-vingts ans). Elle fut renouvelée pour la troisième fois en

inconnu. Et pourtant, lui aussi, il avoit étudié dans cette école célèbre, &, comme Rabelais & presque à la même époque, il y avoit reçu le bonnet doctoral. Mais Champier prit au sérieux la science médicale; Rabelais, au contraire, s'est moqué de la médecine comme il s'est moqué de tout, & ce qu'il a écrit sur cette science, s'il faut en croire Astruc, est au-dessous du médiocre. Il n'y avoit pas là de quoi consacrer sa mémoire au sein d'une docte & illustre Université; aussi, n'étoit-ce pas des reliques du médecin que les étudiants se montroient si dévots, mais de celles du chantre de la dive bouteille, & du bon vivant dont la morale large & facile étoit surtout de leur goût.

J'ai parcouru le Speculum Galeni; j'ai lu les louanges hyperboliques qui y sont prodiguées à Champier, soit en vers, soit en prose, par les plus beaux esprits de son temps; puis, méditant sur l'inanité de la gloire mondaine, j'ai replacé le volume sur son rayon poudreux,

1720, par la raison qu'elle se trouvoit réduite aux proportions d'une jaquette, à force d'avoir été tailladée par les ciseaux des écoliers. Ce qui n'empêche pas, ajoute Astruc, que bien des gens ne s'obstinent encore à croire que c'est toujours la robe de Rabelais.

où nul curieux n'ira de longtemps troubler son sommeil.

Forcé de renoncer au secours que j'avois compté trouver dans la bibliothèque de la Faculté de médecine de Montpellier, rebuté par les tribulations & les difficultés qui attendent dans les grands dépôts publics de Paris tout solliciteur inconnu & sans appui, je me voyois réduit à mes seules ressources, c'est à dire à quelques volumes des œuvres latines de Champier sur la médecine, la philosophie ou la théologie, que le hasard avoit fait tomber en mes mains, mais qui ne m'apprenoient rien sur sa vie & ne pouvoient m'être que d'une médiocre utilité pour ces recherches.

M. Yemeniz, qui reconnoît le droit de cité qu'il a si noblement acquis parmi nous, en recueillant chaque jour dans son riche cabinet tout ce qui peut honorer sa patrie adoptive, est venu à mon aide & a bien voulu me confier, avec sa libéralité accoutumée, tout ce qu'il possède de Champier. Il n'est pas besoin d'ajouter que tous ses exemplaires, rendus à leur pureté native, magnifiquement reliés par les artistes favoris des émules de notre Jean Grollier, semblent être sortis depuis peu des presses de

Guillaume Balſarin, de Jeannot de Campis, de Jacques Arnoullet ou des frères Trechſel (1).

J'ai donc pu compulſer les écrits de Maître Symphorien Champier, qu'une main amie offroit à ma curioſité. J'ai recueilli çà & là quelques renſeignements dans ſes préfaces & ſes épîtres dédicatoires, dans les lettres que les ſavants françois ou étrangers lui adreſſoient, & dans les pièces liminaires compoſées à ſa louange. A cette époque, peu de gens liſoient, & le vulgaire facile & confiant s'en rapportoit au jugement formulé d'avance par ceux qu'il tenoit pour

(1) J'ai trouvé auſſi dans l'ancien fonds de la Bibliothèque publique de Lyon un certain nombre de volumes de Champier qui m'ont été très utiles, bien que la plupart ſoient des traités de médecine ou de philoſophie. Cette collection a été conſidérablement augmentée par l'adjonction de la Bibliothèque lyonnoiſe de M. Coſte. On peut voir, dans le catalogue qui en a été fait par M. Vingtrinier, que les ouvrages de Champier y occupent une place notable; & il y en auroit bien davantage, ſi M. Coſte ne s'étoit pas trouvé, dans les ventes, en préſence d'un concurrent auſſi redoutable que M. Yemeniz. Tous ces volumes, mis à ma diſpoſition par leur Conſervateur, M. Monfalcon, avec un empreſſement que je me fais un devoir de reconnoître ici, m'ont permis de remplir bien des lacunes dans ce travail, qu'il m'eût été impoſſible de compléter ſans ce ſecours.

La Bibliothèque de l'Académie de Lyon poſſède auſſi quelques volumes de Champier, mais de peu d'importance, ſi ce n'eſt ſa traduction du Guidon de Cyrurgie de Guy de Chauliac, que je n'ai vue que là, & la Vie de Bayard. Tous m'ont été communiqués par M. le docteur Fraiſſe avec la bienveillance que l'on eſt toujours aſſuré de trouver auprès de lui.

les oracles du goût. Il en réfultoit que ces fortes
de pièces étoient confidérées comme autant de
paffeports qui affuroient la faveur publique à
un auteur & le conduifoient fans encombre à
l'immortalité. C'étoit un moyen infaillible &
commode de capter la bienveillance du lecteur;
cependant la poftérité n'a pas toujours ratifié
ces arrêts, Champier en eft la preuve. Il n'eft
plus de bon goût de fe faire louer en tête de
fes livres; mais il eft d'autres procédés pour arriver au même but, &, pas plus qu'alors, on ne
s'en fait faute aujourd'hui : il fuffit d'avoir des
amis & des compères dans les grands & petits
journaux, où la réclame & le compte-rendu rem-
placent avantageufement les pièces liminaires.

J'ai fuivi dans cette Etude la même méthode que dans un travail précédent fur la vie
& les œuvres du P. Meneftrier; mais ici, ma
tâche a été plus ardue, car j'avois à m'occuper
de matières abftraites & qui, je le confeffe,
m'étoient pour la plupart étrangères. Il a
fallu pénétrer au milieu des douteufes obfcu-
rités d'un fiècle bien éloigné de nous, où je ne
trouvois ni guide pour me diriger, ni flambeau
pour m'éclairer, ni auteurs contemporains à
confulter & à fuivre; feulement des éloges em-

phatiques, & suspects par là même qu'ils furent adressés à Champier, de son vivant; puis, après lui, plus rien: le silence se fait autour de sa tombe; pas une voix ne s'élève pour dire ce qu'il a été, &, si ce silence est troublé plus tard, après un long & injuste oubli, c'est pour le ravaler au niveau des écrivains les plus infimes. Telles sont les difficultés que j'ai rencontrées sur mon chemin. Je suis loin de me flatter de les avoir vaincues; mais je croirois mes efforts largement récompensés, si elles devenoient un titre à l'indulgence pour cette modeste Etude.

La première partie de ce livre est consacrée à la biographie de Champier; la seconde, à sa bibliographie: c'est le catalogue descriptif de ses œuvres. J'ai joint à la suite Lordre de Chevalerie, qu'il avoit composé pour le duc de Lorraine & qui fait ordinairement partie des Chroniques d'Austrasie. Ce petit traité n'a jamais été réimprimé, que je sache. Il est suivi ici d'un Petit Dialogue sur la noblesse qui n'est guère moins rare. On trouvera aussi, à la fin, un autre opuscule de Champier sur l'Antiquité de Lyon, la Rebeine de 1529 & la Hiérarchie de l'église de St-Jean, avec l'Antiquité de la ville de Vienne. Ce joli petit volume, que l'on ne rencontre qu'à grand'peine dans le cabinet de quelques amateurs privilégiés, est poussé à des prix si exagérés, lorsqu'il passe par hasard dans les ventes, que les bibliophiles me sauront gré, sans doute, de l'avoir reproduit, quelle que soit d'ailleurs sa valeur historique & littéraire.

Tout en respectant scrupuleusement le texte de Champier, je me suis permis cependant d'ajouter çà & là la ponctuation rigoureusement nécessaire pour en rendre la lecture moins pénible; de supprimer les abréviations, & de substituer le v consonne à l'u voyelle, & vice versa, ayant soin de n'altérer en rien l'orthographe du temps, sauf lorsque j'ai été contraint d'y reconnoître le caprice ou l'ignorance de l'ouvrier typographe; & encore, dans ce cas, me suis-je imposé une réserve extrême. Néanmoins, je n'ai tenu aucun compte des nombreuses annotations dont l'auteur a surchargé les marges de son livre. Ces notes, toutes en latin, n'ont aucune valeur: ce sont de simples renvois pour le nom des auteurs dont Champier cite les apophthegmes & les sentences, & où le plus souvent il se borne à indiquer en quelques mots ce qu'il a dit dans son texte.

Bien que ces curieux petits livres soient imprimés en lettres gothiques, il m'a semblé qu'il ne convenoit pas de porter l'exactitude jusqu'à imiter servilement ces caractères, qui ne sont plus, pour bien des lecteurs, que des signes hiéroglyphiques difficiles sinon impossibles à déchiffrer. Le gothique n'a plus de raison d'être, & un livre imprimé de la sorte aujourd'hui ne seroit qu'un pastiche & un anachronisme : j'ai donc préféré les beaux caractères ronds de Jehan de Tournes, qui, déjà du vivant de Champier, commençoient à prévaloir.

On trouvera dans le texte de la partie bibliographique quelques fac simile des lettres capitales ornées, des frontispices gravés & des marques des imprimeurs lyonnois des premières années du XVIᵉ siècle. Ces divers ornements sont extraits des livres publiés par Champier chez les plus habiles typographes du temps. Je n'ai pas besoin d'ajouter qu'ils ont été reproduits par M. Louis Perrin avec le soin, l'exactitude & le talent que cet habile artiste met en toutes choses, dans les plus minces détails comme dans ses travaux les plus importants.

J'ai été assez heureux pour pouvoir placer en tête de ce volume un portrait inédit de Champier, le seul que l'on ait de lui. C'est encore à

M. Yemeniz que je suis redevable de cette bonne fortune inespérée : il a voulu s'associer, par cette généreuse courtoisie, au foible hommage rendu ici à la mémoire d'un Lyonnois illustre. Ce portrait a été gravé par ses soins & à ses frais, uniquement pour cette Etude, d'après le tableau original peint sur bois qui est dans son cabinet. Vendu, il y a quelques années, par le libraire Techener qui l'avoit acheté à Sens, où Millin l'avoit signalé à son passage par cette ville (1), il a dû faire partie de la collection de Pianelli de La Valette, laquelle, lors de l'émigration de son dernier propriétaire, fut enlevée, de par la Nation, du château de Thorigny, & partagée entre les dépôts de Sens & d'Auxerre (2). On lit au revers, d'une écriture ancienne quoique postérieure au XVIe siècle : « Simphorien Champier, 1510. » Ce qui feroit croire que cette date n'a pas été mise au hasard, c'est que Champier avoit alors trente-sept ou trente-huit ans ; c'est à peu près l'âge accusé par le portrait.

---

(1) Voyage dans les départements du Midi de la France. Paris 1807-1811, 4 tomes en 5 vol. in-8°. (T. 1, p. 59.)

(2) Voyez ce que j'ai dit de cette bibliothèque dans l'Inventaire des titres recueillis par Samuel Guichenon. Lyon, Louis Perrin, 1851, in-8°.

Je regrettois de n'avoir pas fait deffiner la maifon de Symphorien Champier, avant qu'elle ne fût détruite, lors des démolitions faites par les conftructeurs de la rue Impériale, lorfque j'ai appris par hafard, au moment où l'on mettoit fous preffe la dernière feuille de ce livre, que M. André Steyert, dont le portefeuille eft fi riche en fouvenirs de notre vieux Lyon, avoit eu la bonne penfée d'en prendre une vue, avant que le marteau des entrepreneurs ne l'eût entamée. Cette maifon d'affez mince apparence, furtout depuis les modifications & les changements que le temps & les convenances des locataires avoient fucceffivement apportés dans fa façade, occupoit le milieu de la ligne de conftructions qui s'étendoit de la rue de la Gerbe à la rue Buiffon, fur la place des Cordeliers; elle étoit à peu près fur l'emplacement où fe trouve l'entrée du palais de la Bourfe, fur cette même place, & portoit le n° 24.

Le troifième étage & le toit en manfarde avoient été ajoutés après coup, & étoient du ftyle moderne. La porte & les ouvertures des fenêtres & des boutiques n'avoient rien confervé du caractère de la fin du xvᵉ fiècle; des devantures difgracieufes & les abat-jour des fe-

nêtres avoient remplacé les antiques fermetures
des boutiques & les meneaux des croisées ; il ne
restoit de vestiges de la construction primitive,
qu'aux ouvertures du premier & du deuxième
étage qui étoient évidemment anciens. Leur encadrement se composoit de moulures creuses abou-
tissant à deux petites bases de style gothique. Il
reste encore à Lyon, en dépit des démolitions qui
se succèdent si rapidement, des types assez nombreux de ce genre d'ornementation. Au-dessous
de chaque rang de fenêtres régnoit un cordon for-
mé d'une bande & d'un talon. Du reste, toutes
les sculptures qui dépassoient la surface du mur
de façade avoient été brisées & nivelées avec un
soin scrupuleux, à une époque où le gothique
étoit frappé de réprobation & de mépris. Une
petite tourelle servant de cage d'escalier & dé-
passant encore le toit malgré l'adjonction d'un
étage & des mansardes, conservoit à l'édifice un
certain cachet. Des deux maisons voisines, l'une
datoit du XVIIe siècle, l'autre étoit tout à fait
moderne. Il n'y avoit rien de curieux dans cette
maison sous le rapport de l'art ; mais c'étoit la
demeure de Symphorien Champier, celle qu'il
habitoit en 1529 & qui fut pillée de fond en
comble lors de la rebeine dont il nous a laissé

la description; il n'en reste plus aujourd'hui pierre sur pierre, depuis que ce quartier a été si magnifiquement transformé; j'ai donc cru qu'il étoit bien d'en conserver le souvenir.

Je ne veux pas mettre fin à cet avant-propos déjà trop long, peut-être, sans prévenir le lecteur bibliophile que, pour le très petit nombre des livres de Champier qu'il ne m'a pas été possible de voir & d'examiner par moi-même, j'ai suivi de préférence les catalogues donnés par Van der Linden, par Haller & par Malacarne. Ces bibliographes sont en général assez exacts, sauf quelques erreurs qui proviennent de ce que ni les uns ni les autres n'avoient pu voir tous les livres qu'ils ont cités, & que bien souvent ils ont été obligés de s'en rapporter aux notes qu'ils recueilloient sur la foi d'autrui, ce qui est presque inévitable dans ce genre de travail, quel que soit d'ailleurs le soin que l'on y apporte. Un reproche plus grave & qu'on seroit fondé à leur adresser avec plus de raison encore, c'est qu'ils ne mettent pas toujours l'exactitude rigoureusement nécessaire dans la reproduction du titre des ouvrages mentionnés par eux; que le nom de l'imprimeur y est souvent omis; qu'ils donnent sans examen & d'après des catalogues rédigés avec peu de soin, des éditions qui n'ont jamais existé; qu'ils se contentent ordinairement d'une sèche nomenclature, sans s'arrêter aux détails bibliographiques que l'on aimeroit à y trouver; & enfin, qu'il leur arrive souvent de faire des articles à part des différents traités publiés par Champier, au lieu de les indiquer sous le titre général du recueil auquel ils appartiennent. Cette méthode, on le comprend, a l'inconvénient d'égarer le lecteur dans ses recherches, & de lui faire perdre beaucoup de temps. A cela près & malgré quelques inadvertances, Van der Linden, Haller & Malacarne me paroissent être, au moins pour les livres qui traitent de la médecine, dont les deux premiers se sont occupés exclusivement, des guides assez sûrs & préférables au P. Niceron, & surtout à Dom Calmet. Il est bien entendu, cependant, que lorsque je cite après eux & sur leur seule autorité un écrit ou une date que je n'ai pas été en mesure de vérifier, je leur laisse toute la responsabilité de leurs assertions.

Il m'a semblé, cette fois encore, que l'ordre chronologique, autant qu'il m'a été possible de le suivre exactement, eu égard à un certain nombre de publications sans date, étoit le plus convenable pour un catalogue du genre de celui des œuvres de Champier.

J'avois pensé d'abord à classer à part les livres écrits en langue vulgaire, chroniques, médecine & poésie; mais, en y réfléchissant, j'ai préféré les laisser à leur date, par la raison que le lecteur seroit plus à même de juger de la facilité & de la fécondité de l'auteur dans les genres les plus divers, en le voyant publier des compositions historiques ou d'imagination, en même temps que les traités les plus graves & les plus abstraits sur des questions de théologie, de philosophie & de métaphysique; sur la doctrine & la pratique médicale des Grecs & des Arabes; sur la méthode de Galien & sur celle d'Avicenne.

J'ai donné dans la bibliographie de Champier quelques extraits de ses écrits, lorsqu'ils m'ont paru de nature à le faire mieux connoître ou à intéresser le lecteur. Ces citations seront quelquefois aussi comme les pièces justificatives de certains faits qui ont leur place dans sa biographie, & elles feront diversion aux détails minutieux & fatigants inséparables de toute étude bibliographique sérieuse & pratique; car, il faut bien le reconnoître, ces détails, goûtés par cer-

tains efprits qui favent ce qu'ils exigent de peine
& de travail opiniâtre, n'en font pas moins re-
butants pour la plupart des lecteurs, peu dif-
pofés d'ordinaire à pardonner l'ennui qu'on leur
procure. Auffi, cette fois encore, c'eft aux bibliophiles & aux philologues feuls que je m'a-
dreffe; c'eft fous leur patronage que je m'abrite.
Si quelque « curieux indifcret, » après avoir
parcouru cet avant-propos, étoit tenté de paffer
outre, il eft prévenu, & il ne pourra pas m'ac-
cufer de l'avoir pris au dépourvu; ou plutôt,
s'il n'eft pas bibliophile, qu'il referme ce livre,
il y gagnera & moi auffi.

BIOGRAPHIE

DE SYMPHORIEN CHAMPIER.

BIOGRAPHIE

DE SYMPHORIEN CHAMPIER.

ON croit affez généralement que le Moyen-Age fut, pour la Société tout entière, un long & pénible fommeil, & que, comme Epiménide, l'efprit humain fortit tout à coup d'une profonde léthargie, après douze fiècles de ténébres épaiffes, d'ignorance & de barbarie, alors que l'heure marquée pour la Renaiffance eut enfin fonné. Cette opinion, adoptée fans examen par la multitude, n'a d'autre fondement que les déclamations de la philofophie du dix-huitième fiècle, qui s'eft plu à nous repréfenter les populations gémiffant fous le joug monacal, & réduites par le clergé à l'état de la brute afin de les mieux exploiter. Au Moyen-Age, les maffes étoient plongées dans l'ignorance, cela eft vrai ; & ne le font-elles pas encore de nos jours, où cependant la lumière fe fait de toutes parts ? Mais, au milieu de cette dégradation, il y eut toujours des intelligences privilégiées qui conservèrent comme un dépôt sacré la tradition des sciences, des lettres & des arts, noble héritage du monde ancien, que les invasions des barbares n'avoient pu détruire entièrement. Et c'est au fond des cloîtres & dans les écoles cléricales que cette tradition se retrouve dès les premiers temps ; ce sont des moines & des évêques qui sont chargés par la Providence de sauver d'une destruction totale les débris de la civilisation échappés au naufrage. Ces hommes, voués par leur règle à la solitude, à la méditation & au travail, passoient leur vie à faire, d'après les manuscrits originaux, des copies des auteurs anciens & des Pères de l'Eglise, qui devoient être un jour si utiles à l'imprimerie, à composer & à transcrire des antiphonaires & des psautiers, à les orner de miniatures & de vignettes d'un fini & d'une pureté de goût que les artistes admirent encore & où ils ne dédaignent pas d'aller chercher des modèles. Au VIIIe siècle, un simple diacre de l'église d'York, Alcuin, appelé par Charlemagne, ravivoit l'amour des lettres en France, restauroit l'enseignement & créoit une école publique dans le palais même de l'empereur ; Leydrade établissoit dans l'Eglise de Lyon des écoles de plain-chant & de psalmodie, *secundum ritum Sacri Palatii ;* il fondoit des chaires, où des clercs suffisamment lettrés lisoient & expliquoient les Saints Evangiles, les livres des Prophètes, ceux de Salomon & de Job ; il ordonnoit que d'autres fussent incessamment employés à transcrire les manuscrits ; enfin il relevoit de leurs ruines les églises & les monastères, & veilloit à ce que le service divin y fût célébré convenablement. Cette impulsion, une fois donnée, ne s'arrêta pas, même aux plus mauvais jours, alors

que les calamités qui défolèrent l'Europe au Xᵉ fiècle fembloient menacer le monde d'une fin prochaine : c'eft du
fond des monaftères que font forties les plus anciennes annales de la France & les preuves de notre hiftoire. Mais bientôt
les lettres ne furent plus confinées dans les cloîtres; le clergé
féculier joignit fes efforts à ceux des moines, & ce fut déformais une lutte qui ne devoit ceffer que lorfque l'ignorance
feroit enfin diffipée.

Plus tard, on vit furgir comme par enchantement, dans
le Nord de la France furtout, les merveilles de l'art gothique, où le génie de l'homme, livré à fes infpirations, en
dehors des traditions des âges précédents, femble avoir
excédé les limites du poffible. Nos cathédrales, avec leurs
voûtes hardies, leurs élégants faifceaux de fveltes colon-
nettes, leurs clochetons & leurs flèches élancées, leurs ma-
giques fculptures où la pierre & le marbre affectent toutes
les formes, les plus gracieufes comme les plus fantaftiques;
leurs rofes radieufes, leurs verrières étincelantes d'or, de
pourpre & d'azur, tantôt couvertes de peintures myftérieufes & fymboliques, tantôt offrant à la piété des fidèles
les hiftoires de l'Ancien & du Nouveau-Teftament & la
légende naïve des Saints; les monuments funéraires de ces
temps chevalerefques, avec leurs figures armées de pied en
cap & leurs écus blafonnés; les croix & les croffes épifcopales richement cifelées; les calices, les cuftodes, couverts
des émaux les plus précieux par des artiftes dont le fecret
eft perdu; tout cela ne témoigne-t-il pas de l'activité & du
progrès du mouvement intellectuel, à ces époques reculées
qu'on appelle barbares? Et pas un fiècle ne s'écoula fans
laiffer quelques veftiges admirables de ce qu'il fut faire.

Pour les lettres & les fciences, ce fut la même ardeur infatigable que pour les arts. Les théologiens interprètent, glofent, commentent les Saintes Ecritures, & enfeignent aux hommes cette grande & belle philofophie du Chrift mort fur la croix, qui nous apprend à méprifer les biens paffagers d'un monde périffable & à tourner nos regards & nos efpérances vers le ciel; les légiftes confrontent les textes des lois anciennes, les accommodent aux mœurs & aux befoins des races nouvelles, & pofent les bafes de la jurifprudence; tout cela, vague, indécis encore, trop fouvent imprégné des formes pédantefques de la fcolaftique & du mauvais goût, mais marchant & avançant toujours. Enfuite apparoiffent les troubadours & les trouvères, pères de la poéfie françoife, qui, nouveaux Orphées, adouciffent les natures fauvages de nos pères, créent les cours d'amour & le code de la galanterie, & contribuent à replacer les femmes au rang qu'elles doivent occuper dans la Famille & dans la Société; puis viennent les chroniqueurs, dont la bonne foi naïve rachète la crédulité, & qui font, eux auffi, les pères de notre hiftoire. Bientôt l'entraînement s'étendit jufqu'au trône. Malgré les défaftres de la guerre étrangère & les calamités des difcordes civiles, Charles V réunit dans fon palais du Louvre une bibliothèque précieufe, formée par lui-même, & dans laquelle on comptoit neuf cent dix volumes, nombre confidérable pour ce temps, fi l'on n'oublie pas qu'elle n'étoit compofée que de manufcrits. A la même époque, le duc d'Anjou faifoit pour les arts ce que Charles V fon frère faifoit pour les lettres; il raffembloit, en vaiffelle d'or & d'argent ouvragée, en coupes, flacons, aiguières, hanaps émaillés & cifelés, en joyaux de toutes fortes, un tréfor qui, d'après l'inventaire dreffé par le royal poffeffeur lui-même, ne contenoit pas moins de fept cent quatre-vingt-feize articles, dont la plupart étoient des objets d'art plus précieux encore par la forme que par la matière (1). Cette inceffante activité de l'efprit humain, qui, dans fa marche patiente au milieu des ténèbres du Moyen-Age, enfanta tant de merveilles & de chofes utiles, n'eft-elle pas la preuve que, même au milieu des plus horribles cataclyfmes & dès les commencements de cette période fi méconnue & fi calomniée, il y eut toujours un foyer qui ne s'éteignit jamais entièrement & qui brilla de loin en loin des plus vives lueurs, bien qu'il reftât par intervalles comme étouffé fous la cendre des ruines immenfes qui étoient partout?

Ce mouvement intellectuel fut puiffamment fecondé vers le milieu du x vᵉ fiècle par l'émigration des Grecs, qui, forcés de fuir Conftantinople tombée au pouvoir des Turcomans en 1453, vinrent chercher un refuge en Italie & y apportèrent tous les manufcrits anciens qu'ils avoient pu fouftraire au pillage & à la deftruction. Accueillis à Rome, à Venife, à Florence avec toute la fympathie qu'infpiroit leur

---

(1) Le catalogue de la Bibliothèque du Louvre fut rédigé en 1 3 7 3 par Gilles Mallet, valet de chambre du roi, fous ce titre : Inventaire des livres du Roy noftre feigneur, eftant au chaftel du Louvre. Il a été publié par M. Van Praet (Paris 1 8 3 6, in-8ᵉ). Voyez auffi pour la Bibliothèque du Louvre, Chriftine de Pifan, Hiftoire de Charles V, liv. III, chap. XII, & la note de l'abbé Le-beuf, p. 4 5 6 de fes Differtations fur l'hiftoire eccléfiaftique & civile de Paris, tome III, & les Mémoires de l'Académie des infcriptions & belles-lettres, tome I, où M. Boivin a donné un extrait de l'inventaire de Gilles Mallet. — L'inventaire des joyaux du duc d'Anjou, dreffé de 1 3 60 à 1 3 68, a été publié par M. de Laborde, en tête de la deuxième partie de fa Notice des émaux, bijoux, &c., du Mufée du Louvre. Paris 1 8 5 3, in-8ᵉ.

grande infortune, ces exilés reconnurent la généreuse hof-
pitalité qu'ils avoient reçue, en communiquant libérale-
ment les tréfors d'érudition que Rome, dans fa chute, avoit
légués aux Grecs du Bas-Empire. Ils ouvrirent des écoles
où la jeunesse accourut en foule, & bientôt on en vit fortir
des philosophes, des grammairiens, des rhéteurs, des poètes, formés fur les grands modèles de l'Antiquité, autant
que ces natures, encore incultes, pouvoient fentir les déli-
catesses du langage des beaux génies dont on leur faifoit
connoître les chefs-d'œuvre. Le féjour en Italie de ces derniers enfants des mufes grecques redoubla les tendances vers
l'art antique qui s'étoient manifeftées déjà au XIVe fiècle,
alors que Boccace faifoit venir à grands frais, du fond de la
Grèce, des copies de l'*Iliade* & de l'*Odyffée*, & gardoit pendant trois ans, dans fa maifon, à Florence, Léonce Pilate
de Theffalonique, qu'il avoit chargé de lire & d'expliquer
Homère en public. L'engoûment pour les lettres grecques
étoit devenu fi vif en Italie, dès le commencement du XVe
fiècle, que ceux qui le pouvoient, alloient étudier à Conftantinople, fous des maîtres fameux. En 1419, François
Philelphe, entraîné par fon amour de la langue d'Ana-
créon, fut s'établir fur le mont Parnaffe, comme fi le facré
coteau eût été capable encore de lui infpirer la fureur divine
que les poètes alloient y chercher jadis, & il pouffa fi loin
le fanatifme de l'Antiquité, qu'il vécut feul pendant quelque temps au milieu des ruines d'Athènes, cherchant parmi
les cendres des anciens fages une étincelle de leur génie (1).

_____

(1) Paul Jove raconte que Philelphe fit de rapides progrès dans l'étude du grec, & qu'ayant une difpute gramma-ticale fur la valeur d'une fyllabe avec le rhéteur Timothée, celui-ci, qui por-toit une longue barbe, confentit qu'elle

Grâce à tant de travaux, de veilles & de luttes opiniâ-
tres, l'efprit humain alloit atteindre enfin le but vers lequel
il tendoit depuis fi longtemps. L'étude des bons auteurs de
l'Antiquité eut bientôt fait juftice des vaines puérilités de
l'Ecole & de fes abfurdes fubtilités; le latin barbare du
Moyen-Age relégué dans les chartes difparut à fon tour
pour faire place à la belle latinité de Cicéron; les veftiges
de la grandeur romaine épars fur le fol, jufqu'alors méprifés
ou méconnus, devinrent prefque l'objet d'un culte; enfin
le progrès gagna la France de proche en proche, & y fit
naître une noble émulation : la Renaiffance étoit un fait
accompli. Après de longs & pénibles combats corps à corps
avec l'ignorance, l'Humanité rentroit dans les voies de
la civilifation en dehors defquelles elle avoit été jetée violem-
ment par le malheur des temps; au lieu d'être abandonnée
à fes groffiers inftincts, elle avoit déformais des guides
fûrs pour éclairer fa marche & l'empêcher de s'égarer.

La Renaiffance ne fut donc pas une œuvre improvifée,
& la gloire n'en doit pas revenir tout entière au XVIᵉ fiècle, à qui elle a donné fon nom. L'homme, dans fa foibleffe, ne pouvoit pas dire, comme le Créateur de l'univers :
« Que la lumière foit faite, » ni diffiper par le feul effet de

<hr />

lui fût coupée, s'il étoit vaincu; Philelphe, de fon côté, engagea une fomme d'argent. Le juge ayant prononcé
en fa faveur, Timothée voulut payer
une fomme égale à l'enjeu de Philelphe, mais celui-ci refufa & exigea
que la barbe de Timothée fût coupée
ras le menton. Depuis lors, pour perpétuer le fouvenir de fon triomphe, il

ajouta, comme un glorieux trophée,
cette tête barbue au cimier de fes armes. On y voit une femme tenant par
la barbe la tête du pédant grec. Le
P. Meneftrier, qui raconte cette hiftoriette d'après Paul Jove, n'a pas manqué de faire graver cet écu, qui fe
trouve page 61 de l'Origine des orne-
mens des armoiries.

ſa volonté les ténèbres qui l'environnoient. Il fallut des efforts obſtinés, inceſſants, pour parvenir à reſſaiſir un rayon de la flamme céleſte qui avoit brillé d'un éclat ſi pur aux beaux ſiècles d'Athènes & de Rome, & ce ne fut qu'après bien des tâtonnements, que la vérité parvint à ſe faire jour & à ſecouer l'épais linceul ſous lequel l'ignorance & la barbarie la retenoient comme captive.

Dans les arts, qui furent les premiers à s'émanciper, pluſieurs ſiècles ſéparent les eſſais de Cimabué & de Giotto, des groſſières ébauches de leurs devanciers, &, depuis eux, plus de deux ſiècles d'études furent encore néceſſaires pour préparer l'époque où Michel-Ange & Raphaël d'Urbin devoient étonner le monde par leurs admirables compoſitions. Il en fut de même pour les lettres & les ſciences, dont le progrès fut plus lent. Les grands génies eurent leurs précurſeurs, à l'école deſquels ils ſe formèrent. Quelques noms ſeulement ont percé la nuit obſcure de ces temps reculés, à travers leſquels reſplendiſſent comme des aſtres lumineux les grandes & nobles figures de Dante & de Pétrarque ; mais, longtemps encore après eux, il ne ſortit des écoles, à de rares exceptions près, que des ouvriers laborieux & patients, qui défrichoient peu à peu le champ de la ſcience & préparoient lentement & preſque à leur inſu les baſes de la reſtauration intellectuelle & ſociale vers laquelle le monde marchoit. Dans ce champ, ſi rétréci alors, aujourd'hui ſans horizon, Dieu avoit placé de diſtance en diſtance des bornes qui ne pouvoient être dépaſſées qu'à de longs intervalles & à force de travail, chaque génération laiſſant à celle qui ſuivoit, le fruit de ſes labeurs, erreur ou vérité ; chaque année, chaque jour amenant ſon progrès, entremêlé d'échecs & de fuccès, mais conduifant toujours au but marqué par la Sageffe éternelle.

Cependant le moment approchoit où l'efprit humain, dégagé de fes entraves, alloit prendre l'effor vers des régions inconnues. Le XVe fiècle fut véritablement l'aurore de la Renaiffance, & fes derniers pas dans la carrière furent des pas de géant. L'invention de l'imprimerie & la découverte de l'Amérique devoient changer la face du monde : une ère nouvelle commença pour les lettres. Là eft la folution de continuité entre le Moyen-Age & les temps modernes. L'imprimerie rendoit impoffible toute marche rétrograde, & anéantiffoit les erreurs & les préjugés d'une époque paffée fans retour. Heureux fi des novateurs coupables ou imprudents n'avoient pas abufé, pour faire prévaloir le menfonge, des moyens que la Providence avoit donnés à l'homme pour affurer le triomphe de la vérité !

Champier occupe une place honorable parmi ceux qui concoururent avec le plus d'ardeur à cette régénération intellectuelle. Mais, des élucubrations de tous ces doctes, de leur gloire autrefois inconteftée, que refte-t-il aujourd'hui? le mépris ou l'oubli. Seulement, fi, par hafard, leur nom eft prononcé devant un de ces hòmmes voués à l'étude du paffé, & que rien ne fauroit rebuter dans leurs inveftigations, il s'incline avec refpect, & paie à la mémoire de ces glorieux pédagogues le tribut qui leur eft dû par tous les amis des lettres. En effet, ils employèrent leur vie entière à étudier, à commenter, à traduire les auteurs anciens, à corriger les textes viciés par l'ignorance des copiftes; & s'ils reftèrent engagés dans l'ornière de la routine, s'ils furent trop fouvent entachés de mauvais goût, c'eft moins à eux qu'il faut s'en prendre, qu'au temps où ils vécurent. Grâce à ces rudes intelligences, qui ont marqué fi péniblement leur trace fur ce terrain hériffé de ronces, le fol eft aujourd'hui déblayé, &, s'il n'y a plus qu'à moiffonner dans le vafte champ de la fcience, c'eft à ces pédants que nous le devons. Laiffons-leur donc au moins le mérite du pionnier dont les labeurs ont défriché & affaini les favanes jadis empeftées & ftériles à la place defquelles s'élèvent à préfent des cités populeufes, entourées de campagnes riantes & de riches moiffons.

Symphorien Champier naquit vers la fin de l'année 1471 ou au commencement de 1472 ; il nous l'apprend lui-même à la fin de la foufcription de la première partie de fon traité *De triplici Difciplina*, Lyon 1508, où il dit qu'il avoit alors trente-fix ans. Il vit le jour à St-Symphorien-le-Chaftel, gros bourg du Lyonnois, aujourd'hui St-Symphorien-fur-Coife. Son père, Claude Champier, le premier de cette famille de qui il foit fait mention, étoit un bourgeois notable de ce lieu ; fa mère, Marguerite Girard, defcendoit d'un frère de Pierre Girard, né auffi à St-Symphorien, évêque du Puy, créé cardinal du titre de St-Clément en 1390 & évêque de Tufculum. Un écrivain piémontais, qui a revendiqué Champier comme une des gloires de la Savoie, Malacarne, a prétendu qu'il étoit né à St-Saphorin, près Annecy, entre Coponay & le château de Cruzilles, quoique Champier lui-même ait dit le contraire dans plufieurs de fes livres (1). Malacarne a con-

— (1) Voyez le *Tropheum Gallorum*, & prologue de *Practica nova*, où il dit:
à la fuite du livre *De quadruplici Vita*, « Jureque hoc a nobis non cum levi.

fondu St-Symphorien-le-Chaftel avec St-Saphorin en Savoie, &, dans fa préoccupation, il a été plus loin encore :
trompé par le nom latin du Puy en Velay, *Anicium*, il a cru
que c'étoit Annecy, &, du cardinal Pierre Girard, *epifcopus anicienfis*, il a fait un évêque d'Annecy. Pour compléter
la férie de fes bévues, il fait naître auffi à Annecy Guillaume
Tardif, auteur de l'Art de faulconnerie & deduyt des chiens
de chaffe, de qui rien ne l'obligeoit à entretenir fes lecteurs.
Guillaume Tardif étoit du Puy ; mais, l'ayant vu qualifié
de *anicienfis*, en des vers latins à fa louange, inférés dans le
livre *De Situ orbis ac mundi Mirabilibus*, de C.-J. Solinus,
Malacarne n'a pas héfité à lui donner pour patrie la ville d'Annecy, dotant ainfi du même coup la Savoie, de trois célé-
brités qui lui font tout à fait étrangères. Ce cardinal Pierre
Girard avoit fondé quatre riches prébendes dans l'églife de
St-Symphorien ; les actes de ces fondations ont été reproduits par Baluze, avec les Preuves des Vies des papes qui
ont fiégé à Avignon. L'on conferve encore dans l'églife
paroiffiale de St-Symphorien, un chapeau rouge, fufpendu
à la voûte, & un portrait, que l'on donne pour ceux de ce
cardinal.

Champier fut tenu fur les fonts baptifmaux par fon
oncle Symphorien Champier, qu'il qualifie d'interprète en
l'un & l'autre droit, de chevalier profès de St-Jean-de-Jéru-
falem, & de vicaire, en France, du grand-maître de l'ordre. Il avoit de plus en commende un bénéfice appelé La

labore editum, lugdunenfis aggregatoris nomine infignire placuit, ut fic
ego, qui Lugduno antiquiffima Galliæ
urbe oriundus, ibique educatus fum,

&c. » Philefius Vogefigena dit auffi,
dans une élégie à la louange de Champier :

Sese enim tanto Lugdunum jactat alumno...

Torette, & étoit curé de Chazelles-fur-Lyon, où « il fonda
en leglife, dit fon petit-neveu Claude Champier, dans fon
Traité des faints lieux de la Gaule, une moult belle chapelle en l'honneur de faint Jean-Baptifte. » Suivant le
P. Bullioud (1), Claude Champier, père de notre Symphorien, fit hommage en 1454, au chapitre de Lyon, des biens
qu'il poffédoit à St-Symphorien; cet hommage fe trouvoit
dans le livre des actes capitulaires, fol. 303. On voit ailleurs (2) que ce même Claude prêta ferment le 7 juillet
1485, à l'archevêque & au chapitre, de bien & fidèlement
remplir les devoirs de fa charge de garde & adminiftrateur
de la Grenette; &, par un autre acte du 15 janvier 1493,
nous apprenons que, touché des prédications de Jehan
Bourgeois, confeffeur de Charles VIII & d'Anne de Bre-
tagne, Claude Champier, alors établi à Lyon, fit conftruire à la maladrerie de Balmont deux chambres pour y
héberger les ladres étrangers.

Il eft probable que Symphorien Champier reçut les premiers éléments des lettres à Lyon quoiqu'il ne nous en dife
rien. Il étudia enfuite à l'Univerfité de Paris, où Faufte An-
drelin, qu'il a cité dans le nombre de ceux defquels il reçut
les leçons, enfeignoit à cette époque. Ruftique de Plaifance
le dit expreffément dans le difcours qu'il prononça pour la
réception de Champier au collége de médecine de Pavie :
« Primum, in ampliffimo parrhifienfi ftudio, in liberalibus
artibus eft eruditus. » Il eft certain auffi qu'il étudia la médecine & prit fes degrés à l'Univerfité de Montpellier :

---

(1) *Lugdunum facroprophanum*, de St-Symphorien-le-Château, par
t. IV.   N.-F. Cochard. Lyon 1827, in-8°,
  (2) Notice hift. & ftatift. du canton   p. 136.

« Dehinc, in famatiſſimo Montis Peſulani gymnaſio, de ſa-
cratiſſima medicina edoctus, » ajoute Ruſtique de Plaiſance ;
mais on ignore en quelle année, les regiſtres des matri-
cules de la Faculté ne remontant pas au-delà de 1502. Ce
fut vraiſemblablement de 1495 à 1498, car, cette dernière
année, il devoit être à Lyon, où il faiſoit imprimer ſon
Janua Logice. Champier ne rappelle nulle part ſon ſéjour
à Montpellier ; il n'en eſt fait mention que dans la harangue de Ruſtique de Plaiſance, & dans une lettre où Jean
Lemaire de Belges le prie de recommander un de ſes amis
qui ſe rendoit en cette ville pour étudier la médecine.

Après avoir diſputé quelque temps ſur les bancs de l'é-
cole, ſuivant l'uſage à cette époque, il revint à Lyon, où
il partagea ſes loiſirs entre la pratique & l'enſeignement
de la médecine. En 1502, il étoit à Tulle en Limouſin ;
c'eſt lui-même qui nous l'apprend dans la Nef des Princes,
où il dit :

> Ce petit liure a eſté compoſé
> En la cité de Tulle limoſine
> Et le viij de feburier acheué
> Cinq cens & deux a la forme latine,
> Qui eſt cité cloſe comme une tinne
> Tout alentour de tres haultes montaignes
> Fuyant ennuy qui illecques domine
> Auprès du feu roſtiſſant des chaſtaignes.

Champier n'avoit pas été attiré dans cette ville par ſes
études, car il n'y avoit pas d'Univerſité ; moins encore, ſans
doute, par l'amour du plaiſir, puiſqu'il étoit réduit, pour
tout paſſe-temps, à faire griller des marrons au coin du feu.

Ce fut pour tromper l'ennui de ce trifte féjour, qu'il compofa la Nef des Princes & des Batailles & la Nef des Dames
vertueufes, que Sébaftien Coppin appelle «*Aquitanias vigi-
lias*, quibus Principum & Dominarum eft titulus,» parce
que le Limoufin reffortiffoit autrefois à la province de
Guyenne. Il étoit de retour, en 1503, à Lyon, où il publioit
la Nef des Dames vertueufes qui lui valut la bienveillance
du beau fexe, à ce point que les dames fe précipitoient en
foule fur fon paffage pour le voir, & qu'une gente demoifelle de Dauphiné, des plus diftinguées par fa naiffance, fa
vertu & fa beauté, dit Gonzalve Toledo, s'eftima heureufe
de lui donner fa main. Ce fut, en effet, vers cette époque,
qu'il époufa Marguerite, fille d'Yves Terrail, feigneur de
Bernin, & de Louife de Genoft. Elle étoit nièce de Théodore Terrail, abbé d'Ainay, & coufine germaine du chevalier fans peur & fans reproche, dont Champier joignit
le blafon au fien, comme on le voit dans plufieurs de fes
livres, où il s'eft fait repréfenter, ainfi que fa femme, à genoux devant l'image du martyr faint Symphorien, fon patron, avec l'écu de Champier parti de Terrail, à côté de lui.

La réputation de Champier ne tarda pas à attirer fur lui
les regards de fes concitoyens : il fut chargé, en 1504, de
prononcer l'oraifon doctorale de la St-Thomas, ce qui avoit
lieu chaque année dans l'églife de St-Nizier le jour de l'é-
lection des confeillers de ville pour l'année fuivante. C'étoit
un ufage immémorial, auffi ancien que la commune. Le
confulat & les autres corporations affiftoient en grand ap-
parat à cette folennité; l'orateur chargé de compofer & de
débiter cette harangue officielle étoit choifi parmi ceux qui
avoient déjà donné des preuves de leur mérite. Cette dif-

tinction signaloit celui qui en étoit l'objet à l'estime publique; & peut-être le choix qui tomba sur Champier, en
cette occasion, ne fut-il pas sans influence sur son avenir.
Le harangueur étoit libre de traiter le sujet qui lui convenoit. Dans les premiers temps, le discours de la St-Thomas devoit être en latin; par la suite, il fut moitié latin,
moitié françois, afin que ceux des auditeurs qui ignoroient
la langue latine, disent nos anciens historiens, pussent y
entendre quelque chose. Le premier qui en usa de la sorte
fut Jean Girinet, en 1554. Ce ne fut qu'en 1598 que le
latin fut exclus : l'oraison doctorale de cette année, prononcée par l'historiographe Pierre Matthieu, est en françois d'un bout à l'autre, & cet usage s'est maintenu jusqu'à
la fin. Il n'y eut plus en latin, dit l'abbé Pernetti, que le
texte & l'adresse aux diverses compagnies qui étoient pré-
sentes à la séance. Champier n'a pas publié sa harangue
latine, ou elle n'est pas parvenue jusqu'à nous, quoiqu'il
dise, fol. xix de la Rebellion du populaire de la ville de
Lyon, qu'il a écrit entre autres un livre « du regime de ladicte cité auecques loraison quil fist lan de grace mil cinq
cens & quatre, le iour de St-Thomas, à St-Nizier. » Je ne
trouve ce discours nulle part dans ses œuvres; peut-être
s'est-il contenté d'en donner la substance dans les deux chapitres qui précèdent la Relation de la Rebeine de 1529,
où il traite de la noblesse & ancienneté de Lyon, & de la
police d'une cité.

Les succès qu'il obtint dans la pratique & dans l'enseignement de la médecine, les livres qu'il avoit publiés &
la faveur avec laquelle ils furent accueillis, étendirent au
loin sa renommée comme praticien & comme écrivain.

Il dut quitter Lyon vers 1506 ou 1507 pour aller en Lorraine, où il profeſſa la médecine; à Metz il ſe lia d'une étroite amitié avec Hugues de Hazards, évêque de Toul à qui il donne de grands éloges dans ſa Chronologie des évêques de cette ville, à la ſuite des Chroniques d'Auſtraſie. Il ſe fit bientôt connoître d'Antoine, duc de Calabre, qui, devenu duc de Lorraine à la mort de ſon père René II, l'attacha à ſa perſonne & le nomma ſon premier médecin; Champier l'accompagna en cette qualité pendant la guerre que Louis XII, déjà maître du Milanois, faiſoit alors aux Vénitiens. « Enuiron mikareſme (1509), dit-il, Monſeigneur de Lorrayne partit de Nancy pour aller à Lyon devers le roy Loys XII, accompagné de bien cinquante gentilzhommes bien accouſtrez & arriva le ſamedy de Paſques, & le lundy de Paſques partit avec le roy pour aller en Lombardie contre les Venitiens, & paſſèrent par Grenoble & par Brianſon..... Eſtoit mondit ſeigneur de Calabre & de Lorrayne moult bien accompagné des Lorrayns, tant que tous les Milanoys demandoient qui eſtoyent ceulx-là ainſi bien accouſtrez & tous dune livrée, leur harnoys couvert de damas jaune, blanc & bleu (1). »

Juſque-là rien n'étoit venu troubler pour Champier l'uniformité d'une vie entièrement conſacrée à l'étude, une autre exiſtence alloit commencer pour lui. En échangeant le ſilence de ſon cabinet contre le tumulte des camps & les périls de la guerre, la robe & le bonnet du docteur contre le corſelet & le heaume, la plume contre l'épée, il dut regretter plus d'une fois ſes livres & ſes habitudes paiſibles,

(1) Croniques d'Auſtraſie.

car il avoit environ trente-sept ans, & c'étoit entrer un peu tard dans une carrière bien différente de celle qu'il avoit suivie jusqu'alors. Néanmoins cette transformation du docteur en homme d'armes ne l'étonna nullement, à ce qu'il paroît, car pour son début il se trouva avec l'armée françoise à la bataille d'Agnadel, où il se signala & mérita l'estime de son maître. La campagne finie, il rentra en France avec le duc Antoine & le suivit à Nancy. Ce fut vers ce temps que, pour lui complaire, il composa le Recueil ou Croniques des histoires des royaulmes d'Austrasie, qui s'arrêtent peu après le retour du duc dans ses Etats, c'est à dire au commencement de l'année 1510. Champier n'a pas manqué de donner à la maison de Lorraine une origine fabuleuse, & il termine son livre, qu'il a écrit moitié en françois moitié en latin, par un éloge pompeux du duc Antoine. Il dit de lui que jamais prince n'aima plus pas-sionnément les lettres ; qu'il recherchoit en tous lieux les savants, & ne négligeoit jamais les occasions de leur témoi-gner l'estime qu'il faisoit d'eux & de leur savoir, en les ai-dant de sa bourse & les comblant de bienfaits (1).

Champier fixa sa demeure à Nancy, & le 24 janvier 1515 il se trouvoit avec le duc Antoine à Reims, au sacre de François Ier. De là il repassa les Alpes & gagna ses épe-rons à la bataille de Marignan, où le vieux renom des ban-des helvétiques, réputées jusqu'alors invincibles, vint se

---

(1) Parmi les gens de lettres que le duc Antoine avoit attirés à sa cour, étoit le poète Pierre Gringore, auteur d'un grand nombre de poésies, moralités, farces & soties, d'où lui vint le sobri-quet de Mère-Sotte. Devenu plus tard héraut d'armes du duc de Lorraine, il prit le surnom de Vaudemont & le joi-gnit à son nom propre, qu'il a écrit quelquefois Gringoire. (Voyez le P. Niceron, tome XXXIV, & l'abbé Gou-jet, tome XI.)

briſer contre l'intrépidité de la gendarmerie françoiſe. Nouvel Ariſtote auprès d'un nouvel Alexandre, « veluti Ariſto-teles cum Alexandro, » dit encore Ruſtique de Plaiſance, bien que ſes fonctions ne l'obligeaſſent pas à affronter les longues pertuiſanes des Suiſſes, il donna de nouvelles marques de ſa vaillance : il ſuivit ſon ſeigneur au plus fort de la mêlée, & ſe montra auſſi expert au fait des armes que les ſoldats blanchis ſous le harnois (1). Le duc de Lor-

---

(1) Champier raconte comment à la bataille de Marignan, où il ne quitta pas les côtés du duc de Lorraine tant qu'elle dura, les Suiſſes, pendant qu'on parlementoit avec eux, eſſayèrent de ſurprendre les François dans leur camp, & comment ils furent repouſſés par Bayard : « Le guet de lauant garde, laquelle menoit le ſeigneur Charles de Bourbon, entendit le bruyt des Suiſſes : ſi crya alarme, & vint alarme de main a main iuſques au roy qui eſtoit ſur la fin de ſon ſoupper, lequel ſouddainement monta a cheual. Monſieur le duc de Lorraine, lequel ſe vouloit bouter a table pour ſoupper, entendit le cry & alarme, ſi monta a cheual ſans ſoupper & nous auſſi après luy, car il neſtoit plus temps de ſoupper & falloit penſer ailleurs. Or fut toute larmée en armes & fut la bataille moult fiere iuſques a la nuyt : la on ne ſauoit leſquelz auoyent du pire. Si vint le roy a la bataille ou ſe monſtra prince hardy & cheualeureux. Monſeigneur de Lorraine entra dedans la bataille, ſi combatit moult vertueuſement & luy fut tué ſon cheual deſſoubz luy. Mais le capitaine de la garde, Jacob de Germini, inconti-

nent fut pres, ſi luy en bailla ung autre, & monta deſſus incontinent ledit ſeigneur. Quant fut a cheual un auanturier ſi le congneut & ſi luy dit : Monſeigneur de Lorraine, courage, tout eſt a nous. Et en diſant ce mot voulut frapper Monſeigneur de Lorraine. Et ce voyant le coup, ledit Jacob de Germini luy bailla par derriere un coup de lance, ſi le getta mort par terre. Le ſeigneur de Bayard, lequel eſtoit lieutenant de Monſeigneur de Lorraine, voyant ledit ſeigneur dans la preſſe au meilleu des Suyſſes en moult grand dangier, marcha vers luy, criant a haulte voix : Suyſſes traiſtres & villains mauldits, retournez manger du fromaige en vos montaignes ſi pouez, mais ie vous prometz que a ceſte heure naurez loyſir. Cryez mercy a ceſte heure a Dieu de voſtre trahyſon, car demain ne ſera temps & en enfer ny a aucune remiſſion ni repentance. Alors frappa ſur Suyſſes a tort & a trauers, a dextre & a feneſtre, deuant & puis derriere, & ſembloit que ſon cheual fut celluy qui ſeruoit par enchanterie a Clamades ou a Pacolet, ou bien quil vollaſt en lair au throſne Dedalus. Si fyt tant par

raine, témoin de ſes proueſſes, voulut, en récompenſe, l'armer lui-même chevalier; il lui donna l'accolade & lui chauſſa
les éperons dorés ſur le champ de bataille. Décoré d'une
dignité qui ſurpaſſoit toutes les autres en ce temps-là & le
mettoit preſque ſur le pied de l'égalité avec les plus grands
perſonnages, puiſque François Ier ne crut pas déroger à la
majeſté royale en recevant l'ordre de chevalerie des mains
de Bayard (1), Champier vit ainſi ſe réaliſer les rêves bril-
lants de ſa jeuneſſe ; il oublia dès lors ſon extraction modeſte & roturière & ne s'occupa plus que de ſe créer des
aïeux. A dater de ce jour, le bourgeois de St-Symphorien-
le-Chaſtel eut la prétention d'être gentilhomme de nom &
d'armes, &, par une foibleſſe peu digne d'un grand eſprit,

ſa hardieſſe quil ny auoit Suyſſe qui
loſaſt aborder, mais tous le ſuyoient
comme ſil euſt eſté ung autre Ciron
centaure ou Hercules de Lybie. Et tant
fit par ſa proueſſe, que celle bande
de Suyſſes delaiſſerent les Lorrains &
Francoys qui ſuiuoyent monſeigneur
de Lorraine & Bayard (*). »

(*) Les Gestes ensemble la Vie du preux cheualier Bayard.; livre III, chap. 2.

(1) Voici comment Champier, dans
la Vie de Bayard, parle de l'honneur
que le roi voulut faire au Bon-Cheva-
lier : « Le roi Francois Ier voulut auſſi faire des chevaliers, mais nayant pas reçu
lordre de chevalerie & nul ne pouuant
faire un chevalier ſil ne leſt lui-même,
il fit appeler Bayard & lui dit qu'il vouloit être armé par lui. » Bayard s'excu-
ſant ſur ce que le roi de France, fils aîné
de l'Egliſe, étoit chevalier-né : « Si, diſt
le roy, Bayard deſpeſchez-vous, il ne
fault ici aleguer ne loix ne canons,

ſoient daſſier, cuiure ou de fer. Faictes
mon vouloir & commandement... Certes, reſpondit Bayard, ſi ce neſt aſſez
dune fois, puiſquil vous plaiſt, ie le feray
ſans nombre..... Alors print ſon eſpée
& dit : Sire, autant vaille que ſi eſtoit
Roland ou Oliuier, Godefroy ou Bau-
doin ſon frere certes vous eſtes le premier prince que oncques fiſt cheualier.
Dieu veuille que en guerre ne prennez
la ſuyte. Et puis apres par maniere de
ieu ſi cria haultement, leſpée en la main
dextre : Tu es bien heureuſe dauoir
auiourdhuy a ung ſi beau & puiſſant
roy donné lordre de cheualerie. Certes, ma bonne eſpée, vous ſerez moult
bien comme reliques gardée & ſur toutes autres honorée, & ne vous porteray
iamais ſi ce neſt contre Turcs, Sarrazins ou Mores. Et puis fiſt deux faulx,
& apres remiſt au ſourreau ſon eſpée. »
(Livre III, chap. 3.)

il préféra l'honneur imaginaire d'une longue fuite d'ancé-
tres qui n'étoient pas les fiens, à la gloire d'être le premier
de fon nom, & de léguer à fa poftérité la double noblefe
des armes & des lettres, qu'il avoit fi bien méritée par fa
valeur & par fon favoir.

Cependant un autre triomphe l'attendoit à Pavie, où il
étoit allé fe repofer des fatigues de la guerre. Les docteurs
de cette célèbre univerfité, remplis d'admiration pour fa
fcience, réfolurent de l'agréger à leur collége, bien que leurs
ftatuts s'oppofaffent formellement à ce qu'un femblable
honneur fût décerné à un étranger. Voici en quels termes
Champier rend compte de cette bonne fortune, au chap. ɪ v
des Luneces des Cyrurgiens :

« Quand le roy tres creftien Francoys a prefent roy de
france heut la victoire contre les helvetiens dits foyces a
prefent, que fut au champ de fainct Dom pres millan, la
ou ledict roy voulut eftre faict cheualier par les mains de
tres vaillant & preux aultre Hector francois, le feigneur
de Baiard, allobroge dalphinoys, auquel champ monfeigneur le duc de lorrayne, lieutenant du roy, en la bataille
de fon propre mouuement me donnaft lordre de cheualerie
a moy indigne, du champ fainct Dom alamès a pauie, la
ou le roy demoura un moys ou enuiron. Alors meffieurs
les docteurs, de leur franc vouloir & amour qu'ils eurent en
moy, me aggregarent en leur colliege & donnerent priuilege comme fi ieuffe efté natif de pauie, laquelle chofe
nauoient faict parauant iamais de aggreger auec eulx un
eftrangier & faire docteur aggregue & regent. »

A la fuite du *Duellum epiftolare* fe trouve la harangue
prononcée en cette occafion par Ruftique de Plaifance,

l'un des membres de cette docte corporation. Cette pièce d'éloquence burlesque rappelle involontairement le discours de réception du médecin dans l'intermède de la comédie du Malade imaginaire, & l'on pourroit croire que Molière l'avoit eue sous les yeux lorsqu'il se divertit à composer cette bouffonnerie. Voici quelques passages du discours de Rustique de Plaisance; ils donneront une idée du mauvais goût & de l'emphase ridicule qui dominoient à cette époque, dans ces solennités universitaires.

« Oratiuncula ex tempore habita a Rustico Placentino pro celebratissimo doctore & aurato equite bene merito domino Symphoriano Camperio in introitu venerandi collegii artistarum & medicorum Papensium.

« Gaudete patres optimi & iterum atque iterum gaudete & exultate, quia nomina vestra in toto orbe sunt conscripta. Gaudete primo & exultate quod post pene infinitos timores ac tremores qui multis jam annis evenerunt & nobis vincula mortis contexerunt, advenerit invictissimus & christianissimus Franciscus Francorum Rex & Dux noster qui ab oculis nostris omnem lachrimam absterget, ita ut amplius non erit neque luctus neque clamor nec ullus dolor quum priora transierint. Non esuriemus amplius neque sitiemus justitiam quae in patria nostra supreme observabitur : neque cadet super nos sol neque estus aliquorum qui nos possint opprimere quum priora transierint : & nova fient omnia. Gaudete secundo & exultate quod ad nos venerit Symphorianus Camperius vir inter doctos doctissimus, inter doctissimos excellentissimus, inter excellentissimos eminentissimus, qui & patria & genere

nobilis, virtute nobilior, fcientia & doctrina eft nobiliffimus. Nobilis eft Symphorianus nofter origine delphinen-
fis, nativitate lugdunenfis, genere Camperius. ».

Ruftique rappelle enfuite en termes non moins adula-
teurs la prétendue parenté de Champier avec les Cam-
pegj de Bologne & les Campefi de Pavie, & il ajoute :

« Nobilior eft Symphorianus virtute, qui primum in
ampliffimo parrhifienfi ftudio in liberalibus artibus eft
eruditus, dehinc in famatiffimo Montis Pefulani gymnafio
in facratiffima medicina edoctus, poftea Lugduni in praxi
fcientifice exercitatus, ab illuftriffimo Calabrum & Lotharingorum Duce, in fidiffimum ac primarium ejus medicum
eft electus. Hic, in expeditione contra Venetos a Ludovico chriftianiffimo Gallorum Rege & Mediolani Duce
ductus, in maxima apud omnes habitus eft veneratione.
Is, poft feptem annos, cum prefato Calabrum ac Lotharingorum Principe, in expeditione contra Helvetios, Alpes
tranfiit, & cum ipfo, veluti Ariftoteles cum Alexandro,
talem fe geffit, ut ab ipfo eques auratus jure merito fuerit
creatus. Nobiliffimus eft Symphorianus nofter fcientia
atque doctrina, qui tot jam compofuit libros in utraque
dialectices parte, in omni philofophie genere, in omnes
medicine partes, ut in brevi fpacio non potuerint eorum
nomina memorie mandari, quos apud calchographos
magna ex parte impreffos videre poteftis. Gaudete tertio
& exultate, &c. »

Il vante la bonne mine de Champier, « eleganti corporis forma decorus, » & il termine ainfi :

« Dignum igitur & juftum eft, ut hic vir toto orbe fa-
matiffimus in venerandum hoc noftrum acceptetur Col-

legium & huic digniſſimo ordini noſtro aggregetur, & uti frater & pater noſter reputetur. Surge igitur, doctor celeberrimè, & a ſpectatiſſimo Collegii noſtri Priore deſtinatum, quo dignus es, locum accipe. »

Lorſque Ruſtique eut fini de parler, Champier ſe leva, & le Prieur du Collége, prenant la parole à ſon tour, lui dit :

« Veni gemma fulgida, margarita precioſa cujus uxor eſt Margarita ſpecioſa (la femme de Champier s'appeloit Marguerite). Veni frater & pater noſter, & ſupremum in Collegio noſtro digneris accipere locum tanto viro convenientem : tibi enim plus debemus quam tu pro innata humanitate tua nobis debere credidiſti. Sis felix, fiſque hujus tui Collegii doctorumque omnium memor qui tui nunquam obliviſcentur. »

Le procès-verbal de la réception de Champier fut fait par Jean-Marie de Lege, notaire apoſtolique & impérial, le 9 octobre 1515, jour où l'Egliſe célébroit la fête des SS. Denis, Eleuthère & Ruſtique. A la ſuite de ce procès-verbal eſt la liſte de dix-ſept ouvrages de médecine, publiés juſqu'à ce jour par Champier. C'eſt un catalogue par-devant notaire.

Champier voulut profiter de la faveur inſigne dont il avoit été l'objet, pour obtenir de ſes collègues de Pavie qu'ils reçuſſent docteur en chirurgie le barbier du duc de Guiſe. Il raconte lui-même dans le petit livre déjà cité (1) l'expédient ingénieux auquel il eut recours pour arriver à ſes fins, le barbier ne ſachant parler que picard & pas un mot de latin. Voici ſon récit :

« Alors monſeigneur de Guiſe, frere de monſeigneur

_____
(1) Les Luneſtes des Cyrurgiens, &c.

de Loraine, auoit un cyrurgien picard, maiſtre Hyppolite
Daultreppe nommé, lequel me priaſt prier le Colliege le
paſſer do<ſteur en cyrurgie, laquelle choſe ie fays & en
priay tous Meſſieurs. Les docteurs aſſignairent heure apres
midy a Sainct Thomas la ou communement paſſent les
docteurs en cyrurgie, pour ce que les docteurs en medecine on les paſſe « in aula Palatii in funeraolo, » & furent
aggregues vingt & deux docteurs. Alors ie feis une oraiſon
deuant tout le Colliege, narratiue. Comme la couſtume
de France & ſpeciallement de luniuerſité de Montpellier
eſtoyt de lire cyrurgie en langue gallicane & francoyſe
pour ce que communement ne ſont pas latins, & leur lict
un des plus ſcauants docteurs de luniuerſité & deſpuis x x v
ans leur a lict ung ſcauant docteur Griffius (1), chancelier de luniuerſité, & apres luy ung nommé Falco (2), tres
que ſcauant & renommé en France, & deſpuis ung dict
Dyoniſius (3) auſſy bien ſcauant docteur, & que ledict
Hyppolite Autreppe a ouy touſiours les deux premiers en
langue francoyſe, a celle cauſe les vouloys bien prier le faire
interroguer en francoys. Alors ſe leuaſt un tres que ſcauant
& docte docteur nommé Mattheus de Curte, lequel a ceſte
heure a la premiere cheere en medecine a Padoe, & dict :
Meſſire Campeſe, nous eſmerueillons tous Meſſieurs de
ceſte uniuerſité de ce que nous auez faict aſſembler icy en
ſi gros nombre, & puis nous preſentez ung homme du
touſt ſans lectre, quil ne ſcait ny entend latin & ſemble que
vous vous mocquez ou iouez des docteurs, leſqueux vous

(1) Gilbert Griffit ou Griphy, né à　verſité, né à Sariñana en Aragon.
Vabres en Rouergue.　　　　　　　　(3) Denys Fontanon, chancelier, né
　(2) Jean Falcon, doyen de l'Uni-　à Montpellier.

ont faict gros honneur & donné priuilege que ne fuſt oncque faict en ceſte uniuerſité. Alors moy bien doulant &
deſplaiſant de tel reprouche, luy reſpondis en latin, car en
francoys ne me euſt pas bien entendu : Monſieur mon frere
& collegue, ie ne vous veulx demander que une petite queftion, & me auoir reſpondu, feray tres que content de vous,
& eſt telle : ie boute le cas que Galien & Auicenne & Iſaac
iſraeliticque, ou bien Galapt de Balda, fuſſent de preſent
en vie, & Galien pour le bruict & excellence de voſtre uniuerſité vint a Pauie pour prendre la laurée couronne ou
bien degré de docteur, & Auicenne vint auec luy de Arabie, & Iſaac de Paleſtine ou Iudée, & Galapt de Meſopo-
tamie, ie vous demande ſi Meſſieurs de luniuerſité les paſ-
feroyent docteurs & deburoyent auoir la laurée couronne
ou doctoralle. Alors reſpondit Curſius que ouy & que tels
perſonnages neſtoyent a refufer.

« Alors ie repliquay Galien eſtoyt grec & aſiatique nap-
print oncque la langue latine. Auicenne eſtoyt arabe & ne
lentendoit pas. Iſaac eſtoyt iſraeliticque fils adoptif du roy
de Arabie nommé Salomon, & Galapt eſtoyt de Meſopo-
tamie ou Perſe, & tous eſtoyent ignares & ignorans la langue latine mais ils eſtoyent tres ſcauans medecins. La langue n'eſt pas cauſe de la doctrine car en tous langaiges ſe
peult ſcience acquerre & apprendre, & par raiſon ſembla-
ble cettuy Hyppolite Daultreppe eſt francoys picards lef-
queulx communement ſont ſcauans, dont ſont a preſent
Iacobus Faber & Carolus Bouilus par leurs liures renommés
& famés. Se Hyppolite a eſtudié pluſieurs ans en luniuerſité de Montpellier ſoubs tres ſcauans docteurs & a practi-
qué en cyrurgie bien xx ans ou plus en pluſieurs prouinces

& eſt tres ſcavant & expert en cyrurgie & cyrurgien de
prince, ſy doncques Auicenne arabe venoit à vous auec ſa
langue barbare & arabique, ſeriez conſtrainctz ſy le vou-
liez interroguer que ce fuſt par truchement & interpreteur.
Or boutez le cas que Hyppolite ſoit Auicenne, interrogez
le en cirurgie tant practique que theorique & ſy ne ſcait a
vous aultres Meſſieurs reſpondre en vraye cyrurgie, repellez
le, ne le paſſez docteur, mais le renvoyez apprendre ſa cyrurgie ou bien en latin ou aultres langues. Alors ſe leua
Franciſcus de Bobio lequel auoyt la première cheere en medecine & quatre cens ducatz de gaige & dit en latin : Seigneur Campeſe ſil eſt ainſy comme vous lauez dict quil
ſcauamment reſponde a Meſſieurs, nous ſommes contens
le paſſer docteur & que ſoyez interpreteur des deux parties
& truchement. Alors ie me lieue & remerciay tous Meſſieurs de leur bon vouloir & ſi feis une oraiſon en louange
de cyrurgie, & puis ie dis à Hyppolite : Leue toy Hyppolite
& remercie Meſſieurs de leur bon vouloir & toy prepare
a bien te deffendre, car oncques Hector ne ſe deffendiſt
mieux de Achilles ne le noble Baiard a Naples, de Alonce
eſpagnol(1), quil te faut a ceſte heure deffendre, car ceulx
nauoyent a ſoi deffendre corporellement que dung homme,
mais ceſte fois te fault deffendre ſpirituellement & par
ſcience acquiſe, de plus de vingt Achilles. Alors commença
Ruſticus un de mes ſinguliers amys argüer contre Hyppolite tres que ſubtilement. Ie interpretay audict Hyppolite
largüement auquel il reſpondit tres bien la ou tous les docteurs ſe eſmerueillerent. Il replicque, Hyppolite reſpond

___

(1) Alonſo de Solomayor.

encore mieulx, dont Antonius Rufticus fuft tres content.
Apres difputaft Francifcus Bobius tres fubtillement & tres
philofophallement que medecinellement dont Hyppolite
fuft pour le commencement rauy, mais moy comme inter-
pretateur luy declaray largüement auquel il refpondit tres
que bien. Mais Francifcus de Bobio qui nentendoit pas la
refponfe francoyfe de Hyppolite dift haultement : Il neft
poffible feigneur Campefe quil aye faicte la refponfe telle
a mon argüement comme le me donnez a entendre, car
homme qui nentend latin & oncques ne ouyt philofophie
ne peult faire ny donner telle refponfe. »

A quoi Champier ne manque pas d'avoir une réponfe
toute prête, & il oppofe à François de Bobio l'exemple des
Druides gaulois, qui ne favoient pas le latin & qui cependant parloient difertement fur toutes les matières. Le docte
aréopage demeura convaincu par les bonnes raifons de
Champier, &, ne doutant plus du favoir du récipiendaire,
il lui fit expédier le brevet de docteur en chirurgie avec
toutes les formalités requifes. Un des juges fe leva & s'a-
dreffant à Champier : « Tu dois aimer cette uniuerfité,
Campefe, lui dit-il, car elle a faict pour toi deux chofes
quelle na faictes pour nul autre : elle ta agregé, toi francois & etranger, au College de medecine de Pavie, comme
fi tu etois né a Pavie, tandis que Bobio & Rufticus ne furent
agregés quen qualité de *forenfes & extranei*. De plus, elle
ta accordé de receuoir docteur en cyrurgie un qui nentend
ni ne parle le latin, chofe qui ne fut oncques vue en cette
uniuerfité fameufe. » Champier répondit par des remer-
cîments, & la féance fut levée. Il refta encore cinq femai-
nes à Pavie après le départ du roi, pour foigner & panfer

le feigneur de Hemières, gentilhomme picard, des blef-
fures qu'il avoit reçues à la bataille de Marignan, puis il
repaffa les Alpes & rentra en France. Revint-il à Lyon, ou
fe rendit-il à Nancy auprès d'Antoine de Lorraine? je ne
trouve aucun document qui nous puiffe fixer fur ce point;
cependant je vois plufieurs traités de lui, imprimés à Lyon
en 1516, d'où il feroit permis de conclure qu'il étoit cette
année-là dans cette ville. Il y étoit très certainement à la
fin de 1519, puifqu'il fut élu conful pour l'année fuivante,
& il eft même vraifemblable qu'il s'y fixa, car on le retrouve en 1527, s'occupant activement de la fondation
du collége de la Très-Sainte-Trinité & de l'agrégation
du corps médical.

Champier, à qui fes préoccupations généalogiques ne
faifoient pas oublier le foin de fa fortune, voyant fon patrimoine augmenté foit par la pratique de la médecine,
foit par les libéralités de fon maître le duc de Lorraine,
penfa qu'il lui convenoit de joindre à fa qualité de chevalier celle de feigneur terrien; il acheta la feigneurie de La
Faverge, en Bugey, & en prit le nom, qu'il a ajouté au
fien en tête de plufieurs de fes ouvrages. Il y avoit eu en
Dauphiné, près du Pont-de-Beauvoifin, une noble & ancienne maifon de Champier, éteinte vers la fin du XVᵉ fiècle; de cette maifon étoit le fameux capitaine François
Champier, qui fit le voyage de Naples avec Charles VIII,
commanda le château de Gaëte, & mourut en mer avec
Pierre Champier, fon frère, & cinq cents hommes qu'il
ramenoit en France après la mort de ce prince (1).

(1) Voyez ce que Champier raconte   la Vie de Bayard.
de ce capitaine Champier, à la fin de

Symphorien penfa qu'il n'avoit rien de mieux à faire que de fe fubftituer au nom & aux armes de ces Champier, ce qui ne lui fut pas difficile, perfonne n'étant plus là pour s'y oppofer. Le dernier rejeton de cette maifon, Scipion de Champier, feigneur de St-Hilaire, capitaine de cent gentilshommes de la maifon du roi, étoit mort fans enfants de Catherine de Bruges, dame de la Gruthufe, veuve de Louis de Montrevel, comte de St-Amour, & le nom de Champier s'étoit éteint dans une branche des Alleman par le mariage de la fœur unique de Scipion avec Gafpard Alleman, feigneur de Montmartin. Symphorien Champier releva donc la bannière de fes homonymes, & pour juftifier ce que l'opinion publique auroit pu trouver d'irrégulier dans cette ufurpation, il eut foin de dire, d'écrire & de faire répéter par des amis complaifants, qu'un de fes ancêtres, Chriftophe Champier, avoit quitté autrefois le Dauphiné, berceau de fa famille, & étoit venu s'établir en Lyonnois. L'identité du nom autorifoit cette fuppofition & le difpenfoit de l'obligation de produire des preuves que perfonne, du refte, n'avoit plus aucun intérêt à lui demander. Afin de donner plus de corps à cette fiction, Champier voulut encore mettre à profit la fimilitude de fon nom avec celui du cardinal Laurent Campége. Il lui écrivit en lui faifant hommage de quelques-uns de fes écrits, & lui conta l'hiftoire que leur aïeul commun, Chrétien Champier, gentilhomme dauphinois, avoit eu douze enfants; que deux d'entre eux ayant accompagné Charles d'Anjou, frère de faint Louis, dans l'expédition de Naples, Jean, le puîné, s'arrêta, au retour, à Bologne, où il fe fixa & fit la branche d'où provenoit le cardinal; que l'aîné s'établit à Tortone,

d'où étoient fortis les Campeſi de Pavie, & que le nom
françois de la famille ayant pris, avec le temps, une termi-
naiſon italienne, étoit devenu Campegio à Bologne &
Campeſe à Pavie.

Le cardinal Campége, qui n'étoit pas fâché peut-être de
trouver une généalogie qui lui donnoit une origine françoiſe & le rattachoit aux plus grandes maiſons du Dauphiné, s'empreſſa de répondre aux ouvertures de Champier,
& il reconnut & accepta la parenté ſans examen & ſans
demander plus d'explications. Champier ſe crut dès lors
autoriſé à prendre le nom de Campége ou de Campèſe
& même à joindre les armes de ces deux maiſons aux ſien-
nes. Ces armes étoient : parti de....., à l'aigle éployée
de...., & de....., au lion de....., à la bordure de.....

Ainſi, tout lui réuſſiſſoit & marchoit au gré de ſes déſirs :
il avoit conquis par ſa vaillance l'ordre de chevalerie à
cette rude journée de Marignan, que l'on appela la *journée
des géants ;* il avoit été agrégé à l'une des plus illuſtres uni-
verſités, qui, pour ſe l'attacher, n'avoit pas craint d'en-
freindre ſes ſtatuts ; il avoit joint à ſon écu les armes de
Bayard ; il étoit en grande eſtime à la Cour de Lorraine ;
il avoit réuſſi à s'enter ſur une maiſon illuſtre avec laquelle
il n'avoit de commun que le nom ; ce n'étoit pas aſſez, il
falloit encore qu'il eût la chance de rencontrer un prince
de l'Egliſe, un légat *a latere,* un des perſonnages les plus
conſidérables & les plus illuſtres de ſon ſiècle, qui ſe glo-
rifioit hautement de tenir à lui par les liens du ſang & faiſoit rejaillir complaiſamment ſur lui & ſur les ſiens l'éclat
de la pourpre romaine & de toutes ſes autres dignités. Tout
ſourioit donc à ſon orgueil & à ſon ambition, & ſi parfois,

autour de lui, l'on se moquoit des prétentions du bourgeois de St-Symphorien-le-Chastel, il se consoloit sans doute des brocards des jaloux, en pensant que partout ailleurs il étoit tenu sans contrôle pour gentilhomme de nom & d'armes, & que viendroit un jour où le temps consacreroit une prétention qui ne faisoit d'ailleurs aucun tort à personne. C'est ce qui arriva, en effet, pour sa postérité. La devise dont il avoit accompagné son blason (1) étoit comme une instruction laissée à ses descendants, qui semblent ne l'avoir jamais perdue de vue. Aussi, avec le temps & la persévérance, ils prirent rang parmi les maisons les plus nobles; alliés aux Terrail, aux du Peyrat, aux Talaru, aux de Langes, aux Chabeu, aux Seyssel, aux d'Oncieux, aux Rabutin, aux Monspey, ils acquirent des fiefs nobles & des baronnies, & eurent une place honorable dans le nobiliaire de Bresse & Bugey, où Guichenon a dressé leur généalogie depuis Symphorien jusqu'à Jean, son arrière-petit-fils, baron de Juys & de Vaux, seigneur de Bionney en Beaujolois, par son mariage avec la dame de ce lieu, & dont le fils Philippe-Charles continua la lignée.

Les efforts de Symphorien Champier pour perpétuer une maison qu'il avoit édifiée au prix de tant de soins & de peine, n'aboutirent à assurer sa durée que pendant cinq à six générations; elle s'éteignit vers la fin du XVIIe siècle ou au commencement du XVIIIe, avec Jean-Philippe comte de Chigy

---

(1) Champier avoit pris pour devise ces vers de la Sibylle de Cumes, qui encourage Enée à ne pas se laisser abattre par les obstacles & les difficultés qu'il rencontrera sur son chemin, mais à se roidir contre eux, afin d'arriver à son but :

Tu ne cede malis, sed contra audentior ito (Qua tua te fortuna sinet).

Eneid. VI, 95.

du chef de la mère, lequel ne laissa pas d'enfants. Là finit cette deuxième maison de Champier, qu'il ne faut pas confondre avec les marquis de Champier qu'on retrouve encore en Dauphiné en 1789, & qui étoient de la maison d'Alleman, héritière des anciens Champier.

Nos Champier portoient d'azur, à une étoile d'or de six rais, comme leurs prédécesseurs; cimier, une licorne d'argent; supports, deux sauvages bastonnés de même; devise: *Tu ne cede malis, sed contra audentior ito.*

Voici leur généalogie, d'après Guichenon :

I. Symphorien Champier eut de Marguerite Terrail deux fils, Antoine & Claude. Antoine, gentilhomme ordinaire de la maison du duc de Lorraine, épousa N....., dame de Montet, en Lorraine : il n'eut d'elle qu'une fille, Chrestienne, mariée à Antoine de Mars, baron de Juys en Dombes, qui mourut sans enfants & laissa ses biens à Chrestienne. C'est par elle que la baronnie de Juys entra dans la maison de Champier.

II. Claude continua la lignée : il étoit seigneur de La Faverge, La Bastie, Monceaux, Corcelles, Argy & Lisieu, gouverneur & bailli de la souveraineté de Dombes. Il épousa Marie de Lymosin, de laquelle il n'eut pas d'enfants, &, en secondes noces, Madeleine du Peyrat, fille de Jean du Peyrat & de Claudine de Laurencin. Il eut d'elle plusieurs fils : Jacques qui suit & Antoine qui fit branche ensuite. Une de ses filles avoit épousé Jean de Talaru de Chalmazel.

III. Jacques, baron de La Bastie, seigneur de Langes en Nivernois & autres lieux, gouverneur pour le roi de la ville de Châtillon, & de Dombes, bailli de Bresse & chevalier de l'ordre de St-Michel, époufa Françoife de Langes, de laquelle il n'eut qu'une fille, Charlotte, mariée à George de Villeneuve, chevalier de l'ordre, baron de Joux-fur-Tarare.

IV. Antoine, troifième fils de Claude & de Madeleine du Peyrat, devint le chef de la maifon ; il étoit feigneur de La Faverge & de Feillens, gouverneur de Belley, chambellan du duc de Bavière & chevalier de l'ordre. Sa première femme fut Ifabeau de Chabeu, dame de Feillens. Il fe remaria à Philiberte de Luyrieux, puis à Claudine de Marefte. Il n'eut des enfants que d'Ifabeau de Chabeu: Guillaume qui fuit, Jean qui a fait branche enfuite, & fix filles, dont l'une religieufe à Neuville ; les autres entrèrent dans les maifons d'Angeville, de Seyffel & de Talaru.

V. Guillaume, feigneur de Feillens, bailli de Bugey, gouverneur de Belley, époufa Efther d'Oncieux, de laquelle il n'eut pas d'enfants.

VI. Jean, fon frère, baron de Juys & de Vaux, bailli de Beaujolois, époufa Marie Thierry, dame de Vaux & de Bionney : il laiffa un fils, qui fuit, & deux filles.

VII. Philippe-Charles, comte de Juys, fut d'abord page de Mademoifelle, Anne-Marie-Louife d'Orléans-Montpenfier, princeffe de Dombes. Son teftament eft du 27 décembre 1668. Il fut bailli de Beaujolois. Il époufa Antoinette-Louife de Rabutin, dame de Chigy, fille de Hugues de Rabutin & de Philippe de Moroge, de laquelle il eut un fils, Jean-Philippe, & une fille, Jeanne-Charlotte (1).

(1) J'ai continué la généalogie de Champier donnée par Guichenon, juf-qu'à Jean-Philippe, au moyen des documents qui fe trouvent aux archives du

VIII. Jean-Philippe de Champier-Rabutin, comte de Chigy, fut, comme fon père, bailli de Beaujolois, par lettres du 16 février 1669. Jeanne-Charlotte de Champier-Rabutin, fa fœur, épousa, le 2 février 1678, Antoine de Monfpey, feigneur de Vallière, de qui elle eut Jofeph-Henri de Monfpey, chevalier de Malte en 1707. Il étoit né à St-George-de-Reneins en 1681, & avoit été tenu fur les fonts baptifmaux par meffire Jofeph de Champier, chevalier, & demoifelle Henriette de Champier. Je ne trouve pas que Jean-Philippe ait laiffé poftérité; j'ignore même s'il fut marié. Les Champier, qui avoient quitté le Bugey & la Dombes pour le Beaujolois, par fuite du mariage de Jean avec Marie Thierry, dame de Vaux & de Bionney, allèrent s'établir en Bourgogne lors de l'alliance de Philippe-Charles avec Antoinette-Louife de Rabutin, qui étoit de cette province. C'eft ce qui réfulte du dire de l'un des témoins pour les preuves de Malte de Jofeph-Henri de Monfpey, petit-fils de ce Philippe-Charles (1). Ne voyant plus, depuis, aucune trace des Champier ni en Beaujolois ni en Bourgogne, on eft fondé à croire qu'ils s'éteignirent avec Jean-Philippe & que ce nom, tombé en quenouille, fe perdit dans la maifon de Monfpey, à moins qu'il ne fe foit continué quelque temps encore en Bourgogne, ce qu'il ne m'a pas été poffible de découvrir.

Depuis la bataille de Marignan, Champier, fatisfait d'a-

département du Rhône. (Archives de Malte, Preuves de nobleffe, H, 194.)

(1) Les témoins pour les preuves du côté maternel de J.-H. de Monfpey, fils de Jeanne-Charlotte de Champier-Rabutin, furent Nicolas-Marie de La Guiche-Sévignon, Camille de Sacconay, feigneur d'Ouy (?) & de St-Chriftophe; Jean de Gafpard, feigneur du Sou, de Fontcreine, &c., & Jofeph-Roger de Damas-Marillac, doyen & comte de Lyon.

voir noblement gagné fes éperons d'or, tout entier à l'é-
tude & à l'accompliffement de fes devoirs de bon citoyen,
avoit laiffé fa lance au râtelier & partageoit fa vie entre
Nancy, où l'exercice de fa charge le rappeloit fouvent, &
Lyon, où le foin de fes affaires & l'impreffion de fes livres
exigeoient auffi fa préfence. Mais, au milieu des honneurs
& de la profpérité dont la fortune l'avoit comblé jufqu'a-
lors, il ne tarda pas à faire la trifte expérience de l'inftabilité
des chofes de ce monde.

En 1525, le roi avoit ordonné l'achèvement des remparts de la ville, commencés & interrompus depuis longtemps, faute d'argent. Il falloit pour cela des fommes con-
fidérables, & le confulat étoit fans reffource, les revenus
de la ville ne dépaffant pas alors trois mille livres tournois
environ. Les notables furent convoqués par le confeil de
ville pour difcuter fur le moyen le plus convenable de fe procurer les fonds néceffaires. Les uns propofoient de mettre
un impôt modéré fur les blés venant de l'étranger ou fur la
farine apportée du moulin ; les autres auroient voulu qu'on
perçût un droit d'entrée fur le vin. Lorfque ce fut le tour de
Champier de dire fon avis, il démontra par plufieurs exem-
ples, « tant hebraïques que grecs, egyptiaques & latins, »
les inconvénients & le danger qui pouvoient procéder d'un
impôt fur le blé ; il ajouta que, dans fa jeuneffe, le prix ordinaire du froment étoit de trois gros ou trois fols tournois
& trois liards le bichet, & que le feigle ne valoit que fix
blancs ; que, depuis 1494, les vignes avoient été fi fort
multipliées au détriment de l'enfemencement des terres,
que le bichet de froment fe vendoit couramment huit à dix
fols. Il termina en difant que la difette ne devoit être attri-

buée qu'à la plantation exagérée de la vigne, & il conclut par la propofition d'établir l'impôt fur le vin.

Les confeillers de ville fe rendirent à l'opinion de Champier, qui étoit la plus fage, & il fut décidé que, jufqu'à l'entier achèvement des remparts, on paieroit trois blancs pour chaque poinçon de vin qui entreroit dans Lyon. La populace, excitée par les taverniers, s'émut de cette décifion du confulat. Sous le prétexte de la difette & de la cherté des grains, que la mefure prife n'atteignoit pas cependant, puifque c'étoit au contraire pour ne pas augmenter le prix du pain que l'on avoit mis l'impôt fur le vin, elle fe raffembla au nombre de plus de deux mille hommes, gens fans aveu & de mauvaife vie, traînant à leur fuite une bande de femmes perdues comme il s'en trouve toujours pour rendre ces fcènes de défordre plus hideufes encore. Les féditieux, armés de bâtons & de tous les inftruments de deftruction qu'ils rencontrèrent fur leur paffage, envahirent la place des Cordeliers ; ils pénétrèrent dans le couvent de St-Bonaventure, s'emparèrent du clocher & fonnèrent le tocfin pour appeler à eux tous les malfaiteurs des environs. Bientôt, à un fignal donné, ils fe précipitèrent fur les maifons des plus riches bourgeois, qu'ils pillèrent & dévaftèrent de fond en comble, en commençant par celle de Champier(1), comme s'ils avoient voulu tirer vengeance de l'initiative qu'il avoit prife dans la difcuffion fur l'impôt dont le vin étoit frappé. Trois fiècles après, ce quartier devoit être encore le théâtre d'une fanglante émeute ; mais cette fois,

(1) Cette maifon, qui donnoit fur la place des Cordeliers, en face du portail de St-Bonaventure, a difparu dans les dernières transformations que l'on a fait fubir à ce quartier.

MAISON DE SYMPHORIEN CHAMPIER.

quel il femble attribuer ces méfaits à la fecte des Vaudois, dont il n'étoit plus queftion depuis longtemps à Lyon, l'on pourroit croire qu'il en accufoit d'autres novateurs qui effayoient déjà, à cette époque, de faire triompher les mêmes doctrines, & qui n'étoient pas fâchés d'avoir une occafion d'émouvoir la multitude & de la préparer ainfi peu à peu à la révolte contre les pouvoirs établis. Il monta à cheval pour fe rendre en Lorraine auprès du duc Antoine, mais il fut rencontré chemin faifant par fes amis, qui l'entraînèrent à la campagne, où ils effayèrent de le calmer & de le détourner de fon projet. Ce fut fans doute alors qu'il écrivit l'hiftoire de cette émotion populaire connue à Lyon fous le nom de la Rebeine, Rubaine ou Robaine, que le P. de Colonia fait dériver du vieux mot *rober*, à caufe des vols & des brigandages qui s'y commirent. Cette relation parut cette année même, fous le nom de maiftre Théophile du Mas, de St-Michel-en-Barrois, qui l'avoit, dit-il, tranflatée en françois, du latin de meffire Morien Piercham; mais je crois plutôt qu'elle fut compofée d'abord en françois, puis traduite en latin, car la relation latine ne fut imprimée que huit ans après, avec *Galliae celticae Campus*, à la fuite du livre *De monarchia Gallorum Campi aurei*, 1537. L'auteur y prend le nom de Pierchanus. Champier eut recours à ce déguifement afin d'avoir la faculté de dire librement ce qu'il avoit fur le cœur & de parler de lui-même fans gêne & fans contrainte; auffi exhale-t-il fa bile contre ceux dont il avoit à fe plaindre, & ne ménage-t-il pas les louanges à l'adreffe du feigneur Campèfe; mais le voile fous lequel il fe cacha étoit fi tranfparent, qu'il n'a pas été difficile de découvrir, à travers le double pfeudonyme de Pierchanus & de Théophile du Mas, le nom du véritable auteur, qui n'eft autre que Symphorien Champier. Cependant plufieurs s'y font trompés, entre autres le P. Bullioud, qui, dans fon *Lugdunum facroprophanum*, a fait trois perfonnes différentes de Champier, de Morien Piercham & de Théophile du Mas.

Si je me fuis contenté d'indiquer cet épifode de la Rebeine, qui tient une place notable dans la vie de Champier, c'eft parce que j'ai cru que le lecteur préfèreroit le voir dans fon livre même, qu'il trouvera à la fin de ce volume. Tous nos hiftoriens l'ont pris là ; Paradin, tout en l'abrégeant, n'a pas cru pouvoir faire mieux que de le raconter dans les mêmes termes.

Quelques biographes modernes ont accufé Champier d'avoir parlé avec trop d'emportement & de rancune de l'injure dont il fut la victime. Il eft probable que le premier qui lui a fait ce reproche répété inconfidérément par d'autres, n'avoit pas lu fon récit. Quoi qu'il en foit, je n'y vois qu'une irritation bien pardonnable, ce femble, à un homme outragé dans fa dignité, atteint dans fa fortune & maltraité par ceux-là mêmes à qui il avoit rendu les plus grands fervices, foit comme magiftrat, foit comme médecin. Dans cette circonftance encore, il avoit fait acte de bon citoyen lorfqu'il voulut que l'impôt fût mis fur le vin & non fur le blé. Le Lyonnois, quelques années auparavant, avoit fouffert toutes les horreurs d'une famine qui avoit réduit les populations des campagnes à la plus affreufe mifère ; à la fuite d'une féchereffe telle qu'il n'y en avoit pas eu de mémoire d'homme, les récoltes avoient manqué, & les pauvres gens, quittant leur demeure où ils mouroient de faim, venoient en procession à Lyon, les pieds nus, criant miséricorde & demandant du pain. Champier craignoit le retour d'une semblable calamité, car on avoit négligé partout la culture des grains pour planter de la vigne, & il prévoyoit bien que si l'on avoit mis l'impôt sur le blé, il en seroit résulté que les cultivateurs n'en auroient plus semé que pour leur propre subsistance, & qu'alors là famine eût été inévitable. Ce fut donc dans une pensée de sage prévoyance & de bien public qu'il proposa de prendre sur la vente du vin les deniers nécessaires à la construction des murs d'enceinte. On a vu comment il en fut récompensé.

A la suite de sa relation, il donne des conseils pour le bon gouvernement de la chose publique. De son temps, les consuls ou échevins étoient au nombre de douze, renouvelés chaque année par moitié; il vouloit qu'ils fussent réduits à quatre, assistés de vingt conseillers, & qu'on les rétribuât convenablement, afin que tout leur temps pût être consacré aux affaires de la ville. L'idée de Champier fut trouvée bonne; on la reprit plus tard, & vers la fin du siècle, en 1596, il n'y eut plus en effet que quatre échevins; seulement, au lieu de leur donner des appointements comme il le proposoit, leurs services furent récompensés sans qu'il en coûtât rien à la caisse municipale : le roi les anoblit, eux & leur postérité.

Il est probable que Champier mit à exécution le projet qu'il avoit conçu *ab irato* de quitter Lyon, après la dévastation de sa maison par la populace; car il n'étoit plus dans cette ville à la fin de décembre de cette même année, lorsque le cardinal Laurent Campége y passa, à son retour de sa légation en Angleterre, où il avoit été envoyé par le

pape Clément VII pour empêcher le divorce d'Henri VIII
avec Catherine d'Aragon & son mariage avec Anne Bo-
leyn. Il falloit que Champier fût retenu par des motifs
bien graves, pour ne pas se trouver au passage du légat.
Il lui écrivit pendant le séjour qu'il fit à Lyon, pour lui
exprimer son regret de ne pas le voir. Voici la réponse
du cardinal : Champier a eu soin de l'insérer en tête du
livre intitulé *De monarchia Gallorum Campi aurei*. Par les
éloges qu'un grave & savant personnage, mêlé aux plus
grandes affaires de son temps, lui donne sans réserve, on
jugera combien la renommée de cet homme singulier étoit
répandue & incontestée en Europe.

« Laurent Campége, cardinal de la sainte Eglise romaine, du titre de Ste-Marie *trans Tiberim*, à Symphorien
Campége, Lyonnois, chevalier, docteur en médecine très
illustre , & consommé dans toutes les sciences divines &
humaines, salut.

« Noble ami, que je chéris comme un frère, j'ai reçu à
Lyon votre lettre du 9 des kal. de janvier, dans laquelle
je reconnois toute votre affection pour moi ; car, ne pouvant me voir au retour de ma légation, vous avez voulu
me témoigner votre bienveillance en m'écrivant. Vous
comprendrez combien il m'en a coûté de ne pas vous rencontrer à mon passage, si vous êtes persuadé, comme vous
devez l'être, que, dans toutes mes pérégrinations à travers
tant & de si divers pays, je n'ai rien vu de plus distingué,
de plus illustre & que j'aie autant admiré que vous, depuis
que, me rendant en Angleterre, j'eus le bonheur de jouir
de votre entretien & de resserrer les liens étroits qui unis-

fent nos familles. Lorfque je vous quittai, vous me laiffâtes dans le doute de ce que je devois le plus admirer en vous, de votre franche droiture, de la pureté de vos mœurs, ou de votre éloquence, de votre érudition, & de l'élévation de votre efprit à qui rien n'eft inconnu, foit dans les fciences & les lettres humaines, foit dans la théologie & les faintes Ecritures. Vous devez donc croire que j'avois un ardent défir de vous embraffer à mon retour; il me fembloit, en effet, qu'un bon ange devoit nous réunir. N'eft-ce pas le même fang qui coule dans nos veines, & ne portons-nous pas le même nom? J'ai éprouvé, croyez-le, un vif regret qu'il n'en ait pas été ainfi, & j'en accufe ma mauvaife fortune. Puifque nous ne pouvons réparer autrement les torts qu'elle a eus envers nous, écrivons-nous fouvent, & qu'un commerce de lettres fuivi nous faffe jouir des douceurs d'une amitié que l'éloignement ne nous permet pas de cultiver en nous voyant quelquefois. Vous faurez que, en quelque lieu que je fois, je vous aimerai toujours, & de mon côté je ne douterai pas de la réciprocité de vos fentiments. Redoublez donc d'attachement pour moi, car je vous aime uniquement. Ufez de moi librement en toute occafion, pour vous & pour tout ce qui vous intéreffe; j'en agirai de même, fi j'ai befoin de vous. Vous n'ignorez pas d'ailleurs combien j'apprécie votre mérite & les rares qualités de votre efprit. Je vous remercie de l'envoi de votre livre, que je préfère à tous les tréfors des rois & de l'Arabie. Cette lettre ne fuffiroit pas pour vous exprimer le cas que j'en fais & pour le louer comme il le mérite; je m'en dédommagerai pendant mes heures de loifir. Je ne veux pas en dire davantage aujourd'hui, de peur que vous ne me preniez plutôt pour un flatteur que pour votre ami & votre parent. Au nom de notre affinité & de notre amitié (& peut-il y avoir un lien plus facré?), je vous prie de m'écrire fouvent. Je vous recommande auffi de publier vos nombreux ouvrages : *pleni enim funt fymphoniae Campi tui omnes* (1).

« Adieu, mon cher Symphorien, aimez-moi toujours. »

Depuis cette époque je ne trouve plus de trace de Champier à Lyon, jufqu'à l'année 1532, qu'il publia chez Jean Crefpin fes *Caftigationes pharmacopolarum*. Il eft probable que le temps avoit modifié les impreffions fâcheufes qu'il avoit emportées à Nancy, & que les bonnes grâces de fon maître le duc de Lorraine lui firent oublier fes juftes griefs contre fes concitoyens. Ceux-ci de leur côté voulurent lui donner une marque de leur eftime, en l'élifant conful pour la feconde fois en 1533 ; auffi le voyons-nous figurer fur la lifte des confeillers de ville de l'année fuivante & publier, la même année, chez Trechfel, *Hortus gallicus, Campus Elyfius* & *Periarchon*. Il devoit donc être à Lyon, foit pour furveiller l'impreffion de fes livres, foit pour prendre poffeffion de fa charge. Seulement je remarque que fon nom ne fe trouve plus parmi les membres du confulat en 1535, & cependant ils étoient toujours nommés pour deux ans, à moins que ce ne fût en remplacement d'un confeiller mort en exercice, avant l'expiration de fon mandat. On pourroit conclure de cette particularité que Champier, élu & porté fur la lifte en fon abfence, refufa la répa-

---

(1) En difant que *fes Champs font remplis de fymphonie*, le cardinal fait un jeu de mots fur le nom de Symphorien Champier, qui a donné à plufieurs de fes traités le titre de *Symphonia* & de *Campi*.

ration qui lui étoit faite & ne revint pas à Lyon, ce qui auroit obligé de le remplacer pour l'année 1535. Toujours est-il qu'il publia encore quelques-uns de ses ouvrages à Lyon pendant les années 1535, 36 & 37, & qu'il y étoit certainement revenu en 1536, car son épître dédicatoire au cardinal de Tournon, de l'*Isagogae in sacras litteras* de Santes Pagninus, est datée « Lugduni pridie nonas aprilis 1536. »

L'époque de sa mort est incertaine. Guy Patin le fait mourir en 1535, ce qui ne peut être ; Niceron & l'abbé Goujet d'après La Monnoye, dans ses additions manuscrites aux Bibliothèques françoises, disent qu'il mourut en 1539 ou 1540, mais sans donner aucune preuve à l'appui de cette opinion. Tout ce qu'on peut affirmer, c'est qu'il vivoit encore en 1537. Depuis cette année, il n'est plus question de Champier, & l'on ne publia plus rien de lui à Lyon. Il est vraisemblable que sa mort doit être placée vers cette date : toutefois je n'ai trouvé aucun acte, aucune fondation qui constatent l'époque fixe de son décès. Il mourut comme le plus obscur de ses concitoyens.

On a répété, d'après Spon, que Champier fut inhumé dans la chapelle de St-Luc de l'église des Cordeliers, où cet antiquaire dit avoir vu son épitaphe « fort longue & en lettre gothique. » Mais Spon, diligent collecteur des antiquités grecques & romaines, avoit un profond mépris pour l'épigraphie du Moyen-Age ; aussi ajoute-t-il qu'on pouvoit voir dans l'église & dans le cloître d'autres tombeaux anciens de trois ou quatre cents ans, « mais qu'il n'a pas voulu en grossir ses Recherches, parce qu'il a vu très peu de personnes qui aiment les inscriptions gothiques, foit parce qu'elles font très difficiles à lire, ou parce que rarement elles ont quelque chofe de curieux & d'hiftorique, & qu'elles font conçues en très mauvais termes (1).» En conféquence, il ne fe donna pas la peine de vérifier fi l'infcription latine en caractères gothiques, que l'on voit encore dans la chapelle de St-Luc, étoit réellement celle de Symphorien Champier. S'il avoit daigné la déchiffrer, il auroit vu que cette infcription en vers léonins hexamètres & pentamètres eft plus ancienne que Champier, & qu'elle rappelle la fondation faite aux Cordeliers, en 1471, par Simon de Pavie. C'eft la même qui a été placée auffi fur la façade de l'églife à droite de l'entrée principale, mais traduite en vers françois. Rien ne rappelle donc la mémoire de Champier dans l'églife des Cordeliers, & s'il y fut inhumé, ce qui eft probable, puifque fa maifon étoit fur la place prefque en face du portail, fa fépulture eft inconnue; pas une pierre, pas une ligne ne nous en a confervé le fouvenir. Ainfi tout a manqué à Symphorien Champier : fa gloire littéraire, qui fembloit devoir lui furvivre, a fini avec lui; fa race s'eft éteinte au fein des honneurs & des diftinctions qu'il lui avoit légués ; de fon nom & de fon blafon qu'il avoit pris foin de faire graver tant de fois fur fes livres, il ne refte rien (2); les érudits, qui l'avoient tant loué pendant fa vie, n'eurent pas une parole

(1) Recherche des antiquités & curiofités de la ville de Lyon. Lyon 1675, in-8°, p. 151.

(2) L'unique fouvenir de Champier, à Lyon, depuis que fa maifon a été démolie, eft une rue qui porte fon nom, derrière l'églife de St-Bonaventure, à côté de celle qui rappelle Simon de Pavie. Cet hommage, qui paroît avoir été un parti pris par nos édiles toutes les fois qu'il s'eft agi d'honorer une vieille illuftration lyonnoife, a le double avantage de populariser le nom des grands citoyens & de rendre hommage à leur

pour exprimer leurs regrets de la perte d'un fi favant homme; toutes les mufes reftèrent muettes lorfque cet aftre brillant s'éclipfa. Pendant quelques années encore, on réimprima à Bâle & à Venife deux ou trois de fes traités de médecine, qui devinrent bientôt, comme le refte, la pâture des vers, & tout fut dit. Cet homme, qui avoit été une des lumières de fon fiècle & le parangon du favoir, étoit mort tout entier; fa cendre même, qu'il croyoit devoir repofer en paix à l'abri du fanctuaire jufqu'à la confommation des fiècles, a été jetée au vent peut-être, ou, fi elle a échappé à la violation du fépulcre, elle gît ignorée dans quelque obfcur recoin du temple où il s'étoit choifi fa dernière demeure.

On a vu que Champier eut de Marguerite Terrail, fa femme, deux fils, Antoine, & Claude qui continua la lignée; ce dernier a laiffé : Petit traité des fleuves & fondations admirables des Gaules, traduit, dit-on, du latin de Symphorien Champier fon père, & Des faints Lieux de la Gaule où Noftre-Seigneur par l'interceffion des Saints fait plufieurs miracles. Ces deux livrets ont été imprimés à la fuite des Antiques creations des villes & citez des troys Gaules, &c., par Gilles Corrozet, Paris 1540, & Lyon, François Jufte, in-16, f. d. On lui donne encore : Brief & facile Commentaire de toutes chofes engendrées en l'air, comme pluyes, grefles, tonnaires, foudres, efclairs, neges, orages, vents & autres; Lyon, Benoift Rigaud, 1558, in-16. Claude Champier, en homme prudent, ne s'aventuroit pas

mémoire, fans bourfe délier. Mais au moins faudroit-il, pour que ce but pût être atteint, que les rues qui portent leur nom fuffent connues : or, qui connoît la rue Bellièvre, la rue Champier & la rue Meneftrier?

& s'en tenoit aux petits formats; c'étoit le moins que pouvoit faire le fils d'un écrivain aussi fécond que Symphorien.

Cette famille des Champier comptoit plusieurs lettrés parmi les membres dont elle se composoit. Sans parler des Campegi, de Bologne, & des Campesi, de Pavie, je trouve un Jacques Champier, duquel je ne puis dire autre chose si ce n'est que Symphorien le cite au nombre des gens de lettres qu'il affectionnoit, & qu'il a publié *De Graecorum atque Arabum scammoneo Dissertatio*, Lugduni 1537, in-8°. Christophe, médecin de Louise de Savoie, comtesse d'Angoulême, mère de François Ier, étoit frère de Symphorien à qui il a dédié : *Vocabulorum medicinalium Epitoma*, que celui-ci a inséré dans son livre *De triplici Disciplina*, où il parle de lui en termes très affectueux & l'appelle son frère. Jean Bruyerin-Champier, né aussi à St-Symphorien, jouit de son temps d'une certaine célébrité ; mais il ne suivit pas l'exemple de Symphorien, & se renferma exclusivement dans l'étude de la médecine & des sciences naturelles. Son nom patronymique, Bruyerin, feroit croire qu'il étoit fils d'une sœur de Symphorien Champier, de qui il auroit ajouté le nom au sien pour se donner un peu de relief. Il a laissé une traduction en latin des œuvres d'Averrhoès : *Collectaneorum de re medica Averrhois philosophi post Aristotelem atque Galenum facile doctissimi sectiones* III ; Lugduni, apud Sebast. Gryphium, 1537, in-4°. Elle est dédiée à Jean Galfredus, de Condrieu, médecin du duc de Lorraine, & à Hiérosme de Monteux (1) qu'il appelle «Allobrogum medicorum praestantissimum.» L'épître

(1) Hiérosme de Monteux a écrit plusieurs traités de médecine, entre autres: *Dialexeon medicinalium libri* III, 1537, in-4°; des Commentaires sur l'hygiène

dédicatoire eſt datée de Lyon, « ex aedibus veſtri Symphoriani Campegii, libertatis medicae aſſertoris, 1537. » Son principal ouvrage & celui qui l'a fait ſurtout connoître, eſt un traité *De Re cibaria*, qui peut être lu encore utilement (1); il le dédia au chancelier de l'Hôpital. A la fin du livre XXII & dernier, il promet de continuer l'hiſtoire des poiſſons, & il ajoute qu'il amaſſoit depuis trente ans des matériaux pour ce livre, ſoutenu par les encouragements de François Ier; mais qu'à la mort de ce puiſſant protecteur, il avoit ceſſé d'y travailler; qu'il le publioit tel qu'il ſe trouvoit, & que, ſi ce n'eût été ſa prédilection toute paternelle pour

& la conſervation de la ſanté, traduits en françois ſous le titre : Commentaire de la conſervation de ſanté & prolongation dicelle, faict en latin par noble homme Hiérofme de Monteux, ſeigneur dudit lieu & de Miribel, chevalier, conſeiller & médecin ordinaire du roy, traduict de latin en françois par maiſtre Claude Valgelas, docteur en médecine. A Lyon, par Jean de Tournes, imprimeur du roy, 1559, in-4", & Paris, Chaudière, 1572. Je ne connois pas autrement le livre de Monteux, n'ayant pas vu l'édition latine. Ce Valgelas étoit de St-Chamond. Sa traduction eſt dédiée « à noble & puiſſante damoiſelle Madamoiſelle Louiſe Dancezune de St-Chamond au pays de Lyonnois, » & datée de St-Chamond, le 25 novembre 1559. On a encore de Hiérofme de Monteux: *Anaſceves morborum*, Lugduni, apud Joannem Tornaeſium, 1560, in-8°, dédié à François II, roi de France & d'Ecoſſe. L'épître dédicatoire eſt datée « ex caſtro noſtro Mirebelli. » A la ſuite eſt

l'écu des armes de Monteux, 1 & 4, de......, à la bande de......, chargée d'un dauphin de......; 2 & 3, de....., à 3 aigles éployées de....., poſées 2 & 1; ſur le tout, une étoile de...; cimier, un enfant nu tenant un globe de la main dextre; deviſe: ἐκ τοῦ πόνου παγλή (*Poſt laborem quies*). A la fin eſt une épître de Bruyennus (*ſic*) Campegius, dans laquelle il dit : « Ago hic apud montanos lugdunenſes in Symphorianopoli. »

Monteux étoit un des aigles de la ſcience au XVI° ſiècle; Champier fait mention de lui plus d'une fois dans ſes écrits.

(1) *De Re cibaria* libri XXII, omnium ciborum genera, omnium gentium moribus & uſu probata complectentes, Jo. Bruyerino Campegio Lugd. authore. Prima editio, Lugduni, apud Sebaſt. Honoratum, 1560, in-8°.

Ce traité, revu par Caemann, a été imprimé auſſi à Francfort en 1606, in-8°, ſous le titre *De Re cibaria, ſeu Dipnoſophia*.

cette œuvre inachevée, le fruit de fes longues veilles auroit péri avant de voir le jour. Il raconte que François Ier avoit l'habitude de réunir autour de lui, à l'heure de fes repas, des théologiens, des philofophes, des médecins & autres doctes perfonnages, dont les difcours étoient pour lui un affaifonnement plus agréable que celui que les maîtres de l'art culinaire de fon hôtel avoient le talent de donner aux viandes qu'on lui fervoit. Bruyerin, en fa qualité de médecin, affiftoit fouvent au dîner du roi, & ce fut, dit-il, l'occafion de fon livre *De Re cibaria*.

Benoît Court, le grave commentateur des Arrefts d'amour (1), rédigés par Martial d'Auvergne en ftyle du Palais, étoit né à St-Symphorien comme Bruyerin, &, comme lui, il tenoit à Champier par les liens du fang. Outre ces bizarres commentaires, on a de lui : *Enchiridion juris utriufque terminorum*, Lugduni 1543,& *Seminarium five Plantarium earum arborum quae poft hortos conferi folent*, &c.; Parifiis, Robert. Stephanus, 1536, in-8°, & Lugduni, Joannes Tornaefius, 1561, in-fol. C'eft à tort que ce livre a été attribué quelquefois à Champier.

(1) La première édition des Arrefts d'amour de Martial de Paris dit d'Auvergne, avec les Commentaires de Benoît Court, eft de Lyon, Gryphius, 1533, in-4°. Elle ne contient que cinquante-un arrêts. Les réimpreffions de Lyon, Gryphius, 1536, in-4°, & Paris, Ch. Langelier, 1544, in-8°, n'en ont pas davantage. On a ajouté un cinquante-deuxième arrêt dans les éditions de Lyon 1538 & 1546, & dans celle de Paris 1555. On en trouve un cinquante-troifième dans les éditions de Paris 1566, & Rouen 1587. Les Arrefts d'amour ont été inférés dans un recueil qui a pour titre : *Proceffus juris jocoferius*, Hanoviae 1611, in-8°. On voit que ce favant badinage a eu un grand nombre d'éditions ; la dernière eft celle qui a été donnée par Lenglet-Dufrefnoy, Amfterdam (Paris), 1731, in-12. Il y a joint : *L'Amant rendu Cordelier à l'Obfervance d'amour*, par Martial d'Auvergne, & un Gloffaire des termes anciens.

Toutes ces illustrations contemporaines ont subi la même destinée & sont tombées dans le même oubli ; il n'en est pas moins remarquable qu'une petite bourgade comme St-Symphorien-le-Chastel ait fourni en même temps aux lettres & à la science tant d'hommes éminents : Symphorien Champier, Jean Bruyerin, Benoît Court, Jacques, Christophe & Claude Champier.

Symphorien Champier étoit connu & recherché par tous les savants de son temps, & il entretint toujours avec eux un commerce de lettres très actif ; il a nommé, dans plusieurs de ses écrits, ceux avec lesquels il avoit des relations d'amitié ou de simples rapports littéraires. A la suite du *Duellum epistolare*, l'on trouve sous le titre : « Cathalogus preceptorum, patronorum, familiarium & auditorum domini Symphoriani Champerii lugdunensis, » une liste de tous ceux qu'il connoissoit en 1519. Parmi eux je remarque François *de Stagno* (d'Estaing & non de Lestang, comme on l'a traduit quelquefois), comte de Lyon, évêque de Rhodez ; Antoine d'Estaing, aussi comte de Lyon, doyen du Chapitre & évêque d'Angoulême ; Guichard de Lessart, évêque *in partibus* de Hiéropolis & suffragant de François de Rohan, archevêque de Lyon ; Gaspard de Tournon, évêque de Valence & de Die ; Jacques Mitte de Chevrières, abbé de St-Antoine de Viennois ; Philibert de Naturel, abbé commendataire d'Ainay ; Hector d'Ailly, chanoine-comte de St-Julien de Brioude, protonotaire apostolique ; Jacques d'Amoncour, chanoine-comte de Lyon & précenteur ; Antoine d'Albon, prévôt de l'Eglise de Lyon, abbé commendataire de l'Ile-Barbe ; Yves d'Aurillac, sacristain de St-Just ; Etienne de Poncher, évêque de Paris (1); Jean Galfredus, de Condrieu, médecin du duc de Lorraine; Sébastien Coppin; Léonard Serra, de Valence; Jean de Riverie, lyonnois, conseiller au parlement de Toulouse; Claude Claraud, aussi lyonnois; André Butunus (peut-être Botin ou Boutin), de Grenoble; André Brielli, médecin; Pierre Roland, Etienne Florimond, Jacques Champier, Etienne Sève (2), Antoine Toledo (3); ces

(1) Etienne Poncher, évêque de Paris, garde des sceaux, ensuite archevêque de Sens, mourut à Lyon & fut inhumé dans l'église cathédrale, devant la chaire, où l'on voyoit son épitaphe, qui a été conservée par F. Duchesne dans son Histoire des Chanceliers de France, où elle est reproduite ainsi qu'il suit :

Stephanus Poncher, *Turonensis, primum Episcopus parisiensis, deinde Archiepiscopus senonensis, Mediolani Cancellarius, ac Franciae inter Cancellarius sub Ludovico XII, Ordinis item Regii Cancellarius sub Francisco I. Quorum Regum utrique ob multiplicem doctrinam, maximam probitatem, summam prudentiam, rectissimum consilium, gratissimus fuit. Tandem multis Legationibus magno sui Nominis honore ac Christianissimorum Principum concordia functus, Lugduni obiit anno natus* LXXVIII, *Christi anno* MDXXIV, *sexto Kalendas Martii.*

Poncher portoit d'or, au chevron de gueules, chargé en pointe d'une tête de Maure de sable bandée d'argent, accompagné de trois coquilles aussi de sable, posées 2 & 1. Ces armes se voyoient dans l'église de St-Germain-l'Auxerrois, à la voûte d'une chapelle du côté du cloître, en face du chœur, à main droite.

(2) Il écrit Sefve; c'étoit peut-être le père du poète Maurice Sève.

(3) Antoine étoit fils du médecin Gonsalve de Toledo, élu royal à Lyon, de qui il est souvent question dans les écrits de Champier; il faisoit partie de la prétendue académie de Fourvière. Laurent Josse-Leclerc, dans ses notes manuscrites sur l'Histoire littéraire de la ville de Lyon par le P. de Colonia, dit : « Je crois que son vrai nom étoit Tolet, & qu'il étoit lyonnois. » C'est une erreur. Notre savant philologue ayant vu quelquefois le nom de Gonsalve de Toledo traduit en latin par Toletus, a cru que ce ne pouvoit être que la traduction du françois Tolet. Voici ce que Nicolas Antonio dit de Gonsalve de Toledo (*Biblioth. Hisp. nova*, t. I, p. 560) : « Gundisalvus de Toledo Gallorum reginae medicus scripsit Lugduni anno 1508 ad filium suum (Antonium), *Epistolam* qua defendit Astrologiam, impressam ibidem eodem anno. Ita Valerius Andreas in Catalogo scriptorum Hispaniae. » Si Toledo n'eût pas été espagnol, Valerius Andreas & Nicolas Antonio n'auroient pas fait mention de lui. Le nom patronymique de

derniers, lyonnois. Ces noms & ceux d'une foule d'autres encore qui eurent auſſi leur part de célébrité pendant leur vie, ſeroient pour la plupart enſevelis dans l'oubli, ſi Champier n'avoit pris ſoin d'en conſerver la mémoire.

La noble exiſtence que Symphorien Champier s'étoit créée par la ſcience & par la valeur dont il fit preuve dans les guerres d'Italie, la faveur qui l'accueilloit chez les grands, ſon crédit auprès d'eux, ſes éperons d'or, ſes prétentions nobiliaires & ſon blaſon qu'il affichoit partout & en toute occaſion, lui ſuſcitèrent des contradictions & des déboires parmi ce monde de pédants & de docteurs en l'un & l'autre droit avec leſquels il étoit forcément en contact. Ceux qui étoient reſtés obſcurément dans la foule, auſſi bien que ceux qui le trouvoient ſur leur chemin, comme un obſtacle à leur avancement, ne voyoient pas ſans dépit & ſans une ſecrète envie la double auréole qui ceignoit le front du ſavant & du chevalier, &, plus d'une fois, les attaques & les invectives de ces zoïles vinrent troubler le concert de louanges que ſes amis & ſes admirateurs lui prodiguoient à l'envi. Plus d'une fois auſſi, ces derniers furent obligés de prendre ſa défenſe, & ce fut toujours avec une violence & un emportement qui prouvoient au moins leur ſincérité & leur bonne foi lorſqu'ils lui décernoient la couronne de l'immortalité, comme Sébaſtien Coppin qui, dans un *Panegyricum Carmen* en tête du *Periarchon*, le met bien au-deſſus de Chiron, de Machaon,

ce médecin étoit Gonzalo ou Gonzalez, en latin Gundiſalvus ou Gundiſalvi, auquel, en s'expatriant, il avoit ajouté celui de Toledo, ſa ville natale, ſuivant un uſage très commun encore à cette époque; car je ne puis ſuppoſer qu'il appartînt à la grande & illuſtre maiſon d'Albe qui étoit Toledo.

d'Hippocrate lui-même ; le compare à Apollon & à Efcu-
lape, & finit en affirmant qu'il a été élevé & nourri par
Vénus & par Minerve. Fidelis Rififchus, docte Italien, &
Etienne de Bar, entre autres, prirent fa défenfe contre un
anonyme (1) qui, pouffé par un fentiment de baffe jalou-
fie, avoit eu l'audace de maltraiter un de fes livres. Rifichus furtout épuifa fans mefure dans fa réponfe toutes
les formules de l'adulation pour Champier, & du plus
profond mépris pour fon agreffeur.

Je citerai, dans la partie bibliographique de ces recherches, quelques paffages de cette polémique groffière, ne
fût-ce que pour donner une idée de l'urbanité des érudits
de cette époque. Si la Renaiffance agiffoit fur les lettres,
fon influence fur les mœurs étoit encore nulle, & les querelles littéraires entre les favants continuèrent longtemps
fur le ton des âpres difputes de l'Ecole, où, à défaut de raifons, de part & d'autre, on fe difoit des injures puifées dans
le vocabulaire des carrefours. Il faut dire pourtant à l'honneur de Champier que, s'il eut parfois des amis imprudents
& malavifés, il ne defcendit jamais dans l'arène ainfi
armé de toutes pièces, même pour repouffer la médifance
ou la calomnie ; il fe refpecta toujours lui-même, en ref-
pectant fes adverfaires & en s'abftenant de ces perfonna-
lités odieufes, fi fort à la mode de fon temps.

L'infulte qui dut lui être le plus fenfible, parce qu'elle
venoit d'un homme éminent & qui exerçoit une véritable
fuprématie dans le monde favant, lui fut faite par Jules-

(1) Humbert Fournier, dans une
lettre à Champier, à la fin du livre *De
quadruplici Vita*, défigne ainfi cet anonyme : « Cucullatus calumniator aemu-
lus, » ce qui feroit fuppofer qu'il étoit
moine.

Céſar Scaliger, qui, dans ſon *Ata*, poëme en vers ſca-
zons, lança contre lui une épigramme ſanglante. Gui Patin,
qui n'étoit guère plus flatteur pour les morts que pour les
vivants, l'a vengé de cette attaque imméritée, en faiſant ſon
éloge. Champier, ſuivant lui, auroit pu s'appliquer ce vers
que le poëte Auſone a mis dans la bouche de ſon père :

Et mea ſi noſſes tempora, primus eram.

Voici en quels termes Scaliger déchire Champier, qu'il
n'avoit jamais vu peut-être, mais dont les ſuccès & la réputation l'importunoient (1) :

« Si vous voulez ſavoir ce que c'eſt que Champier, je
réponds, mais en peu de mots, à la manière de Scævola.
C'eſt un inſigne ardélion, inſolent, bouffi d'arrogance &
d'orgueil, & ſe pavanant de ſon titre de premier médecin, parce qu'il eſt le dieu des méchants (2). Il n'y a pas
dans ſon âme un brin de candeur. Fauſſaire, envieux,

---

(1) Champerius quis ille ſi petit quiſquam,
    Reſpondeo ſed Scaevolae modo, paucis.
    Ardelio mirus, inſolens, tumens, turgens
    Titulo archiatri, quod deus ſit atrorum.
    Nam candidae ille mentis haud tenet micam
    Falſarius ſed inv{}duſque ineptuſque
    Scriptis alienis indidit ſuum nomen,
    Uno alterove verbulo uſque mutato,
    Dum ex officina barbariſſima agnoſcas.
    Quid, ſi ille falſitaverit ſuum nomen,
    Campegium e Champerio? & tacitus dormis,
    Democrite, o nec rumperis cachinnando !

(2) Scaliger joue ici ſur *archiater*, premier médecin, du grec ἀρχιατρός, & ſur *ater*, méchant. Ce pitoyable jeu de mots, qui n'eſt dans le latin qu'une injure groſſière, ne peut être rendu dans notre langue. On a prétendu que Champier avoit ſollicité & obtenu du duc de Lorraine le titre de « Comes archiatrorum; » il n'a jamais pris que celui de premier médecin, « primarius medicus, archiater. »

inepte, il a mis son nom aux œuvres d'autrui, en ayant soin d'y changer çà & là quelques mots, comme pour faire connoître qu'il y a mis la main. Mais que direz-vous, quand vous saurez qu'il a falsifié son nom de Champier, dont il a fait Campége? Et tu restes muet, ô Démocrite, & tu sommeilles, & tu n'étouffes pas à force de rire aux éclats! »

M. de La Monnoye a trouvé ce portrait ressemblant, tout en convenant cependant qu'il est un peu chargé, & le P. Niceron semble n'être pas éloigné de passer condamnation sur le jugement de La Monnoye. Il est bien vrai que la vanité de Champier étoit de nature à donner prise à ses ennemis, d'autant plus disposés à exploiter ses ridicules qu'ils ne voyoient pas sans jalousie son élévation & sa bonne fortune ; mais il ne méritoit pas d'être déchiré si cruellement, & l'on peut affirmer que, dans tout ce qu'il a écrit, rien ne donnoit à Scaliger le droit de le traiter d'envieux, d'inepte, & de le flétrir de l'épithète de faussaire. S'il fut glorieux outre mesure, s'il rechercha avec avidité les distinctions & les honneurs, il voulut en même temps fonder sa renommée sur des titres durables, & s'il n'y a pas réussi, c'est moins sa faute, je le redis encore, que celle de son siècle. Loin de faire métier, comme tant d'autres, de décrier & de dénigrer ses rivaux, il dédaigna toujours de répondre aux injures par des injures, lorsqu'il eut à souffrir des atteintes & des calomnies de ses ennemis. Il convenoit d'ailleurs moins encore à Scaliger qu'à tout autre, de lui faire un crime d'avoir changé son nom, en prenant quelquefois celui des Campegi de Bologne ou des Campesi de Pavie, qui s'honoroient de son alliance. Scaliger avoit bien d'autres prétentions, lui qui se disoit issu des seigneurs *della Scala*, tyrans de Vérone, & allié aux plus grandes maisons princières de l'Italie & de l'Allemagne, quoique son père Benoît Bordone ne fût qu'un pauvre peintre en miniature. Cette modeste extraction auroit été un mérite de plus pour lui, s'il ne l'avoit pas reniée & s'il n'eût pas, jusqu'à la fin de sa vie, entassé mensonges sur mensonges pour persuader au monde entier qu'il étoit d'une naissance illustre. Orgueilleuse bassesse qui attira plus tard des déboires amers & de dures mortifications à son fils Joseph, lors de ses querelles avec Cardan & Scioppius.

En accusant Champier d'être un faussaire, Scaliger a prononcé son propre arrêt; le faussaire c'est lui, car personne ne fut dupe de ses inventions grossières & de sa jactance. Champier avoit acquis le droit de porter le nom de Campége, puisque le cardinal Campége l'avoit reconnu pour son parent, & que ce nom, sauf la désinence italienne, étoit le même que le sien. S'il se donna le ridicule, assez commun dans tous les temps, de travailler à l'agrandissement de sa famille, peut-être aux dépens de la vérité, au moins il n'eut pas la lâcheté de rougir de son nom, & il resta le fils de son père. En supposant que la pensée de se rattacher aux Champier de Dauphiné ne lui soit venue qu'à cause de la similitude du nom qui leur étoit commun, il n'en est pas moins vrai, s'il n'a pas fourni les preuves à l'appui pour justifier sa prétention, qu'on n'en a point non plus à lui opposer pour le convaincre de faux. Il n'y a rien contre la vraisemblance dans tout ce qu'il a avancé à ce sujet, à savoir que les Champier de St-Symphorien-le-Chastel & les Champier de Dauphiné avoient la même origine, les uns pauvres & ignorés, les autres illustres.

Ils portoient même nom, mêmes armes; il n'y avoit donc rien d'impoſſible à ce qu'il en fût ainſi, &, dans le cas où l'on ne verroit là qu'une illuſion de la vanité, à défaut de titres, il avoit au moins un prétexte plauſible. Quant à Scaliger, il n'en étoit pas de même : il ne pouvoit ignorer le nom de ſon père ni ſa profeſſion, & ſon uſurpation eſt flagrante & baſée ſur un tiſſu de fables. Benoît Bordone, ſon père, publia à Veniſe, en 1528, *Libro di Benedetto Bordone nel qual ſi ragiona di tutte l'Iſole del Mondo con li lor nomi antichi e moderni, iſtorie, favole, e modi del loro vivere*, & dans ſa ſupplique pour obtenir un privilége, il dit qu'il eſt peintre en miniature, *miniatore*. Ce Benoît Bordone étoit de Vérone; il vécut aſſez longtemps à Padoue, puis à Veniſe où il habitoit le quartier *della Scala;* de là, lui vint le ſobriquet *dalla Scala* pour le diſtinguer. Voilà donc le nom du père de Scaliger bien avéré. Giraldi, dans le ſecond dialogue des poètes de ſon temps, dit expreſſément, parlant de Scaliger, qu'il porta d'abord le nom de Bordone, & ce témoignage ne ſauroit être ſuſpeĉt : Giraldi étoit ſon contemporain & ſon ami. Tomaſini affirme auſſi que, lorſque Scaliger étudioit à Padoue, il n'étoit connu que ſous le nom de Bordone, toutes ces ſottes idées de grandeur ne lui ayant pas encore paſſé par la tête; de plus on a relevé aux archives de l'Univerſité ſon diplôme de docteur en médecine, & il y eſt appelé « Julius Caeſar Bordonus, filius egregii viri Benedicti, civis veronenſis. »

En voilà aſſez pour prouver ſa véritable origine. Les contes qu'il a forgés ſur ſes prétendues actions de guerre & ſur ſon ſéjour à la cour de l'empereur Maximilien, ſont autant d'impoſtures à l'appui de l'antiquité & de l'illuſtra-

tion de la race (1). Il vint en France en 1521 avec Antoine della Rovere, évêque d'Agen, qu'il accompagnoit
en qualité de médecin. Ce fut à Agen que s'opéra par
un faux, dans ses lettres de naturalisation, la transformation de Bordone en sieur de Lescalle ou Scaliger. Dès lors,
il ne rêva plus que blason, devises héroïques, consangui-
nité avec les maisons royales, & il commença à publier
partout, avec une effronterie sans pareille, que Bordone
n'avoit jamais été un nom patronymique, mais un nom
de fief, qu'il défigura encore, & dont il fit Burden. Voilà
l'homme qui accusoit Champier d'être un faussaire.

Contemporain de Champier, médecin comme lui,
peut-être la gloire attachée au nom de celui-ci l'empé-
choit de dormir. Ce qui le feroit croire, c'est qu'il déchira
avec la même rage & la même impudeur les hommes les
plus éminents de son temps, & ne pardonna à aucune
supériorité lorsqu'elle lui portoit ombrage. Ce fut ainsi
qu'il débuta dans la carrière où il se fit connoître par la
crainte qu'inspiroient ses morsures envenimées, autant que
par la vaste érudition qu'on ne peut lui refuser. En effet, il
n'épargna personne, & il se vantoit d'être le fléau des gens
de lettres, comme Pierre Arétin s'enorgueillissoit du surnom
de fléau des princes. Erasme lui-même ne fut pas à l'abri
des invectives de Scaliger, qui a écrit contre lui deux Déclamations, ou plutôt deux diatribes. Il n'y avoit pas de
raison pour que Champier fût plus ménagé qu'Erasme (2).

(1) Il a prétendu qu'il avoit été page
de l'Empereur & qu'il avoit servi ce
prince pendant dix-sept ans; il poussa
même l'impudence jusqu'à soutenir
qu'il étoit à la bataille de Ravenne, où

son père fut tué, dit-il, ainsi qu'un de
ses frères.

(2) Voyez Maffei, *Verona illustrata*,
& le *Menagiana* (passim), de l'édition
donnée par La Monnoye.

M. Cochard, dans fa Notice hiftorique & ftatiftique du canton de St-Symphorien-le-Château, a prétendu, en vertu de je ne fais quel titre, que Champier avoit été pourvu jufqu'à fa mort de l'office de cuifinier, *culinarius*, du monaftère d'Ainay; & à l'appui de cette allégation fingulière, il fe contente de dire que les regiftres de cette églife nous apprennent que l'abbé Antoine de Talaru donna en 1539 à un notaire cet emploi de cuifinier, vacant par le décès de Champier. M. Cochard, en avançant ce fait, a cru pouvoir fe difpenfer de citer au moins un extrait des regiftres auxquels il l'a emprunté, & de nommer le notaire fucceffeur de Champier dans ces importantes fonctions de maiftre-queux des moines de l'abbaye d'Ainay, à qui il ne falloit pas moins qu'un médecin ou un tabellion pour accommoder leur maigre pitance. Dans le but d'atténuer l'énormité de cette invention & de la rendre vraifemblable, on a dit que fans doute *culinarius* fignifioit ici maître d'hôtel; mais j'ouvre le dictionnaire latin-françois & je vois *culinarius, cuifinier, valet de cuifine, marmiton*. Ce mot n'a pas paffé dans la baffe latinité, & ne fe trouve même pas dans le Gloffaire de Du Cange, qui n'avoit pas à s'en occuper; il ne pouvoit donc être pris dans une autre acception, & il en réfulte que Champier & le notaire fon fucceffeur auroient été cuifiniers de l'abbé d'Ainay & de fes moines. Cependant on ne devoit pas oublier que Champier avoit époufé Marguerite Terrail, petite-nièce d'Antoine Terrail & nièce de Théodore, l'un & l'autre abbés d'Ainay. Cette alliance devoit fuffire pour écarter l'idée affez faugrenue qu'un homme auffi entiché de fa nobleffe que l'étoit Champier ait pu faire partie de la domefticité

d'un monaſtère. En effet, cette condition ſubalterne pou-
voit-elle convenir à l'orgueil de l'homme qui étaloit en
tous lieux ſon blaſon mêlé à celui des Terrail & des Campége, & qui ne manquoit pas une occaſion de rappeler
qu'il étoit chevalier aux éperons d'or? Pouvoit-il convenir
auſſi à la dignité de Théodore Terrail, que celui de qui ſa
propre nièce portoit le nom, de qui les enfants avoient
du ſang de Bayard dans leurs veines, fût cuiſinier, maître
d'hôtel, ſi l'on veut, dans le monaſtère dont il étoit abbé?
Quoique rien ne prouve que Champier ait eu un emploi
quelconque à Ainay, il auroit pu être le défenſeur des intérêts temporels de la communauté, qui poſſédoit des biens
conſidérables, & l'on comprendroit qu'il eût accepté cette
charge honorable & toute de confiance, qui auroit fait
de lui comme l'avoué d'une abbaye riche & puiſſante.
Mais qu'un ſoldat armé chevalier ſur le champ de bataille,
un ſavant docteur, un médecin célèbre entre tous ſes contemporains ait conſenti à intervenir, en quelque façon que
ce ſoit, dans les menus détails de la marmite de ces bons
Pères, c'eſt ce qui répugne au plus ſimple bon ſens, &
ce que perſonne ne ſauroit admettre. M. Cochard & ceux
qui l'ont copié complaiſamment avoient toute liberté pour
ſe moquer à leur aiſe des prétentions nobiliaires de Champier, ſans qu'il fût beſoin de recourir à cette plate facétie.

Au commencement du XVIᵉ ſiècle, quelques amis des
lettres à Lyon avoient eu la penſée de ſe réunir à la campagne pendant la belle ſaiſon; là, ſous de frais ombrages,
délivrés des tracas de la ville & du ſouci des affaires, la
philoſophie, les lettres, les ſciences & les beaux-arts rem-
pliſſoient leurs loiſirs & étoient le ſujet de leurs entretiens.

Ces réunions ne nous font connues que par une lettre que l'un de ceux qui en faifoient partie, Humbert Fournier, écrivoit en 1507 à Champier, & que celui-ci a publiée à la fin de fon livre *De quadruplici Vita;* aucun écrivain de cette époque n'a parlé de ces affemblées littéraires, Champier lui-même n'en a pas dit un mot. La lettre d'Humbert Fournier, en beau latin cicéronien, a été traduite ou plutôt paraphrafée par le P. Meneftrier, qui l'a donnée dans fa Bibliothèque curieufe. Humbert y rend compte à Champier de la manière dont fes amis & lui paffoient le temps dans leur retraite champêtre.

« Vous défirez favoir, lui écrit-il, à quoi nous nous occupons fur cette fainte colline jadis fameufe à caufe du Forum de Vénus, aujourd'hui confacrée à la Vierge Mère de Dieu. Nous y vivons loin de la fociété des femmes, & les lettres y rempliffent tous nos loifirs. Nous nous efforçons, par un meilleur emploi du temps, de réparer autant que poffible celui que nous avons perdu dans notre jeuneffe, regrettant les heures, les années qui fe font fi longtemps écoulées pour nous dans les plaifirs, la molleffe & l'oifiveté; &, expiant ainfi par l'étude & par l'application cette malheureufe prodigalité, nous ne nous livrons à d'autres travaux qu'à ceux de l'intelligence. Nos converfations roulent principalement fur la religion, fur la fin dernière de l'homme, fur les moyens les plus fûrs de régler les paffions, de polir l'efprit & de le rendre meilleur. Tel eft le fujet de nos entretiens avec notre André Victon, qui nous femble faire revivre Socrate; homme, en effet, d'une fi grande vertu, que je ne puis vous l'exprimer dans les étroites limites d'une lettre, & qu'il faudroit pour cela écrire des volumes. Vous feriez

charmé des rares qualités de son cœur & de son esprit, de
sa candeur ineffable & de la pureté de sa vie toute théolo-
gique. Nous sommes visités souvent par nos amis, en petit
nombre, il est vrai, mais tous recommandables par leurs
vertus. Celui dont le commerce nous est le plus agréable
est Gonzalve (Toledo), que je puis appeler la seconde lumière de notre académie, dont il est véritablement l'A-
pollon & le Praxitèle, non moins remarquable par ses vastes
connoissances dans toutes les parties des arts libéraux,
que par son amour pour ceux qui y excellent & par l'ardeur
qu'il met à les imiter. Lorsque nous avons donné quelques
heures à la lecture & aux muses, nous faisons trève aux
discussions littéraires, & ce ne sont plus que des entretiens
familiers égayés par les nouvelles du jour & par des histo-
riettes amusantes, sans qu'il y ait jamais rien de mordant
ni de contraire à l'urbanité dans nos discours. L'un met
en avant des subtilités pour animer la conversation ; l'autre
nous entretient des cruautés que les musulmans exercent
contre les chrétiens ; quelquefois, à l'imitation du chantre
étrusque (Pétrarque), je leur récite des vers toscans que j'ai
composés ; puis, un autre, se drapant comme Démosthènes
ou Cicéron, déclame sur quelque sujet d'éloquence ; celui-
ci nous divertit par des scènes comiques, des bouffonneries
ou des tours d'adresse ; celui-là tient son auditoire la
bouche béante & le remplit de terreur en lui redisant les
horribles péripéties du fratricide d'Atrée & de Thyeste, les
transformations de Circé & l'erreur de Méduse. Mais notre
Socrate ne s'amuse pas à nous conter la fable de Midas, ou
celle de Milon le Crotoniate ; laissant de côté les brillantes
peintures d'Ovide, les admirables inventions de Virgile &

les autres vanités du même genre, il nous parle de la fragilité des choses terrestres & de la pensée de la mort qui est la vraie philosophie de l'âme ; il nous donne matière à réfléchir, en déroulant devant nous le trésor des sentences théologiques, & il nous enseigne à méprifer les plaisirs passagers & les biens caducs d'un monde périssable. Après ces solides instructions, notre Orphée prend son luth & nous réjouit par ses harmonieux accords auxquels les oiseaux répondent par leurs gazouillements & leurs chants joyeux. Ensuite Musée, votre beau-frère (1), charme nos oreilles en nous faisant entendre les sons mélodieux de sa flûte, aussi doux que le chant des Sirènes. A ces exercices succèdent la lutte, la course & d'autres jeux où nous déployons la force & l'agilité de nos membres. Quand vient le soir, nous regardons couler au-dessous de nous les eaux tranquilles de la Saône à peine ridées par le souffle d'une molle brise ; nous distinguons les maisons de la ville, nous entendons le bruit des ateliers & des machines, & nous suivons de l'œil la trace de feu que les étoiles filantes laissent dans l'azur des cieux. L'écho des vallons répond à ce murmure confus & l'apporte jusqu'à nous ; mais il n'est pas de plus magnifique spectacle que celui dont nous jouissons de notre observatoire placé au sommet de la montagne : la campagne verdoyante qui s'étend au loin autour de nous, les vignobles bourgeonnants, les bosquets couverts de fleurs de toute espèce, les saules au feuillage verdâtre, les prairies,

---

(1) « Museus sororius tuus. » J'avois cru d'abord que Fournier avoit ainsi désigné Bruyerin-Champier, *sororius* signifiant aussi bien neveu que beau-frère ; mais il étoit trop jeune alors. Je ne sais qui étoit ce beau-frère de Champier, à moins que ce ne fût le père de Jean Bruyerin.

les terres enfemencées, les moiffons luxuriantes, les bouquets d'arbres qu'on aperçoit çà & là, tout cela forme un tableau raviffant. Mais en voilà affez fur nos études & fur nos jeux....» Le refte de la lettre, qui eft datée de 1506, ne contient que des proteftations de dévouement & d'amitié.

Il n'en a pas fallu davantage au P. de Colonia, pour faire non feulement de ces réunions intimes une véritable académie, mais encore pour décider qu'elle fe tenoit régulièrement dans la maifon dite l'Angélique, près de la chapelle de Fourvières, & pour nous donner le nom de quelques-uns des membres qui la compofoient. Cependant il fuffit de lire la lettre d'Humbert Fournier à Champier pour refter convaincu que ce n'étoit autre chofe qu'un cercle de quelques amis qui fe réuniffoient chez l'un d'entre eux, à la campagne, pendant les beaux jours d'été ou les vacances, & s'adjoignoient de temps à autre un petit nombre de vifiteurs choifis ayant les mêmes goûts. Humbert Fournier ne cite qu'André Victon, Gonfalve Toledo & les deux inconnus qu'il défigne fous les noms d'Orphée & de Mufée. Dans une autre lettre, auffi de 1506, mais de la fin de l'année, Fournier parle de Jehan Lemaire : « L'été dernier, dit-il, lorfque je vivois fous le même toit à la campagne, près de Fourvières, avec mon cher Socrate (André Victon), j'ai vu quelquefois Jehan Lemaire..... » Il n'y a rien là qui reffemble à une académie; il faut donc mettre de côté tous ces académiciens imaginés par le P. de Colonia, fur la foi du poëte Voulté, qui a parlé, il eft vrai, dans fes vers, de quelques gens de lettres de Lyon au XVIᵉ fiècle, mais fans faire mention de cette prétendue académie. Jean Voulté ne vint à Lyon que trente ans plus tard, en 1536. C'eft ce qui n'a pas échappé au P. Meneftrier; auffi, bien qu'il femble avoir pris au férieux cette académie, tout en reproduifant les noms des favants lyonnois cités par Voulté, pas plus que lui il n'a dit qu'ils en faifoient partie. Le P. de Colonia &, après lui, Poullin de Lumina, n'y ont pas regardé de fi près : comme ils admettoient l'exiftence inconteftable d'une Société littéraire, il falloit bien lui chercher des membres, & ils les ont recrutés partout, même parmi les gens de lettres qui étoient à peine nés à cette époque, comme Dolet, né en 1509 & venu à Lyon feulement vers 1534 ou 1535. Prefque tous les modernes ont cru que Champier faifoit partie de cette académie, fe fondant en cela fur ce qu'Humbert Fournier le mettoit au courant de ce qui s'y paffoit; quelques-uns cependant ont tiré de fa lettre des conclufions abfolument contraires. Si Champier, difent-ils, avoit appartenu à cette affemblée de favants, il n'étoit pas befoin de l'inftruire de leurs paffetemps ni de lui envoyer la defcription des lieux où ils fe réu niffoient, il devoit les connoître. Sans vouloir examiner la valeur de ces arguments, je me bornerai à répondre que Champier ne pouvoit être d'une académie qui n'a jamais exifté que dans l'imagination de quelques écrivains : la lettre d'Humbert Fournier le dit affez.

Deux actes honorent furtout Champier, & ils fuffiroient pour conferver fa mémoire parmi nous : je veux parler de la part qu'il eut à la fondation de notre collége en 1527, & de fes généreux efforts pour parvenir à conftituer le corps médical avec fes règlements, fes devoirs & fes priviléges (1),

(1) Voici ces priviléges, qu'on trouve à la fuite de fon livre *De quadruplici Vita* :

« Il doit y avoir dans chaque ville un nombre limité de médecins.

« Eux, leurs femmes & enfants feront

en réuniſſant ſous la même diſcipline & ſous une ſurveil-
lance réciproque toutes les individualités éparſes dans une
grande ville, exerçant la médecine au gré de leur caprice,
de leur ignorance & de la routine, ſans garantie pour les
patients qui recouroient à eux, & exploitant impunément
le droit qu'ils s'étoient arrogé ſur la vie des hommes. Par
amour de l'humanité autant que par reſpect pour la ſcience,
Champier eſſaya de mettre un terme au règne des empiriques & des bourreaux, &, dans ce but louable, il voulut
que les médecins formaſſent une corporation où ne ſeroient
admis que ceux qui ſeroient reconnus capables & ſuffiſants.
Les études, & particulièrement celle de la médecine, étoient
tombées dans un tel abaiſſement, s'il faut l'en croire, que,
pour purger les écoles des abus qui les avoient envahies,
on auroit eu beſoin du cenſeur Craſſus qui réforma autrefois à Rome les méchants profeſſeurs de rhétorique, ou
mieux encore d'Hercule qui nettoya les écuries d'Augias(1).

exempts de toutes charges. Ils ne feront pas tenus de loger qui que ce ſoit
dans leur maiſon, même lorſque le roi
ſéjourne dans la ville qu'ils habitent.

« La preſcription ne court pas pour
eux pendant le temps qu'ils ſont à l'armée pour panſer les bleſſés.

« Ils ne pourront pas être appelés
en jugement malgré eux.

« Ils ſeront exempts de toute tu-
telle & de toute curatelle.

« Le fils d'un médecin pourra teſter
quaſi caſtrenſi peculio.

« Le médecin recevra ou pourra
recevoir un ſalaire de la communauté.

« Il ſera permis au médecin qui
ſoigne les pauvres de recevoir un trai-
tement de la communauté.

« Un médecin reçu & agrégé
pourra être dégradé s'il eſt reconnu
incapable.

« Tous les privilèges octroyés au
médecin agrégé le feront auſſi à ſa femme, à ſes enfants & à ſa famille, »

(1) Champier n'étoit pas le ſeul
alors qui déplorât l'aviliſſement où les
écolâtres de ſon temps avoient réduit
l'étude des lettres humaines ; Marot a
dit dans ſa quarante-troiſième épître,
ou ſeconde epiſtre du coq a l'aſne, à
Jamet :

En effet c'eſtoient de grans beſtes
Quo les régens du temps jadis,
Jamais je n'entre en paradis
S'ils ne m'ont perdu ma jeuneſſe.

La jeuneffe, en effet, bien loin d'apprendre quelque chofe dans les gymnafes, dit-il encore, y oublioit ce qu'elle pouvoit favoir en y entrant, & les études qui devoient enfeigner l'humanité, la modeftie, les bonnes doctrines, n'aboutiffoient qu'à l'infolence, à l'arrogance & à l'ignorance; ce qui n'empêchoit pas qu'il ne fuffît à un jeune homme de s'être traîné pendant quatre ou cinq ans fur les bancs, pour fe croire un habile dialecticien, un philofophe profond, un médecin confommé (1). On comprend ce que pouvoient caufer de défaftres & de défolation au fein des familles, des légions de ces docteurs improvifés répandus dans les villes & dans les campagnes (car le métier étoit bon), & faifant à qui mieux mieux des expériences fur les malheureux condamnés à paffer par leurs mains. Auffi Champier, qui avoit à cœur la dignité de fa profeffion con - fidérée par lui comme un véritable facerdoce, crut-il que, pour remédier au mal, il importoit de donner aux études une impulfion vigoureufe, de les retremper aux véritables fources, & de faire des médecins, profeffeurs ou praticiens, une agrégation qui les rendît en quelque forte folidaires les uns des autres. Il y avoit trop d'intérêts & de paffions en jeu, & par conféquent trop d'obftacles à furmonter, pour que cette penfée fi féconde fût réalifée fur le champ; cependant elle germa dans les efprits comme toutes les chofes utiles, & le jour vint où il fut poffible de la mettre à exécution ; mais ce ne fut qu'après la mort de Champier, ce qui n'empêche pas que la gloire ne lui en revienne tout entière, car c'eft à lui qu'appartient la première penfée

(1) *Speculum Medici chriftiani.*

de ces Sociétés de médecine qui depuis ont fait faire tant
de progrès à la fcience. Il comprenoit fi bien l'importance
de cette réforme radicale, que, parmi les titres honorifiques
dont il fe plaifoit à accompagner fon nom, il n'oublioit
jamais celui de «Aggregator lugdunenfis» & de «Affertor
mediceae libertatis. »

C'eft là tout ce qu'il m'a été donné de recueillir çà & là
de la vie d'un homme qui étonna nos pères par fon vafte
génie & par la variété infinie de fes connoiffances. Vaillant foldat, homme de cour, poli, élégant dans fes formes
& fon langage, adminiftrateur habile & dévoué à la chofe
publique, & jufqu'à la fin praticien confommé ; écrivain
infatigable, abordant toutes les queftions, traitant tous
les fujets avec une incroyable facilité : médecine, philofophie, théologie, droit civil, hiftoire ancienne & moderne ;
après une exiftence fi bien remplie & prolongée jufqu'à fa
foixante-feptième année, fes contemporains, qui l'avoient
admiré & loué avec excès, ne lui ont pas confacré une
page, &, ce qu'on fait de lui, on l'apprend de lui-même
& par lambeaux, en parcourant fes nombreux ouvrages.
Il ne s'eft pas trouvé après lui une main amie pour tracer
une fimple notice fur l'homme qui avoit employé de longues
veilles à fauver de l'oubli le nom & les écrits des médecins
célèbres anciens & modernes, dans un ouvrage où l'on
trouve encore d'utiles renfeignements (1) & qui lui valut les
applaudiffements de Léonard Serra, de Gonfalve Toledo,
de Jehan Lemaire & d'un grand nombre d'autres favants.

On a avancé, fur je ne fais quelle autorité, car on n'en

---

(1) De claris medicine Scriptoribus.

a pas cité, que Champier a été soupçonné d'être l'auteur du libelle infâme intitulé *De tribus Impostoribus*. On trouve en effet, à la suite de son livre *De claris medicine Scriptoribus*, un traité *De Auctoribus legum..... de Mose, Christo & pseudopropheta Machometo;* c'est sans doute ce qui a donné lieu à cette accusation inconsidérée. Si l'on avoit pris la peine de feuilleter cet opuscule qui n'a que vingt-quatre pages (ff. XLIII-LIV), on se seroit assuré qu'il ne contient rien que de conforme aux traditions & aux enseignements de l'Eglise, c'est à dire que l'auteur y raconte la mission de Moïse, prophète suscité de Dieu pour conduire son peuple & lui faire connoître ses commandements, la vie de Jésus-Christ, Dieu fait homme pour le salut du genre humain, & enfin les impostures de Mahomet & de l'Alcoran. Même en supposant que le livre *De tribus Impostoribus* eût été publié à la date qu'on lui assigne, il étoit impossible qu'il fût l'œuvre de Champier, mort depuis longtemps alors; mais M. de La Monnoye, qui a traité savamment de ce livre, dans une lettre au président Bouhier, imprimée à la suite du *Menagiana* de 1715, a prouvé qu'il n'avoit jamais existé, & Bayle, qui a partagé cette opinion, l'appelle un livre chimérique. On peut voir ce qu'il en dit aux mots Arétin (Pierre), & Wechel (Chrestian). S'il est vrai qu'on ait soupçonné Champier d'en être l'auteur, il faut que celui qui a mis en avant cette énormité n'ait jamais ouvert un seul de ses livres, car il n'en est point où il ne proteste de son respect pour l'Eglise catholique, & ce qu'on doit louer en lui, c'est qu'il conserva l'intégrité de la foi de ses pères, à une époque où l'orgueil & la luxure entraînoient vers les doctrines de la Réforme tant d'hommes

éminents par le génie & par la fcience. Il eft facile de s'en
affurer en lifant fes écrits : jufque dans fes traités fur des
queftions purement médicales, il ne manque jamais de
rappeler la néceffité de la foumiffion aux lois de l'Eglife.
Voici, à ce propos, les confeils qu'il donne aux jeunes médecins : « Le medecin ne doibt pas foy enquerir trop avant
des queftions theologales, car les theologiens qui toufiours
eftudient en theologie font bien empefchez fouvent a les
bien entendre : & ne doibt faire le medecin, comme depuis
peu de temps en ça ont voulu faire aulcuns orateurs &
gramairiens fimples qui oncques ne furent logique ny philofophie, & ont voulu glofer levangile a leur fantaifie contre lintelligence de faincte eglife, dont font forties plufieurs
faulces fectes & herefies par leur faulces interpretations
dont le monde eft moult troublé. Mais doibt le medecin
croyre en tout & partout a la faincte ecriture, felon que
les faincts docteurs de leglife lont entendu & leglife lap-
prouve, car nul ne peult avoir falut dehors la faincte eglife,
laquelle eft la congregation des fidelles & ung corps myfti-
que informé & animé de la foy de Jefus-Chrift (1). »

Si l'on vouloit, pour apprécier Champier, s'en rapporter à ce que les favants les plus illuftres de fon temps ont
écrit, pendant fa vie, fur lui & fur fes ouvrages, la tâche
feroit facile : il n'y auroit qu'à reproduire les nombreufes
pièces liminaires qui fe trouvent mêlées à la plupart de fes
écrits ; mais le lecteur n'y verroit que des louanges pouffées
au-delà des bornes permifes à l'hyperbole ; & ces louanges,
dépaffant prefque toujours le but, ne prouveroient rien,

_____

(1) Les Lunectes des Cyrurgiens.

fi ce n'eft l'infatuation & le fervilifme des écrivains qui les
prodiguoient ainfi fans mefure & fans pudeur. On pourroit
cependant en conclure, ce me femble, que Champier, devançant fon fiècle, à cette époque de tranfition, marchoit
au premier rang de la docte phalange qui porta le dernier
coup à la routine du Moyen-Age & confomma l'œuvre
de la Renaiffance. C'eft là, en effet, fon plus grand mérite. Mais le monde a cheminé depuis : chaque jour enfante
un progrès qui fait oublier le progrès de la veille & fera,
à fon tour, effacé par celui du lendemain, & Champier,
porté aux nues par fes contemporains, n'eft plus aujour-
d'hui qu'un pédant confondu dans la foule des plus ob-
fcurs compilateurs. En le jugeant avec cette rigueur, on
eft allé d'un extrême à l'autre. Champier ne méritoit

Ni cet excès d'honneur, ni cette indignité (1).

Parce que, de nos jours, on eft parvenu à diriger l'emploi
de la vapeur; à abréger, par le moyen de ce puiffant mo-
teur, la longueur des voyages d'outremer; à faire de Lyon,
de Bordeaux, de Marfeille, comme des faubourgs de Paris;
à employer dans l'induftrie ces machines admirables qui
centuplent l'action de l'homme & du cheval; s'enfuit-il
qu'on doive dépouiller de la gloire d'une découverte fi
féconde en prodiges le génie qui le premier devina la
puiffance de la vapeur, & le nom de Papin n'eft-il pas
immortel? Ce que Denis Papin a fait pour le perfection-
nement de la matière, Champier l'a tenté auffi pour l'a-

(1) Racine. (*Britannicus*.)

vancement des lettres, & l'on ne ſauroit oublier qu'il a aidé par ſes écrits à la réforme & au progrès de la ſcience médicale, & qu'il a contribué puiſſamment à ranimer en France le goût & l'amour des ſaines études. Ainſi, tout en ne tenant nul compte, ſi l'on veut, de l'engouement de ſes admirateurs au XVIᵉ ſiècle, il convient de ne pas ſe laiſſer aller au profond dédain que les modernes ont affecté pour lui, & de ne pas perdre de vue qu'il écrivoit de 1496 à 1537.

Il me reſte à faire connoître le jugement que les bibliographes ont porté ſur Champier, ſoit comme médecin, ſoit comme hiſtorien, ſoit comme poète. Parmi ceux qui n'ont examiné que ſes œuvres médicales, Van der Linden s'eſt abſtenu, & s'eſt contenté de donner le catalogue de tout ce qu'il a écrit ſur ces matières. Aſtruc, qui étoit étranger à la bibliographie & qui n'avoit peut-être jamais ouvert un ſeul des livres de Champier, dit de lui, dans ſes Mémoires pour ſervir à l'hiſtoire de la Faculté de Médecine de Montpellier, qu'il a laiſſé un grand nombre de traités de médecine tous médiocres ; qu'il y a pourtant quelques diſſertations hiſtoriques ſur la médecine & ſur les médecins dont on pourroit faire uſage ; mais qu'on doit ſe tenir pour averti de ne point compter ſur ſon autorité & de n'accepter les faits qu'il avance, qu'après les avoir vérifiés, Champier n'étant point exact. Aſtruc ſe ſeroit montré moins ſévère, ſans doute, s'il s'étoit ſouvenu que ce qui étoit conſidéré comme erreur à l'époque où il écrivoit, paſſoit pour vrai au commencement du XVIᵉ ſiècle. Il eût été d'ailleurs plus équitable d'examiner la valeur de Champier relativement au temps où il vivoit, que de le juger avec les idées du

xviiie fiècle, dont la plupart n'ont déjà plus cours aujour-
d'hui, furtout en médecine.

Haller appelle Champier « non indoctus homo, poly-
graphus & collector, femibarbarus tamen. » C'eft tout
ce qu'il dit de lui. Eloy l'accufe de mettre tout à contribu-
tion pour avoir l'occafion d'écrire.

Vincent Malacarne, de Saluces, auteur de recherches
bibliographiques fur les médecins & les chirurgiens nés
avant le xvie fiècle dans les Etats du duc de Savoie, a
confacré un très long article à Symphorien Champier qu'il
croyoit être né en Savoie. Sauf quelques erreurs pardon-
nables à un étranger, Malacarne eft le feul des biographes
de Champier qui l'ait jugé fans prévention & lui ait rendu
juftice. La partie bibliographique a été traitée par lui avec
beaucoup de foin ; l'on voit qu'il connoît fon auteur, &
qu'il ne s'eft pas contenté de fe faire une opinion avec celle
des bibliographes qui l'ont précédé. Le catalogue qu'il a
donné des œuvres de Champier paroît beaucoup plus ample que celui du P. Niceron ; mais il faut noter qu'il a
fait prefque toujours plufieurs articles d'un feul, en men-
tionnant à part & comme compofant un tout, chacun des
divers petits traités réunis dans un même volume. Le
P. Niceron a procédé de même quelquefois.

Malacarne s'exprime ainfi fur Champier : « Loué à
l'excès pendant fa vie, pöete, foldat, magiftrat, chevalier,
médecin des rois & des princes, agrégé à plufieurs univer-
fités, théologien, hiftorien, botanicien....., cet homme
fingulier eft aujourd'hui prefque totalement inconnu, fi ce
n'eft des hiftoriens piémontais, à caufe de fes Chroniques
de Savoie qui rebutent le lecteur par la barbarie de leur

vieux langage françois, & ne fontplus confultées de loin en loin que par les amateurs de l'antiquité. Il eft jufte cependant que nous tentions de réhabiliter fa mémoire, car il fut l'un des premiers qui, pouffés par un fentiment généreux, effayèrentde débarraffer l'art médical du jargon de la latinité la plus infime & la plus barbare; de plus, il nous a précédé dans la compofition d'un livre femblable à celui que nousavons entrepris, pourferpétuer la reconnoiffance de la poftérité envers cette claffe d'hommes utiles qui ont fait profeffion de foulager l'humanité dans les maux innombrables auxquels elle eft condamnée. » Et plus loin il dit encore : « Il femble impoffible qu'un homme qui, fi nous en croyons Eloy, n'a pas dépaffé l'âge de cinquante-deux ans (1), & qui employa une partie de fa vie foit à voyager, foit à enfeigner la jeuneffe, foit à faire des recherches & à recueillir dans fon cabinet une multitude de notes fur toutes fortes de queftions, ait pu écrire fur tant de matières diverfes & écrire bien. Il avoit lu & compofé bien plus encore qu'il n'avoit obfervé; auffi la multiplicité des fujets fur lefquels il a laiffé courir fuperficiellement fa plume dans la plupart de fes ouvrages, les a-t-elle fait juger peu folides & peu utiles. Sur ce point, l'opinion publique fe trompe rarement, & fon jugement eft fans appel. En effet, Champier ne juftifia pas toujours les titres faftueux dont il fut décoré de fon vivant, &, fi fon éloquence & fon caractère perfonnel le rendirent recommandable & le firent jouir de tous les genres d'honneurs & de récompenfes auprès de fes contemporains, comme tout cela ne repo-

(1)C'eft une erreur. Champier, mort ou en 1472 : il avoit donc environ foien 1539, étoit né vers la fin de 1471 xante-fept ans lorfqu'il mourut.

foit pas fur des fondements durables, fa gloire & fa renommée fe font éteintes avec lui. »

Ainfi c'eft un étranger qui, feul au milieu de ce concert
de fifflets infultants pour la mémoire du pauvre Champier,
a effayé de faire valoir fes droits à une juftice impartiale.
Cependant je dois dire que vers le milieu du XVIIe fiècle,
plus de cent ans après la mort de Champier, fon immenfe
renommée n'étoit pas encore entièrement éteinte, au moins
dans le collége de médecine de Lyon; car Lazare Meyffonnier, au difcours qu'il prononça pour l'ouverture de fes
leçons publiques de chirurgie, le 16 novembre 1643, s'ex-
primoit ainfi fur le compte de ce favant homme : « Je n'y
vois rien (au XVIe fiècle) de plus notable que la vie, la doctrine & la dignité de Mr Symphorien Champier, premier
médecin du duc de Lorraine, homme illuftre par fes écrits,
lefquels, en nombre & réputation, furpaffent aifément
tous ceux que les efprits de fon temps produifirent, dans
les premières clartés que le foleil de l'imprimerie donna à
la beauté renaiffante des arts, obfcurcie par une nuit de
barbarie depuis que l'empire d'Occident commença de
ceffer à Rome. Ce grand homme fut tellement eftimé des
Lyonnois, qu'il fut créé efchevin l'an MDXXIX. Ce fut luy
qui invita & confeilla pour le profit du peuple l'érection
de ce beau collége de la Trinité, regrettant de voir mourir
l'exercice des bonnes lettres en cette ville, & s'efforçant
de l'y ramener..... (1). »

(1) Voyez un curieux petit livre intitulé : Hiftoire de l'univerfité de Lyon
& du collége de médecine, par Lazare
Meyffonnier, Mafconnois, docteur ag-
grégé. A Lyon, Claude Cayne, rue

Noire, au Lyon d'or, 1644, in-4° de
27 pages. Lazare Meyffonnier n'eft pas,
il eft vrai, une autorité bien refpecta-
ble; mais il étoit médecin à Lyon &
il rendoit cet hommage à la mémoire

Dézeimeris, le dernier qui de nos jours ſe ſoit occupé des écrits de Champier au point de vue de la ſcience médicale, répète, dans ſon Dictionnaire de la médecine ancienne & moderne, ce qu'on avoit dit avant lui, & il conclut en ces termes : « Loué avec excès par ſes contemporains, il fut cenſuré outre meſure, peut-être, par ſes ſucceſſeurs, qui ne lui ont pas tenu compte de l'époque où il vivoit..... Ses écrits en médecine ſont peu eſtimés & ne ſont pas cependant ſans mérite. Il ſe porta des premiers vers l'étude des auteurs grecs, & concourut à ébranler l'influence des Arabes. »

Ces compilateurs ſe ſont bornés à apprécier Champier comme médecin, ſans ſe préoccuper de la forme littéraire, & l'on voit qu'ils ne ſe ſont pas laiſſé éblouir par le preſtige qui avoit environné ſon nom autrefois. Il ne m'appartient pas d'appuyer, moins encore d'infirmer le jugement formulé par eux ſur des matières qui ne ſont pas de ma compétence ; je dirai ſeulement que Champier, devenu riche, puiſſant, en un mot, comblé des faveurs de la fortune, continua juſqu'à la fin de ſa vie à exercer la médecine qu'il conſidéroit comme un miniſtère ſacré ; que ſa prédilection pour « l'art péonien » étoit telle, que, malgré ſon humeur glorieuſe & avide d'honneurs & de diſtinctions, à l'exemple du jeune Iapis qui refuſa les richeſſes qu'Apollon lui offroit & ne lui demanda que la connoiſſance des ſimples & l'art de guérir, dans l'eſpoir de prolonger les jours de ſon vieux père infirme, il auroit tout

de Champier devant un auditoire lyonnois compoſé de médecins & d'étudiants en médecine. Son témoignage a
au moins cette valeur : il n'auroit pas parlé ainſi, s'il n'avoit pas été ſûr que ſes auditeurs partageoient ſon opinion.

facrifié plutôt que de renoncer à fon titre de médecin dont il s'honoroit plus que de tous les autres. Digne nourriſſon de l'école de Montpellier où le vieillard de Cos étoit dès lors en honneur comme il l'eſt encore aujourd'hui, Champier profeſſoit un culte pour Hippocrate dont les préceptes étoient pour lui autant d'oracles ; il ſe plaiſoit à rappeler que les Athéniens lui avoient élevé une ſtatue devant laquelle perſonne ne paſſoit ſans s'incliner avec reſpect ; il lui donne le ſurnom de ſage, de glorieux, de divin, & ne ceſſe d'exhorter les jeunes médecins à l'étudier, à expliquer, à commenter ſes œuvres & à le prendre en tout pour leur guide & leur maître dans la pratique. Sa vénération pour les anciens ſages de la Grèce, dépoſitaires de la vraie ſcience ; ſon mépris pour les empiriques arabes & leurs ſectateurs ; l'hommage qu'il a rendu en toute occaſion aux ſaines doctrines de l'école ancienne ; la longanimité avec laquelle il a pourſuivi les charlatans & démaſqué les impoſtures de la magie & l'inanité de ſes procédés pour la guériſon de tous les maux ; ſes efforts pour détruire l'emploi des drogues empoiſonnées & des ſubſtances exotiques que les Arabes & les Grecs du Bas-Empire avoient introduites dans la pratique de la médecine, & pour les remplacer par l'uſage des ſimples & des médicaments indigènes dont la nature ſe montre prodigue en France ; la guerre inceſſante qu'il fit à l'ignorance & aux ſophiſtications des apothicaires qui, ne ſachant pas même leur métier, ſe mêloient de pratiquer la médecine & de formuler des ordonnances ; tout cela me ſemble lui donner des droits réels à notre eſtime, & comme ſavant & comme bienfaiteur de l'humanité. Quels que ſoient l'indifférence &

le mépris avec lesquels les modernes ont traité ses écrits, je ne puis m'empêcher de croire que l'on doit y trouver les principes fondamentaux de l'art médical, puisqu'il se faisoit une loi de suivre en tout Hippocrate & Galien. S'il s'est trompé, il a erré avec ces princes de la science, & il a eu au moins ce mérite, de ne jamais faillir au serment solennel qu'il avoit fait, en prenant ses degrés à l'université de Montpellier, de rester fidèle à l'enseignement hippo-cratique.

Pour en finir sur un sujet où je comprends toute mon insuffisance, je rappellerai que Champier est le second qui ait traité en France de la nature d'un horrible fléau im-porté, de son temps, du Nouveau-Monde en Europe par les Espagnols. Ce qu'il en a écrit se trouve dans son *Practica nova Aggregatoris lugdunensis*, & dans ses *Castigationes seu Emendationes pharmacopolarum sive apothecariorum*, &c., fol. CXI: *De Pudendagra quam nostri Neopolitanum morbum, Itali vero Gallicum vocant*. Cependant Astruc n'a fait aucune mention de lui dans son traité *De Morbo venereo*, où il passe en revue tous les auteurs qui ont écrit sur cette maladie; ce qui, soit dit en passant, dénote suffisamment la légèreté que les bibliographes modernes ont trop souvent appor-tée à l'examen des œuvres de Champier. Il suffisoit à Astruc de parcourir les tables des deux volumes que je viens de citer, & il ne l'a pas fait.

Dépouillé magistralement du plus beau fleuron de sa couronne & des titres sur lesquels il comptoit le plus pour éterniser son nom, Champier a-t-il été jugé plus favora-blement comme historien & comme poète? Je suis bien encore obligé de dire que non, & ici, je l'avoue, la critique avoit beau jeu, car il n'avoit aucune des qualités que l'on exige de l'hiſtorien & du poète, & tout ce qu'il eſt permis de dire pour le défendre dans ſa médiocrité, c'eſt que ſes chroniques & ſes poéſies, aujourd'hui ſi diſcréditées, ne ſont ni pires ni meilleures que la plupart de celles qui furent le plus goûtées de ſon temps.

Le P. Meneſtrier, qui a qualifié Champier « l'un des plus ſçavans hommes de ſon ſiècle, » ſe montre ailleurs d'une ſévérité exceſſive, & il traite avec mépris non ſeulement « l'écrivain avide de louanges qui ſe louoit lui-même ſans pudeur dans ſes écrits, mais encore l'homme privé dont la vanité ne connut pas de bornes. » Il a fait mention de lui dans l'Eloge hiſtorique de Lyon, les Divers caractères des Ouvrages hiſtoriques, l'Hiſtoire civile & conſulaire, & dans des notes reſtées inédites où il n'a gardé aucun ménagement. Après avoir dit en deux mots, dans la Préface de l'Hiſtoire civile & conſulaire, que Champier eſt le premier qui ait donné cours à quelques fables touchant l'hiſtoire de Lyon, il ajoute : « Louis Chantereau-Lefèvre a fait une terrible peinture de cet hiſtorien en ſes conſidérations hiſtoriques (1). Si Champier, dit-il, ſe fût mêlé d'écrire de la médecine ſuivant ſa profeſſion, ſans ſe mêler de l'hiſtoire où il n'entendoit rien, il eût mieux pourvu à ſa réputation qu'il n'a fait ; tout ce qu'il y a de bon en ſon Hiſtoire (d'Auſtraſie), c'eſt qu'elle eſt courte, & partant on ne perd pas de temps à la lire. Je ne penſe pas que l'on puiſſe jeter les yeux ſur un écrivain plus diſgracié que celuy-là : il étoit entièrement ignorant de la chronologie,

_____

(1) Mémoires ſur l'origine des maiſons de Lorraine & de Bar.

& n'avoit pris connoiſſance de l'hiſtoire que dans les vieux romans. » Cette opinion ſeroit juſte, ſi Champier avoit écrit ſes Chroniques au temps du P. Meneſtrier & de Chantereau-Lefèvre; mais il y a entre eux & lui un intervalle d'un ſiècle & demi, & ce que le P. Meneſtrier a répété au ſujet des ouvrages de Champier, on l'a dit auſſi des ſiens, ſans que ce jugement leur ait rien ôté de leur valeur. Le P. de Colonia (1) s'eſt montré moins âpre & moins dur que ces écrivains, mais on voit bien qu'il n'avoit pas non plus une haute idée de la valeur littéraire de Champier. Tous ces critiques n'ont oublié qu'une choſe dans leur appréciation, c'eſt que Champier naquit en 1471. Dom Calmet, parlant de l'Hiſtoire d'Auſtraſie, ne le traite guère mieux : « Champier eſt le premier, dit-il, qui a fait imprimer quelque choſe ſur l'hiſtoire de Lorraine, & il a fort mal réuſſi. Il a pris pour une hiſtoire véritable le roman de Garin de Loherans (2). » J'ajoute qu'on peut en dire autant de ſes Chroniques de Savoye, tirées du roman de Theſeus de Coulongne & de quelques autres vieilles légendes; autant de ſon Hiſtoire de Bayard & de ſes Origines & antiquités de Lyon. Tel étoit le goût de ce ſiècle : on étoit épris du merveilleux, & plus il y en avoit dans un livre, plus ce livre étoit recherché & lu avec avidité; en cela Champier étoit de ſon temps. L'hiſtoire alors n'avoit d'autre fondement que les fables abſurdes débitées par Annius de Viterbe & quelques autres fauſſaires, ſur la prétendue autorité de Béroſe & de Manéthon que perſonne n'avoit l'idée de ſuſpecter, & tout ce qu'on écrivoit ſur les ſiècles plus rapprochés étoit rédigé dans ce goût & avec le même amour

(1) Hiſt. litt. de Lyon.   (2) Bibl. de Lorraine.

des fictions & du menfonge. La critique n'exiftoit pas, & les traditions les plus invraifemblables, admifes fans difficulté par les efprits les plus graves & les plus férieux, étoient accueillies avec empreffement non feulement par le vulgaire, mais encore dans les hautes régions de la fociété; quant à la chronologie, elle étoit complètement inconnue, & l'on ignoroit encore ce qu'elle pouvoit avoir de commun avec l'hiftoire proprement dite. Tous les chroniqueurs anciens en font là.

Tout en convenant que Champier n'eft qu'un chroniqueur inexact & crédule & qu'il fe montre ordinairement peu foucieux de la vérité & même de la vraifemblance, on peut dire cependant que fes compilations hiftoriques ne font pas fans intérêt pour le philologue. S'il ne faut pas y chercher des documents férieux & inftructifs, on y trouve une forme fimple & naïve qui en rend la lecture finon amufante, au moins fupportable.

Les Geftes de Charlemagne & du paladin Roland, de l'archevêque Turpin, les romans de chevalerie, la Légende dorée étoient alors l'unique lecture des gens du monde lorfqu'ils favoient lire, & les écrivains étoient bien forcés de fubir l'influence du goût dominant, fous peine de n'avoir pas de lecteurs. Jehan Lemaire de Belges, l'un des coryphées littéraires de ce fiècle, n'a pas fait mieux que Champier, témoin fes Illuftrations de Gaule & fingularitez de Troye, qui n'eurent pas moins de dix éditions de 1510 à 1549. Ce livre eft un ramas de fables, & c'eft là ce qui a valu à fon auteur la faveur dont il a joui fi longtemps. Quel que foit le dégoût qu'infpirent aujourd'hui ces compofitions, elles ne font pas, je le répète, philologiquement parlant, fans quelque utilité pour l'obfervateur, à qui elles offrent au moins un fujet d'étude fur la marche de l'efprit humain & fur les progrès de la langue. J'ai fait, on le voit, bon marché de la valeur hiftorique de Champier & des autres chroniqueurs fes contemporains; quant à leur ftyle, il feroit injufte, ce me femble, de fe montrer trop exigeant: la langue françoife informe & groffière, au commencement du xviᵉ fiècle, fuffifoit aux befoins ordinaires & aux relations de la vie fociale, mais elle étoit incapable de fervir aux grands travaux de l'intelligence; il falloit encore un demi-fiècle d'efforts inceffants pour créer le langage d'Amyot & de Montaigne. En attendant, les érudits continuoient à arrondir leurs périodes à l'imitation de Marcus Tullius Cicero & de Titus Livius.

Il faut toutefois reconnoître que Champier, bien qu'hiftorien crédule & fans critique, a raffemblé dans plufieurs de fes ouvrages des indications biographiques, très abrégées, il eft vrai; mais qui nous font connoître un grand nombre de favants & de perfonnages fameux alors, dont les noms feroient ignorés fans lui. Il eft le premier qui ait donné la lifte chronologique des évêques de Lyon, en ayant foin d'ajouter en quelques mots ce qu'il avoit appris fur eux. Ainfi on y voit que faint Alpin fit conftruire le baptiftère de l'églife de St-Etienne; que faint Eucher jeta les fondements de la bafilique des SS. Apôtres; faint Patient qu'il appelle Pathicus, ceux de l'églife des Machabées; faint Sacerdos, de St-Paul & de St-George & Ste-Eulalie; faint Arige, de Ste-Croix & du monaftère de St-Juft; faint Ennemond, de St-Pierre-les-Nonnains, &c. Cette lifte de nos évêques n'eft ni exacte ni complète, furtout pour les pre-

miers temps, quoique Champier assure qu'il a extrait diligemment leurs noms des manuscrits qu'il avoit entre les
mains ; cependant on doit lui savoir gré de les avoir recueillis & publiés, personne avant lui n'y avoit songé.

Champier peut être rangé parmi les bibliographes. Dans
ses deux petits traités *De claris Lugdunensibus* & *De Galliae
Viris illustribus*, il donne une courte notice sur tous les auteurs qu'il cite, & à la suite, le titre de leurs ouvrages. Ces
opuscules, qui ne sont qu'une ébauche des grands travaux
entrepris près d'un siècle plus tard par Lacroix du Maine
& du Verdier, n'en sont pas moins honneur à Champier
qui est entré le premier dans cette voie où il n'avoit été précédé par personne en France. Il doit être classé aussi parmi
les généalogistes & les auteurs qui ont écrit sur la chevalerie
& sur la noblesse. On a de lui *Lordre de cheualerie* & un
Dialogue sur la noblesse ; il a donné la généalogie des rois
de France, celle des ducs de Lorraine & de la maison de
Tournon. Ces généalogies, qui ont toutes pour point de
départ des fables grossières, se perdent dans la nuit des
temps, cela va sans dire ; c'étoit alors l'idéal & le sublime
du genre. Celle de nos rois commence l'an 440 avant l'ère
chrétienne, par Marcomir, fils d'Anténor, roi des Scythes
autrefois Troyens. Champier, sans remonter jusqu'à Francus, fils du vieux Priam, trouve quarante & quelques rois
avant Pharamond, & il en donne la suite qu'il continue
jusqu'à Henri Dauphin, qui devint roi de France sous le
nom de Henri II.

La généalogie de la maison de Tournon n'est pas moins
curieuse. Il la commence aux Rutules, qui, après la mort
de leur roi Turnus, vinrent dans la Gaule, remontèrent

le cours du Rhône jufqu'au lieu où eft Tournon, &, retenus par l'agrément & la commodité du fite, y fondèrent
une ville à laquelle ils donnèrent le nom de Turno en
mémoire de Turnus ; « ce qui n'eft pas fans fondement,
ajoute Champier, car on y voit encore des ruines qui in-
diquent une grande antiquité. » Cependant, comme fi
cette origine ne lui eût pas femblé affez illuftre malgré fon
ancienneté, il raconte encore que, fuivant d'autres écrivains
qu'il ne cite pas, la maifon de Tournon defcend en ligne
directe de Mérovée & de Clodion, anciens rois des Francs
orientaux qui, étant venus de la Sicambrie dans les Gaules,
s'arrêtèrent en un lieu qui leur plut, à deux milles au-deffous de Tournon, fur la rive droite du Rhône, & y bâti-
rent une ville qu'ils appelèrent Malvas, aujourd'hui Mauves.
Quoi qu'il en foit, dit-il encore, la ville de Tournon s'eft
acquis un renom mérité par fon antiquité & par la douceur de fon climat, non moins que par les hommes excel-
lents & très fages dont elle abonde : «Optimis confultif-
fimifque viris quorum ibi magna eft copia. » Enfin, laiffant
de côté les temps fabuleux, il arrive à faint Juft & à faint
Viator, tous les deux de la maifon de Tournon, ce qui
avoit valu à perpétuité à celui qui en étoit le chef, le privilège
de prendre place comme chanoine d'honneur parmi les
membres du noble chapitre de St-Juft. Champier fait enfuite l'éloge de François, cardinal de Tournon, alors archevêque de Bourges & primat d'Aquitaine ; de Charles & de
Claude, évêques de Viviers ; de Jacques & de Gafpard,
évêques de Valence ; de Charles, évêque de Rodez, & de
Jean, abbé de Cruas; de Juft, qui accompagna le maréchal
de Chabannes & le comte de La Trémouille dans les guerres

d'Italie & mourut au combat du Téfin, « non vaincu, dit Champier, mais las de vaincre, & dont le corps fut trouvé par les fiens au plus épais des cadavres des ennemis. » Il cite enfin les deux fils de Juft, Antoine & Charles, qui furent tués à Naples. Mais en voilà affez, dit-il en termi- nant, il ferait infenfé d'affronter fur un frêle efquif les ondes de la mer Egée : « Dementis enim effet Aegeum mare fubtili navigio fulcare. »

Pour ne rien oublier de ce qui témoignoit de l'antiquité de Lyon & pouvoit fervir à rehauffer fa gloire, Champier eut l'heureufe penfée de relever les infcriptions antiques dont il avoit vu les marbres épars çà & là, engagés dans les murs de quelques églifes & des édifices privés, pour la conftruction defquels on s'en étoit fervi comme de ma- tériaux ordinaires, dans le but d'utilifer ces blocs plutôt que dans celui de leur confervation. Il raffembla un cer- tain nombre de ces infcriptions & les publia dès l'année 1507, telles qu'il les avoit déchiffrées.

J'ai voulu vérifier fi, dans le nombre, il n'y en avoit pas quelques-unes de perdues par l'incurie de nos pères ou par fuite des révolutions ; toutes font décrites dans le grand & beau Recueil des Infcriptions antiques de Lyon, de M. Al- phonfe de Boiffieu, & on les voit au Mufée lapidaire de St-Pierre : l'ufage auquel on les avoit fait fervir les a fau- vées de la deftruction. Champier a eu foin de marquer le lieu où elles étoient de fon temps, & l'explication qu'il a donnée des abréviations & des figles ufités dans ces fortes de monuments eft une preuve qu'il n'étoit nullement étranger à l'archéologie. Il mérite donc d'être compté entre les épigraphiftes lyonnois, finon pour fon érudition, au moins pour fa diligence & parce qu'il eft le premier qui fe foit occupé de nos antiquités, Gabriel Syméoni & Guillaume Paradin, qui ont fuivi la trace ouverte par lui, n'étant venus que longtemps après. Il eft le premier auffi qui ait fait connoître, en 1537; la fameufe table (1) de Claude, le plus ancien titre de nobleffe de notre ville, trouvée en 1525, dans une vigne de la côte St-Sébaftien. Quelque imparfaits que foient ces premiers effais de Champier dans l'épigraphie, dont perfonne ne foupçonnoit l'importance avant lui & Claude de Bellièvre, ils n'en font pas moins louables, & l'on ne peut nier qu'ils ne renferment le germe des recherches faites depuis, & des grands travaux archéologiques qui font tant d'honneur à notre cité.

Il me refte à parler de Champier en tant que poète, & je n'ai pas à en dire bien long. L'abbé Goujet, à ma connoiffance, eft le feul qui lui ait accordé une place fur le Parnaffe françois, diftinction dont Champier n'auroit pas lieu de tirer vanité, car il y eft confondu avec une foule d'auteurs fouvent au-deffous du médiocre, qui ne fe trouvent là que parce qu'ils ont écrit en profe rimée au lieu d'écrire tout fimplement en profe. Le deffein de l'abbé Goujet n'étant pas de préfenter à fes lecteurs le recueil des chefs-d'œuvre de notre poéfie, mais de tracer fiècle par fiècle l'hiftoire de fa marche & de fes progrès, depuis fon origine, il a paffé en revue, dans fa Bibliothèque fran-

(1) Cette table de bronze, que le Confulat paya à peu près au poids, pefoit fix quintaux trente livres, valant à fondre 52 ou 54 écus; elle fut payée 38 écus au foleil, valant 40 fols l'un, fuivant Le Blanc. (Traité des monnoies.) Elle fut achetée fur la propofition de Claude de Bellièvre. (Voyez Notes & documents......, par M. Péricaud, année 1529.)

çoife tous ceux qui fe font évertués à faire des vers, poètes ou rimailleurs, ayant foin, pour les faire connoître, de joindre au jugement qu'il porte fur eux quelques échantillons de leur favoir-faire : il n'a pas eu d'autre raifon pour admettre Champier au nombre des poètes. Auffi va-t-il fans dire que fes vers n'y font pas mieux traités que fa profe ne l'a été par les autres bibliographes. On n'a pas de lui des pièces de longue haleine ; tout fon bagage poétique fe borne à des épîtres, ballades, rondeaux & doubles rondeaux femés çà & là dans la Nef des Princes, la Nef des Dames vertueufes, les Chroniques d'Auftrafie, &c. C'eft dans le premier de ces livres que l'on peut voir une fatire très violente contre le beau fexe, intitulée la Malice des femmes. Se fouvenant du châtiment que les dames de Paris avoient voulu infliger à Jehan de Meung, pour tirer vengeance de fon langage outrecuidant à l'endroit de leur vertu, & craignant fans doute de s'expofer à fubir le même affront de la part des dames lyonnoifes, Champier prit fes précautions & eut foin de les prévenir d'avance que ce petit livre étoit extrait de Matheolus, à qui elles devoient s'en prendre fi elles y rencontroient quelque mot malfonnant. Pour fe remettre en grâce auprès d'elles, il publia l'année fuivante la Nef des Dames vertueufes, qui eft la contrepartie de ce petit libelle contre le fexe féminin.

A défaut de génie poétique, Champier montre toujours, même dans fes œuvres les plus futiles, qu'il étoit de mœurs graves & auftères ; il n'y donne que de fages & bons enfeignements, & l'on y chercheroit en vain une image, un feul mot qui pût effaroucher la pudeur ; ce qui feroit moins difficile à trouver dans les compofitions de la plupart des autres poètes de ce temps, qui se plaisoient aux peintures licencieuses, & semblent n'avoir connu d'autre Art poétique que le fameux Roman de la Rose. Si Champier fut dénué du *numen poeticum* dont ses confrères en Apollon n'étoient pas du reste mieux doués que lui, il eut au moins cet avantage sur eux, que, toujours sobre & réservé dans la pensée, il est resté chaste & mesuré dans l'expression. Mais je ne veux pas qu'on me rappelle qu'il est question ici du versificateur & non du moraliste, du talent poétique de Champier & non de sa doctrine, qui peut être fort orthodoxe & très édifiante sans que ses vers en soient meilleurs. Je suis donc obligé de dire qu'on n'y sauroit trouver ni grâce ni élégance : rien dans le rhythme & la cadence qui flatte l'oreille ; c'est de la prose rimée qui marche à pas comptés, « sesquipedalia verba, » rien de plus. Ses vers semblent avoir été jetés dans le même moule ou taillés sur le même patron que ceux de Jehan Lemaire & de la tourbe des autres méchants rimeurs de son temps. C'est le même dénuement, la même allure embarrassée, pédantesque & affectée, partout le choc barbare des voyelles, & des rimes impossibles ; à chaque ligne, des inversions forcées, soit qu'il y fût contraint par les exigences impérieuses de la mesure, soit qu'il crût y voir, comme dans la poésie grecque & latine, un raffinement nécessaire pour distinguer le langage poétique de la vile prose. Si nos bons aïeux ont trouvé quelque charme à ces rapsodies, leur oreille & leur goût n'étoient pas difficiles ; mais enfin c'étoit l'enfance de l'art, & ces essais informes furent un premier pas vers cette grande époque littéraire de laquelle on a dit :

Enfin Malherbe vint.....

On le voit, Champier hiſtorien & poëte n'a pas été jugé moins rigoureuſement par les bibliographes, que Champier médecin ne l'a été par les docteurs de l'aréopage univerſitaire. Ainſi dépouillé, mis à nu, réduit à ſa plus ſimple expreſſion, que reſte-t-il de ce génie extraordinaire qui exerça ſur ſon ſiècle une influence qu'on ne ſauroit nier, & n'eût-il pas mieux valu, dans l'intérêt même de ſa gloire, le laiſſer dormir en paix dans l'oubli, écraſé ſous le poids du fatras ſcientifique qui excita tant d'enthouſiaſme parmi ſes contemporains, mais dont la lecture cauſeroit aujourd'hui des nauſées aux plus robuſtes & aux plus hardis inveſtigateurs des vieilleries de notre littérature ? A cela j'ai répondu d'avance dès la première page de ces recherches; je l'ai redit ſouvent, & je ne crains pas de le répéter encore en terminant : s'il eſt prudent de rabattre beaucoup des louanges exagérées prodiguées à Champier de ſon vivant, il eſt juſte auſſi de réviſer l'arrêt prononcé contre lui par les gens de lettres du dix-ſeptième ſiècle, ſurtout par ceux du ſiècle dernier. Les beaux eſprits de cette époque, épris de la forme mais peu ſoucieux du fond, profeſſoient hautement leur mépris pour tout ce qui n'étoit pas du ſiècle d'Auguſte ou de Périclès; ils avoient été élevés dans une ignorance ſi abſolue, dans une ſi profonde horreur des temps antérieurs à la Renaiſſance, que la vue ſeule d'un livre gothique auroit ſuffi pour révolter leur goût délicat : la plupart des ouvrages de Champier ayant été imprimés en caractères gothiques, peut-être n'en fallut-il pas davantage pour les frapper d'anathème, & les reléguer avec les Poſtilles de Nicolas de Lyra. Mais ce n'eſt plus là, aujourd'hui, un motif de réprobation : le Moyen-Age,

fi décrié autrefois, nous apparoît fous un autre afpect, &
notre fiècle ne partage pas fur ce point les répugnances
& les dégoûts de fes devanciers ; je n'en veux pas d'autre
preuve que l'ardeur des philologues à exhumer les œuvres
de nos vieux chroniqueurs & de nos poètes les plus anciens;
leur fcrupule à conferver les textes dans leur intégrité, &
enfin la faveur avec laquelle font accueillies les publications & les doctes études dont elles ont été l'objet. Ces
érudits, naguère fi bafoués, ont donc quelques droits à notre refpect : ils avoient aperçu, comme un point lumineux à
l'horizon, l'aurore de la Renaiffance qu'ils appeloient de
tous leurs vœux ; mais, retenus par la routine & les préjugés invétérés de leur éducation première, ils ne purent
que préparer fon avénement en excitant par leurs exem-
ples & par leurs écrits l'émulation de la jeuneffe, en lui
fignalant les fources pures & fécondes où elle devoit puifer
la vraie fcience : là s'arrêta leur miffion civilifatrice. Comme
Moïfe, ils entrevirent la Terre-Promife, mais il ne leur fut
pas donné d'y pénétrer.

PROCEDURE

Sur la plainte de Symphorien Champier & autres
qui avoient esté pillés dans l'émeute du 25 avril 1529.

« Par auctorité de Monseigneur le gouverneur & lieutenant general pour le Roy nostre seigneur ez villes de Lion, pays de Lyonnois, Forests, Beaujouloys & Dombes, & du Prévost de l'hostel du Roy notre dit seigneur, Commissaires en ceste partie, ez denonciations & plaintes de honorables hommes, Humbert & Henrys Gimbre, Hiéronime Lyevre, Pierre Morin, Laurens de Courval & honorable homme maistre Simphorien Champier docteur en medicine, citoyens de Lion, & aux requestes des procureurs du Roy pour les droits & autorité royaulx & de la communauté du dit Lion; pour les droits & intérests privés joincts ensembles en ceste partie, sur les seditions, pilleries, larrecins, monopoles & assemblées illicites faictes à son de cloche & tocquessaint en ceste dite ville de Lion le dimanche qui fust 25me jour d'avril dernier passé. A l'encontre de Jehan Muzi, joueur d'espée & autres ses complices, ont esté faictes les informations dessoubs escriptes par moy Anthoine Piquet notaire & greffier député en ceste partie avecques les tesmoings dessoubs nommés & surnommés, lesquels & chascun d'eulx par moy greffier dessus dit interrogés & examinés les 8me, 9me & 10me jours du moys de may 1529 ont dit & deposé, comme en leurs deposisions cy dessoubs escriptes est contenu & escript.

« Premierement honneste femme Anthoinette vesve de feu Pierre Raillard jadis notaire, habitant de Lion, agée de cinquante ans, dit & expose moyennant son serment pour ce donné aux Saints Evangiles de Dieu, que le dit jour de dimanche 25 avril dernier

paſſé, elle eſtant en la maiſon du dit Jacques Lyenot à l'heure
de deux ou trois heures apres midy, veiſt en icelle maiſon venir
& arriver deux ou trois cens hommes, & pourceque du commencement qu'ils arriverent, la porte de la dite maiſon eſtoit fermée,
iceulx nombre de gens rompirent la dite porte, & entrerent en la
dite maiſon la pluſpart d'iceulx de la dicte aſſemblée, entre leſquels
eſtoient Jehan Muzi & deux de ſes enfans, lequel Muzi demoura
toujours à l'huys de la dicte maiſon pendant ce que les aultres de
la dicte aſſemblée & les dits enfans de Muzi entroient en la dite
maiſon, en laquelle ils prindrent, ravyrent & emporterent par
force & violence pluſieurs biens meubles de la dite maiſon, quantité de bleds & farines, linges, nappes, ſerviettes, linceulx, poix,
feves, uſtencilles de maiſon, & ravyrent quantité de gros bois environ cinq ou ſix cens, rompirent feneſtres, verinnes, portes &
aultres uſtencilles de la dite maiſon, comme veiſt la dite qui parce
que fuſt tellement troublée qu'elle ne ſavoit qu'elle faiſoit, ne
diſoit & doubtoit qu'ils ne vouluſſent tout mettre à feu & à ſang
comme elle dit, qui plus nous déppoſe.

« Jehan Ratier, bollengier, habitant de Lion, agé de quarante
ans, moyennant ſon ſerment pour ce donné aux Saints Evangiles
de Dieu, dit & dépoſe interrogié, que le jour de dimanche deſſus
déſigné 25 d'avril, je qui eſt voyſin prochain de la maiſon de Hiéronime Lievre, eſtant au devant la maiſon d'habitation environ
deux ou trois heures après midi du dict jour, veiſt en icelle maiſon
venir & arriver gros nombre de gens aſſemblés environ troys ou
quatre cens deſquels je ne cognuſt que Jehan Muzi. Leſquels
pour entrer en la dite maiſon hurterent de groſſe force la porte
pour la cuyder rompre & apres ce que la dite porte fut ouverte ils
entrerent dedans la dite maiſon la plupart des dits aſſemblés, & le
dit Muzi demoura à l'huis comme s'il euſt eſté chief & cappitaine,
où il demoura juſqu'à ce que tout fuſt pillé, rompu & gaſté en la
dite maiſon & les biens meubles de la dite maiſon prins, ravis &
emportés hors icelle comme blez, farines, linges & aultres biens
meubles & boys qu'il ne ſauroit declarer, & le fait car il entra en
la dite maiſon pour cuyder deffendre leſdits pillaiges, mais ſon aide
ne ſervit à riens car ils pillerent & gaſterent comme s'ils euſſent
eſté en pays de conqueſte & entre ennemys & il ſait bien que

la dite affemblée avoit efté faicte à fon de tocqueffaint, & plus n'en dit.

« Pierre Guynet, fornier, habitant de Lion, agé de trente ans, moyennant fon ferment donné aux Saintes Evangiles de Dieu, interrogié, dit & deppofe que ce jour de dimanche 25 avril dernier paffé, je qui eft voifin & habite près la maifon d'habitation de Hieronime Lyevre fçut bien que le dit jour fuft fonné le tocqueffaint aux Cordeliers & au dit foir s'affemblarent groffe affemblée & nombre de gens & que il étoit en la rue devant fa maifon veift venir & entrer en la maifon du dit Lyevre de deux à troys cens hommes qui entrerent par force & viollence en la dicte maifon, ou ils feirent & commyrent plufieurs violeries, pilleries & larrecins. Car il en veift fortir plufieurs pourtans bledz, linges & aultres biens meubles & entre les autres il veift Jehan Muzi à lui bien cogneu. Lequel apres ce qu'ils heurent pillé & faccaigé chez le dit Lyevre, dit a ung aultre de la ditte bande qui fortoit de la dite maifon : Il eft tout fait la dedans, allons nous en cheuz maiftre Laurens, nous mangerons force paftés. Et des lors le dit Muzi fe defpartit & toute la bande avecques & apres luy en prindrent chemin & eulx en allerent cheus le dit maiftre Laurens où il fuft apres ce dit jour, pillé & robé, comme il lui a dit, & plus n'en dit.

« Honnefte femme Eftiennette Chavette, femme de maiftre Jehan Bruyere le vieulx, notaire, citoyen de Lion, agée de cinquante ans, dit & deppofe moyennant fon ferment donné aux Saints Evangiles de Dieu, que le jour du dimanche 25 avril, que les pilleries & tocqueffaint furent faits en cefte ditte ville, elle eftant au devant la maifon d'habitation de fon dit mary qui eft prochaine de la maifon de Monfieur le médecin Champier qui le dit jour fut pillé, faccagé & les biens meubles d'icelle emportés & rompus comme elle fceut bien apres ce que les dites pilleries furent faictes, un gros nombre de ceulx qui avoient fait les dites pilleries fortirent de la dite maifon & s'en allerent tirans contre la maifon de Morin, entre lefquels eftoient Jehan Muzi à elle qui parle bien cogneu qui marchoit devant & en cappitaine & ceulx qui le fuivoient lui cryoient après Capitaine, Capitaine. Lors elle qui parle dit : Gentil cappitaine des mal faifans, vous en deuffiez avoir honte de faire les maulx que vous faites, il vous couftera chier. Lors ils ſe retournerent contre elle & lui ſemble que ce fuſt le dit Muzi qui lui dit : Par le ſang Dieu vous n'en aurez pas moings. Lors elle qui parle craignant ſa fureur s'en entra en ſa dite maiſon & ferma l'huis comme elle dit, qui plus n'en dit.

« Diſcrette perſonne maiſtre Pierre Charnay, notaire, l'ung des greffiers du Roy ez bailliage & ſeneſchauſſée de Lion, agé de quarante ans, dit & expoſe, interrogé moyennant ſon ſerment pour ce donné aux Saints Evangiles de Dieu, que le jour du dimanche 27me d'avril dernier paſſé, il eſtant à Lion ſeut bien les aſſemblées & tocqueſſaint le dit jour faits au dit Lion & les pilleries & larrecins commis par pluſieurs gens aſſemblés, & il eſtant en ſa maiſon d'habitation & à ſa feneſtre apres ce que la maïſon de Monſieur le médecin Champier fuſt pillée & ſaccaigée, les portes, feneſtres & verrines rompues, les vins reſpandus, veiſt venir de la ditte maiſon une groſſe aſſemblée de gens a luy incogneus forſque un nommé Jehan Muzi tout en pourpoint marchant devant comme capitaine, les veiſt aller en la maiſon de Pierre Morin, tousjours le dit Muzi devant, uſant d'auttorité & comme cappitaine, entrerent par force & violence en la maiſon du dit Morin où ils pillerent, robberent, emporterent les biens, meubles de la dite maiſon, rompirent cheminées, coffres, buffets, tonneaulx, reſpandoyent les vins y eſtans, & firent les plus execrables excès qu'il ſeut eſtre jamais fait ne commis, & de telle ſorte que ſi le Roy euſt voulu mettre à ſac la ditte maiſon ou que les ennemys y euſſent eſté, ils n'euſſent point faict telles viollences. Dit bien qu'il y en euſt aultres de la ditte aſſemblée, mais non le dit Muzi qui entrerent en ſa maiſon, mais ils ne lui feirent aucun deſplaiſir, a raiſon de ce qu'il les print le plus doulcement qu'il peuſt, forſque le dit Corbillon qui lui emporta ung jambon, & plus n'en dit.

« Ainſi ont depoſé les teſmoings deſſus nommés par devant moy greffier (1). P. Piquet. »

---

(1) Au dos de cette pièce on lit :
« Information faicte & prinſe contre   Jehan Muzi, ſéditieux à cauſe des blez, lequel depuis a eſté exécuté & juſticié. »

BIBLIOGRAPHIE

DE SYMPHORIEN CHAMPIER.

G

Res ardua vetuſtis novitatem dare, novis auctoritatem, obſoletis nitorem, obſcuris lucem, faſtiditis gratiam, dubiis fidem.

(Plin. Sec. ad Veſpaſ. Imperat.)

IL ne faut pas chercher uniquement ici ces petits livres ſinguliers & curieux que les bibliomanes pourſuivent avec tant d'ardeur dans les ventes publiques, & qu'ils montrent avec orgueil lorſque leur bonne étoile leur en fait découvrir un par haſard, ſur les planches vermoulues de quelque obſcur bouquiniſte; moins encore de ces livres utiles qui ont leur place marquée dans l'étude des travailleurs. Les écrits de Champier ont fait leur temps; ils ne nous apprennent plus rien, ſi ce n'eſt l'état des lettres & de la ſcience à l'époque où il vivoit, & le rang élevé où pouvoit parvenir dans l'ordre ſocial l'homme de génie qui ſavoit les cultiver & les faire ſervir au bien-être de ſes ſemblables & à l'avancement de l'eſprit humain. Ses œuvres médicales, dans leſquelles il combattit à outrance les empiriques de l'école arabe & rappela les praticiens à la vraie doctrine hippocratique, ſont reſtées ſi en arrière du progrès des connoiſſances actuelles, que le plus mince officier de ſanté, eût-il quelque teinture du latin, dédaigneroit de les conſulter. Il en eſt de même de ſes élucubrations philoſophiques & théologiques; de même encore de fes hiftoires & de fes chroniques qui, en compenfation de tout ce qui leur manque, n'ont pas, au moins, le mérite d'amufer le lecteur par quelques joyeux épifodes, par quelques traits piquants ou par la grâce naïve du ftyle. Ce qui recommande les livres de Champier, c'eft furtout leur rareté. N'euffent-ils rien de plus pour attirer l'attention, ce feroit déjà quelque chofe aux yeux des bibliophiles qui aiment à contempler fur leurs tablettes les volumes recrutés ou conquis par eux à grand'peine, & dont les exemplaires fe comptent; mais il faut ajouter encore que tous font remarquables par le luxe & l'élégance de leur exécution typographique, par la beauté du papier, par les magnifiques capitales ornées & les gravures en bois que l'on y a prodiguées, en un mot, par la réunion d'une foule de détails qui font de ces vieux livres d'admirables fpécimens de l'art encore à fon berceau. On peut dire, en effet, fans s'expofer à être taxé d'exagération, que, en dépit du progrès, nos plus habiles typographes réuffiroient difficilement à faire mieux, j'allois dire auffi bien, que les Chroniques d'Auftrafie & de Savoie, la Nef des Princes, la Nef des Dames, & quelques autres volumes fortis des preffes de Lyon & de Paris, de 1502 à 1516. Rien de plus beau, de plus largement exécuté, que ces frontifpices en lettres rouges du gothique le plus pur & le plus irréprochable, encadrés par des bordures & des vignettes fantaftiques gravées en noir. Dans ces éditions foignées avec une recherche qui ne laiffe rien à défirer aux plus exigeants, tout eft net, correct, & repofe l'œil; l'éclat de l'encre, que l'ampleur des marges & la blancheur inaltérable du papier font encore reffortir, les grandes initiales, les figures & les autres ornements que le caprice & la fantaifie de l'imagier fe font complus à y mêler, forment un enfemble parfait où tout eft à fa place, & où les acceffoires favamment combinés s'harmonifent merveilleufement.

Ne fût-ce donc que par refpect pour ces premiers effais de la typographie qui font de vrais chefs-d'œuvre, il eft bien, ce me femble, de les fignaler à l'admiration des connoiffeurs & d'aider ainfi à leur confervation. L'imprimerie, comme tant d'autres inventions du génie & de la patience de l'homme, a befoin de fe retremper à fa fource & de renouer le fil des traditions anciennes; car, à de très rares exceptions près, il faut en convenir, elle eft bien déchue de fa fplendeur première. Pour la plupart des ty-

pographes, ce n'eſt plus qu'une affaire induſtrielle : on veut fa-
briquer vite & beaucoup, ſans ſe préoccuper de faire bien & de
laiſſer après ſoi des œuvres durables. Tout ce que l'on demande,
c'eſt que de gros bénéfices reſſortent de l'inventaire, & l'on n'a
nul ſouci de faire paſſer ſon nom à la poſtérité. Les procédés
mécaniques imaginés de nos jours ſont très ingénieux ſans doute ;
le papier fabriqué dans nos uſines à vapeur eſt d'une blancheur
éblouiſſante ; mais, grâce à l'emploi des acides & des ſubſtances
délétères à l'aide deſquelles la chimie traite la matière première,
il ne tarde pas à jaunir & à ſe décompoſer ; l'encre s'altère &
corrode le coton converti en feuilles ſi ténues qu'elles ſont ſans
conſiſtance, de ſorte que, après quelques années, ce qui en reſte,
maculé, hors de ſervice, n'eſt plus bon à rien, pas même à en-
velopper le poivre & la cannelle, dernier recours aſſuré autrefois
aux éditions qui, ne pouvant s'écouler, reſtoient en feuilles, em-
pilées dans l'arrière-boutique, juſqu'au jour où l'éditeur, perdant
patience, les expédioit en gros chez l'épicier, ou les mettoit au
pilon pour faire place à d'autres. Ne nous étonnons donc plus
ſi les vieux livres ont atteint des prix exceſſifs, & ſi les amateurs
les préfèrent aux éditions modernes, ſouvent meilleures & plus
complètes que les anciennes, mais évidemment inférieures pour
l'exécution typographique & la qualité du papier, première condition de durée pour un livre.

De tous les écrits de Champier, les bibliophiles ne connoiſſent
guère que ſes Chroniques & quelques autres de ſes ouvrages com-
poſés en françois ; autant on fait peu de cas de ſes œuvres latines,
autant les rares exemplaires de ſes Chroniques ſont recherchés.
Il y a de lui encore un tout petit livre que ſon titre a protégé contre
une entière deſtruction, c'eſt Le Myrouel des Appothiquaires & les
Lunectes des Cyrurgiens. Un titre ſingulier aide plus qu'on ne
penſe à la fortune d'un livre. Combien n'en voit-on pas tous les
jours paſſer, ſans autre recommandation que celle-là, de l'échoppe
du bouquiniſte dans l'atelier des Bauzonnet ou des Durut, pour
aller prendre place enſuite ſur les tablettes des plus ſomptueux
cabinets, lavés, transfigurés, recouverts d'un riche maroquin du
Levant, étincelants de dorure comme un précieux joyau ſortant des
mains de l'orfèvre : « Habent ſua fata libelli. » De même que les
hommes, il faut que les livres inutiles ſe recommandent au moins

par un titre ou par l'éclat extérieur, sous peine de végéter dans une obscurité voisine du mépris. On seroit tenté de croire que déjà à cette époque, les auteurs & les libraires comprenoient le parti qu'on pouvoit tirer d'un titre original pour activer le débit d'un ouvrage quelconque, & que ce stimulant de la curiosité étoit largement exploité : plusieurs des écrits de Champier, même des plus graves, sont pourvus d'une étiquette évidemment arrangée pour attirer les regards du public, qui ne manquoit pas de s'y laisser prendre. J'ignore quel put être le succès du Myrouel des Appothiquaires & des Lunectes des Cyrurgiens, composés l'un & l'autre pour signaler & corriger les abus que l'ignorance & la cupidité avoient introduits dans la manipulation des médicaments & dans la pratique de la chirurgie; mais ce qui est certain, c'est qu'aujourd'hui ces deux petits livres sont inscrits parmi les *desiderata* des bibliophiles, & peut-être seroient-ils moins recherchés, malgré leur très grande rareté, si leur titre ne provoquoit pas un peu l'engouement (1).

Quoique ce catalogue ne contienne que cinquante articles, il est plus complet que ceux des bibliographes qui m'ont précédé dans ce travail. Je suis loin, toutefois, de prétendre m'en faire un mérite à leurs dépens. Ces écrivains laborieux travailloient sur une multitude d'auteurs de tous les siècles & de tous les pays; je n'ai eu à m'occuper que d'un seul, & je serois injuste si je ne reconnoissois pas qu'ils nous ont préparé les voies & que leurs erreurs mêmes m'ont été utiles, comme les miennes le seront peut-être à ceux qui viendront plus tard. Il n'y a dans le catalogue de Dom Calmet que quarante articles; celui du P. Niceron en compte cinquante-quatre, cependant on y trouve bien des

(1) J'ai souvent pensé que l'influence qu'un titre exerce sur les vicissitudes & les destinées de certains livres pourroit fournir un sujet intéressant d'études bibliographiques, dût-il ne servir que de cadre à une foule d'anecdotes littéraires & de remarques singulières sur les différentes variétés du genre bibliophile : bibliomanes, bibliophobes, bibliotaphes, &c. Que de pitoyables productions auxquelles leur titre seul a valu d'abord une célébrité éphémère & vaut encore aujourd'hui l'honneur d'être admises dans les collections des amateurs les plus difficiles ! que de plaquettes que leur titre seul a sauvées de l'oubli ! *Blason, Miroir, Verger, Nef, Allumettes, Guidon,* &c.

lacunes, & il feroit réduit à un chiffre bien inférieur, auffi bien que celui de Dom Calmet, fi leurs auteurs n'avoient fait fouvent l'un & l'autre deux ou trois articles d'un feul ouvrage, comme cela a eu lieu pour *Hortus Gallicus*, *Campus Elyfius*, *Periarchon*, & pour plufieurs autres. La lifte donnée par Malacarne eft plus détaillée encore. Celle que je donne ci-après auroit pu être facilement doublée, fi j'avois voulu, comme lui, affigner un numéro à chacun des opufcules de Champier contenus dans le même volume; j'ai dit ailleurs pourquoi je n'ai pas cru devoir procéder ainfi.

A force de foins, de patience & de pénibles recherches, grâce auffi au bienveillant concours de mes amis, j'ai pu décrire prefque tous les livres de Champier fur les exemplaires mêmes, à l'exception du Dialogue de la cure du Phlegmon, de la Police fubfidiaire, & de deux ou trois autres, qu'il m'a été impoffible de découvrir & dont j'ai reproduit les titres fur l'autorité de Du Verdier, de Van der Linden, de Haller, du P. Niceron, de Malacarne & de M. Brunet, notre maître à tous. Ainfi, fur cinquante volumes de Champier, de tous les formats, plus de quarante ont paffé par mes mains, & je puis dire que l'étude minutieufe que j'ai été obligé d'en faire n'a pas été une des moindres tribulations de mon travail.

Parvenu à la fin de la tâche que je m'étois impofée, après deux années d'une étude ingrate & opiniâtre, j'en fuis encore à me demander fi je n'ai pas perdu & mon temps & ma peine. J'aurois voulu faire, finon un bon livre, ce qui n'eft pas donné à tous, au moins un livre utile, & je crains que M. Louis Perrin n'ait fait qu'un beau livre de plus. S'il en doit être ainfi, à ceux qui trouveroient que j'ai entrepris un travail au-deffus de mes forces, je ne puis qu'alléguer pour mon excufe cette fentence de Sénèque : « Otium fine litteris mors & vivi hominis fepultura (1). »

----

(1) *Epift.* 82.

BIBLIOGRAPHIE

DE SYMPHORIEN CHAMPIER.

I. — Ianua logice & phifice. In-8⁰ goth. à longues lignes, de LIX ff. non chiffrés, & un f. blanc. Signat. A — H.

Au verfo du titre eft la table des matières traitées dans le volume :

Anime rationalis immortalitas : Anima mundi : Introductio ad libros de anima ariftotelis : De fpiritualibus anime fenfibus : Succincta quedam vocabulorum expofitio in editiones iacobi fabri : Introductiones in totam ariftotelis logicam : In phificem ianua : Ianua in libros de celo & mundo ariftoteli. Diftinctiones librorum celi & mundi : De generatione & corruptione : Inuectiua hypocratis in obtrectatores medicine : Breuis in medicinam introductio : De memoria liber utilis : Pontifices atque cefaree leges medicos concernentes.

Au verso du f. *lx* :

Impreſſū Lugduni per mgr̄m Guillermū balſarim. v. die octobris. Anno Dn̄i mil iiij. cc. iiij. xx. & xviij (1498).

Cet opuſcule eſt dédié à des ſavants pour la plupart inconnus aujourd'hui : Jean & François Rabot, Gonſalve Toledo, Jacques de Riverie, André Victon, André Briau, Jean Clemenſin, Durand de La Grange, médecin de l'Univerſité de Montpellier, & André Botin, diſciple de Champier. Le moins obſcur de tous ces perſonnages eſt Jean Rabot, conſeiller au parlement de Grenoble, employé aux négociations les plus importantes, en France, en Italie & en Allemagne, ſous le règne de Charles VIII & au commencement de celui de Louis XII. Il mourut en 1500, & laiſſa quatre fils : Pierre, protonotaire apoſtolique & doyen de l'Egliſe de Grenoble; Bertrand, docteur ès lois, qui ſuccéda à ſon père dans ſa charge de conſeiller au parlement; Antoine & François (1). C'eſt ce que l'on apprend dans l'épître dédicatoire de *Janua logice & phyſice*, où Champier dit à Jean Rabot qu'il a publié ce petit livre en l'honneur de ſes fils, pour reconnoître ce qu'il avoit fait pour lui autrefois. Il ſembleroit auſſi réſulter de ce qu'il ajoute, qu'il avoit étudié pendant deux ans à Grenoble, « in patria delphini, » ſous Jean Rabot qu'il appelle « Gymnaſii decus. »

Ce petit livre, le premier que Champier publia, ſans y mettre ſon nom, appartient par ſa date à la ſérie des incunables, & il eſt de la plus grande rareté. Je n'en connois qu'un ſeul exemplaire, celui qui fait partie de la Collection lyonnoiſe de M. Coſte, réunie aujourd'hui à la Bibliothèque de la Ville, par ſuite de l'acquiſition qui en a été faite en 1855, au prix de 40,000 fr. (Voy. le catalogue rédigé & mis en ordre par M. Vingtrinier; Lyon; Louis Perrin, 1855, deux vol. in-4°.)

Le *Janua logice & phyſice* eſt le même livre que Gonſalve Toledo déſigne ſous le titre de *Viaticum logice*, dans une épître où il donne la liſte des ouvrages publiés par Champier avant l'année

(1) Ces Rabot, illuſtrés dans la robe, ſont cités dans l'Etat politique du Dauphiné et dans le Nobiliaire de Guy Allard; Chorier ſurtout s'étend longuement ſur le mérite et les ſervices de Jean Rabot.

1506 (1). Dans une épître qui précède le *De quadruplici Vita*, Sébastien Coppin l'appelle *Dialectices Janua*, & il dit à Champier qu'il
semble avoir voulu faire revivre dans ce traité la dialectique de
Chrysippe. Ce Chrysippe, philosophe stoïcien, étoit un dialecticien
très subtil qui se plaisoit à défendre les paradoxes les plus invrai-
semblables, afin d'avoir une occasion de faire briller toutes les
ressources de son esprit. Ainsi il lui arriva, s'il faut en croire ses
biographes, de soutenir qu'un père peut épouser sa propre fille
sans violer les lois de la nature & de la morale, & une autre fois,
il entreprit de prouver qu'il seroit plus convenable de manger
les morts, que de les inhumer. Ce n'étoit pas, je pense, par cet
endroit, que Sébastien Coppin prétendoit que Champier faisoit
revivre la dialectique de Chrysippe : il entendoit seulement qu'il
avoit eu l'art d'imiter la subtilité de son argumentation pour prouver les propositions qu'il avoit avancées.

(Bibliothèque de Lyon, Collection lyonnoise de M. Coste.)

(1) Voyez *De claris medicine Scriptoribus.*

II. — Dyalogus singularissimus & perutilis viri occu-
lentissimi dñi Symphoriani lugdunen. in magicarum artium
destructionem cum suis anexis de fascinatoribus de incubis
& succubis, & de demoniacis per fratrem Symonem de
Ulmo, sacre pagine doctorem & ordinis minorum fideliter
correctus. Estque dyalogus liber in quo aliqui simul de
aliqua re conferentes differentesque introducuntur. In-8°
goth. à longues lignes de xx ff. non chiffrés; s. d.
Signat. a — c.

Au verso du f. *xix :*

Impressum Lugduni per magistrum guillermũ Balsarin. xxviij. die mensis augusti.

Au recto du dernier f. est la marque de Guillaume Balsarin.

Ce font trois petits traités en forme de dialogue, dont les interlocuteurs font Symphorien Champier & André Botin. Champier y explique ce que c'eft que la pyromancie, l'aéromancie, la chiromancie & l'hydromancie. Dans le fecond dialogue, il traite de la magie confidérée comme fcience & dans fes rapports avec la théologie; dans le troifième, il réfume l'opinion des philofophes & des théologiens fur les devins & les forciers, & il enfeigne ce qu'il faut entendre par fafcination ou forcellerie.

Au verfo du frontifpice eft une gravure en bois repréfentant un perfonnage fantaftique, vêtu d'une robe, avec des ailes éployées, le front couronné, tenant à la main une baguette furmontée de deux colombes, & enfeignant, du haut de la chaire, une foule de gens de tout âge & de toute condition. Quelques-uns de fes auditeurs font pourvus de longues oreilles d'âne qui fortent de leur capuchon. Je ne favois trop comment expliquer cette fingularité, lorfque j'ai retrouvé par hafard la même gravure fur bois dans le texte de La grant nef des folz du monde, traduite d'abord de l'allemand de Sébaftien Brandt, en latin, par Jacques Locher dit Philomufe, natif de Souabe, & enfuite du latin en profe françoife par un anonyme; Paris, Geoffroy de Marnef, 1499. La gravure eft au recto du f. *viij :* « De concion de fapience. » C'eft la Sageffe qui enfeigne aux hommes à bien vivre; ceux qui entendent fes leçons & n'en profitent pas portent des oreilles d'âne & ont leur place marquée dans « la grant nef des folz du monde. » C'eft là ou dans l'édition de 1497, que Guillaume Balfarin a pris cette figure pour en orner le *Dyalogus fingulariffimus* de Champier, les figures de l'édition de La grant nef des folz du monde de 1499 étant les mêmes que celles qui avoient déjà fervi pour l'édition de 1497, donnée auffi par Geoffroy de Marnef.

Ce petit livre, fans date, étoit certainement publié en 1506, puifque Sébaftien Coppin le mentionne dans fon épître à Champier, en tête du livre *De quadruplici Vita.* Il a dû être imprimé peu après le *Janua logice* & avant les additions au Guidon de Cyrurgie de Gui de Chauliac; tel eft au moins l'ordre dans lequel il eft cité par Sébaftien Coppin. Je le crois de 1500 au plus tard. Il eft du nombre des volumes de Champier que l'on trouve difficilement.

Vendu 9 liv. 5 fols. (Catal. du duc de La Vallière.)

(Bibl. de M. Yemeniz; bel exemplaire, mar. bl.)

III. — La nef des princes & des batailles de nobleſſe auec aultres enſeignemens utilz & profitables a toutes manieres de gens pour congnoiſtre a bien viure & mourir dediques & enuoyes a diuers prelas & ſeigneurs ainſy quon pourra trouuer cy apres compoſes par noble & puiſſant ſeigneur Robert de Balſat conſeiller & chambrelan du roy noſtre ſire & ſon ſenechal au pays dagenes : item plus le regime dung ieune prince & les prouerbes des princes & aultres petis liures tres utilz & profitables les quelz ont eſte compoſes par maiſtre ſimphorien champier docteur en theologie & en medecine iadis natif de lyonnois. In-4" goth. à longues lignes, de LXV ff. chiffrés. Signat. a — 1. Figures en bois dans le texte, frontiſpice gravé.

Au recto du f. *lxv* :

Cy finiſt ung petit liure intitule la nef des princes & des batailles de nobleſſe ouquel ſont contenuz pluſieurs nobles enſeignemens & doctrines tres utilles tant a gens litterez que non litterez. Oudit liure eſt contenu le teſtament de ung vieil prince ouquel ung chaſcun peut veoir comme il doit inſtruire ſon enfant ou celluy qui luy appartient à fuyr vices & acquerir vertus : & procede par ung treshault ſtile monſtrant a ſon dit enfant le merite des vertus : & la ſtipendiacion ou loier des vices...... & eſt ceſt preſent ouure imprime a lion en rue merciere par maiſtre guillaume balſarin imprimeur du roy noſtre ſire le xij iour de ſeptembre mil cinq cens & deux.

Au verſo du titre ſont des vers adreſſés aux mondains ſur La Nef des Princes & des Batailles. Au f. ſuivant ſont quatre petites figures en bois : l'une repréſente le ſupplice de ſaint Symphorien martyr, patron de Champier; dans l'autre, on voit la mère du Saint qui le bénit & l'exhorte à bien mourir; dans la troiſième, c'eſt Cham-

pier qui fait une oraiſon au ſaint ; à côté de lui eſt un écu de...,
au chevron de..., accompagné de trois ſaultoirs de..., 2 & 1,
au chef de..., chargé d'une étoile de....

Suivent les éloges en latin de quelques grands hommes de l'antiquité & des princes de la maiſon de Bourbon.

— Cy commence le teſtament de ung vieil prince...
compoſe par maiſtre ſimphorien champier dedie & enuoye a reuerend pere en dieu monſeigneur charles de
bourbon ſeigneur & eueſque de cleremont en Auuergne.

Cette pièce aſſez étendue eſt en vers de dix ſyllabes & en ſtan-
ces ; dans la dernière, l'auteur dit qu'il l'a achevée à Tulle, le 13
février 1502. Toutes les marges ſont chargées d'un bout à l'autre
de citations des ſentences & dits des philoſophes & des Saints Pères.

— Icy commence le liure intitule le gouuernement &
regime dung ieune prince compoſe par maiſtre ſymphorien

Champier. A la requefte & commandement de trefnoble & trefuertueulx feigneur Ichan de caftelnau feigneur des barõnies de caftelnau de bretenoux & de calmon de ribe-doult & de fainct-chantin & feigneur des chaftellenyes du chafteau de la crozele de themynes & fonceyrac. Et auffy par le comandement de feigneur iacqs fon filz feigneur de ialoignes & de la chappellette de fainct-aman & de brecieu.

Au haut de la page eft l'écu des armes de Jehan de Caftelnau, écartelé au 1 & 4, de gueules au château d'or, qui eft de Caftelnau; contre-écartelé d'azur, au lion d'argent, qui eft de Caumont.

Ce petit traité eft divifé en deux livres.

— Cy cõmence ung aultre petit liure intitulé les pro-uerbes des princes.... compofe par maiftre fymphorien champier a la requefte & cõmandement de trefuertueux & noble feigneur Meffire anthoyne de pompador cheualier feigneur de lauriere & du ris.

Avec l'écu des armes de Pompadour, d'azur, à trois tours d'argent maçonnées de fable. Les Pompadour avoient pour cimier une tête d'amazone au naturel, panachée d'argent & d'azur ; pour fupports, deux griffons d'or.

— Cy comence le liure intitule le doctrinal des princes..... compofe par ledit maiftre fymphorien champier dedie & enuoye a noble & trefuertueux feigneur meffire francois de la fenille cheualier feigneur de ioys & de chafteauneuf en auuergne.

— Cy commence ung petit liure intitule la fleur des princes.... compofes par ledit maiftre fymphorien champier. A la requefte & commandement de trefuertueulx & noble feigneur meffire iehan de neufuille feigneur dudit lieu & fenefchal de rouergue.

Avec l'écu des armes de Neufville, d'argent, à la croix de fable.

— Cy cōmence ung aultre petit liure intitule le dyalogue de nobleſſe...... compoſe par ledit maiſtre ſimphorien champier.

— Cy commence le liure intitule la declaracion du ciel & du monde & des merueilles de la terre & de la ſituacion dicelle compoſe par maiſtre ſimphorien champier a la requeſte & commandement de treſuertueux & puiſſant ſeigneur monſeigneur gabriel le Vis de challain (1) ſeigneur des baronnies de cozand & de fogerolles on pays de foreſt.

C'eſt là que Champier, parlant des eaux minérales connues de ſon temps en Europe, dit : « Et en France a auſſi de diuerſes manieres dcaues & ſpeciallement au daulphine aupres de dye & de la fontaine qui bruſle & de la fontaine Vinenſe & en foreſtz a une fontaine dont toute la ville ſen ſert qui ſappelle ſaint-garmye : laquelle eſt clere comme argent qui a force comme vin tourne. Laquelle ne peult bouillir : ne riens ne ſe y peult cuire : & les habitans en boyuent ou lieu daultre eaue.... Et aupres de cleremont en auuergne y a une petite mōtaigne ronde enuirofiee dune plaine de la ou quelle ſort une fontaine qui gette une eſpece qui ſemble poix & tient en partie comme poix & ceulx du pais affin que les chieures ne rongent & gaſtent les petits arbres ils en mettent contre iceulx arbres : & leſd. chieures recullent & nen veullent approcher. Et aupres dud. cleremont y a une aultre fontaine qui engendre naturellement la pierre (la fontaine de St-Allyre). Car delle meſmes elle a fait ung pont de pierre : ſur quoy lon paſſe pour aller en ung molin qui eſt illec pres. Il y en a ung aultre

---

(1) Gabriel de Lévis, baron de Couzan, fils de Jean, baron de Couzan en Forez, Lugny en Charolois, &c, & de Marie de Lavieu; par ſa mère, ſeigneur de Feugerolles & de Challain-le-Com- tal, bailli de Forez. Il épouſa en 1525 Marie de Joyeuſe, de laquelle il n'eut point d'enfants. La baronnie de Couzan, la première du Forez, paſſa à Claude de Lévis, ſon neveu.

en ung lieu qui ſappelle mantas au diocefe de cleremõt qui la
veille faĩct pierre daouſt eſt toute plain dinmondices & de lymon :
& le iour dud. faĩct pierre eſt auſſi clere que argent & nette ſans
ce que perſonne y ait touche ne riens nettoye. » ⁚

Plus bas, parlant de l'Italie, il s'exprime ainſi ſur les habitants
dégénérés de ce beau pays : « Et ſi les cites de Ytalie eſtoient
garnies des frãcoys & des corps des allemans armez des harnoys
de Millan feroient imprenables es humains : mais les ytaliens depuis leurs anciennes dominations font fais peſans & negligens en
armes & leurs vertus corporelles & ſpirituelles diminuees : & ſpe-
cialement touchãt faitz darmes. Quant à la doctrine il y a des doctes
en toutes facultez : & qui font ſtudieux & vertueux : mais non pas
ſi grand nombre que le temps paſſe. Les ytaliens ont eſte autresfoys les plus hardys & prudens forts & agilles du monde : mais
maintenant ceſt par le contraire & eſt faict miracle : car le lyon eſt
conuerti en biche ceſt a dire que les ytaliens anciennement en
vigueur eſtoient les plus hardys comparer au lion : & maintenant
font craintifz comme les cerfz & biches : qui pour les tremblemens
des feuilles des arbres prennent la fuyte. Se ceſt pour leurs vices
deſpuis acquis ie le remetz a dieu qui congnoiſt les vertus & vices
des gens..... »

Vers la fin de ce Traité du ciel & du monde, Champier dit :
« Si prierons les troys roys deſſus nommez deſquelz ou iourdhuy
celebrent leurs adoracions auquel iour ay accomply ce petit œuure. Lan de grace mil cĩq cens & deux le ſixieme iour de Iãuier
quil leur plaiſe prier celuy qui par eulx fut tel iour adore quil luy
plaiſe de auoir aggreable ceſte petite operacion laquelle a ſa
louenge ay recueillie des anciens ſages & philoſophes & a la fin
me doint congnoiſſance de mes pechez confeſſion contriction &
ſatisfaction vie vertueuſe & gloire eternelle.

A la fin :

Cy eſt cõply le liure du ciel & du monde, lequel a eſte
cõpoſe a la requeſte de treſnoble & puiſſant ſeign̄r mõſei-
gñr Gabriel de leuis ſeigneur de coſan noble & ancienne
maiſon. *De qua dici poteſt : eſt domus de qua dicitur : de tribu
levi duodecim milia ſignati.*

Un écu écartelé, 1 & 4, d'or, à la croix ancrée de gueules, qui eſt Damas; contre-écartelé d'or, à trois chevrons de ſable, qui eſt Lévis.

Suit une épître en latin de Symphorien Champier à Jacques Robertet, protonotaire impérial & apoſtolique, docteur en l'un & l'autre droit, en lui envoyant l'ouvrage ſuivant :

— Opus admodum tornatum corruptos mulierū mores in medium memorās ab eruditiſſimo viro ſimphoriano artis peonie profeſſore eximio editum.

C'eſt un recueil de tout ce que les philoſophes & les poètes de l'antiquité ont écrit contre les femmes.

— Cy commence ung petit liure intitule la malice des femmes lequel a eſte recueilly de matheolus & aultres qui ont prins plaiſir a en meſdire par affection deſordonnee lequel eſt cy couche non pour meſdire : mais par doctrine pour euiter aux inconueniens que peuuent arriver par femmes. Par quoy ſil y a aulcuns mots qui ſoient deſplai-ſans & mordans ſoient attribues au bigame Matheolus.

Ce livre, compoſé en latin ſous le nom de Matheolus, par un auteur inconnu, vers le milieu du quinzième ſiècle, avoit été déjà traduit en françois par un anonyme & imprimé ſous ce titre :

« MATHEOLVS

Qui nous monſtre ſans varier
Les biens & auſſy les vertus
Qui viennent pour ſoy marier
Et a tous faictz conſiderer
Il dit que lhomme n'eſt pas ſaige
Si ſe tourne remarier
Quant prins a eſte au paſſaige. »

La Malice des femmes eſt une ſatire très violente contre le ſexe féminin. L'auteur a beau faire ſes réſerves, & proteſter qu'il n'eſt queſtion dans ſes vers que des méchantes femmes, à l'entendre elles ſont toutes mauvaiſes. Voici le début de cette pièce en vers de huit pieds :

« Toi qui liras dedans ce liure
Fais que des femmes te desliure
Si tu vois leurs opinions
Leurs mœurs & leurs condicions
Que ie diray ſen ay licence
Bien croy que par iuſte ſentence
Deuers ma partie feras
Et par droit les condempneras. »

— Cy commence ung aultre petit liure intitule le doctrinal du pere de famille a ſon enfant... compoſe par maiſtre ſimphorien champier. A la requeſte de honorable & prudente perſonne meſſire francoys robertet balif duſ-ſon en auuergne ſecretaire du roy & de monſeigneur de bourbon & ſon recepueur au pays de foreſt. — Senſuy-uent pluſieurs beaulx enſeignemens pour regir & gou-uerner ſes enfans fait en groſſe rime ancienne....

Ce ſont des préceptes pour la conduite de la vie, mis en qua-trains.

— Aultres enſeignemens pour apprendre a bien viure & bien morir..... — Senſuyt le regime dung ſeruiteur utile au pere de famille pour enſeigner & endoctriner ſes ſubiectz & auſſi ſes enfans..... — Ceſt la voye de pa-radis que Dieu donne à ſes amys.

Toutes ces pièces ſont en vers.

Cy finiſt la nef des princes auec pluſieurs petis traitez

compofee par maiftre fimphorien champier docteur en theologie & medicine iadis natif de fainct faphorin le chafteau au pays de lionnoys.

— La nef des batailles auec le chemin de lofpital compofe par noble & puiffant feigneur Robert de barfat feigneur dantrefgues & de faint amand es montaignes dauuergne confeiller & chambellan du roy noftre fire en fon confeil & fenefchal au pays Dagenes & de Gafcoigne.

L'écu des armes de Balfac, d'azur, à trois flanchis ou faultoirs d'argent, 2 & 1, au chef d'or, chargé de 3 flanchis du champ, pofés en fafce.

Cy finift lordre & train que ung prince ou chief de guerre doit tenir tant pour conquefter ung pays & paffer ou trauerfer celluy des ennemys..... fait & compofe par noble & puiffant feigneur Robbert de balfac feigneur dantregues & de faint amand es montaignes : confeiller & chambellan du roy noftre fire & fon fenefchal es pays de gafcongne & agenes.

Ce Robert de Balfac eft le même qu'il appelle ailleurs Balfat & Barfat. Il étoit fils de Jehan de Balfac & d'Agnès d'Entragues, fénéchal de Gafcogne & d'Agénois. Il époufa Antoinette de Caftelnau, dame de Bretenoux, & fervit Louis XI avec vingt hommes d'armes contre le comte d'Armagnac, en 1471 & 1472. Au voyage de Naples, Charles VIII lui confia le commandement de la citadelle de Pife. On voit que c'étoit un homme de guerre & bien placé pour écrire la Nef des Batailles. Une branche de cette maifon s'étoit fixée en Lyonnois, où elle a poffédé les châteaux de Bagnols & de Châtillon-d'Azergues, par le mariage de Roffec de Balfac IIᵉ du nom, avec Jeanne d'Albon, en 1433. Ce Roffec mourut en 1473. Son fils Geoffroy (1) époufa Claude Levifte & mourut

(1) Il étoit seigneur de Montmorillon et de St-Clément en Bourbonnois. En 1496, un cheval   fougueux l'ayant emporté- et précipité dans le Rhône, il se voua à la Sainte-Vierge, et, en mé-

fans enfants mâles en 1509. Bagnols & Châtillon-d'Azergues paffè-
rent avec fes filles en des mains étrangères. On voit encore en
plufieurs endroits, au château de Châtillon, l'écu des Balfac avec
fes flanchis ou faultoirs. Geoffroy fut inhumé dans une petite
chapelle ifolée, aujourd'hui en ruines ; la pierre qui recouvroit
fa tombe fut tranfportée, il y a quelques années, dans la chapelle de Notre-Dame, autrefois chapelle du château, joignant la
porte d'entrée de l'enceinte. Cette pierre eft actuellement placée debout contre le mur, dans un petit renfoncement, près de
l'autel, du côté de l'évangile. On y lit cette infcription : « *Cy gift
noble & puiffant feigneur meffire Geoffroy de Balfac feigneur de Châtillon & grand varlet de chambre du roy Charles VIII qui trefpaffa le
ixe j. de januier lan 1509. Priez pour fon ame.* » L'épitaphe eft en
lettres gothiques. Au milieu eft la repréfentation d'un chevalier
armé de toutes pièces.

— Senfuit le droit chemin de lhopital & les gens qui
le trouuent par leurs euures & manieres de viure.

Cette moralité, compofée par Robert de Balfac & publiée pour
la première fois par Champier à la fuite de la Nef des Princes, m'a
paru affez curieufe pour mériter d'être reproduite. Elle a été réimprimée deux ou trois fois à Lyon & à Paris, dans les premières
années du feizième fiècle, mais toujours avec des modifications
dans le titre, & des additions qui, bien qu'infignifiantes, permet-
troient de fuppofer que ce n'eft pas l'opufcule de Robert de
Balfac, ou au moins qu'il a été altéré (1). Quoi qu'il en foit, ces
diverfes pièces étant devenues d'une exceffive rareté, j'ai penfé
que c'étoit un motif de plus pour faire connoître celle qui a été
donnée par Champier. On la trouvera ci-après.

moire du péril auquel il avoit échappé miraculeufement, il fit placer un *ex-voto*, ou tableau
repréfentant cet événement, dans l'eglife des
Celeftins de Lyon, où on le voyoit encore au commencement du fiècle dernier.(P.Anfelme,tom.ti,
p. 437, Généal. de Balfac.)

(1) Je trouve dans le Manuel du Libraire : Le
grant chemin de lofpital, imprimé à Lyon par
Martin Honard,1508, pour Loys Le Bourg. In-4°,
de iv ff. — Le chemin de lofpital... imprimé à
Paris par la veufue feu Jehan Trepperel et

Jehan Jehannot. In-8° goth. de viii ff. s. d. —
Le droict chemin de lopital.... In-16 goth. de
viii ff., s. l. n. d Ce dernier finit par ce qua-
train en forme de foufcription :

« Cy finift le chemin de lhopital
Ou fortune maine grans et petis
A pied par faute de cheual
Qui eft la fin des gens malaoductis. »

M.Brunet croit que ces trois pièces font probablement les mêmes, fans toutefois l'affirmer.

La Nef des Princes & des Batailles eſt une eſpèce de macédoine entremêlée de françois & de latin, où l'on trouve de tout, moralités, joyeuſetés, & beaucoup d'érudition, comme c'étoit l'uſage alors d'en mettre partout, même dans les œuvres les plus futiles, ſans doute pour ſe conformer au précepte d'Horace. C'eſt un des livres les plus rares & les plus curieux de Symphorien Champier.

Il y en a eu une deuxième édition :

— La nef des princes & des batailles de nobleſſe auec le chemin pour aller a loſpital & aultres enſeignemens utilz..... Petit in-4° goth. de LXXXVI ff. non chiffrés, à longues lignes. Signat. A — T. Titre en rouge & noir, fig. en bois dans le texte.

Au recto du dernier f. :

Cy finiſt ung petit liure intitule la nef des princes & des batailles de nobleſſe ouquel ſont contenuz pluſieurs enſeignemens & doctrines tres utilles tant a gens litterez que non litterez..... Et eſt ceſt preſent œuure imprime a Paris le neufuieſme iour du moys Daouſt. Lan mil cinq cens vingt cinq par Philippe lenoir relieur iure en luniuerſite de Paris. Demourant en la grant rue ſainct Iacques. A lenſeigne de la Roze blanche couronnee.

Au verſo du même f. eſt la marque de Philippe Lenoir, & non Michel, comme l'appelle le P. Niceron.

Un exemplaire de la Nef des Princes, Lyon, Guill. Balſarin, 1502, a été payé 12 liv. à la vente du duc de La Vallière ; un autre, Paris, Phil. Lenoir, 1525 (quelques ff. refaits à la main), n'a pas dépaſſé 4 liv. 10 ſ. à la même vente. Aujourd'hui, ſi un exemplaire de l'édition de Lyon apparoiſſoit dans une vente, les bibliophiles ſe le diſputeroient, pour peu qu'il fût en bonne condition.

(Bibl. de la Ville, Coll. de M. Coſte. Magnifique exemplaire.)

Senſuit le droit chemin de lhopital & les gẽs qui le
trouuẽt par leurs œuures & maniere de viure &
que pour vraye ſucceſſion & heritage doi-
uenteſtre poſſeſſeurs & heritiers dudit
hoſpital : & jouir des priuileges
droitz & prerogatiues ou
aultrement leur ſe-
ront fait grand
tort & in-
iuſtice.

Gens qui ont petit & deſpendent beaucoup. Gens qui iouent
voulentiers & perdent ſouuent. Gens qui ont petite priſe & rente
qui portent draps de ſoye & chiers habillemens. Vieulx gens darmes qui nõt rien acquis en leur ieuneſſe mais fait bonne chiere &
tout deſpendu. Gens qui deſpendent leurs biens ſans ordre ne
meſure. Gens pareſſeux qui craignẽt en ieuneſſe trop trauailler.
Marchans qui achatent & vendent a bõ marche & a credit. Gens
qui ſe veulent venger de tout ce que len leur fait : car tel ſe cuyde
venger qui ſe veille. Gens qui laiſſent perdre ce quilz ont de leur
maiſtre ou de eulx a faulte de le ſerrer par ſotiſe & pareſſe. Gens
qui ſe gouuernent par conſeil de folz & mechans & leur donnent
charge de leurs beſongnes.
Gens qui nont gueres biens & entretiennent grant eſtat.
Vieux tabourins & meneſtriers. Gens qui nont trauaille en ieuneſſe vont a loſpital en vieilleſſe.
Gens qui ſeruent leurs maiſtres a leurs deſpens. Marchans &
aultres gens qui ont perdu leur credit. Gens ſubitz & legiers qui
ont fait folie & leur dommaige auant y penſer. Gens pareſſeux

moulx & negligens. Gens qui ne penſent que au iour la iournee &
non point au temps advenir. Gormans & beliſtres.

Gens quelque grant ſeigneurie quilz ayent ne priſent qui deſpendent le leur follement & ſans raiſon ne ordre.

Gens afeminez & putaniers en font meſtier.

Gens legiers voluntaires & non ſtables,

Gens qui couchent tard & lievent tard. A loſpital.

Gens qui preſtent voulentiers argent a gens qui nont dequoy
payer. Gens picqueplaiz & nourriſſeurs de proces & queſtions.
Gens opiniaſtres & incorrigibles.

Gens qui ne trouuent rien cher a creance & payent mal.

Gens qui nexercicent bien ſaigement & diligemment loffice en
quoy ilz ſont commis. A loſpital. Maiſon ou len dance continuel-
lement & font feſtes & nont point de couſtume dauoir grant argent
ne de bien faire leurs beſongnes. Gens voluntaires & trop affec-
tiones font ſouuent des folies & leur domaige. Gens qui mangent
leur ble en herbe. Gens que eulx ou leurs ſeruiteurs iouēt iuſques a la minuit ou toute la nuit ilz brulent le boys & gaſtent la
chandelle : boiuent le vin & puis leſdictz ſeruiteurs dorment le
matin quant doiuent aller a la beſongne de leur maiſtre.

Gens qui entreprennent plus grant choſe & faiz quilz ne peuuent ou ſcauent faire.

Gens prodigues & grans deſpendeurs ſans meſure.

Gens que quant leurs voiſins font à faire leurs beſongnes aux
champs ou a la ville ilz iouent ou ſont a la tauerne.

Gens poures qui ſe marient par amourettes ſans auoir rien.

Gens couſtumiers de faire œuures de faict ou folies.

Gens deſobeiſſans a leur prince ou iuſtice.

Gens capiteux teſtuz ou noyſeux car ils confiſquent tout en
ung. Gens qui par pareſſe & faulte de couraige laiſſent perdre leurs
biens. Gens qui font porter grans habillemens & grans triumphes a
leurs femmes plus que leur cheuance ne biens ne portent. Gens
qui meinent ſouuent leurs femmes en voyage ou feſtes. Maiſon ou
après que le ſeigneur ou la dame ſont couches les ſeruiteurs font
grãs banquez auant quilz ſe couchent. Gens qui font ſouuent grans
banquetz & grandes aſſẽblees.

Gens qui donnent plus que leurs biens ne peuuent porter ne
endurer & ſans raiſon. Poures ſoudoires qui en ung moys mengent

les gaiges de troys & cuident que leurs dicts gaiges durent touſiours & ſe attendent de prendre ung bon priſonnier ou une bonne fortune a la guerre & a lauenture ilz la trouueront mauuaiſe dõmaigeuſe.

Gens qui ſe priſent plus quilz ne valent & a qui ſemble que les biens leur ſoient deuz de rente.

Gens mauluais payeurs car ilz leur fault tout payer en ung coup ce quilz ont emprunte en vingt ans & leur ſemble que largent preſte leur vient de auantaige.

Gens qui viuent ſans prouiſion mais au iour la iournée.

Gens qui vont prendre leur plaiſir & paſſer temps a lheure quilz doibuent vacquer a leurs beſongnes.

Les maiſtres qui ſeuffrent faire a leurs ſeruiteurs largeſſe de leurs biens a leurs comperes & commeres & aultres accointances & en faire leurs amicies & bienueillances a ſes deſpens.

Gens qui ſe deſpoillent auant aller coucher ſi neſt a gens a qui ilz ſoyent bien tenus par raiſon & quilz ſoient bien ſurs de eulx.

Gens qui prennent grant ſomme dargent ſans le compter & que leur fault en rendre compte.

Gens qui ne viuent que de piller & rober & de choſes de mauluais acqueſt qui requiert mauluaiſe fin.

Gens ſans eſtre princes ou trop grans ſeigneurs qui mettent dixhuit aulnes de velours dans une robe a grant argent & habillemens. A loſpital.

Gens qui demourent beaucoup a ſe habiller le matin pourceque le laſſet eſt deferre & les aiguillettes des chauſſes.

Gens qui deſpendent beaucoup & gaignent peu. Gens qui ne ſcauent entretenir nettement les habillemens quant ilz les ont les mettent a tous les iours & les laiſſent perdre par leur faulte.

Gens qui font mal penſer leurs cheuaulx & leurs beſtes. Gens qui laiſſent pourrir leurs tapiſſeries es murailles & linge ou cõfre. A loſpital.

Compaignons & poures gentilzhommes achatans & mengeans choſes friandes & cheres.

Gens qui laiſſent leur bon meſtier pour eſtre lacaix & faire les gens darmes. Gens qui laiſſent les prez & les iardins ſans clorre quant les fruitz y ſont.

Gens qui laiſſent plouuoir ſur leurs greniers & ſur les courtines du lict a faute de recouurir.

Gens qui chantent touſiours de gaudeamus & non point de requiem.

Gens qui changent ung bon cheual a ung mauluais & tournent de largent encores auſſi quelque aultre bõne choſe a une mauuaiſe.

Gens qui vendent ou engaigent leur cheuance ſans grant cauſe & bonne raiſon.

Gens tauerniers & cabareſtiers. Gens qui font menger à leur meſnage le pain chault & frais & qui bruſlent le boys vert.

Gens qui laiſſent leur granche deſcouuerte quant le fain eſt dedans.

Gens qui ont eu de grans biens & les ont perdus & continuent la deſpence quilz faiſoient quant ils auoient les grans biens.

Gens qui laiſſent menger les prez & les bledz pour pareſſe de aller getter le beſtial dehors ou les faire garder. Gens qui ſe laiſſent brider & ſubiuguer a leurs prochains parens ſeruiteurs & aultres comme le bon duc de bretaigne & daultres beaucoup. Gens qui laiſſent gaſter le pied du cheual pour pareſſe de ferrer. Gens qui laiſſent auſſi gaſter le dos du cheual a faulte de rembourrer & rabiller la ſelle.

Gens qui couppent leurs chauſſes au genoil & decouppent leurs pourpointz & habillemens.

Gens qui vont tard faire leur iournee & leur beſoigne.

Gens qui ne oyent iamais compte de leurs recepueurs & ne ſcauent que deſpendent pour moys ne pour an. Gens qui ne pencent depuis quilz ſe lieuent du lict ſinon en quoi ilz pourront paſſer temps tout le iour & faire leurs plaiſances ſans pencer a leur proffit & affaires.

Gens qui laiſſent leurs caues greniers & charniers ouuers & ſans clef & quilz ne ſcauent ne ſe prennent garde cõme tout ſe gouuerne. Gens qui vendent leur cheuance pour eſtre marchans. Gens qui font leur dõmaige pour acomplir & faire plaiſir a aultruy. Gens qui a faute de reparation quilz peuuent bien faire laiſſent abatre une maiſon rompre une paſture ou ung eſtang ou aultre choſe qui porte profit.

Gens qui laiſſent perdre leur bon droit & proces a faulte de pourſuite. Gens qui ne craignent a deuoir ne de eſtre executez & excommuniez ne de en rendre compte a dieu.

Gens qui laiſſent perdre cent eſcuz pour peur de en deſpendre dix.

Gens qui ayment mieulx faire ouyr a aultruy les comptes de leurs recepueurs & gens qui font leur deſpence que les ouyr eulx meſmes. Gens qui baillent leurs meubles & biens en garde ſans compte ne inuentoire.

Gens qui ayment mieulx leur ayſe & plaiſir que leur proffit & honneur. Gens qui ſe melent de trop de meſtiers.

Gens qui veulent uſer de leur volunte plus que de la raiſon.

Gens qui diſent que ſaiges & font que folz.

Gens qui refuſent & fuyent a auoir une bonne charge & commiſſion pour eſpargner leur peine.

Gens qui preſtent leurs bons cheuaulx & habillemens a gens qui ne vallent pas. Gens habilleurs (hâbleurs) & menteurs a la fin ne ſont gueres priſez & font mal leurs beſongnes. Gens qui font leurs beſongnes pour cuider & que leur ſembloit ainſi. Gens qui ne font bien aduiſez & ſaiges qui font les choſes legierement ſans bien penſer a quelle fin doiuent venir. Gens glorieux qui cuident beaucoup valoir & leur ſemble que iamais bien ne leur fauldra. Gens qui ne ſont grans princes que le ſeigneur menge en ung lieu & la dame en ung aultre & qui font troys a quatre diſners lung apres lautre. Gens ingratz enuers dieu & qui ne le ſeruent & viuent de mauuaiſe vie qui meine a mauuaiſe fin. Gens qui achatent un cheual fait a eſtros & le laiſſent apres viij iours. Gens quil fauct quilz ſeruent ordinairement ung maiſtre en une maiſon & portent pantofles larges & moſſes deuant a la mode du iourdhuy. Gens qui ont des biens & cheuaux en pluſieurs lieux & ne les viſitent ſouuent & qui ne ſcauent comment leurs beſongnes ſont gouuernees & ſen rapportent aux ditz de leurs ſeruiteurs.

Gens qui font grant deſpence ſous eſperance de auoir la ſucceſſion dung homme viuant quilz ne auront a lauenture iamais. Gens qui font ung meſtier & lexercent bien & voient qu'ilz nen peuuent tirer leur vie ils en deueroient prendre ung aultre.

Gens qui font pleiges & caucions pour aultruy.

Gens qui par negligence laiſſent pourrir le fain au pre & le ble aux champs & perdre les raiſins en la vigne & les fruitz aux arbres.

Les maiſtres qui ſe fient & attendent du tout de leurs beſoignes a leurs ſeruiteurs ſans ſcavoir ne ſoy enquerir ſils les ſeruent bien ou mal.

Gens qui ſont tuteurs & curateurs de enfans.

Gens qui ſont commiſſaires de ung ſequeſtre & deſpendent de largent en leurs beſoignes.

Gens qui vendent ou engaigent leurs terres pour preſter largent a aultruy. Gens qui mettent leur bien ou leur temps pour enfant ou pour commun.

Gens poures qui veullent eſtre bien ayſes & bien veſtus & ne veullent rien faire ni trauailler. A loſpital.

Gens qui ſont ſaillis de grant maiſon & riche qui ne ont gueres de biens en leur part & veullent tenir le train & la deſpence de la maiſon dont ils ſont ſaillis non pas eulx arrenger ſelon leurs biens. Gens treſoriers & recepueurs auſſi deſpenciers qui demeurent longtemps ſans rendre leurs comptes & baillent largent ſans auoir bon acquit. Gens qui donnent plus a leurs filles que leur cheuance ne biens ne peuuent porter. Gens qui ſe font varletz de ce quilz ſont maiſtres & ſe font deſplaiſir & dõmaige pour faire plaiſir a aultruy. Gens qui recoipuent daultruy & le mettent en leurs propres affaires. Gens qui ſe vantent de faire beaucoup & ne font rien qui vaille. Gens qui ſe fient a la maiſon dont ilz ſont nez ou ilz nont rien & laiſſent a trauailler dans ceſte fiance. Gens qui ſe meſlent de aultruy meſtier. Gens qui a faulte de couraige & diligence laiſſent a pourchaſſer & auoir des biens. Gens qui reprennent les aultres & ils font pis que eulx. Gens qui tant plus perdent & tant plus veullent iouer diſant quilz ne ſen iront point a perte & perdent tout. Gens quant ilz ſont bien ayſes & font leur proffit qui ne ſi peuuent tenir : mais veullent changer & pis beaucoup de foys. Gens qui trauaillent beaucoup & prennent de la peine aſſez ſans propos & bonne raiſon & le tout eſt rien à la fin. Mary & femme qui ſe accordent mal & ſe lung eſt de mauluais gouuernement encore pis lautre. Deux maiſtres en une maiſon differens & contraires de opinion. Gens qui ſe fient touſiours trouuer leur vie pour leur bon perſonnaige ou cuider ſcauoir & ne mettre point peine de ce faire. Jeunes gens & aulcuneſfois daultres quant leurs parens & amys leur difent leurs faultes & vices ilz en font mal contens & font pis que deuant & ne fe veullent corriger & fuient ceulx qui leur confeillent leur proffit.

Gens qui laiffent leur tapicerie couuertes linceulx & habillemens qui font un peu rompus perdre tant a faulte de les rabiller que couldre. Gens qui penfent que leurs maiftres leur ayderont toufiours & a cefte fiance dependent tout ce quilz ont & le maiftre meurt ou change de propos fouuent. Gens qui fur efperance de gens deglife meinent grant defpence & ilz peuuent mourir.

Gens chiches de mailles & larges & prodigues de ung efcu.

Gens opinaftres qui ont ung proces & trouuent bon appointement & ne le veullent prendre & perdent le tout bien fouuent. Gens qui ne fcauent conduyre une bonne fortune quant elle leur vient ne mettre a execution car elle ne vient pas toufiours. Gens qui laiffent ung bon meftier pour ung mauuais. Gens qui fe attendent de faire leurs befoignes de demain a demain & ne peuuent trouuer lheure & le temps fen va. Gens qui vont au marche ou a la foire a deux ou troys lieues aux iours ouuriers & vendent a quatre blancs de marchandife & en defpendent fix & perdent leur iournee. Gens qui ont grant heur & grant auctorite qui penfent que cefte fortune dure toufiours & a cefte caufe font tort & defplaifir a beaucoup de gens & leur en faut rendre compte bien fouuent. Gens qui congnoiffent que leurs befoignes fe font mal & ny remedient de bonne heure. Gens qui font grandes defpences & mifes pour efperance dauoir de grans biens de ung proces quilz ont en iuftice car a lauenture ilz perdront le principal & payeront les defpens. Gens qui pour efpargner ung peu de peine & dargent tumbent en inconuenient & plus grant mife & trauail beaucoup de foys. Gens qui affemblent cheuance a bon marche & a mauuais payeurs qui en prennent en payement mauuais cheuaulx & pierreries & draps a plus cher marche qu'ilz ne valent. Gens de qui les feruiteurs donnent du meilleur vin a la ville ou village a grans potz & la chair & aultres biens a leurs paillardes ou aultres accointances fans que les maiftres en faichent rien. Gens qui laiffent le paue de leurs falles & chambres & les fouyers & cheminees auffi voirrines fans radouber car tous les iours le dommaige croift qui eft figne de pareffeux & de mauuais menafgiers.

Gens vagabonds & rogiers bon temps qui ne penſent a tumber
es inconueniens & neceſſitez qui leur peuuent venir & dangier ou
peuuent eſtre le demourant de leur vie ſont les aiſnes fils & principaulx heritiers de lhoſpital enſemble tous les deſſus nommez qui
pour raiſon & leurs merites & maniere de viure & de faire ny doibuent ne peuuent faillir.

Tous ceulx qui feront le contraire de ce qui eſt deſſus nomme
nauront iamais ne part ne quart ne heritage audiçt hoſpital mais
en feront exens & quittes & auſſi de lordre de belliſtre & de mau-
gouuerne.

FINIS.

I V. — Le guidon en francoys, auecque les addicions en ung chacun principal chapitre felon Galien Auicenne Halyabbas Arnauld de Villeneuue Salicet Dinus de Florence Petrus de Argilata Lanfranc Thederic & aultres modernes recueillies & afemblees par maiftre Simphorien champier auecque le chapitre uniuerfel & treffingulier auquel font contenues les louanges principes & chofes uniuerfelles de cyrurgie pour plus facilement paruenir des chofes uniuerfelles & communes aux particulieres propres & fingulieres. Les dictz guidons ce (*fic*) vendent chez maiftre Eftienne gueygnard pres faint Anthoine a lyon en la rue merciere deuant lymage de fainct Loys. In-8° goth., a 2 col., de cccxxxv ff. non chiffrés. Signat. *a—7*,A—Q.

Entre les cahiers z & A font trois cahiers avec une fignature en dehors de l'alphabet. Titre en lettres rouges. Au verfo du frontifpice, une figure en bois.

— Chapitre uniuerfel & treffingulier auquel font contenuz les louanges & chofes generales & trefutiles a chefcun qui veult proffiter en la fcience & art de cyrurgie lequel a efte icy arrefte & compofe par maiftre Simphorien champier.

Cy finift le chapitre uniuerfel & treffingulier comprenant en fomme & brieuement ce qui eft contenu en ce guidon auec les louanges de cirurgie compofe par maiftre Simphorien champier.

Ce Chapitre uniuerfel & treffingulier remplit *xij* ff. A la fuite, on retrouve la figure en bois qui eft déjà au verfo du frontifpice. Aux ff. *s* & *M vij*, quelques inftruments de chirurgie gravés en noir dans le texte.

Au bas du recto du f. *cccxxxv* & dernier :

Cy finiſt le guidon en cirurgie auecques les addicions
enſemble le chapitre uniuerſel & treſſingulier icy adiouſte
& compoſe par maiſtre Simphorien champier habitan (*ſic*)
a lion & praticquant en la ſcience hypocratique. Imprime
a lion par Iehan de vingle, lan de grace m. ccccc. iij.

Malacarne cite une première édition de ce livre, ſous le titre :

— Addiciones in chirurgiam magiſtri guidonis de cauliaco D. Simphoriano champerio phyſico authore. Lugduni 1498, in-4°.

Je ne la connois pas & ne l'ai pas vue mentionnée ailleurs. Le
même auteur cite encore :

— Chapitre uniuerſel…. icy areſte & compoſe par
maiſtre Simphorien champier. In-4° goth. de CCLXXXIV ff.
ſur 2 col.

Cy finiſt guidon en cirurgie…imprime a paris par Francoys regnault libraire de luniuerſite de paris demourant
en la rue ſainct Iacques a lenſeigne ſainct Glaude. Lan
mccccc & viiij. Le vij iour de decembre.

Le Guidon eſt l'œuvre de Gui de Chauliac, à laquelle Champier
a ajouté un chapitre & un commentaire. Il dit en marge du traité V,
De claris medicine Scriptoribus, parlant de Gui de Chauliac : « Quem
aliquando in ciuitate noſtra lugd. interpretatus ſum additioneſque
in ipſum ſuperaddidi. »

Les actes capitulaires de St-Juſt mentionnent un Guigo de Caulliaco, chanoine & prévôt du chapitre de cette égliſe, & donnent
la diviſion de ſes biens & prébendes qui fut faite le 25 juillet 1368.
Elle eſt rappelée en ces termes dans le livre des Partages : *Se-
quuntur bona & terre que & quas bone memorie dñs Guigo de Caulliaco
quondam canonicus & prepoſitus ſancti Juſti tenebat ab eccleſia predicta
tempore mortis ſue. Que terre fuerunt diviſe in capitulo ut eſt moris ad*

fonum campane & infrafcripto die xxv iulij anno Dñi m. ccclxviij (1).

Ce Gui ou plutôt Guigue de Chauliac eft certainement l'auteur ou compilateur de divers traités de chirurgie & principalement du Guidon, qui précéda de deux fiècles les travaux d'Ambroife Paré fur ces matières, & jouit pendant longtemps d'une popularité exclufive. Le Guidon fut bientôt traduit dans toutes les langues de l'Europe ; on en fit un grand nombre de copies, & il devint partout comme un manuel pratique indifpenfable aux hommes du métier, qui étoient alors pour la plupart des barbiers, phlébotomifant, tranchant, taillant, fans autres études que les expérimentations qu'ils faifoient fur les pauvres patients. Il fut imprimé à Lyon pour la première fois, fous le titre : *Le liure appelle guidon de la pratique en cyrurgie,* Bartholomy buyer, 1478 ; puis en 1490. C'eft un des premiers livres imprimés à Lyon, où·la typographie ne fut connue qu'en 1473. Cet empreffement témoigne de l'eftime que l'on en faifoit encore, plus d'un fiècle après la mort de l'auteur, qui l'avoit achevé vers 1363. La faveur publique continua pour le Guidon pendant la durée du feizième fiècle, qui en vit plufieurs éditions. Symphorien Champier penfa qu'il méritoit d'être publié de nouveau avec les améliorations introduites dans la pratique, & il le fit imprimer en 1503 avec des additions, des corrections & des commentaires. Iehan Canappe publia le Chapitre fingulier de maiftre Guidon de Cauliac, nouvellement traduit & illuftré de commentaires, Lyon, Eftienne Dolet, 1542. Laurent Joubert donna du livre de Chauliac une traduction nouvelle plus appropriée au langage du temps, à laquelle fon fils joignit des annotations ; Lyon 1576 & 1596, in-8°. On en a fait depuis un grand nombre d'éditions : Rouen 1615, Tournon 1619, Bourdeaux 1672, Paris 1683, Lyon 1704, Liége 1711, & enfin Lyon 1716. Mais le fiècle dernier fit juftice du Guidon, & les immenfes progrès de la fcience anatomique l'on condamné à un oubli complet. Après avoir fait autorité pendant un fiècle & demi, ce n'eft plus aujourd'hui qu'un vieux livre dont les premières éditions feulement font recherchées par les bibliophiles, parce qu'elles remontent aux premiers temps de l'imprimerie. Il faut cependant que le Guidon fe foit recommandé par des titres véritables &

---

(1) Archives du département du Rhône. Baronnie de St-Juft, série G, n° provifoire 2984.

férieux, pour avoir été pendant près de trois fiècles le *vade mecum* obligé des chirurgiens.

Aftruc, qui a confacré un article à Gui de Chauliac (1), dit qu'il a contribué plus qu'aucun autre à faire de la chirurgie un art régulier & méthodique, & que ceux qui ont écrit après lui n'ont fait que le copier. Mais Aftruc & les autres biographes gardent le filence fur l'année de fa mort, & ils ont ignoré qu'il étoit chanoine & prévôt de St-Juft. Aftruc fe contente d'ajouter qu'il étoit né au village de Chauliac en Gévaudan (Chaulhac, Lozère), dont il avoit pris le nom, fuivant un ufage fréquent à cette époque où les noms patronymiques n'étoient pas encore ufités. Il dit encore qu'il avoit d'abord pratiqué la chirurgie à Lyon, & qu'il vécut enfuite conftamment à Avignon, où il étoit devenu médecin & chapelain commenfal du pape Clément VI, en 1348. On voit par l'extrait des actes capitulaires que j'ai reproduit ci-deffus, qu'il étoit mort à la date du 25 juillet 1368. L'ufage étoit, dans le chapitre de St-Juft, comme dans celui de l'Eglife de Lyon, de procéder capitulairement au partage des bénéfices devenus libres par le décès du chanoine titulaire, le lendemain & quelquefois le jour même : fi Gui de Chauliac mourut à Lyon, ce fut donc le 24 ou le 25 juillet, & dans le cas où il feroit mort à Avignon, ce feroit quelques jours plus tôt.

Il eft probable que la famille de Gui de Chauliac étoit originaire de Lyon, ou qu'elle étoit venue s'y établir dès le quatorzième fiècle. Car je trouve dans une affemblée capitulaire tenue à St-Juft le 2 juillet 1378, un Bernard de Chauliac parmi les chanoines capitulants, & dans le partage des biens de Jacques Fabri, chanoine & facriftain de St-Juft, le premier jour de décembre 1379, le même Bernard de Chauliac eft encore nommé ; ailleurs je vois un Guillot de Chauliac, citoyen de Lyon, qui donne au chapitre de St-Juft une vigne fituée dans la paroiffe de Brignais. Gui de Chauliac étoit certainement à Lyon en 1366, car il eft au nombre des chanoines capitulants, dans un chapitre tenu à St-Juft cette même année : « *Etoient préfents : Charles d'Alençon, archevêque, abbé dudit St-Juft, Jacques Fabri, docteur ès loix, facriftain & official, Beraud de Lavieu, courrier* (correarius) *de l'Eglife de Lyon* (2), *Chatard de*

(1) Mémoires, etc., *loc. cit.*, pag. 185-91.

(2) Le courrier étoit chargé de faire exécuter les fentences et condamnations pour l'archevêque. A Vienne, il avoit la charge de rechercher les malfaiteurs et de les faire conduire dans les prifons archiépifcopales.

Peſchin, bailli de Mâcon, Etienne de Pedo, bourgeois de Villefranche, chancelier, procureur royal, Humbert de Varey, lieutenant de bailli, Pierre Fabri, notaire royal, ſubſtitut du procureur du roi, & Gui de Chauliac, prévôt de St-Juſt. » L'identité ne ſauroit être conteſtée ; les nom & prénom ſont les mêmes, l'année convient, tous les biographes s'accordant à faire vivre l'auteur du Guidon vers le milieu du quatorzième ſiècle, & il le dit lui-même dans ſon livre ; il étoit homme d'égliſe, puiſqu'il fut chapelain du pape : c'eſt donc lui que nous retrouvons à Lyon faiſant partie du chapitre de St-Juſt, duquel il eſt qualifié prévôt, dans les actes capitulaires de 1366 & de 1368.

(Bibl. de l'Académie de Lyon, Palais-des-Arts.)

V. — La nef des dames vertueuſes compoſee par maiſtre Simphorien champier docteur en medecine. Contenant quatre liures. Le premier eſt intitule la fleur des dames. Le ſecond eſt du regime de mariage. Le tiers eſt des propheties des ſibilles. Et le quart eſt le liure de uraye amour. In-4° goth. à longues lignes ; LXXXVI ff. non chiffrés ; ſ. d. Signat. a — x. Titre rouge & noir ; un grand nombre de figures en bois dans le texte.

Au recto du f. lxxxvj & dernier :

Cy finiſt la nef des dames vertueuſes compoſee par maiſtre Simphorien champier docteur en medecine. Contenant quatre liures. Le premier eſt intitule la fleur des dames. Le ſecond eſt le regime de mariage. Le tiers des ditz & vaticinations des ſibilles. Et le quart eſt le liure de uraye amo^r. Imprime à lyon ſur le roſne par Iacques arnollet.

Sur le frontiſpice, au-deſſous du titre, eſt une gravure en bois aſſez curieuſe pour que je la décrive. Elle repréſente une nef voguant en pleine mer ; au milieu de la nef eſt la Sainte-Vierge tenant en ſes bras l'Enfant Jéſus ; à côté d'elle, ſainte Catherine & ſainte Barbe avec ſa tour ; au ſommet du grand-mât, deux doc-

teurs affublés de la robe & du bonnet magiſtral, & ſemblant pro-
feſſer en plein vent de même que s'ils étoient en chaire, ſont per-
chés dans les huniers comme des gabiers. A l'arrière, le château
de poupe eſt ſurmonté d'une banderole ſur laquelle eſt une croix ;
plus bas ſont trois bannières ou pavillons : l'une chargée de deux
bandes, la ſeconde d'un croiſſant, la troiſième d'une étoile. Au-
deſſous du château de poupe ſont trois écus blaſonnés de même
ſauf le croiſſant. Au pied du petit mât flotte une banderole fleur-
deliſée ; dans les huniers eſt encore un docteur dans la même
attitude que les autres. A l'avant eſt un pavillon en forme d'écu,
le même que Champier avoit déjà fait graver au verſo du frontiſpice de La Nef des Princes, de..., au chevron de..., accompagné
de trois ſaultoirs de..., 2 & 1 ; au chef de..., chargé d'une étoile
de..., à ſix rais : l'étoile eſt celle des armes de Champier. Quant
au reſte, je ne ſais ce que ce peut être, à moins qu'il n'ait eu la
fantaiſie de mêler ſon blaſon avec celui des Balſac, qui portoient,
comme on l'a vu, d'azur, à trois ſaultoirs d'argent, au chef d'or,
chargé de trois ſaultoirs du champ, poſés en faſce. Dans ce cas, il
auroit remplacé les ſaultoirs du chef par ſon étoile. Reſte le chevron,
dont je ne comprends pas la ſignification, & qui peut être un des
trois chevrons des armes de Gabriel de Lévis à qui il avoit dédié
le petit traité de La Declaracion du ciel & du monde, lequel ſe trouve
auſſi avec la Nef des Princes. Champier ayant donné l'année précédente, dans ce livre, quelques pièces de Robert de Balſac, il
n'en falloit pas davantage à ſa vanité pour que l'idée lui vînt d'établir une confraternité d'armes entre ce ſeigneur & lui. Il travailloit
dès lors à l'agrandiſſement de ſa famille, mais il étoit encore incer-
tain ſur la manière dont il s'y prendroit pour parvenir à ſon but ;
ce ne fut que plus tard qu'il ſongea à ſe rattacher aux Champier
de Dauphiné, qui, s'étant éteints vers ce temps, laiſſoient le champ
libre à ſon ambition.

Au verſo du titre : « Double rondeau par manière d'épigramme
ſur la nef des dames. »

> « La nef des dames vertueuſe
> Ou toute vertu eſt encloſe
> Les geſtes & le vaſſelaige
> Des dames cy abbat la raige

De cil qui les dames accufe.
Et affin que nul ne mefdife
Des dames par aulcune rufe
Des mefdifans mord le langaige
La nef.

« Pour vous garder quon ne vous bufe
Dames ou bonte eft infufe
Ayez deuant vous pour ymage
Cefte nef : car a mariage
Obferuer aprent quon ny mufe
La nef. »

Dans le « Prologue de lacteur fait en rethorique francoife fus la nef des dames, » Champier fuppofe qu'un matin, pendant qu'il étoit dans fon étude, fe creufant la tête pour trouver un fujet à traiter, fans pouvoir y réuffir, une grande & belle dame lui apparut : c'étoit Prudence fuivie de « folertie providence entendement raifon experience docilite aftucie, » & il ajoute :

« Sa doulce bouche quant de moy fut aupres
Pour me parler ouurit fi doulcement
Difant ainfi mon amy mon apres
Comment tiens tu ton engin fi depres
A enfuiure mon doulx commendement.

« Tout ton viuant tu nas fait aultre chofe
Que ta perfonne tenir toufiours enclofe
Pour profiter quelque chofe aux humains.
A lune fois tu efcripz comme fuppofe
Chofe teftualle : & à laultre foys glofe
Tant que des liures tu as compofe mains
Tu as parle des fainctes & des fainctz.
Et au dernier comme pour eftre crains
Et bien aimes de leurs nobles vaffaulx
Les princes doiuent viure & foir & mains
Et fupporter bonnement leurs villains.....
As introduit & monftre mains affaulx.

« De tout cecy tu as moult bien parle

. .. .

. . . .

Mais tu nas pas tout ton cas emmalle
Quant des dames les vertus as cele
Et nas parle comme par malueillance...... »

. . . .

Prudence l'engage à faire l'éloge des femmes & lui propofe
pour modèle Anne de France, fille de Louis XI & femme de
Pierre II, duc de Bourbon, qu'elle lui fait voir comme en fonge.

« Cefte dame portoit deux grans efcuz
Qui bien valoient cinquante mille efcuz
En lun auoit trois belles fleurs de lis
Dor maffiffes le champ au foubz reclus
Dafur eftoit & ny eftoit inclus
Aultre chofe mais moult eftoit poli
Et le feçond auoit pour luy eflis
Entierement ce que au premier deuis
Eft contenu fans aultre difference
Fors une bende ou y auoit commis
Trauerfant fus par laquelle eft foubmis
Et differant au grand efcu de France. »

Champier obéit à Prudence & compofa La Nef des Dames vertueufes.

Le Prologue de lacteur eft fuivi de la « Genealogie de la
haulte & excellente maifon de bourbon, » & de vers huitains contenant la fomme du premier liure « par maniere dinuectiue contre les mefdifans des dames. » Au verfo du f. *vij*, une figure gravée
en bois repréfente Champier offrant fon livre à Anne de France.

S'il faut en juger d'après le beau zèle auquel l'auteur fe laiffe
aller contre les « mefdifans des dames, » les femmes avoient à
cette époque de nombreux détracteurs.

— Cy commence ung petit liure intitule les louenges
fleurs & deffenfoir des dames : compofe par maiftre Sim-

phorien champier defdye & enuoye a trefnoble & trefuertueufe princeffe Anne de france dame & ducheffe de
bourbon & dauuergne.

La feconde partie du premier liure.

La tierce partie de ce prefent liure intitule la fleur des
dames. En laquelle font nommees les vertus des anciennes
dames du viel teftament tant de la loy de nature que de la
loy efcripte.

La quarte partie de ce premier liure intitule la fleur des
dames contenant aulcunes des principalles dames les
quelles ont efte de la loy de grace & premierement de la
benoifte vierge marie mere de dieu.

Suit une figure en bois couvrant les deux tiers de la page & repréfentant l'Annonciation. Au-deffous eft la figure de Symphorien Champier, avec fon écuffon d'emprunt.

Ce premier livre eft confacré à la louange des femmes. Après avoir épuifé la lifte des femmes fortes de l'Antiquité, Champier cite celles de l'Ancien Teftament, les vierges & les martyres de la Loi nouvelle, & il termine fa revue par Jeanne d'Arc, Jeanne reine de Sicile, & Blanche mère de faint Louis, puis enfin par une ballade fur l'excellence du mariage.

A la fuite :

Cy commence le fecond liure de la nef des dames & princeffes intitule le gouuernement de mariage defdie & enuoye a trefnoble & trefredoubtee princeffe madamoy-felle fuzanne de bourbon. Compofe par maiftre fimphorien champier.

Dans ce livre, Champier expofe les devoirs réciproques du mari & de la femme. Il veut que les filles ne fe marient pas avant l'âge de feize ans, « car quant on prent une ieune fille on ne fcet pas quon prent. » Il blâme les vieillards qui fe marient fans égard pour la difproportion d'âge; « car ils preignent & efpoufent les femmes non pour eulx ains pour les aultres contre la loy de ma-riage. Et font tant par leurs folies que dune groffe befte font ung oyfeau chantant fur les arbres que en fon vray chant melodieu-fement tout dune voix chante coquu. »

— Suivent les propheties ditz & vaticinations des fibilles tranflatez de grec en latin par lactance firmian & de la-tin en rethorique francoife par maiftre fimphorien cham-pier avec le comment dudit maiftre fimphorien. Defdye & enuoye a trefnoble & trefuertueufe princeffe Anne de france dame & ducheffe de bourbon & dauuergne.

Les ditz prophetiques des fibilles tires du latin & com-pofes par feu meffire iehan robertet en fon viuant notaire & fecretaire du roy noftre fire & de monfeigneur de bour-bon. Greffier de lordre du parlement dalphinal.

Ce font des vers françois accompagnés en marge d'une glofe en latin. Le P. Niceron cite une édition in-4°, fans date, de ces

Ditz & propheties des fibilles; je ne crois pas que cet opufcule ait été publié à part.

Le quatrième livre eft précédé d'une très longue épître latine à André Briau; il femble que Champier ait voulu s'y dédommager de l'ennui que lui avoit caufé l'obligation d'écrire La Nef des Dames en françois.

— Cy commence le liure intitule de vraye amour demonftrant coment & en quoy les dames doiuent mettre leur amour. Compofe par maiftre Symphorien champier. Defdie & enuoye a trefnoble & trefuerteuufe princeffe Anne de france dame & ducheffe de bourbon & dauuergne.

Au verfo de l'avant-dernier f., Champier, parlant de fon livre, dit : « Lequel a efte fini & acomply ce penultime dauril. L'an de grace Mille cinq cens & trois. En la cite & ville ancienne de Lyon fur le rofne par maiftre Simphorien champier. » La Nef des Dames n'a donc pas pu être imprimée avant la fin de 1503.

Au recto du dernier f. eft la marque de Jacques Arnollet.

On remarque, dans une des vignettes de l'encadrement, un
fujet affez curieux par fon originalité. Ce font quatre lapins pour
lefquels l'artifte n'a deffiné que quatre oreilles, & cependant la
pofture de ces petits animaux eft combinée de façon à ce que
chacun eft pourvu de fes deux oreilles, bien que l'on n'en compte
que quatre dans la vignette. Ce fujet avoit déjà été taillé dans la
pierre, à la porte latérale de droite de la façade de l'églife de
St-Jean, troifième caiffon à droite, joignant la porte. C'eft là,
fans doute, que le graveur aura copié cette fantaifie de l'imagier

du treizième fiècle, au milieu d'une foule d'autres qui feroient
l'objet d'une étude remplie d'intérêt, fi quelque artifte avoit la
bonne penfée de les relever & de joindre à fon recueil l'explication de tous ces petits monuments de la fculpture du Moyen-Age,
la plupart inintelligibles aujourd'hui, mais ayant tous certainement leur fignification tirée de la Bible, de la légende des Saints,
de l'hiftoire, de la mythologie même & des anciens fabliaux. Tel
eft celui que l'on voit au-deffous de la confole à l'angle nord de
la façade de l'églife de St-Jean, où une jeune fille, tenant un fouet
à la main, eft montée fur le dos d'un philofophe à longue barbe,
marchant fur fes pieds & fur fes mains, qu'elle conduit par la

bride comme un palefroi. C'eſt évidemment le lai d'Ariſtote de
Henri d'Andeli, lorſque la demoiſelle, pour ſe venger de ce que
le philoſophe avoit voulu détourner Alexandre de ſon amour pour
elle, parvient à le ſéduire & obtient de lui qu'il la portera en croupe.
En conſéquence elle le

> « Fet comme roncin enſeler
> Et puis a quatre piez aler
> En chantonant par deſſus lerbe, »

& elle le conduit, dans ce grotesque équipage, ſous une fenêtre
d'où Alexandre le voit & lui demande, en ſe moquant de lui, ce
qu'eſt devenue ſa philoſophie, & comment il a pu ſe laiſſer ainſi
ſeller & brider par une femme.

Ce titre de « La Nef » étoit très à la mode alors & fort goûté
des lecteurs. On avoit *Stultifera Navis* de Sébaſtien Brandt, qui,
dans l'eſpace de vingt-cinq ans, de 1494 à 1520, eut ſeize à dix-
ſept éditions, ſoit en allemand, ſoit en latin, en françois & en an-

glois, & fut traduit en vers françois fous le titre : La Nef des folz du monde. Il y avoit encore *Stultiferae Naves* de Joſſe Bade, traduit en françois par Jehan Droyn, avec le titre La Nef des Folles ; La Nef de Santé, par Nicolas de La Cheſnaye, &c. Champier apporta ſon contingent à cet engouement de ſon temps, en publiant coup ſur coup La Nef des Princes & La Nef des Dames, dont le titre ſeul auroit ſuffi pour leur aſſurer un grand ſuccès.

Ce livre eſt rempli de jolies figures gravées en bois, & de magnifiques lettres ornées, dont l'exécution prouve que Jacques

Arnollet excella dans ſon art & fut le digne précurſeur des Jehan de Tournes & des Gryphius, qui l'ont ſurpaſſé peut-être dans la correction de leurs éditions, mais n'ont rien produit de plus beau que la Nef des Dames. Un livre publié aujourd'hui avec ce luxe d'illuſtration & ſur ce papier que l'on prendroit pour de la peau de vélin, ſeroit accueilli par les bibliophiles comme un chef-d'œuvre de l'art typographique, & cependant, lorſque celui-ci ſortit des preſſes de Jacques Arnollet, il y avoit vingt-cinq ans à peine que l'imprimerie étoit connue à Lyon.

La grande Bibliothèque de Paris poſſède l'exemplaire ſur vélin préſenté par Champier à la ducheſſe Anne de Bourbon. Un exemplaire ordinaire avoit été payé 11 liv. 1 ſ. à la vente du duc de La Vallière ; le dernier prix coté par M. Brunet, dans le Manuel du Libraire, eſt celui de la vente Heber, 19 liv. 9 sh.

La Nef des Dames vertueufes a eu trois éditions :

La nef des dames vertueufes compofee par maiftre fimphorien champier docteur en medecine contenant quatre
liures… nouuellement imprimez à Paris pour Iehan de
lagarde libraire. Ilz ce (*fic*) vendent a Paris fur le pont noftre
dame a lenfeigne fainct iehan leuangelifte…..

Au verfo du dernier f. :

Cy finift la nef des dames vertueufes… nouuellement
imprimee à paris le iii. jour de may. Mil. ccccc & xv pour
iehan de lagarde libraire. Petit in-4° goth. de 100 ff. à
longues lignes. Signat. a — r.

Un exemplaire tiré fur peau de vélin fut acheté à Londres, en
1817, pour la Bibliothèque du Roi, au prix de 5 liv. 14 sh.

— La nef des dames vertueufes… on les vend à Paris
pour Philippe le noir… Petit in-8° goth., f. d., fig. en bois.

Au dernier f. :

Imprime a Paris par Philippe le noir…

Vendu 8 liv. à la vente du duc de La Vallière.

Cette édition ne peut pas être antérieure à l'année 1531, puifque, d'après M. Brunet à qui aucun détail n'échappe, on lit à la fin
que l'auteur a achevé cet ouvrage le 26 août 1531, c'eft à dire
vingt-huit ans après fa première publication. Si cette note eft
exacte, c'eft à dire fi elle n'a pas été ajoutée par le libraire pour
donner à fon livre un air de nouveauté, il en réfulteroit que l'auteur l'auroit remanié ; ce que je ne fuis pas à même de vérifier,
n'ayant jamais vu la troifième édition.

L'exemplaire que j'ai décrit de l'édition de La Nef des Dames,

Lyon, Jacques Arnollet, magnifiquement relié par Bauzonnet, a conservé toute sa pureté native & toutes ses marges intactes ; aussi figure-t-il au premier rang parmi les plus riches joyaux de la Bibliothèque lyonnoise de M. Coste, qui en comptoit un si grand nombre.

La Nef des Dames vertueuses, de cette édition surtout, est un des livres les plus rares & les plus désirés par les bibliophiles lyonnois.

VI. — Index librorum in hoc volumine contentorum.

Domini Symphoriani champerii physici lugdunensis libelli duo.

Primus de medicine claris scriptoribus in quinque partibus tractatus.

Secundus de legum diuinarum conditoribus : una cum impugnatione secte machometice : quam arabes alchoranum vocant. Opus tum propter hystoriarum cognitionem : tum propter rei nouitatem perutile.

Dyalogus dñi Symphoriani champerii : & Sebastiani coppini mollissoniensis in legem machometicam.

Eiusdem dñi Symphoriani de corporum animorumque morbis : eorumdemque remediis opusculum in duos partium libellos. Primus introductiuus est in practicam galeni. Secundus egritudinum animorum curatiuus.

Euangelice christianeque religionis ex scriptis gentilium & poetarum & philosophorum validissimis argumentis comprobatio.

Eiusdem dñi Symphoriani Aphorismi siue collectiones medicinales.

Alexandri Benedicti veronensis Aphorismi siue collectiones.

Alexandri aphrodisei greci de febribus.

Opera parua Hippocratis nouiter de greco in latinum traducta lib. VII.

Epiſtole quedam ad ipſum dñm Symphorianum champerium.

In-8º goth. à longues lignes, ſans lieu ni date & ſans
nom d'imprimeur. Il n'y a pas même de titre, l'index ci-
deſſus en tient lieu; pas de ſouſcription à la fin du volume; vi ff. non chiffrés pour les pièces liminaires.

Suivent les divers traités annoncés dans l'index, ayant chacun
leur pagination & leur ſignature. Le premier eſt dédié à Gonſalve
Toledo, élu royal à Lyon & médecin de la reine; ce ſont les éloges des médecins fameux, diviſés en deux livres & ſuivis de divers
opuſcules. Ces traités rempliſſent *lvij* ff. chiffrés; ſignat. a — g.
On trouve parmi les pièces liminaires une épître de Léonard
Serra à Champier, & une autre de Pierre Picot à Jehan Lemaire.
Serra loue Champier d'avoir arraché à l'oubli les noms de quelques
médecins illuſtres, & il lui rappelle ceux de quelques autres qu'il
n'auroit pas dû paſſer ſous ſilence, entre autres Gilbert Griffi,
Jean Falcon, Pierre Tremolet, qu'il appelle les trois foudres de
l'art, & il termine par cet éloge de Champier : « O homme digne d'éloges, heureuſe la ville qui poſſède un ſavant médecin
comme toi ! » L'épître eſt datée de Marſeille, où Léonard Serra, qui
étoit de Valence, exerçoit la médecine. Picot écrit à Jehan Lemaire que Champier a dompté Pégaſe & franchi l'Hélicon pour
s'élever juſqu'aux régions éthérées, où tous les dieux à l'envi l'ont
comblé de faveurs : Mercure lui a octroyé le don d'inventer ; Phé-
bus, celui d'écrire avec les plus brillantes couleurs ; Vénus lui a
donné la grâce ; Saturne, la mémoire des choſes paſſées ; Jupiter &
Minerve ne lui ont pas fait défaut non plus, & ſi Numa Pompilius
recevoit les inſpirations de la nymphe Egérie, Champier eſt in-
ſpiré par Minerve elle-même.
Au f. *xl*, à la fin de la première partie du traité *De claris medicine
Scriptoribus*, eſt une épître de Gonſalve Toledo à Champier, datée
du 17 janvier 1506, & dans laquelle il le remercie de la dédicace
de ſon livre !
« Si je ne puis, lui dit-il, vous témoigner convenablement ma
reconnoiſſance des faveurs dont vous m'avez comblé, & que je
n'oublierai jamais, je vous prie toutefois & vous conjure d'être

perſuadé que cela doit être imputé à la grandeur & à l'importance du bienfait, plutòt qu'à mon naturel, qui a horreur de l'ingratitude. En effet, le génie le plus fécond, le langage le plus élo-
quent, fuſſent-ils inſpirés d'en haut, ſeroient inſuffiſants, je ne dirai
pas pour reconnoître, mais pour donner une idée des obligations
que je vous ai. Vous mettez aujourd'hui le comble à vos bontés,
par le don précieux autant que déſiré du livre écrit par vous, avec
tant de recherches, ſur les écrivains qui ont traité le plus diligemment de la médecine. Je l'ai lu d'un bout à l'autre avec une avidité
ſi grande, que, le jour même où je l'ai reçu, je n'ai pu le laiſſer
qu'après l'avoir dévoré juſqu'à la dernière ligne. Recevez donc
l'expreſſion ſincère de ma gratitude pour l'honneur ſingulier que
vous me faites préférablement à tant d'autres. Vous vérifiez le
mot d'Horace :

> Quo ſemel eſt imbuta recens ſervabit odorem
> Teſta diu,

car la flamme du génie, allumée dans votre âme dès l'âge le plus
tendre, s'y entretint toujours plus vive & plus brillante lorſque
vous fûtes parvenu à l'adoleſcence, & jamais vous ne vous êtes
laiſſé entraîner à l'oiſiveté & à la diſſipation ; auſſi vous goûtez
aujourd'hui la noble récompenſe de vos travaux aſſidus. Vous
vous êtes rendu par l'étude & plus illuſtre & plus noble, bien que
la nobleſſe de votre famille ſoit depuis longtemps reconnue ; car
vous n'ignorez pas que tout eſprit qui ne ſe retrempe pas dans
l'étude, languit & dépérit, & que le commerce des lettres, au contraire, conduit au bonheur, ou tout au moins allége le poids des
miſères inſéparables de la nature humaine. Votre amour du travail vous rend d'autant plus digne de louange, que, dans ce ſiècle où le grand nombre préfère les exercices du corps à ceux
de l'eſprit, & ne s'inquiète guère de ſavoir s'il eſt vrai que l'homme
ſans lettres eſt un cadavre, vous avez toujours prouvé que rien
ne vous tient tant à cœur que d'être utile aux autres par vos écrits
& par les ſoins & les leçons que vous prodiguez à la jeuneſſe. Quoi
de plus admirable, en effet, que l'excellent uſage que vous faites
de votre intelligence, de votre ſavoir, & du don d'écrire avec clarté
que vous avez reçu de Dieu ? Pour le prouver il ſuffit d'indiquer

les titres des divers traités composés par vous & qui font les délices des hommes studieux :

« Viaticum logices. Ianua physices. De coelo & mundo. De anima. De generatione & corruptione. De animae immortalitate. Contra magos & fascinatores. Additiones in chirurgiam Guidonis de cauliaco. Introductiones in tegni Galeni. De curandis corporis & animae morbis. De inventoribus legum divinarum. Dialogus de erroribus Machumeti.

« Outre un si grand nombre de compositions en latin, il vous a plu de vous exercer dans la langue françoise, & vous avez publié la Nef des Princes, Des Sibylles & de leurs prophéties. Il ne faut pas oublier non plus le livre que vous avez intitulé La Nef des Dames, & que vous avez gardé dans votre cabinet jusqu'au jour où vous avez atteint l'âge du mariage. C'est alors que vous l'avez donné à un libraire de Lyon, pour l'imprimer. Ce livre vous a acquis une réputation si grande & une bienveillance telle de la part des nobles dames, dont vous y avez fait l'éloge de main de maître, que les jeunes filles faisoient foule à l'envi pour vous voir & vous connoître, & qu'une gente demoiselle du Dauphiné, des plus considérables par la naissance, la vertu & la beauté, s'est estimée heureuse de vous choisir pour époux. Sans parler des œuvres que vous n'avez pas encore livrées à la presse parce que vous n'y avez pas mis la dernière main, quels fruits ne devons-nous pas attendre de ce que vous avez publié jusqu'à ce jour où vous êtes à peine entré dans la trente-troisième année de votre âge !..... »

Le second traité, dédié à François de Rohan, évêque d'Angers & archevêque de Lyon, est un dialogue entre Symphorien Champier & Sébastien Coppin contre l'Alcoran : *xxiv* ff. ; signat. aa — cc.

Le troisième contient les aphorismes extraits par Champier des œuvres des philosophes & des médecins. Il est dédié à Jean Laurencin, protonotaire du St-Siége, sacristain de St-Etienne & de St-Nizier.

A la suite : *Alexandri Benedicti de medici atque egri officio*, précédé d'une épître de Champier à Michel Baleoto, de Novare, & d'une autre d'Alexander Benedictus à Marc Sanuto, patricien de Venise : *xxviij* ff. ; signat. aaa — ddd.

Ce font des confeils & des préceptes donnés aux médecins &
aux malades, fous forme d'aphorifmes.

A la fin, font deux épîtres, l'une de Jacques Robertet à Champier, datée du mois de novembre 1496, l'autre, f. *xxvij*, de Jehan
Lemaire à Pierre Picot, que je reproduis en entier à caufe de fa
rédaction fingulière :

« A Monfeigneur. M. Pierre picot docteur es ars
& en medecine Phyficien : ftipendiaire de ma
trefredoubtee dame ma dame la ducheffe de Sauoye
fille a Lempereur Maximilian Iehan lemaire
iudiciaire & hyftoriographe de la dicte princeffe. Salut.

« Nuperrime cum Lugduni effem vir ornatiffime, ainfi que par
curiofite naturelle ie memploie voulentiers a inueftiguer chofes
nouuelles, perfcrutans diligenter officinas calcographorum noftrorum, ie trouuay prefte a mettre fur leurs formes impreffoires
une euure nouuelle de ce trefelegant philofophe orateur hyfto-
rien & phyfieien meffire Simphorien Champier lyonnois, tractant
des hommes illuftres antiques & recentz. Lefquelz de doctrina ve-
ftra apollinea benemeriti funt & multa celebratione digni. Enfemble ung aultre recueil de ceulx qui ont redige par efcript les loix
diuines. Et oultre ce vne impugnation trefuehemente contre la
fecte mahumeticque : Que quidem omnia, etfi doctrinam ingentem
hominis pre fe ferant, venamque diuitem eloquentie oftentent,
magis tamen demiratus fum laborem illum & quidem laboriofiffi-
mum obftupuique cum ex tam inextricabili laberintho in lucem
limpidiffimam eum facile confpexi prodiiffe, prefertim virum aliis
negociis prepeditum. Perfuafique mihi illum non nifi ad inftru-
ctionem publicam fe natum putare. Car defia iauoye autresfoys
veu affez de fes louables labeurs imprimez, tant en latin comme en
noftre langue gallicane. Ratus igitur fententiam hanc effe veriffi-
mam, quod honos alit artes, omnefque accendunt ad ftudia gloria.
Neque ab officio meo abhorrere laudationem eius qui a cunctis
extolli meretur, iay efcript a fa louenge hoc epygrammaticulum
vernaculum, qualecunque eft ruditer fabrefactum. Lequel ien-
uoye a ton humanite. Ut fcias me eum qui familiam tuam tam mul-
timodis fcriptionibus honorat, etiam honore non vulgari profe-
qui. Vale.

Voilà ces vers qui se trouvent à la suite de l'épître :

« . Champier gentil, riche champ, pur, entier,
Ton nom ton los jamais ne sont terniz.
Ta gloire croist en sublime sentier
En bruit haultain & en biens infinitz.
Tu floriras en tous lieux par droicture
Et seras dit territoire fertil
Champ plain d'hōneur & plain de floriture
Bien cultiue noble champier gentil.

« Ne crains enuie & sa rude poincture
Car leurs meffaitz enfin seront pugniz
Mais suy tousiours ta bienfaisant nature
Dont les exploitz sont loues & beniz.

« Gentil champier honorable & vtil
Qui nous produiz doctrinalle pasture
Tant sont souefz les biens de ton courtil
Qua lexprimer foible est mon escripture.
Tant sont tes faitz bien faitz & bien fournitz
Que ne souffit mon encre & mon papier
Ains seruent peu mes vers trop mal vniz
Pour extoller vng si gentil champier.

Fac & spera. »

Suit un petit traité *De corporum animorumque morbis*, précédé d'une épître à Philibert de Naturel, prévôt de l'Eglise d'Utrecht & abbé commendataire d'Ainay. Lyon 1506 ; *xxiv* ff.; signat. A — C (1).

Après, vient un opuscule sur la vérité de la religion chrétienne prouvée par les arguments des philosophes & des poètes païens, précédé d'une épître de Champier à Guichard de Lessart, de l'ordre de Saint Augustin, évêque d'Hiéropolis, suffragant de Lyon, avec sa réponse à Champier. Ce petit livre est dédié à Jacques d'Amoncour, chanoine-comte, précenteur de l'Eglise de Lyon & vicaire général : *viij* ff.; signat. A A.

Le volume finit avec le traité d'Hippocrate *De natura Hominis*,

(1) Van der Linden cite une édition *De corporum animorumque morbis*, Lugduni, apud Guil- lelm. llyon, in-8°; je ne l'ai jamais vue.

auquel eft joint celui *De Febribus*, traduit d'Alexander Aphrodi-
feus par Georges Valla : *xxvij* ff. ; fignat. AAA — DDD. A la fin, un
f. blanc non chiffré, avec la gravure en bois, au recto, repréfentant la Décollation de faint Symphorien ; Champier & fa femme à
genoux devant le faint martyr. Ce cartouche, que Champier a placé

dans plufieurs de fes livres, fe retrouve encore dans celui-ci, f. *ij*
de la première partie, & au commencement du Dialogue fur la
loi de Mahomet. On pourroit croire qu'il eft incomplet, parce
que l'on n'y voit pas *Epiftole quedam ad dñum Symphorianum Cham-
perium* annoncé à la fin de l'index, en tête du volume. Cependant, je crois qu'il n'y manque rien, & que les épîtres indiquées

font celles qu'on lit au commencement de chaque traité. Tous
les exemplaires que j'ai vus font conformes à celui que j'ai décrit.

Ce livre me paroît être forti des preffes de Jannot de Campis,
qui imprima à Lyon, l'année fuivante (1507), *De quadruplici Vita.*
On voit, par la date de quelques-unes des épîtres qui s'y trouvent,
qu'il a dû paroître vers la fin de mai 1506 : c'est donc à tort que
M. Van Praët, qui en a décrit un exemplaire fur vélin, l'a daté « circa
1515 (1). »

(Bibl. de M. Yemeniz.)

VII. — Domini Simphoriani champerij lugduneñ. Liber de quadruplici vita. Theologia Afclepij hermetis trif-
megifti difcipuli cum cōmētarijs eiufdem domini Simphoriani.

Sixti philofophi pithagorici Enchiridion.

Ifocratis ad Demonicum oratio preceptiua.

Silue medicinales de fimplicibus : cum nōnullis in me-
dice facultatis praxim ītroductoriis.

Quedam ex Plinij iunioris practica.

Tropheum gallorum quadruplicem eorundem complectens hiftoriam.

De ingreffu Ludouici xij. francor. regis in vrbem Genuam.

De eiufdem victoria in Genueñ.

Regum francorum genealogia.

De claris Lugdunenfibus.

De gallorum fcriptoribus.

De gallis fummis pontificibus.

Eple varie ad eundem dñm Simphorianum.

Grand in-8° goth. imprimé fur deux col., titre en lettres
rouges, encadré dans des vignettes grifes : LXXXIV ff. non
chiffrés pour la première partie, fignat. a—l; LVI pour la

deuxième, fignat. A — G. Pour les deux parties , cxl ff.

Au recto du dernier f. :

Impreffum eft prefens opus Lugduni expenfis honeftif-
fimorum bibliopolarum Stephani gueynardi & Jacobi hu-
guetāni : arte vero & induftria Jannot de campis : Anno·
domini m. ccccc. vij. Finitum pridie kal. Augufti.

Au verfo du f. G *ij*, eft la marque de Jannot Defchamps. Cette
marque, gravée en bois & d'une bonne main, eft une des plus
gracieufes parmi celles des imprimeurs lyonnois.

Champier a dédié son livre *De quadruplici Vita* à François de Rohan, évêque d'Angers & archevêque de Lyon. Il le prévient, en lui en faisant hommage, qu'il n'a pas copié Marsile Ficin, auteur d'un traité *De triplici Vita*. Il convient qu'il s'est servi de son ouvrage; mais, ajoute-t-il, « non omnia possumus omnes, quandoque dormitat Homerus; » ce qui signifie que Marsile n'a pas épuisé la matière, & qu'il s'est trompé quelquefois. Dans ce livre où l'on trouve de tout, médecine, théologie, philosophie, astrologie, histoire, &c., Champier donne des préceptes pour la conservation de la santé & pour prolonger la durée de la vie, & il combat les rêveries des astrologues & la croyance, si répandue alors, que la vie de l'homme est sujette à l'influence des astres.

La seconde partie, *Tropheum Gallorum*, est un abrégé de l'histoire de France depuis les temps fabuleux jusqu'à Louis XII. On y trouve aussi un recueil d'inscriptions antiques que Champier avoit relevées dans les divers quartiers de Lyon où elles étoient disperfées; il a eu soin d'indiquer les lieux où elles étoient placées. Elles sont au nombre de dix-neuf; toutes ces pierres existent & sont réunies au Musée lapidaire. Peut-être cette première indication laissée par Champier a-t-elle contribué à la conservation de ces monuments. C'est dans ce volume que se trouve aussi une liste assez étendue de nos anciens écrivains, avec un catalogue de leurs œuvres.

Bien qu'on ait fait de grands progrès, depuis Champier, dans la science épigraphique & dans la bibliographie, & précisément à cause de ces progrès, on doit lui savoir gré d'être entré le premier dans la carrière. Parmi les traités, au nombre de 93, qu'il attribue à Jean Gerson, l'on ne trouve pas le livre *De Imitatione Christi*, ce qui feroit supposer qu'à cette époque il ne lui étoit pas encore généralement attribué, quoiqu'il eût été imprimé sous son nom à la fin du quinzième siècle. Depuis, les étrangers ont essayé de le dépouiller de ce titre de gloire qu'il n'avoit pas recherché, pour le décerner, les uns à Thomas à Kempis, chanoine régulier du diocèse de Cologne; les autres à Jean Gersen, abbé de Verceil, de l'ordre de Saint Benoît. Champier cite, parmi les œuvres de Gerson, cinq opuscules : *De perfectione Religionis*, — *De meditatione cordis*, — *De simplificatione cordis*, — *De illuminatione cordis*, dont les divers titres rappellent les sujets traités dans l'Imitation de J.-C. Quel que soit l'auteur de ce livre, « le plus beau qui soit sorti de la main des hommes, a dit Fontenelle, puisque l'Evangile est l'œuvre de l'Esprit-Saint, » celui qui l'a composé a pris autant de soin pour rester dans l'obscurité, que les autres se donnent de mouvement & de peine pour faire parler d'eux. Les Bénédictins & les chanoines réguliers ont eu une longue querelle à ce sujet, & cette controverse a été renouvelée de nos jours encore par quelques érudits, assez inutilement pour ceux qui regardent Jean Gerson comme le véritable auteur de l'Imitation, au moins jusqu'à preuve du contraire.

A la fin du volume est un recueil de lettres écrites par divers savants à Champier, entre autres celle où Humbert Fournier l'entretient de la prétendue académie de Fourvière.

Le *Liber de quadruplici Vita* est un des beaux volumes de la collection des œuvres de Champier; cependant il est des plus communs. J'en ai eu dans les mains sept à huit exemplaires; la Bibliothèque de la Ville & celle de l'Académie en possèdent plusieurs doubles, & l'on est toujours sûr de le trouver dans le cabinet des amateurs qui rassemblent les œuvres de cet auteur. Le *Tropheum Gallorum* est quelquefois relié à part, &, comme il a son frontispice & sa signature & n'est pas tomé, on peut croire que le livre est complet. C'est la seconde partie seulement; & ce qui prouve qu'elle doit faire suite à la première, c'est qu'elle est annoncée dans le titre. Il faut donc, pour qu'un exemplaire du *De quadruplici Vita* ne soit pas imparfait, que le *Tropheum Gallorum* y soit joint.

L'exemplaire que j'ai sous les yeux porte sur le frontispice du *Tropheum Gallorum* le nom d'un de ses premiers possesseurs; on y lit d'une écriture du temps: « Pierre Seguier marchâd appoticaire à Paris. » Les auteurs du Dictionnaire des Ennoblissements, Paris 1788, 2 vol. in-8°, disent, tom. I, p. 29: « Etienne Seguier, originaire du Quercy, apothicaire du roi Charles IX, & Henri III, est le chef & l'auteur de cette famille. » Pierre Seguier, qui a inscrit son nom sur ce livre, étoit sans doute le père de cet Etienne qui lui succéda dans son laboratoire. Si je signale cette particularité qui n'en valoit peut-être pas la peine, c'est à cause de la similitude du nom avec celui d'une de nos familles les plus illustres dans la robe, qui a donné aux lettres des savants distingués, à l'Etat des magistrats éminents & un chancelier.

(Bibl. de M. Yemeniz, Magnifique exempl. Bauzonnet.)

VIII. — Simphoriani champerii de triplici difciplina cuius partes funt : Philofophia naturalis. Medicina. Theologia. Moralis philofophia.

Contenta in hoc volumine.

Vocabularius fiue colle&taneum difficilium terminorum naturalis philofophie ac medicine vnacum philofophia platonica domini Simphoriani champerii.

Liber quartus ethymologiarum fancti Ifidori qui eft de medicina cum interpretatione dñi Simphoriani champerii.

Theologie orphice Simphoriani champerii aurei libri tres.

Theologie trimegiftice eiufdem dñi Simphoriani de fecretis & myfteriis egyptiorum particule xij.

Juftini philofophi & martyris chriftiani admonitorius gentium.

Epiftola Lenis imperatoris ad Amarum regem faracenorum de religione chriftiana.

De republica lib.

Italie & Gallie panegyricum.

De origine ciuitatis Lugdunenfis.

Ludouici bolognini de quatuor fingularibus in Gallia repertis.

Demofthenis oratio.

Halcyon platonis.

In-8° goth. à longues lignes, non chiffré, divifé en quatre parties ayant chacune leur frontifpice & leur fignature. La premiere a XXIV ff., fignat. A—C. ; la feconde, CIV dont le dernier blanc, fignat. a—n ; la troifième, CVIII y compris un f. blanc, fignat. aa—oo ; la quatrième, XLVIII, fignat. aaa—fff.

Au verfo du dernier f. de la quatrième partie :

Impreffum eft prefens opus Lugduni expenfis honeftiffimi bibliopole Simonis vincentii : arte vero & induftria Claudij dauoft alias de troys. Anno dñi M. ccccc. viij. finitum pridie kal. martij. Ludouico galliarum rege huius urbis inclyte fceptra regente. Iulio fecundo pontifice maxima (*fic*) orthodoxam fidem feliciter moderante. Anno etatis mee *xxxvj*. Sed deum quefo : ut pro huiufmodi labore meo aliquam retribuat impofterum gratiam.

Au-deffous du titre :

Iodoci Badii Afcenfii Hexafticon in laudem dñi Simphoriani Champerii quem non immeritum omnem hominem & Jouis Phebi Minerueque facerdotem compellat : Jouis quidem propter Theologie antique peritiam. Phebi vero propter medicine experientiam. Minerue autem ob exactiffimam fcientiam quorum in hifce operibus pulcherrimum dat fpecimen.

Ut natura nouas mortalibus explicet arteis

Ingenia occepit fingere multiiuga

Tum Pallas : formes (ait) unum Simphorianum

Unus enim omnis homo Simphorianus erit.

Nam Jouis & Phebi fimul & meus ille facerdos

Ter magnum Hermetem fupprimet ingenio.

Les quatre tomes dont ce volume fe compofe font autant de traités fur la philofophie naturelle, la médecine, la théologie & la morale. La quatrième partie contient les louanges de la ville de Lyon, un panégyrique de la France & de l'Italie par Symphorien Grignan, de Mantoue, & un opufcule de Louis Bolognini, ambaffadeur de Bologne auprès de Louis XII, fur ce qu'il avoit vu de plus remarquable en France pendant le temps qu'il y demeura. Sous le titre *De quatuor fingularibus in Gallia repertis*, il fait l'éloge de la ville de Blois, de la bibliothèque que Louis XII y avoit créée (1), & de la ville de

(1) Cette bibliothèque a fubi les vicissitudes du palais élevé à Blois par Louis XII et par François Ier. Cette demeure royale ayant été abandonnée par la cour après le meurtre des Guise fous Henri III, les livres rassemblés à grands frais par Louis XII furent transportés au cabinet des Manuscrits de la Bibliothèque du roi, dont ils sont encore aujourd'hui la partie la plus précieuse.

Lyon. Ces éloges font en vers ; Champier, qui étoit avide de tout ce qui pouvoit honorer fa patrie, leur a donné place dans fon livre. Bolognini, fans doute homme d'Etat diftingué, n'étoit qu'un poète médiocre; toutefois, il eft fingulier qu'aucun hiftorien lyonnois n'ait finon reproduit, au moins mentionné fa Defcription de Lyon (1).

On trouve dans ce volume, comme dans tous les autres, des épîtres élogieufes que Champier a eu foin de nous conferver, ainfi que des vers à fa louange par Joffe Bade, Louis Landriani, prévôt de Vicolboni (2), Louis Bolognini, Guillaume Ramefeus, de Séez.

Le livre *De triplici Difciplina*, imprimé aux dépens de Simon Vincent, libraire, par Claude Davoft, fait honneur aux preffes lyonnoifes par fa correction, fes beaux caractères gothiques & le papier qu'on y a employé. Il eft à remarquer que prefque tous les ouvrages de Champier ont été publiés avec cette recherche qui eft le

---

(1) *Defcriptio particularis vetuſtiſſimæ ac ubique famoſæ ciuitatis lugdunenſis intus et extra :* per clariſſimum iuriſconſultum equitemque ac oratorem bononienſem Ludouicum Bologninum. Ad chriſtianiſſimum Francorum regem Ludouicum eo nomine in ſacro regno XII.

(2) En tête de la deuxième partie, *Pars theologalis*, eſt une aſſez longue pièce en beaux vers ſapphiques dans leſquels Louis Landriani fait l'eloge de Champier; la voici :

« Deferant circum tua rite lauros
Tempora ac ornent hedera ſequaci
Quique virtutum fuerint alumni
    Simphoriane.

« Deferant mirtos Veneri ſacratas
Deferant frondes genio dicatas
Et tibi Muſae viridi corona
    Tempora cingant.

« Adſit hic felix Satirum caterva
Saltibus laetos faciant et omnes
Turba ſit Faunum foliis virentum
    Proſpera tota.

« Naiades ſparſis veniant capillis :
Prodeant omnes nemorumque Nimphae
Et ſuas ducant hilares choreas
    Omine fauſto.

« Orpheus dulces citharaeque nervos
Pollice intentet reſonante filo
Et tuas laudes merito decentes
    Concinat ore.

« Flora ſit preſens calathis roſarum
Et tuo ſertam capiti coronam
Mille nunc florum varium colorum
    Denique donet.

« Pallas exornet foliis olivae
Te tuum pectus clipeo tegatque
Adſit et preſens cithara ſonanti
    Pulcher Apollo.

« Neſtoris Ianus tibi donet annos
Vita ſit felix redeaſque coelo
Serus et totum volitet per orbem
    Fama ſuperſtes.

« Tu tibi nomen ſtudio dicaſti
Semper eternum. Jovis illud ire
Dente non unquam poterunt edaci
    Rodere ſevae.

« Quod tuo virtus hominem beatum
Reddat exemplo capiatque lector
Et tibi grates peragat ſupremas
    Simphoriane.

« Vixeris quantum tua fama vivet
Vita virtutes comites habebit
Gloriam mors et ſociam tenebit
    Seculo in omni. »

Ces vers ſont précédés de l'envoi ſuivant de Landriani à Champier :

« Ne (cum operi accingar ad patriam rediturus) me mendacem arbitreris promiſſos ad te ſaphicos mittendos duxi quibus ſi quid rudis indecentiſque ineſt veniam deprecamur. Longe etenimque abs te in lucem edita ſunt opera majori indigent ingenio quam noſtro cum inter os et opham multum interſit. Quare (ſi non ut decet) tantum in ſe laetitiae carmina prae ſe ferat hoc relegationi noſtrae aſcribendum ducas ex tempore quidem confecta ſunt. Vale et me ut ſoles ama »

véritable luxe de la typographie, ce qui n'a pas peu contribué à
la conſervation des rares exemplaires qui ont échappé, durant le
ſiècle dernier, à l'horreur que les lettrés eux-mêmes avoient pour
le gothique.

Ce livre eſt peu commun. On a quelquefois relié ſéparément
les parties dont il ſe compoſe; pour être complet, il faut qu'il ſoit
conforme à la deſcription que j'en ai faite.

L'exemplaire qui m'a ſervi appartient à la Bibliothèque de la Ville.
Bien qu'il ait été omis dans le Catalogue, il faiſoit partie de la collection de M. Coſte; il attend encore, ſous ſa première enveloppe
de parchemin, la riche reliure qui lui étoit deſtinée.

IX. — Le triumphe du treſchreſtien Roy de France xij (*ſic*)
de ce nom contenant lorigine & la declination des veniciens
auec larmee dudict Roy & celle deſdictz veniciens. Et auſſi
ung petit traicte contenant les lignees des Roys de france
& comment les generations ſont deſcendues lune de lautre : & comment elles ſont faillies. Declairant auſſi en brief
combien ilz ont regne & en quel temps & de leurs faictz
& la ou ilz giſent. Et du fondement de luteſſe dicte maintenant Paris.

Petit in-4° goth. de xxxiv ff. non chiffrés, à longues lignes, le dernier f. blanc. Signat. a — i.

A la fin :

Cy finiſt ce preſent tractie intitule de lorigine des roys
de france. Imprime a lyon par Claude dauoſt autrement
dict de troys. Le xiij. iour du moys de nouembre. Lan
mil cinq cens & neuf.

Au-deſſous du titre ſont deux écus armoriés, aſſez groſſièrement
gravés; à droite celui de France, à gauche celui de Lorraine & de
Bar, parti de Hongrie, de Jéruſalem, d'Anjou & d'Aragon. Ces
armes furent ajoutées à celles de la maiſon de Lorraine, par ſuite

du mariage de Ferry de Vaudemont avec Yolande fille du roi René, laquelle hérita des droits de son père sur le royaume de Sicile. Au verso du frontispice est l'épître dédicatoire de Symphorien Champier à Hugues de Hazards, évêque & comte de Toul, avec une lettre ornée qui tient la moitié de la page. Suivent huit vers latins de Franciscus Brixianus (François de Brescia) à Champier.

Le seul luxe typographique de ce petit livre, imprimé en caractères gothiques très simples, est dans les lettres initiales des chapitres; elles sont de styles divers, & leurs dimensions ne sont pas égales. La plus grande & la plus belle est celle-ci, qui est la première. Je la donne ici réduite.

IN SI que recite, titus livius en sa première decade apres la destruction de troye.

On trouve de nombreux extraits du Triomphe de Louis XII, à la suite de l'Histoire de ce prince par Claude de Seyssel réimprimée par Théodore Godefroy, Paris 1615, in-4°, avec celle de Jean d'Auton, & parmi les annotations du même Godefroy & de Louis Videl, sur la Vie du chevalier Bayard, Grenoble 1651, in-8°. Champier avoit déjà publié quelque chose en latin sur le même sujet, dans le *Tropheum Gallorum*, à la suite du livre *De quadruplici Vita*, Lugduni 1507. *De ingressu Ludouici xij Francorum regis in urbem Genuam. — De eiusdem victoria in Genuenses. — Regum francorum genealogia.*

Cet opuscule de Champier est d'une très grande rareté. Il y en avoit un exemplaire dans la Collection lyonnoise de M. le conseiller Coste, où je me souviens de l'avoir vu, il y a quelques années; mais, bien qu'il soit inscrit au Catalogue sous le n° 16393, il n'est pas entré à la Bibliothèque de la Ville avec le précieux lot dont il faisoit partie; ou, s'il y est, il n'a pas été classé, &, malgré toute la

bonne volonté de M. le Confervateur, il ne m'a pas été poffible de
le voir. En attendant qu'il fe retrouve, je n'en connois pas d'autre
exemplaire que celui qui fait partie de la grande Bibliothèque, à
Paris.

Payé la modique fomme de 4 liv. 5 f., à la vente du duc de
La Vallière.

X.— Le recueil ou croniques des hyftoires des royaulmes dauftrafie ou france orientale dite a prefent lorrayne
De hierufalem de Cicile. Et de la duche de bar. Enfemble
des fainctz contes & euefques de toulx. Contenant fept
liures tant en latin que en francoys.......

Oultre ce que deffus y eft adioufte le liure intitule Lordre de cheualerie par lequel eft demonftre comme les cheualiers fe doibuent faire & les vertus qui doibuent eftre en
eulx.

In-4° goth. de CIX ff. à longues lignes, non chiffrés,
les XIX derniers pour Lordre de cheualerie ; fignat. a—s ;
un grand nombre de fig. gravées en bois dans le texte.

Suit une préface au lecteur, en latin, & fignée Champier.

Au bas du frontifpice :

Venundantur in vico mercuriali apud Lugdunum in officina Vincentii de portonariis de tridino.

Au recto du f. *cix* & dernier :

Cy finift lordre de cheualerie ou on peult facilement
congnoiftre & entendre la nobleffe de cheualerie, la maniere de creer & faire les cheualiers, & la fignifiance de leurs
harnoys & inftrumens de guerre. Lequel liure a efte nouuellement imprime a lyon fur le rofne & acheue le xi. iour

de iuillet lan de grace mil cinq cens & dix. Pour Vincent de portunaris de trinc libraire demourant audict lyon en la rue merciere.

Au verso du frontispice, une pièce en vers hexamètres & pentamètres adressée à Champier par Fidelis Risichus, médecin & astrologue du marquis de Montferrat. Au-dessous, les armes de Lorraine & de Bar, & une gravure en bois représentant le duc Antoine à la tête d'une troupe de gens d'armes. Au f. suivant, une épître de Symphorien Champier, datée de Nancy 1509, & adressée à Hugues de Hazards, évêque & comte de Toul. Au verso, une gravure en bois : c'est Champier présentant sa Chronique au duc de Lorraine.

—Le recueil des hystoires du royaulme de Austrasie que maintenant on dist lorraine ensemble ceulx de hierusalem depuis Godefroy de boloigne dict bullon. Aussi de la maison Daniou & des Roys de sicille qui sont sortis dicelle maison. Compose par maistre Simphorien champier Conseillier & premier medicin ordinaire de treshault & tresuertueux prince monseigneur Anthoine duc de lorreine de calabre & de bar &c. A la requeste & cōmādemēt de tresnoble & tresuertueux seigneur messire loys destinuille seigneur dudict lieu, cheualier & senescal de barroys & gouuerneur de guise.

—Lenseignement & doctrinal par maniere de testament du bon roy regne dernier dit roy de sicile & de hierusalem… redigee en ryme francoyse par maistre Symphorien champier.....

Ce sont des vers en l'honneur du duc de Lorraine René II, père du duc Antoine.

Le sizieime liure des hystoires du royaulme daustrasie contenant les contes & ducz de bar depuis lan mil cc iusques maintenāt qui eſt lan mil ccccc & dix compoſe par maiſtre Simphorien champier.

Senſuit le catalogue des ſainctz & eueſques de toulx depuis le premier iuſques a monſeigneur hugues de hazardis premier (*ſic*) eueſque de toulx.

A la fin :

Lordre de cheualerie.

Fig. en bois qui repréſente un empereur armant quatre chevaliers. Au verſo, le duc de Lorraine à cheval, armé de toutes pièces.

— Cy commence le liure intitule Lordre de cheualerie, auquel eſt cōtenue la manière cōment on doit faire les cheualiers, & de lhonneur qui a eulx appartient, & de la dignite diceulx. Compoſe par vng cheualier lequel en ſa vieilleſſe fut hermite.

Comme toutes les hiſtoires compoſées par Symphorien Champier, la Chronique d'Auſtraſie eſt remplie de fables. Il commence la généalogie de la maiſon de Lorraine à Priam, qu'il fait venir en ligne directe du vieux Priam, celui de Troie. Ce n'étoit ſans doute qu'à ſon corps défendant qu'il écrivoit en françois, car il y mêle d'ordinaire force latin. Il y a ici une particularité à remarquer : au lieu de s'en tenir, comme il l'a fait d'autres fois, à charger ſes marges de notes latines, il a écrit dans les deux premiers livres & la moitié du troiſième tantôt un chapitre en françois & tantôt en latin, & il a recommencé de la ſorte, au cinquième, à alterner, c'eſt à dire à donner en latin ce qu'il avoit déjà donné en françois, chaque chapitre latin ayant le même chiffre que le chapitre françois qui le précède, ſans qu'on puiſſe dire toutefois que c'eſt une traduction. Le ſujet eſt le même, mais il eſt traité avec des variantes.

Il y a des exemplaires qui portent : « Venundantur apud nanceium primarium lotharingie oppidum, » à la place de : « Venundantur in vico mercuriali apud Lugdunum…, » ce qui a fait croire à quelques bibliographes que le livre pouvoit bien avoir été im-

primé à Nancy; mais cette prétention n'eſt pas ſoutenable. Le livre
ſe vendant à Lyon & à Nancy, il dut y avoir des indications différentes ſur le frontiſpice, & c'eſt de là qu'eſt venue la confuſion.
Il étoit tout ſimple que Champier ou ſon libraire établît un dépôt
de la Chronique d'Auſtraſie à Nancy, où cet ouvrage devoit exci-
ter davantage l'intérêt & la curioſité du public, & que le nom de la
capitale de la Lorraine fût indiqué au bas du frontiſpice. Ceux qui
font remonter à 1510 l'établiſſement de la typographie à Nancy
ne s'appuient que ſur le « Venundantur apud nanceium, » & ils
n'ont pas réfléchi que de l'annonce de la vente d'un livre à Nancy,
il ne réſulte pas néceſſairement qu'il y ait été imprimé. En admet-
tant même que l'imprimerie fût déjà établie dans cette ville en
1510, ce qui n'eſt pas (les bibliographes n'y connoiſſant point d'imprimeur avant Blaiſe André qui imprimoit vers 1600), il ne pouvoit
y avoir, comme à Lyon devenu déjà à cette époque un des grands
marchés de la librairie en Europe, les moyens néceſſaires pour
l'impreſſion & la correction d'un magnifique volume comme celui
dont il eſt queſtion ici.

Une raiſon à laquelle il ſemble qu'il n'y ait rien à oppoſer, c'eſt
que la ſouſcription de Lordre de cheualerie, qui fait partie du volume, nous apprend qu'il a été imprimé à Lyon en 1510. Cependant on répond que Lordre de cheualerie peut bien avoir été imprimé à Lyon, comme l'indique la ſouſcription, mais qu'il ne s'enſuit pas que la Chronique d'Auſtraſie n'ait pu être imprimée à Nancy;
que c'eſt là que Champier l'a compoſée, ainſi qu'il nous l'apprend
lui-même dans ſa dédicace à Hugues de Hazards, évêque de Toul,
datée du V des ides de février 1509 ; que Lordre de cheualerie a
été ajouté à la ſuite de quelques copies de la Chronique, & qu'il ſuffit, pour le prouver, de rappeler qu'il y a des exemplaires de ce livre
où Lordre de cheualerie ne ſe trouve pas, de même qu'il y en a
de Lordre de cheualerie ſans la Chronique ; que Champier ayant
écrit ſon Hiſtoire d'Auſtraſie à Nancy, & l'ayant dédiée à l'évêque de Toul, ce ſont là autant d'indices deſquels il faut conclure
qu'il ne chercha pas une imprimerie éloignée, & que ce fut ſous
ſes yeux & ſous ceux du duc Antoine que le livre fut imprimé ; enfin, qu'on a fait confronter par un homme du métier la Chronique
d'Auſtraſie avec quelques éditions ſorties des preſſes de Jacques
Arnollet & de Guillaume Balſarin, qui imprimoient à Lyon à cette

époque, & que cet expert, après les avoir comparées, a reconnu que ce volume n'a pas été imprimé à Lyon, & que cette ville n'a eu d'autre mérite que celui de le vendre (1).

A cela je réplique :

1º La Chronique d'Auſtraſie n'a pas été imprimée à Nancy, par la raiſon qu'il n'y avoit pas de preſſes à Nancy en 1510 & qu'il n'y en eut que près d'un ſiècle plus tard.

2º Les exemplaires où Lordre de cheualerie ne ſe trouve pas ſont incomplets, les deux parties ne formant qu'un ſeul & même tout, puiſqu'elles ſont annoncées dans le titre, & que la ſignature a — s continue juſqu'à la fin. Si Lordre de cheualerie eût été imprimé à part, au lieu de ſuivre le regiſtre de la Chronique, qui finit avec le cahier p, & d'avoir les ſignat. q, r, s, il auroit eu la ſignat. A,B,C, ou aa, bb, cc. De plus, le papier, les caractères, les lettres ornées ſont les mêmes dans l'un comme dans l'autre ; il faut donc, pour qu'un exemplaire de la Chronique ſoit complet, que Lordre de cheualerie n'en ait pas été détaché.

3º L'expertiſe faite par un homme du métier, qui déclare que la Chronique d'Auſtraſie n'a pas été imprimée à Lyon, prouveroit tout au plus, ſi l'on admet ſa compétence, qu'elle n'eſt ſortie ni des preſſes de Guillaume Balſarin, ni de celles de Jacques Arnollet ; mais, ſi on l'avoit comparée avec les volumes imprimés chez Jannot de Campis en 1507, peut-être la queſtion auroit-elle été réſolue autrement.

A ce ſujet, un autre bibliographe, M. Beaupré, affirme à ſon tour avec M. Brunet, que la Chronique d'Auſtraſie n'a pas été imprimée à Nancy, mais à Lyon, & il en donne pour preuve une épître bigarrée de latin & de françois, adreſſée à Pierre Picot par l'hiſtoriographe-poète Jehan Lemaire de Belges, contemporain de Champier. Suivant ce bibliographe, cette épître, qu'on peut lire tout entière, dit-il, à la fin du volume, tranche la queſtion irrévocablement en faveur de Lyon (2). Tout en adoptant ſes concluſions, je ferai quelques obſervations ſur ce qu'il dit à ce ſujet.

L'épître de Jehan Lemaire à Pierre Picot ſe trouve en effet dans

(1) Voyez : Essais philol.-giques sur les com- mencemens de la typographie à Metz (par Teiſ- sier). Metz 1828, in-8º.

(2) Recherches historiques et bibliographiques sur les commencemens de l'imprimerie en Lor- raine, etc. St-Nicolas-du-Port 1845, in-8º.

quelques exemplaires de la Chronique d'Auſtraſie, & c'eſt une ſin-
gularité à ſignaler dans ce livre, qui pourroit faire ſuppoſer qu'il
y a eu deux éditions, bien qu'il n'y en ait qu'une. Dans certains
exemplaires, le f. *cix* & dernier du volume ne contient que la ſouſcription finale de Lordre de cheualerie, ſuivie d'une figure en
bois, & au verſo, de deux autres figures repréſentant le ſiége de
Troie ; ſur d'autres exemplaires, on lit au recto du f. *cix* :

A Monſeigneur M. pierre pitot (*ſic*) docteur es ars & en
   medicine phiſicien ſtipendiare de ma treſredoubtee
   dame madame la ducheſſe de ſauoye fille à lempereur
   Maximilien. Iehan lemaire iudiciaire & hiſtoriographe
   de la dicte princeſſe. Salut.

C'eſt la lettre de Jehan Lemaire. Après viennent les vers à la
louange de Champier : « Champier gentil…, » qui continuent au
verſo ; & à la fin, au lieu de la ſouſcription de Lordre de cheualerie, on trouve celle-ci :

Cy finiſt le recueil des hiſtoires des royaulmes dauſtraſie de ſicile & de hieruſalem de la duche de bart des eueſques de toulx enſemble lordre de cheualerie compoſe
a nancy en lorrayne & fini lan de grace mil. ccccc x. le
dixieſme de mars par maiſtre Simphorien champier con-
ſeilier & premier medecin de treshault & puiſſant prince
monſeigneur le duc de lorrayne de calabre & de bart, &c.

Finis. Deo gratias.

Je ſuppoſe que la Chronique d'Auſtraſie parut d'abord avec
l'épître de Jehan Lemaire & la ſouſcription telle qu'on vient de la
lire. Plus tard, par une raiſon quelconque, le f. *cix* fut refait,
l'épître & les vers de Jehan Lemaire diſparurent, & la ſouſcription
fut remplacée par celle de Lordre de cheualerie. L'épître re-
montoit déjà à une date ancienne, puiſqu'elle avoit été écrite en
1506, au ſujet du traité *De claris medicine Scriptoribus* imprimé cette

même année, & que Champier avoit eu soin de la donner (1). Il
pensa sans doute qu'elle pouvoit être utile au succès de sa Chronique d'Austrasie, & il l'ajouta à la fin du volume ; mais il eut soin
d'y faire des interpolations, afin que l'on crût qu'elle lui avoit été
adressée à propos de cette dernière publication. Dans l'épître
écrite en 1506, Jehan Lemaire disoit à Pierre Picot : « Ie trouuay
preste a mettre sur leurs formes impressoires une euure nouuelle de ce treselegant philosophe orateur hystorien & physicien
messire Symphorien Champier lyonnois : *tractant des hommes illus-*
tres antiques & recentz. Lesquelz de doctrina vestra apollinea benemeriti
sunt & multa celebratione digni. Ensemble ung aultre recueil de ceulx qui
ont redige par escript les loix diuines. Et oultre ce vne impugnation tres-
uehemente contre la secte mahumeticque. » Toutes ces choses sont en
effet traitées dans le volume *De claris medicine Scriptoribus.* Champier reproduisit textuellement l'épître de Jehan Lemaire, telle qu'il
l'avoit publiée quatre ans auparavant ; seulement il remplaça les
mots que j'ai soulignés, par ceux-ci : « Tractant des illustres roys
& ducz lorrayns antiques & recentz ensemble vng aultre recueil des
sainctz contes & euesques de toulx. Et oultre ce vng singulier
traicte de lordre de cheualerie par lequel lon peult tresfacilement
cognoistre & entendre la maniere de creer & faire les cheualiers
ensemble les meurs & vertus desquelles vng cheualier doit estre
largement doue & garny. » Pas un mot de tout cela ne se trouve
dans l'épître de Jehan Lemaire, mais Champier espéroit, au moyen
de ce petit tour de passe-passe, disposer favorablement les lecteurs pour son livre ; car à cette époque, l'auteur des Illustrations
de Gaule étoit l'oracle des lettres & de la poésie, & son suffrage
devoit avoir une grande autorité.

Il arriva sans doute que plus tard la supercherie fut découverte,
& ce fut alors que le f. *cix* fut refait pour tous les exemplaires
non encore écoulés, & l'épître supprimée. Toujours est-il que cette
particularité n'a pas été remarquée par les bibliographes. Ne con-
noissant pas la première édition de l'épître de Jehan Lemaire, ils ont
cru à l'authenticité de celle qu'ils ont lue à la fin de certains exemplaires de la Chronique d'Austrasie, & ils se sont fondés précisément sur les interpolations que j'ai signalées, pour en tirer des con-

_____

(1) F. xxvii : Recueil des aphorismes des pro-   le vol. *De claris medicine Scriptoribus,* Voyez ci-
fesseurs de philosophie et de médecine, dans   dessus, n° vi, pag. 146.

féquences qui tombent d'elles-mêmes, à préfent qu'on fait ce qu'il en eft, ou au moins qu'on peut le vérifier. Ainfi M. Beaupré, M. Brunet lui-même, & avant lui le P. de Colonia, ont été dupes de cette petite myftification de Champier, qui a duré trois fiècles & demi, & ils ne font reftés convaincus que la Chronique d'Auftrafie étoit une production des preffes lyonnoifes, que parce qu'ils ont cru en avoir la preuve dans l'épître de Jehan Lemaire, où ils ne foupçonnoient pas des interpolations.

L'exemplaire que j'avois fous les yeux n'ayant pas l'épître interpolée de Jehan Lemaire, je ne comprenois rien d'abord à l'affirmation des bibliographes qui l'indiquoient comme étant à la fin du volume, & je me perdois en conjectures. Mais, ayant pu comparer mon exemplaire avec celui de la Bibliothèque de la Ville (1), j'ai trouvé dans ce dernier l'épître de l'exiftence de laquelle j'aurois prefque douté, fi je n'avois eu pour garant M. Brunet. Je l'ai confrontée avec celle que j'avois vue dans le livre *De claris medicine Scriptoribus*, & je me fuis aperçu auffitôt de la rouerie de maître Symphorien. On fe demande pourquoi, attachant tant de prix au fuffrage de Jehan Lemaire, il ne s'eft pas fait écrire une autre épître dans le même goût, où il n'auroit été queftion que de la Chronique d'Auftrafie. Mais, en 1509, Jehan Lemaire étoit encore vraifemblablement en Italie, & il ne lui étoit guère poffible d'écrire de Venife ou de Rome, qu'il avoit vu à cette date, à Lyon, la Chronique d'Auftrafie « prefte à mettre fous les formes impreffoires. »

Pour réfumer cette note, je dirai que la Chronique d'Auftrafie enfemble L'ordre de cheualerie n'a eu qu'une édition, & que c'eft à Lyon qu'elle a été faite. Soit que le frontifpice porte le nom de Lyon, foit qu'on y life celui de la capitale de la Lorraine, Champier n'a pas pu avoir l'idée de donner à croire que fon livre avoit été imprimé dans une ville qui n'avoit pas d'imprimerie. Je fuis porté à croire que ce beau livre a été imprimé par Jannot de Campis, pour Vincent de Portonariis, qui n'étoit que libraire, & je fonde ma conjecture fur la fimilitude des caractères & des lettres ornées qu'on y trouve, avec ceux que Jannot de Campis avoit employés en 1507 pour l'impreſſion du livre de Champier *De quadruplici Vita*.

Le P. Niceron cite une édition de Nancy 1505, une autre de Lyon 1509, & encore de Nancy 1510. L'édition de 1505 eſt impoſſible, auſſi bien que celle de 1507 citée par Panzer. Champier ne pouvoit pas parler à cette date du duc Antoine de Lorraine, de ſon voyage en Italie & de la bataille d'Agnadel en 1509. J'en dirai autant de la prétendue édition de Lyon 1509 : on a confondu la date de l'épître à Hugues de Hazards avec celle de l'impreſſion.

Pour s'aſſurer encore mieux qu'il ne peut y avoir eu d'édition antérieure à 1510, il ſuffit de jeter les yeux ſur le dernier f. recto du cahier o. On y lira, au-deſſous du cartouche de Champier : « Le ſizieme liure des hyſtoires du royaulme dauſtraſie contenant les contes & ducz de bar depuis lan mil cc. iuſque maintenant qui eſt lan mil ccccc & dix. Compoſe par ledit maiſtre ſimphorien champier. » Il dit ailleurs, au verſo du f. *v* du cahier l, parlant du duc Antoine : « Antonius igitur lotharingie dux & marchio primus huius nominis natione gallus patria lotharingus ſedit ſuper barrenſes & lotharingos uſque impreſentiarum anno uno & menſibus ſex. .... » Or, René étoit mort le 10 décembre 1508. Champier diſant qu'au moment où il achevoit ſon hiſtoire, il y avoit un an & demi que le duc Antoine avoit ſuccédé à ſon père, il en réſulte, ſi la note eſt exacte, que Champier y travailloit encore au mois de juin 1510, & qu'elle n'a pu être imprimée avant le milieu ou la fin de cette année. Cela exclut forcément, dans tous les cas, toute édition d'une date antérieure.

On conſerve à la grande Bibliothèque, à Paris, un exemplaire de cette Chronique, imprimé ſur vélin, & la copie manuſcrite, auſſi ſur vélin, de Lordre de cheüalerie, ſans doute celle qui fut préſentée par l'auteur au duc de Lorraine. La Chronique a le frontiſpice « Venundantur apud nanceium, » & la ſouſcription a été changée : on a ſupprimé le nom de Lyon & celui de Vincent de Portonariis, évidemment, ainſi que je l'ai dit, pour faire croire que l'édition avoit été faite en Lorraine.

On excuſera la longueur de cette note ; il falloit bien redreſſer des erreurs qui n'ont rien de bien conſidérable, il eſt vrai, mais qui ne laiſſent pas d'avoir leur importance, au point de vue bibliographique.

La Bibliothèque de la ville de Lyon possède une copie manuscrite de la Chronique d'Austrasie, in-4°, d'une écriture assez nette de la fin du dix-septième siècle ou du commencement du dix-huitième, *cccxxiv* pages. Ce manuscrit faisoit partie de la bibliothèque du couvent des Grands-Augustins, dont les armes sont sur la garde du volume.

(Bibl. de M. Yeméniz. Magnifique exemplaire mar. r. Bauzonnet.)

XI. — Officina apothecariorum seu seplasiariorum pharmacopolarum ac iuniorum medicorum. Lugduni apud Simonem vincentium. 1511, in-8° goth.

Réimprimé à la suite de *Castigationes*, Lyon 1532, in-8°.

XII. — Rosa Gallica aggregatoris Lugdunensis domini Symphoriani Champerii omnibus sanitatem affectantibus utilis & necessaria. Quae in se continet praecepta auctoritates atque sententias memoratu dignas ex Hippocratis Galeni Erasistrati Asclepiadis Dioscoridis Rasis Haliabbatis Isaac Avicennae multorumque aliorum clarorum virorum libris in unum collectas : quae ad medicam artem rectamque vivendi formam plurimum conducunt. Una cum preciosa Margarita : de medici atque egri officio. Petit in-8° de CXXXV ff. & un f. blanc, signat. a — r, composé en caractères du corps 10, romain, sans interligne, à longues lignes, le f. CXXXV seulement est du corps 12. La première feuille signée A, contenant le titre, la dédicace & les tables, n'a pas de pagination.

Au-dessous du titre est une figure en bois représentant Champier dans sa chaire, tenant d'une main une rose monstre, & indiquant de l'autre un livre fermé, devant lui, à une dame assise au milieu d'un parterre. Cette dame compose à elle seule tout l'auditoire ; elle tient aussi une rose & un livre ouvert.

Au-deſſous :

Venundatur ab Iodoco Badio.

On lit au verſo :

Sequentis operis titulo Roſae Gallicae inſigniti generalis diſtinctio cum ſummaria ordinariaque annotatione librorum in eo comprehenſorum.

Diſtinguitur hoc opus in duas partes principales...

Prima pars (Roſa Gallica) in ſeptem ſectatur libros.

Primus de aere, ventis, motu & quiete, coitu & lavacris.

Secundus de faporibus, pane, carnibus, ovis, lacte, cafeo & pifcibus.

Tertius liber de holeribus, radicibus, feminibus, fructibus, ciborum condimentis.

Quartus liber de vino & aqua.

Quintus liber de fomno, vigilia & infomnio.

Sextus liber de animae accidentibus.

Septimus liber de inanitione & repletione & vomitibus.

Secunda pars noftrae Margaritae in duos dividitur libros.

Primus eft de medici atque egri officio ex traditionibus graecorum & latinorum.

Secundus eft de officio medici ex traditionibus nouitiorum quos Neotericos noftri appellant.

Suivent l'épître dédicatoire à Etienne Poncher, évêque de Paris, une table alphabétique des principales matières contenues dans *Rofa Gallica*, une épître d'Etienne de Bar, médecin de Toul, à Albert du Puy, médecin de Louis XII, datée de Nancy, mai 1514, & prologue de l'auteur à Hugues de Hazards, évêque & comte de Toul.

Le livre de *Preciofa Margarita* eft dédié à André Briellus. Champier lui dit qu'il a donné ce titre à ce traité en l'honneur de fa femme Marguerite. La dédicace eft datée de Nancy, le IX des calendes de janvier 1512.

Au bas du f. *cxxxv*, recto :

Finis huius pretiofae Margaritae diligentiffime cum annotationibus fuis apud Nanceium lotharingie primarium oppidum : ad octauum Calendas Ianuarii. Anno falutis noftre M.D.XII.

Au verfo du même f. eft une épître de Champier à Albert du Puy, datée ex Valentia allobrogum v. idus augufti M.D.XI.

Au recto du f. *cxxxvj* & dernier :

Ex officina Afcenfiana emiffum hoc opus. Anno domini
M.DXIIII. v. idus feptembris.

Ce livre eft orné d'un grand nombre de lettres initiales romaines, blanches fur un fond noir, & prefque toutes d'un beau ftyle.
Quelques-unes parmi les petites rappellent les formes gothiques.
Je donne ici une de ces belles capitales prife au hafard dans le
volume : on verra que je n'ai rien exagéré lorfque j'ai dit que les
livres de Champier étoient imprimés avec un luxe inufité aujour-
d'hui, & que, en dépit du progrès, la typographie eft bien déchue,
comme art, de la fplendeur dont elle brilla dès fes commencements.

Le *Rofa Gallica* a été imprimé à Paris, bien que le lieu de l'impreffion ne foit pas indiqué. Joffe Bade avoit quitté depuis quelques
années Lyon, où il avoit fait fon apprentiffage & où il avoit été correcteur chez Jean Trechfel, de qui il époufa la fille. Dès l'année 1500,
il débutoit à Paris par l'impreffion du *Philobiblion* de Richard de
Bury, dont Laurent Burelli, de l'ordre des Carmes, confeffeur du roi
Louis XII & évêque de Sifteron, lui avoit communiqué le manufcrit.

M. Brunet cite une édition de Paris, Joſſe Bade, 1518, qu'il regarde, avec celle de 1514, chez le même, comme une réimpreſſion de l'édition originale dont il donne le titre ainſi qu'il ſuit : *Roſa Gallica aggregatoris lugdunenſis domini ſymphoriani champerii omnibus ſanitatem affeĉtantibus utilis & neceſſaria*, Nancei 1512, in-8°. Je ne puis que répéter à ce ſujet ce que j'ai dit des Chroniques d'Auſtraſie : il n'y avoit pas plus d'imprimeur à Nancy en 1512, qu'il n'y en avoit en 1510. L'erreur vient très probablement de ce que l'on a pris pour la date de l'impreſſion du livre, celle de la ſouſcription de *Precioſa Margarita*, où l'auteur dit qu'il a achevé cet opuſcule à Nancy, le IX des calendes de janvier 1512, ce qui ne ſignifie pas que le *Roſa Gallica* y ait été imprimé. Si l'on perſiſtoit à croire qu'il y a eu une première édition à cette date, il faudroit toujours exclure Nancy où il n'y avoit pas de preſſes, & elle ne pourroit être que de Lyon. Si le nom de Nancy s'y trouvoit, c'eſt qu'il auroit été ajouté ſur un titre refait, comme cela avoit eu lieu pour les Chroniques d'Auſtraſie, quoiqu'il n'y eût pas pour le *Roſa Gallica*, livre tout à fait étranger à la Lorraine, la même raiſon de placer le nom de Nancy ſur le frontiſpice.

J'ai dit que, dans le cas où il y auroit eu une édition antérieure à celle de Paris 1514, elle ne pourroit être que de Lyon : cela réſulte auſſi du privilége accordé à Champier par le roi Louis XII, pour qu'il pût faire imprimer pendant la durée de trois ans « certains liures nouueaulx par ung nomme Symon vincent libraire demourant en noſtre ville & cité de Lyon. » Ledit privilége, qui ſe trouve *in extenſo* dans le *Speculum Galeni*, fut donné à Valence « le xxᵉ iour de Iuillet l'an mil cinq cens & unze. » En publiant le *Roſa Gallica* en 1514, Champier étoit encore dans les délais voulus ; je crois donc non ſeulement que l'édition de 1514 eſt la première, mais qu'il n'y en a pas eu d'autre ; au moins n'ai-je jamais vu celle qui eſt attribuée à Joſſe Bade, Paris 1518.

C'eſt un des beaux volumes de la collection de Champier, & des plus rares.

(Bibl. de la Ville.)

XIII.—Symphonia Platonis cum Ariſtotele : & Galeni

cum Hyppocrate D. Symphoriani Champerii. Hippocra-
tica philofophia eiufdem.

Platonica medicina de duplici mundo : cum eiufdem
fcholiis.

Speculum medicinale platonicum : & apologia literarum humaniorum.

Quae omnia venundantur ab iodoco badio.

In-8º de CLXXII ff. chiffrés. Signat. a — y, frontifpice
gravé.

Au bas du dernier f. :

Impreffum eft hoc opus apud Badium Parrhifiis. Anno
falutis. MD. XVI. XIIII Calen. Maias.

Dans ce livre, Champier a voulu démontrer la conformité qu'il
y a entre la doctrine du philofophe de Stagyre & celle de Platon,
fon maître, entre celle d'Hippocrate & celle de Galien. Il dit de Platon
qu'il fut, de tous les Sages de l'Antiquité, celui qui pénétra le plus
avant dans les myftérieufes profondeurs de la nature & qui com-
prit le mieux les rapports de l'âme avec le Verbe incréé ; mais,
fuivant Champier, Hippocrate a furpaffé tous les philofophes de
la Grèce, par fa fcience & par les préceptes impériffables qu'il a
laiffés à l'homme pour la confervation de fa fanté & pour le fou-
lagement & la guérifon de fes maux. Champier appelle Hippocrate, Platon, Ariftote & Galien les quatre princes de la médecine ;
il a pris plaifir à recueillir dans fon livre les épithètes dont le
nom d'Hippocrate a été honoré par les anciens : *Gloriofus Hippo-*
crates, divinus, fapiens, dialecticus medicus, rationalis medicus, clini-
cus, inventor clinicae medicinae, dieticus medicus, &c.

C'eft pour exprimer l'accord qui exifte entre ces grands hommes
que Champier a intitulé fon livre *Symphonia*, & qu'il a fait placer
en tête une figure que je reproduis à caufe de fa fingularité. Par
allufion au titre, on a repréfenté fur le frontifpice Platon & Ariftote, Hippocrate & Galien, armés de violons & de violoncelles,
& exécutant une véritable fymphonie.

En tête du volume, on trouve *Panegiricum carmen* de Nicolas
Volcire, précédé de deux épîtres : l'une de Louis Marliani, premier
médecin de l'archiduc d'Autriche, l'autre de Pierre Picot, médecin
de Margüerite d'Autriche veuve de Philibert duc de Savoie, & toutes
deux à la louange de Champier & de son livre. A la suite, préface à
Etienne Poncher, évêque de Paris.

Le *Symphonia*, divisé en quatre livres, est suivi de *Philosophia
platonica* en deux livres ; c'est le Timée de Platon avec de longs
commentaires de Champier. Après vient *Speculum Platonis ;* c'est
un recueil de sentences extrait des œuvres du philosophe grec.
L'apologie des lettres humaines qui termine le volume est adressée

à Jacques Fabre d'Etaples. C'eſt une réponſe à un écrit où quelque demeurant d'un autre âge, de qui le nom eſt reſté inconnu, effrayé du retour des eſprits vers les beaux ſiècles d'Athènes & de Rome, & craignant que les idées païennes n'envahiſſent les eſprits, avoit eſſayé de démontrer que l'étude des auteurs profanes ne convenoit point à des chrétiens; que la philoſophie humaine ne leur étoit aucunement néceſſaire; que tous les grands génies de l'Antiquité avoient profeſſé des doctrines fauſſes & perverſes, & que leur vie avoit été ſouillée par des mœurs diſſolues; enfin, qu'il n'y avoit de vérité que dans les auteurs qui s'étoient appliqués à l'étude des lettres divines. Champier prend la défenſe des Anciens, &, s'appuyant ſur le témoignage des SS. Pères eux-mêmes, il prouve que les lettres humaines & les lettres divines ne ſont point incompatibles, & que c'eſt par le ſecours qu'elles ſe prêtent mutuellement que l'homme peut arriver plus ſûrement à la connoiſſance de la vérité. Cette diſpute s'eſt renouvelée de nos jours avec le même inſuccès que du temps de Champier : comme alors, le ſens commun a fait juſtice des prétentions des novateurs.

Très beau volume, remarquable par les magnifiques lettres ornées qui y abondent.

(Bibl. de M. Yemeniz.)

XIV.—Les grans croniques des geſtes & vertueux faictz des treſexcellens catholicques illuſtres & victorieux ducz & princes des pays de Sauoye & piemont. Et tant en la ſaincte terre de Iheruſalem cõme es lieux de Sirie Turquie Egipte Cypre Italie Suyſſe Daulphine & autres pluſieurs pays. Enſemble les genealogies & antiquitez de Gaulle & des treſchreſtiens magnanimes & treſredoubtez roys de france auecqs auſſi la genealogie & origene des deſſuſditz ducz & princes de Sauoye nouuellement imprimees a Paris pour Iehan de la garde.   Champier.

Petit in-fol. goth. impr. ſur deux col. : VIII ff. non chiffrés pour la table, & un f. blanc, ſignat. ã — a; CXXXII ff., le

dernier non chiffré, pour le prologue & la Chronique; titre
en rouge & noir; figures en bois; fignat. b — z.

Au recto du dernier f. :

Cy finiffent les cronicques de fauoye lefquelles ont efte
acheuees lan mil cinq cens & quinze par Symphorien champier confeillier & premier medecin de treshault prince mõ-
feigneur Anthoine duc de calabre, de lorraine & de bar
compofees a lhonneur & gloire de treshaulte & trefexcel-
lente princeffe ma dame Loyfe de fauoye mere du trefchreftien & trefexcellent roi de frãce Frãcoys premier de ce
nom. Et imprimees a paris Lan mil cinq cẽs & feize le
xx viie iour de mars pour Iehan de la garde libraire demourant audit lieu fus le pont noftre Dame a lenfeigne
fainct Iehan leuangelifte. Ou au palais au premier pillier
deuant la chapelle ou len chante la meffe de meffeignñrs
les prefidẽs.

Après la foufcription eft la marque de Jehan de La Garde.
Au-deffous du titre eft gravé l'écu de Savoie ancien, foutenu
par deux anges à genoux, les ailes ployées. Au bas du frontifpice :
« Cum puillegio. » Au verfo, font les armes de France fuppor-
tées auffi par deux anges agenouillés, aux ailes déployées. A la fuite,
l'extrait des regiftres du Parlement qui, par arrêt du 10 mars 1515,
permet à Jehan de La Garde de faire imprimer le préfent livre avec
privilége pendant trois ans, « pourueu qu'il ne le pourra vendre
plus hault de huit foulz parifis. » Ce prix de huit fols fixé par arrêt de la Cour, il y a près de trois fiècles & demi, eft repréfenté
aujourd'hui par une fomme de 300 à 400 fr., lorfque les exemplaires font en belle condition, ce qui eft très rare, car on les compte.
Suit « Prologue a trefnoble & illuftre princeffe ma dame Loyfe mere
de trefexcellent & trefchreftien roy de france francoys le premier
de ce nom. » Champier dit à la comteffe d'Angoulême que pour
décrire les hauts faits de fes aïeux, il faudroit avoir la faconde de
Quintilien, l'éloquence de Cicéron & de Démofthènes, la fapience

des fept Sages de la Grèce, la verve poétique d'Homère & de Virgile, la bibliothèque de Ptolémée Philadelphe, la doctrine de Mercure Trifmégifte, & enfin la douceur du « melodieux reffon de la lyre ou herpe orpheique; » car, ajoute-t-il, on trouve en ces princes magnanimes la vaillance de Miltiade, les exploits de Pyrrhus, les vertus d'Annibal, la hardieffe de Scipion l'Africain, le renom de Théfée, la vérité de Judas Machabée, la fidélité de Numa Pompilius, la largeffe & libéralité de Cyrus, la fageffe de Fabius Maximus, l'honneur de Pompée, la diligence d'Alexandre, la conftance de Jules Céfar, d'Augufte & de Conftantin, la prudence de Charlemagne, la débonnaireté de Godefroy de Bouillon, « & les louables & grandes vertus de plufieurs autres magnanimes & trefuaillans hommes lefquelz ie delaiffe a nommer pour euiter prolixite. »

Au verfo du f. *ij* commence « la genealogie & origene des princes de gaulle. » Après le f. *vj* eft une planche contenant l'arbre généalogique de la royale maifon de France, de faint Louis à Charles VIII. La Chronique de Sauoye commence par Bérold de Saxe, neveu de l'empereur Othe IIIᵉ du nom. On y trouve un fingulier chapitre: « Comment Berold de faxonne occift & mift a mort lemperiere femme de fon oncle pour ce quil la trouua couchee en fon lict auec ung aultre en faict dadultere. » L'empereur ayant oublié fous le chevet de fon lit certaines reliques qu'il avoit coutume de porter toujours avec lui, envoya Bérold les chercher en fon logis. « Lors monta Berold a cheual & tant exploicta quil fut une heure deuant le iour a lhuys de la chambre de lempereur ou il hurta fi fort quil entra dedans & vint au lict ou lemperiere eftoit. Si vint mettre la main fur le coyffin pour prendre les reliques dont il auoit la charge. Et en ce faifant comme il cherchoit mift la main iufques dedans le lict, & dauenture trouua & fentit une grant barbe dont il fut moult efmerueille, & dift tantoft a lemperiere. Dame qui eft ceftuy qui gift auecques vous. Refpondit la dame ceft lune de mes femmes. En bonne foy de dieu dit berold ie ne viz oncques femme qui portaft une plus grant barbe. Et adoncques comme plain de fureur & yre tyra fon efpee du fourreau & occift le cheualier a la grant barbe & lemperiere femme de fon oncle. »

Cette hiftoriette a été copiée prefque mot pour mot par Champier, dans la Chronique anonyme de Savoie, ms. du quatorzième fiècle, que M. le chᵉʳ Promis croit pouvoir attribuer à un certain

Cabaret, de qui le véritable nom eft inconnu, mais qui eft fouvent cité avec ce fobriquet, dans la Chronique du comte Rouge (Amé VII), de Perrinet du Pin (1). C'eft de cette chronique manufcrite que Champier a extrait la fienne, fans prendre la peine de lui donner une autre forme, & fe contentant de l'abréger & de la continuer en quelques pages, d'Amé VII avec lequel l'ancienne chronique finiffoit, jufqu'au duc Charles qui vivoit de fon temps. Les grans Croniques ne font donc autre chofe qu'une compilation dont le manufcrit de Cabaret a fait tous les frais, fauf la généalogie de nos rois & quelques autres additions que Champier y a jointes de fon crû. Il faut lui favoir gré cependant de ce que, malgré fon amour du merveilleux, il a rejeté la fable d'Ezeus roi de Coulongne, l'an 242 de l'ère chrétienne, & de Thefeus fon fils qui avoit époufé Ifobie fille de l'empereur Gordien, & de qui defcendoient en ligne directe Othon I de Saxe, empereur d'Allemagne, & par lui tous les princes de la maifon de Savoie. Il n'a commencé fa chronique qu'à Othe de *Saxonne* ou *Sauxoingne* & à Berold. Voici en quels termes il raconte pourquoi le comte Amé, premier de ce nom & deuxième comte de Maurienne, fut appelé *Cauda :* « Or auoit le conte ame de maurienne acouftume de mener apresluy auffy belle compaignie de cheualiers & efcuyers felon luy que nulz autres princes de lempire & pour cefte caufe alloit auiourdhuy a la chambre de lempereur eftant a veronne & entroit toufiours auec luy toute fa compaignie voulfiffent les huyffiers darmes ou non. Si vint vng iour que lempereur eftoit au confeil ou arriua le conte de maurienne deffufdit. Et heurta a lhuys de ce lieu

(1) Ce Perrinet du Pin, né à Belley au commencement du XIVᵉ siècle, suivant Guichenon (Hist. généal. de la m. de Savoye), outre la Chronique du comte Rouge, publiée pour la première fois, dans le *Monumenta historiae patriae* (t.1 Scriptorum, Augustae Torinorum 1840), a composé : *La conquefte de grece faicte par lo tres preux et redoubte en cheualerie Philippe de Madien autrement dict le cheualier a lefparuier blanc Hyftoire moult recreatiue et delectable,* nouuellement imprimee a Paris deuant le palays a lenseigne de la gallee et se vend en la boutique de Galliot du pre.— *Cy fine lhyftoire de Philippe de Madien lequel par fes vertueufes ocuures fut roy de fept royaulmes,* et fut acheue de imprimer a Paris..... lan 1527 par laques Nyuerd. Petit in-fol. goth., à 2 col., fig. en bois. M. Brunet le décrit ainfi dans fon Manuel, fans donner le nom de l'auteur, et il cite une autre édition s. d. Paris, Jean Bonfons. La Bibl. de l'Université de Turin en poffède une copie manufcrite intitulée : Le liure du gentil Philippe de Madien, avec une dédicace à Anne de Chypre, femme de Louis duc de Savoie. Perrinet du Pin vivoit donc un siècle plus tard que ne l'a cru Guichenon ; c'eft ce que prouve encore la Dédicace, dans laquelle il nous apprend qu'il commença le roman de Madien le 1ᵉʳ juin 1447, et l'acheva le 8 juillet de l'année suivante. Il dit encore, en adreffant son livre à Anne de Chypre, qu'il étoit « natif de la ville de La Rochelle au royaulme de France, » et non de Belley, ainsi que Guichenon l'a prétendu. Voyez Giuseppe Vernazza, *Notizia di Pietro Dupin,* Torino 1791, et l'introduction de M. Dom. Promis aux Fragments de la cronique du conte Rouge (loc. cit.).

comme il auoit acouſtume. Lors demanda lempereur qui ceſtoit.
A quoy reſpondit ung cheualier en diſant. Ceſt le conte de maurienne qui maine apres luy une ſi grant queue de gens que merueilles. Laiſſez le entrer diſt lempereur, & ſa queue demeure dehors.
Aduint doncques que le conte ouyt les paroles que lempereur
auoit dictés, ſi reſpondit comme par deſpit & deſdaing. Si ma queue
nentre auecques moy ie ny entray ia puiſque queue lappellez. Que
dit il diſt lempereur. Il dit ſire que ſe ſa queue nentre auecques
luy en voſtre chambre quil ny entrera ia. Laiſſez le entrer (diſt il)
luy & ſa queue & tous ceulx qui lui plaira. Et depuis toute ſa vie
on appella icelluy conte, le conte Ame qui maine grant queue. »
(F. xxx, v°.)

Cette chronique eſt un ramas de contes & d'aventures comme
on les aimoit au quinzième ſiècle, & c'eſt plutôt un roman de chevalerie qu'une hiſtoire ; ce qui n'empêche pas, ou plutôt, ce qui
fait que ce volume, admirable, typographiquement parlant, eſt un
des plus recherchés par les bibliophiles.

L'exemplaire que j'ai décrit, magnifiquement relié par Bauzonnet, fait partie de la Bibl. de M. Yemeniz, mar. v.

Vendu 16 liv., La Vallière, mar. r., & 5 liv., Gaignat.

La grande Bibliothèque, à Paris, poſſède l'exemplaire ſur vélin,
avec miniatures enluminées, qui fut préſenté à François Ier, ou à
Louiſe de Savoie ſa mère.

XV. — Cathegorie medicinales.

Simphoriani champerij lugdunenſis : in libros demon-
ſtrationum Galeni Cathegorie medicinales. In quibus preclariſſima queque : & digna lectu que Galenus in Demonſtra-
tiuis ſermonibus : & Ariſtoteles in Cathegoriis & natura-
lium libris ſcripſerunt : breuiter clareque & placido ſtilo
pertractantur atque declarantur ſententie.

In-8° goth. à longues lignes, de xl ff. non chiffrés, le dernier blanc. Signat. aa — ee.

Au verſo du f. xxxix :

Impreſſum lugduni per Ioannem marion. Anno domini m. ccccccxvj die vero tertia menſis iunij.

XVI.—Cribratio, lima & annotamenta in Galeni, Aui-cenne & Conciliatoris opera. Parifiis 1516, in-8°; Venetiis 1565, in-fol.

Cité par Van der Linden & Haller.

XVII. — Epiftole Sanctiffimorum fequenti codice con-tentae.

Diui patris Antonii magni Epiftolae VII. cum explana-tionibus dñi Symphoriani chãperii oppofitis.— Antonio-rum catalogus. — Diui Ignatii Antiocheni epi eplae XV. —Diuae Virginis Mariae ad Ignatium epla I. — Diui Poly-carpi ad Philippenfes epla I. — Diui Dionifii ad Poly-carpum epla I. —Eiufdem ad diuum Ioannem euangeliftã epla I. — Abagari regis Edeffenorum ad Iefum Chriftum epla I. — Iefu chrifti dñi noftri ad abagarum toparchã epla I.

Au-deffous de la marque de Joffe Bade :

Vaenundantur in aedibus Iodoci Badii & Io. Parui.

In-8° de II. ff. non chiffrés pour le titre & les pièces limi-naires ; XCII ff. chiffrés. Signat. a—m.

Au recto du f. xcij :

Finis Epiftolarum fanctiffimorum immo & fancti fan-ctorum : collectarum & partim illuftratarum opera & in-duftria doctiffimi & clariffimi domini Symphoriani Cham-perii Lugdunen. medici & a fecretis illuftriffimi Lotharin-gorum & Barri ducis : Impreffarum autem Prelo Afcenfiano ad IIII. Idus Martias MDXVI. Calculo Romano.

Ces épîtres font dédiées à Gafpard de Tournon, évêque de Valence. L'épître dédicatoire eſt datée de Nancy, le X des kalendes de ſeptembre 1514. Le prologue eſt adreſſé à Théodore Mitte de St-Chamond, abbé de St-Antoine de Viennois, qui tenoit ce recueil de Pic de La Mirandole. Champier avoit eu des relations avec Théodore Mitte, à la cour de Nancy, où cet abbé jouiſſoit d'un grand crédit auprès du duc Antoine de Lorraine, qui l'avoit fait chef de ſon conſeil. On croit que ces lettres ſont apocryphes.

Au verſo du frontiſpice eſt une épître à Champier d'un Frère Boniface, qui dit de lui « omni ſcientiarum gloria ſublimatus inter mortales, » & le qualifie de « lugdunenſis patricius. »

Chacune des épîtres de ſaint Antoine eſt ſuivie d'un commentaire, par Champier. Dans une lettre à Hector d'Ailly, protonotaire du St-Siége & chanoine de St-Julien de Brioude, qui les lui avoit envoyées de la part de Théodore Mitte, Champier exprime ſa reconnoiſſance de cet envoi. On trouve une pièce aſſez ſingulière au f. xlvij : c'eſt une lettre de Nicolas Volcyrus, médecin & conſeiller du duc de Lorraine, datée de Nancy 1514 & adreſſée à Antoine Champier, alors âgé de deux ans, fils aîné de Symphorien Champier, « infanti bimulo. » Il exhorte ce marmot encore à la liſière, à lire, lorſqu'il en ſera temps, les épîtres de ſaint Antoine, & à marcher ſur les traces de ſon père, qu'il appelle « omnium profecto horarum homo. » On voit par cette lettre qu'Antoine fut tenu ſur les fonts baptiſmaux par le duc de Lorraine, qui lui donna ſon nom.

(Bibl. de M. de Terrebaſſe, & Bibl. de la Ville,
Collect. lyonn. de M. Coſte.)

XVIII. — Que hoc i volumine tractantur.

Epithome comentariorum galenii libros hippocratis cohi. Primus Aphoriſmorum. Secundus Pronoſticorum. Tertius Regiminis acutorum morborum. Quartus Epidimiarum.

Eiuſdem dñi Simphoriani Centiloquium iſagogicum in libros Hipp. Opus varium ac doctiſſimum. In quo preclariſſima queque & digna lectu que a Galeno ſcripta ſunt breuiter: clareque & placido ſtilo narrantur.

In-8º goth. à longues lignes, de CIV ff. chiffrés ; XII ff.
non chiffrés pour les pièces liminaires, & IV à la fin. Signat. A. — Q.

Frontifpice gravé, titre en rouge. Au-deffous, la marque de
Jean Marion.

Impreffum Lugd. per Iohãnem Marion. Anno 1516.
Die. 23. Iunij.

Dédié à Pierre Tremolet, médecin du roi, & à Albert du Puy,
premier médecin de la reine. A la fuite de la dédicace eft une épître écrite à Champier par Théodore de St-Chamond, abbé, au
nom des définiteurs du chapitre général de l'ordre de St-Antoine
de Viennois. Dans cette épître, il fait l'éloge du mérite de Champier, de la fcience, du zèle qu'il a mis à commenter les épîtres de
faint Antoine, & il l'affocie, lui, fa femme & fon fils encore enfant,
aux mérites de toutes les bonnes œuvres de fon abbaye.

Au f. xiij, verfo, paragraphe X, Champier parle du mal de Naples, & dit que Lyon fut la première ville en France où cette ma-

ladie fe déclara. Il ajoute, f. *xiv*, paragraphe XII, qu'une autre maladie inconnue aux médecins apparut tout à coup à Lyon en 1510,
& envahit bientôt les autres provinces : c'étoit la coqueluche, en
latin *cucula*.

(Bibl. de la Ville, Collect. lyonn. de M. Cofte.)

XIX. — Additamenta errata & caftigationes in Petri
aponenfis opera per Symphorianum champerium lugdunenfem fereniffimi ducis calabrum & lotharingorum medicum primarium hectori dallo aruerno fanctae apoftolicae
fedis prothonotario ecclefiae fancti iuliani briuatenfis cano-
nico digniffimo. Item annotationes errata & fomnia petri
paduanenfis quem noftri conciliatorem vocant preclarif-
fimis viris artium & medicinarum doctoribus francifco
dalais & chriftophoro champerio regiae maieftatis confi-
liariis & medicis digniffimis.

Lugduni 1516; Venetiis, Luc. Anton. de Giunta Florent., 1520,
in-fol.; Papiae, Girard de Zéis & Bartholomeus de Morandis, de
Trino en Piémont, 1523, in-fol.; Venetiis 1548 & 1565, avec les
additions ci-après :

— Eiufdem (Petri de Apono) libellus de venenis. Petri
corarii quaeftio de venenis ad terminum & fymphoriani
champerii cribrationes in conciliatorem. (Malacarne.)

Ce petit traité fut compofé par Champier contre la prétendue
efficacité des figures aftronomiques, contre les prédictions & les
rêveries des aftrologues & l'influence des aftres. Champier ne
laiffoit jamais paffer les occafions de combattre les erreurs & les
préjugés qui lui fembloient nuifibles au progrès de la fcience & à
la connoiffance de la vérité. Il dit qu'il s'eft exercé aux difputes
fur les queftions de droit & de théologie, afin de mettre les jeunes
médecins à l'abri des féductions & des fonges extravagants de Petrus

Aponenfis.« Je ne prétends pas cependant, ajoute-t-il, en faifant invafion dans le champ de la théologie, de l'aftrologie & du droit pontifical, être théologien comme Origène, jurifconfulte comme Gratien & Balde, aftrologue comme Ptolémée ; cependant je ne fuis pas totalement étranger à l'aftronomie. »

Petrus Aponenfis, appelé auffi de Abano, médecin à Bologne vers la fin du quinzième fiècle, fut accufé de magie & condamné à être brûlé comme forcier ; mais il mourut dans fa prifon.

XX. —Index eorum omnium que in hac arte parua Galeni pertractantur.

Ars parua Galeni pergameni : quam noftri greco vocabulo Tegni appellant ab Laurentiano Florentino e greco in latinum conuerfa.

Item fubiunguntur Paradoxa Domini Simphoriani champerij : Lugdunen. Illuftriffimi principis dñi Ducis Calabric & Lotharingie & Barri &c. primarij phyfici : in Artem paruam galeni. In quibus preclariffima queque & digna lectu que a Trufiano, Gentili, Iacobo Forliuienfi, Sermoneta & Ugone Senenfi : omnibufque neotericis fcripta funt ad medicos inftruendos breuiter clareque narrantur.

Item addiciones Haly rodoan admodumque acute ac docte.

In-8º goth. de LXIII ff. chiffrés & un f. blanc, imprimé à longues lignes : XV ff. non chiffrés pour les pièces liminaires & *Ifagoge in artem paruam Galeni*. Signat. a—ab pour les ff. non chiffrés ; b—i pour les ff. chiffrés.

Titre en rouge & noir, f. l. n. d. A la fin du volume eft la marque de Jean Marion.

Ce livre doit avoir été imprimé vers 1516, une épître de Jérôme de Pavie, chanoine régulier de Saint Auguftin, à Champier, portant la date de février 1516.

Champier a reproduit à la fin des pièces liminaires la harangue prononcée par Rufticus de Plaifance, lorfqu'il fut reçu à l'Univerfité de Pavie. On y voit les noms des docteurs de cet illuftre collége : Auguftinus de Lege, prieur ; Regulus de Campefi, Baptifta de Belbello, Gayfelus de Lifinolis, Mattheus de Curte, Blafius de Tignofiis, Claudius de Aftariis, Francifcus de Canibus, Paulus de Tricio, Petrus Antonius de Paratis, Aluyfius de Marchifiis, Johannes Angelus de Landulphis, Aluyfius de Berris, Anthonius Georgius de Canibus & Johannes Baptifta de Landulphis.

On trouve dans ce livre, fous le titre de *Paradoxa*, de nombreux commentaires fur ce traité de Galien : ils font à la fuite de chaque chapitre.

XXI. — Medicinale bellum inter Galenum & Ariftotelem geftum. Quorum hic cordi ille autem cerebro fauebat : a domino Simphoriano champerio compofitum. In duos libros diuifum.

Primus cerebri & cordis de principalitate humani corporis contendentium continet certamen.

Secundus diane & veneris atrociffimum conflictum complectitur. Opus tum propter hiftoriarum cognitionem ac philofophorum medicorumque difcrepantiam tum propter rei nouitatem perutile.

Item tertio varie calamitates quibus lotharingia cum folum eo tempore quo bellum defcriptum eft fuerit agitata. Simul & fingularia in lotharingia reperta enarrantur.

Huiufce libelli ad fpectatorem Diftichon.

Me quicunque vides tenuem ne temne libellum.
Sim licet exiguus plurima pando tamen.

In-8° goth. à longues lignes, de XXIV ff. non chiffrés. Signat. a — c.

Sans lieu ni date, mais imprimé certainement à Lyon par Jean Marion, de qui la marque fe voit au verfo du dernier f., & en 1517 ou au plus tôt à la fin de 1516, fi l'on en juge par la date placée au bas de l'épître dédicatoire de la première partie, adreffée à Jean de Lorraine, évêque nommé de Metz (1) ; de celle de la feconde, dédiée à François Dalès, premier médecin du roi, & d'une troifième à Albert du Puy, médecin de la reine. Les deux premières, écrites de Nancy, font datées du XIII & du XV des kalendes de feptembre ; la dernière, de Lunéville qu'il appelle « Lunarivilla, » la veille de ces mêmes kalendes 1516.

Champier dit au bon évêque de Metz que, cherchant dans fon efprit, pendant fes heures d'infomnie, un fujet à traiter qui pût plaire à fon goût délicat, il avoit imaginé de décrire la guerre que fe firent autrefois les membres du corps humain ; que, bien qu'il ait effayé de fortir de l'ornière vulgaire & pédagogique, & des'élever à la hauteur de la diction de Cicéron, il n'a pas voulu cependant chauffer le cothurne, mais qu'il a laiffé aller fa plume aux infpirations d'une mufe modefte & paifible, « placida humilique Camena. » Il termine en le priant de prendre fon livre fous fa protection & de le défendre contre les attaques & les traits cauftiques des envieux.

Dans le premier livre, Champier examine d'abord la queftion fi fouvent controverfée entre les philofophes anciens fur la primauté d'action du cœur ou du cerveau dans les fonctions vitales ; en d'autres termes, lequel de ces deux organes régit les opérations de l'efprit & les mouvements du corps. Pour expliquer fon fyftème, il a imaginé de faire du corps humain une véritable république, où deux partis, celui du cœur & celui du cerveau, fe difputent le pouvoir ; il a perfonnifié les organes, qui, au lieu de fe prêter un fecours mutuel, fe font une guerre active, impitoyable, comme cela fe voit d'homme à homme dans notre état focial. Le cœur veut avoir l'empire à lui feul ; il convoque fes partifans : ce font les organes qui dépendent de lui, le poumon, les mufcles de la poitrine,

(1) Il étoit fils de René II° du nom duc de Lorraine, et de Philippe de Gueldres, et frère du duc Antoine. D'abord évêque de Metz, puis cardinal de la Sainte Eglise Romaine en 1518, il fut promu à l'archevêché de Lyon en 1537, à la mort de François de Rohan. Il réfigna fon fiège au cardinal de Ferrare, en 1539, et fut nommé légat du pape en Lorraine. Il mourut en 1550 à Nevers, d'où ses restes mortels furent transportés à Nancy et inhumés dans l'église des Cordeliers.

les artères, &c.; il leur adreſſe une harangue & leur fait connoître
ſes deſſeins; puis il envoie une ambaſſade au cerveau, qui la reçoit
fort mal & s'irrite des prétentions du cœur au gouvernement de la
choſe publique. Cependant, on décide que le différend ſera fou-
mis à des arbitres qui prononceront ſur les droits des deux pré-
tendants. Le docte aréopage ſe réunit; pour le cœur, ce fut Py-
thagore de Samos, Platon, Anaxagore, Empédocle, Parménide,
Timée, Chryſippe, Plotin, Porphyre, Alexandre, Averrhoès & pluſieurs autres; pour le cerveau, Hippocrate, Galien, Raſis, Iſac, Meſué, Avicenne, Abenzoar & Celſe. Chacun expoſa ſes raiſons, mais
lorſqu'on en vint aux voix, il n'y eut plus moyen de s'entendre, &
la queſtion n'ayant pu être décidée, il fallut recourir à la dernière
raiſon des rois, & la guerre fut déclarée. Les deux rivaux raſ-
ſemblent leurs ſoldats & ſe préparent au combat. Ils plantent leurs
tentes, & les armées en viennent aux mains. Ici Champier fait une
deſcription homérique de la bataille. Enfin le cœur eſt vaincu &
réduit à demander merci au cerveau, qui ſe montre bon prince &
conſent à lui accorder la paix. Cependant un certain organe, que
je ne ſaurois nommer, faillit tout gâter. Mécontent de ce que les
parties belligérantes n'avoient tenu aucun compte de lui dans le
conflit, il ſuſcita de grands embarras & mit la république à deux
doigts de ſa perte, au moment même où l'on croyoit la paix aſſurée,
& ce ne fut qu'en lui donnant de groſſes ſommes d'argent que l'on
parvint à l'apaiſer. Il y a dans ce premier livre des détails qu'il
ſeroit impoſſible de reproduire ſans s'expoſer à faire rougir le lecteur le plus aguerri; je ſuis donc forcé de les paſſer ſous ſilence &
de renvoyer les curieux au chap. IX, recto du f. *b iij*, & au chap. XI
où ils auront ſatisfaction.

   Champier, continuant ſa fiction dans le ſecond livre, « De Diane
& Veneris atrociſſimo conflictu, » ſuppoſe que le cerveau, devenu
paiſible poſſeſſeur de l'empire, veut donner une conſtitution &
des lois à ſes ſujets. Pour cela il réunit ſes conſeillers, l'eſtomac,
le poumon, les reins, la veſſie, &c., & il les prévient qu'il s'agit
de nommer un ſénat qui aura à veiller ſur la marche des affaires
publiques. L'eſtomac, que Champier appelle « culine corporis gu-
bernator, » prend la parole en qualité de commiſſaire du roi. Le
cœur eſt nommé gouverneur, le foie préteur, la rate préſident, le
diaphragme huiſſier de la chambre; l'eſtomac, le poumon, le ſiel,

les reins, la veſſie & une foule d'autres font partie du ſénat. Le gouvernement ainſi établi, le roi trace à chacun ſes attributions ; puis
il ſe rend dans la capitale des Amazones, pour rendre viſite à
Penthéſilée leur reine. Je ne puis dire ce que c'eſt que cette capitale des Amazones, ni ce qui s'y paſſe : on le verra au chap. IV. Enfin le roi, voulant tirer vengeance des outrages que la reine des
Amazones, « regina matrix, » avoit eu à ſubir de la part de Vénus,
déclare la guerre à cette dernière & marche contre elle à la tête
d'une puiſſante armée. Je ſuis encore dans la néceſſité de renvoyer
le lecteur au chap. V. Pour en finir, le cerveau rentre dans la pleine
& entière poſſeſſion de l'autorité abſolue ſur tous les organes rebelles. Dans le dernier chapitre, Champier explique pourquoi il
accorde la ſuprématie au cerveau : le cœur eſt l'organe principal
& le plus néceſſaire à la vie ; mais le cerveau eſt plus noble, parce
qu'il eſt le ſiége de l'intelligence. Suivant les philoſophes, le cœur
a la première place, par la raiſon qu'ils le croient l'inſtrument de
toutes les vertus ; les médecins, au contraire, accordent la préé-
minence au cerveau.

On trouve dans ce petit traité, à travers beaucoup de ſcience
& de deſcriptions purement anatomiques, tout ce qu'une fantaiſie
déréglée peut imaginer de plus groteſque & de plus obſcène dans les
images, de plus groſſièrement technique dans l'expreſſion. Champier, de qui les mœurs étoient pures & qui ſe montra toujours religieux, ne ſauroit être ſoupçonné bien certainement d'avoir eu l'intention perverſe d'offrir un aliment à l'impudicité, en énumérant
complaiſamment les divers offices des parties honteuſes du corps
humain. La preuve qu'il n'y entendoit pas malice & que le goût
peu délicat & la naïveté de nos pères ne voyoient rien de choquant
pour la pudeur dans ces débauches d'eſprit, c'eſt que ſon livre eſt
dédié à l'évêque de Metz ; mais il n'eſt pas moins vrai qu'on y
trouve certains paſſages par trop licencieux, & des détails d'un
cyniſme révoltant. Le *Medicinale Bellum* n'eſt après tout, ſous une
forme bizarre & très indécente, qu'un traité de phyſiologie anatomique, & ſon principal mérite eſt d'être devenu d'une grande
rareté. Fort heureuſement pour l'auteur, il eſt encore plus ignoré
que ſes autres écrits ; le ſeul exemplaire que j'aie vu de cette docte
facétie fait partie d'un recueil où ſont réunis cinq ou ſix autres opuſcules au milieu deſquels il eſt comme perdu. Le volume porte ſur la

garde le nom & l'*ex dono* du Père Meneſtrier à qui il avoit appartenu.
Je ne l'indiquerai pas autrement, & je me ſerois même abſtenu d'entrer dans un examen auſſi minutieux, ſi je n'y avois été contraint
ſous peine de laiſſer une lacune dans le travail que j'ai entrepris.
Tout en donnant une forme épique & érotique au combat perpé-
tuel des ſens qui agiſſent en vertu de nos organes, Champier n'a
enviſagé la queſtion que comme médecin, ſauf la tournure poétique que ſon imagination lui a donnée, & il ne peut être accuſé que
de mauvais goût. Il n'a pas réfléchi, lui théologien & moraliſte, que
les appétits de nos organes ont ailleurs qu'en eux-mêmes un régu-
lateur infaillible, & que, cela admis, s'il y a combat, ce n'eſt ni aux
agents du cœur, & ici le cœur eſt pris dans ſon acception maté-
rielle, ni à ceux du cerveau, que la victoire reſte. Il pouvoit, ce
me ſemble, prouver auſſi bien, & plus ſérieuſement, la préémi-
nence du cerveau dans l'organiſation du corps humain, ſans avoir
beſoin de recourir à des fictions ingénieuſes ſi l'on veut, mais trop
ſouvent ignobles & dégoûtantes.

Pour que rien ne manquât à ce pot-pourri, Champier a écrit à
la ſuite une deſcription de la Lorraine, & l'hiſtoire de la guerre de
1516 dans cette province.

XXII. — Speculum Galeni.

Epitome Galeni ſiue galenus abbreuiatus vel inciſus
aut interſectus quecumque in ſpeculo dñi Simphoriani
Champerii continebant apprehendens. Cui plurima varia-
rum traductionum eidem in fine duplicata nouaque anne-
ctuntur galeni opera cum argumentis eiuſdem domini ſim-
phoriani.

Medicine propugnaculum dñi Simphoriani Champerii
Lugdunenſis phyſici : in ſpeculum medicine galeni.

Libri ſuperadditi cum in ſpeculo medicine non eſſent.

Galeni vita.

De elementis galeni epitoma.

De generatione animalium epitoma.

De paffione vniufcuiufque particule corporis & cura ipfarum qui liber decem tractatuum fiue myamir intitulatur epitoma.

Sylue febrium ex libris galeni ad complementum libri myamir.

De gyneciis liber hoc eft de paffionibus mulierum.

De dinamidiis liber.

De morbis oculorum galeni libri duo.

Alia plurima galeno afcribuntur opera que cum ad manus peruenifent noftras quum ftylo alieno penitus erant refecanda duximus.

Que huic impreffioni addita funt.

Tabula omnes materias & fingulares morbos comprehendens.

Conftantini aphricani terapeutica feu megatechni fuper libros de ingenio fanitatis galeni.

In-8° goth. à longues lignes ; xxiv ff. non chiffrés pour les pièces liminaires, fignat. Aa — Cc; cclxxii ff. chiffrés, fignat. a—s, aa — qq, A—T.

Au verfo du f. *cclxxij* & dernier :

Finis fpeculi medicine libros videlicet precipuos quos conftat Galenum compofuiffe fub paucis comprehendentis : medicineque propugnaculi ex variis tum theologie tum philofophie : tum medicine profefforibus deprompti. Finis. Anno dñi M. d. xvij. ij. idus maias lugduni Ioannes de ionuelle dictus pifton imprimebat.

Le titre en rouge & noir remplit tout le frontifpice, au bas duquel eft la marque de Jean de Jonvelle. C'eft un petit écuffon gravé en bois, où l'on voit d'un côté faint Pierre, de l'autre faint Paul foulevant les coins d'un voile fur lequel eft empreinte la face de Notre

Seigneur. Cette marque étoit celle de Jean Marion, qui l'employoit encore l'année précédente, dans plusieurs éditions dont la souscription porte son nom. Jean de Jonvelle l'adopta aussi, moins la légende & les initiales P. V. (1).

Au verso du frontispice est le privilége :

« LOYS par la grace de Dieu Roy de france. A nos aymez & feaulx consilliers les gens tenans nostre cour de parlement & eschequer a rouen. Aux preuost de Paris seneschal de Lyon & a tous nos autres iusticiers & officiers ou a leurs lieux tenans & a chascun deulx salut & dilection. Nostre chier & bien ayme maistre simphorien champier docteur en medicine & medecin ordinaire de nostre treschier & tresayme cousin le duc de Lorraine Nous a fait dire & remonstrer quil sest applicque & employe a faire dicter & rediger par escript certains liures nouueaulx comme est *Liber Galeni de oculis*, & aulcuns diceulx a compose & lung diceulx est *Speculum Galeni : una cum propugnaculo medicine.* Lesquels liures ledit Champier a intention faire faire imprimer par ung nomme Symon vincent libraire demourant en nostre ville & cite de Lyon... Donne a valance le xx. jour de Iuillet. Lan de grace Mille cinq cens & unze, an de nostre regne quatorziesme. »

A la suite, une épître de Henricus Philippus à Jacques Champier & Claude Le Charon, neveux de Symphorien. Il les engage à cultiver les bonnes lettres & à se mettre en mesure, si cet homme illustre venoit à mourir, de repousser les attaques de l'envie contre la mémoire de ce grand génie, « cuius famam per uniuersum orbem ob multa preclara ab eo condita volumina nulla silebit etas, » imitant en cela François Pic de La Mirandole, qui ne cessa, tant qu'il vécut, de défendre son oncle Jean Pic contre les insultes des aboyeurs. On voit par une diatribe virulente de Fidelis Risichus, laquelle ne tient pas moins de trois pages, que Champier eut quelquefois besoin que ses amis prissent fait & cause pour lui contre ses ennemis. Le *Speculum Galeni* avoit été attaqué avec tant de violence, que Risichus crut devoir intervenir. Son apologie du livre de Champier est loin d'être un modèle d'urbanité, tant s'en

faut ; les injures & les épithètes les plus groffières y font accumu-
lées fans pudeur contre le téméraire qui avoit ofé porter une main
facrilége fur l'œuvre du maître, & Rifichus y prodigue à Champier des louanges exceffives. « Qui fut jamais doué d'autant d'éloquence ? qui eut jamais un auffi vafte génie ? s'écrie-t-il ; qui pourroit fe vanter, à moins d'être infpiré par l'efprit divin, de l'égaler
dans tout ce qu'il a écrit ? » Puis, apoftrophant le coupable, il
ajoute : « Grand Dieu ! en voyant la fcélérateffe inouïe de ce monftre, je refte comme muet d'étonnement & d'horreur.... On croiroit
que c'eft l'âme de Catilina qui végète en lui. » Et ici il applique au
coupable toutes les formules dont Sallufte s'eft fervi pour flétrir le
confpirateur romain : « Cuiuflibet rei fimulator ac diffimulator,
alieni appetens, fui profufus, ardens in cupiditatibus (1). » « Ce
fcrofuleux, entraîné par je ne fais quelle démence, n'a pas craint
de fouiller de fa bave impure la réputation de notre Symphor-
rien ; bien plus, il l'a déchirée par fes morfures. » Puis il l'appelle
« propino, volatile cerebellum. caput lardo & fumo refectum, de-
mentiffimum animal, abjectum, immundum porcellum, afinus fufti-
bus onerandus, &c. » Il l'accufe d'avoir corrompu le libraire à prix
d'argent & d'avoir enlevé le frontifpice de tous les exemplaires
du *Speculum Galeni :* « Conatus eft ille nebulo non fine fua infamia
titulum cujufdam divini voluminis predicti domini Symphoriani
Speculum Galeni appellatum fubvertere, corrupto quodam nepharie
largitionis genere librario ; bene ejus ignaviam declarat ille indoctus, demens, ftultus. » « Mais cette infamie a tourné à fa honte & à
la gloire de Champier, dit-il encore ; car, afin que ce livre ne fût
pas plus longtemps privé du nom de fon auteur, il a été revu par lui
avec plus de foin & d'attention ; il y a mis plus de favoir & de graves
fentences, & il l'a publié de nouveau. » S'adreffant enfuite au *Spe-*
culum : « Réjouis-toi donc, ô livre digne du triomphe ! réjouis-toi :
la méchanceté de cet homme t'a rendu plus éclatant, plus complet & plus parfait. Que cette brute enragée n'ait pas un inftant de
répit, qu'elle foupire & gémiffe fans ceffe, qu'elle grince des dents,
& qu'une fueur froide s'empare d'elle en voyant le fuccès de celui
qu'elle pourfuit de fa haine. » Et plus bas : « Tu as eu l'impudence
de maltraiter un livre qui eft loué, admiré, recommandé par les

(1) *Bell. catilinar.*, VI.

hommes les plus doctes, par Louis de Bologne, Alexander Benedictus, Ludovicus Landrianus, Philefius Vogefigena, Guichard de
Leffart, Sébaftien Coppin, Philippe du Laurent, Gonfalve Toledo,
Léonard Serra, & tant d'autres que je n'entreprends pas de nommer, car la nuit viendroit me furprendre avant que j'en euffe
achevé la lifte. » Et il termine en engageant le critique malavifé à
s'amender & à ne pas aiguillonner davantage le lion. Le nom du
Zoïle fi durement traité par Rifichus eft refté ignoré ; il a affecté
de ne pas le faire connoître.

On voit, par cet échantillon de l'aménité des difcuffions littéraires de ce temps-là, que fi Champier eut des détracteurs, il eut
auffi des défenfeurs ardents de fa doctrine & de fa gloire. J'aurois
voulu connoître le nom de l'auteur de cet attentat contre la propriété littéraire, de ce frelon, comme dit encore Fidelis Rifichus,
qui a voulu dérober le miel de l'abeille ; mais il m'a été impoffible
de le découvrir.

Dans l'épître qui fuit, Joannes Alluyfius Craffus loue Rifichus
de s'être fait le champion de Symphorien fon maître, dont le nom
& le favoir font célébrés partout & ne peuvent recevoir aucune
atteinte de la méchanceté. Rifichus lui répond, & lui explique
pourquoi il n'a pu garder le filence en voyant l'impudence du fauffaire qui a pouffé la témérité jufqu'à vouloir s'approprier les œuvres de fon maître, & qui a tenté infolemment de lui arracher la
couronne de l'immortalité dont fon front eft déjà ceint.

Viennent enfuite des vers de Philefius Vogefigena en l'honneur
de Champier & du *Speculum Galeni*, & enfin une invective d'Etienne
de Bar, de Tulle, « pour Symphorien Champier contre un méchant calomniateur. »

Etienne de Bar ne fe montre ni moins chatouilleux ni moins irri-
table que Fidelis Rifichus. « Cette nuit, dit-il, pendant que je
réfléchiffois fur la doctrine des Stoïciens qui placent le fouverain
bien dans la vertu, & fur celle d'Epicure qui ne trouve le véritable
bonheur que dans la volupté & les jouiffances de la matière...,
une vifion m'eft apparue fous la forme de je ne fais quel animal cornu..... Un miférable dont je ne veux pas faire connoître
le nom a ofé, non feulement s'attribuer, mais encore détruire entièrement un livre publié par Symphorien Champier, fous le titre
Speculum medicine. Infenfé ! as-tu donc pu croire que la gloire de

cet homme illuſtre, répandue dans tout l'univers, tenoit à la perte de ce livre?..... Non, tu n'as pas ſucé le lait d'une femme, tu as été allaité par quelque bête fauve. Mais il n'a pas été en ton pouvoir, ô bête monſtrueuſe! de fruſtrer Champier de l'honneur qui lui appartient, & duſſes-tu en crever de dépit, il a compoſé de nouveau ſon livre, & il l'a augmenté au profit des hommes ſtudieux, en y ajoutant pluſieurs traités. Je ſais que tu en as lacéré le titre, afin que les lecteurs, n'y trouvant pas le nom de ſon véritable auteur qui eſt d'une ſi grande autorité auprès d'eux, rejetaſſent le volume ſans daigner l'ouvrir, & que par là, le fruit de ſes longues veilles fût perdu pour lui. En effet, Avicenne, Galien, Hippocrate lui-même, le prince de la médecine, n'auroient pas été lus, ſi leurs noms n'avoient pas été inſcrits en tête de leurs ouvrages, & non ſeulement ils n'auroient pas eu de lecteurs, mais ils ſeroient reſtés à jamais inconnus. Pendant que je dévoile tes turpitudes, déteſtable vaurien, Apollon me ſouffle à l'oreille que tu as eu une autre raiſon pour arracher le frontiſpice de ce livre : tu as voulu imiter Eroſtrate qui, ne pouvant ſe faire connoître par des actes vertueux, aima mieux éterniſer ſon nom par le crime que de vivre & mourir inconnu, & brûla le temple de Diane à Ephèſe, l'une des ſept merveilles du monde, afin que ſa mémoire demeurât éternellement. Vipère venimeuſe, pire que le ſcorpion! lorſque tu as lacéré le titre ſur lequel étoit le nom de Symphorien Champier, tu t'es imaginé que tu ſerois entouré d'hommages & de louanges, ſi tu parvenois à uſurper ſa place & à faire croire que tu es l'auteur clandeſtin de ſon livre; tu t'es trompé groſſièrement. Au lieu de la gloire & des éloges ſur leſquels tu comptois, tu ne recueilleras que la honte & le mépris; car lorſque les hommes lettrés ſeront inſtruits de tes procédés ignominieux envers Symphorien, ils te traiteront comme tu le mérites, en te vouant à l'infamie. Ceſſe donc de l'attaquer, ſi tu ne veux pas qu'il t'écraſe & qu'il en finiſſe une fois pour toutes avec toi. Va-t-en, monſtre informe, avec Tantale & Siſyphe. »

Il réſulte de ces diatribes de Fidelis Riſichus & d'Etienne de Bar, qu'un anonyme, jaloux de la gloire de Champier, quelque médecin peut-être, avoit trouvé le moyen, en uſant de corruption auprès du libraire, de faire diſparoître ſon nom de tous les exemplaires d'une première édition du *Speculum Galeni* auquel

Etienne de Bar donne le titre de *Speculum medicine* ; &, s'il faut en croire ce dernier, l'anonyme ne s'en tint pas là, il détruifit entièrement le livre : « Ne dicam fibi vindicare, fed radicitus delere non erubuerit. » Peut-être commença-t-il par enlever le frontifpice fur lequel fe trouvoit le nom de Champier, dans le but de s'approprier fon travail, en infinuant qu'il en étoit le véritable auteur ; enfuite, fi le récit d'Etienne de Bar n'eft pas exagéré, voyant fon impofture dévoilée, il auroit anéanti toute l'édition. Ce qui feroit croire qu'il en fut ainfi, c'eft que perfonne n'a jamais vu un feul exemplaire de cette première édition, foit fous le titre de *Speculum Galeni*, foit fous celui de *Speculum medicine*. J'en ai vainement cherché la trace, & je ne l'ai trouvée dans aucun catalogue, nul bibliographe n'en ayant fait mention & n'ayant relevé cette particularité, qui ne nous a été confervée que par Fidelis Rifichus & par Etienne de Bar, dont le récit eft confirmé par Champier lui-même. Il dit expreffément, dans le titre du *Speculum Galeni* de 1517, «qu'il contient, en outre de tout ce qui étoit dans la première édition, diverfes traductions & quelques autres traités de Galien, avec les arguments du même Champier. » Un exemplaire de ce *Speculum* échappé à l'auto-da-fé qui fut fait de l'édition entière dans la boutique même du libraire infidèle pourroit donc être comparé au phénix renaiffant de fes cendres. Peut-être exifte-t-il, enfoui depuis près de trois fiècles & demi, dans quelque galetas ignoré ; toujours eft-il que perfonne ne l'a vu. D'après le privilége donné par Louis XII à Valence, le 20 juillet 1511, il dut être imprimé par Simon Vincent, libraire à Lyon, j'ignore en quelle année. Niceron cite une édition de 1511, mais je crois qu'il a pris la date du privilége pour celle de l'impreffion. Haller mentionne *Epitome Galeni, Galenus incifus quae in Speculo D. Symphoriani continebantur apprehendens....*, Lugduni 1512, &, prenant cet ouvrage pour l'abrégé du *Speculum*, il ajoute que la date doit être erronée & que, le *Speculum* n'ayant été imprimé qu'en 1517, l'abrégé n'a pu être publié en 1512. Cette date eft fauffe en effet, & ne s'appuie fur aucune preuve, car le titre reproduit imparfaitement par Haller eft celui du *Speculum* de 1517. Le Père Niceron cite encore une édition de 1516 : il a confondu fans doute le *Speculum Galeni* avec *Epithome commentariorum Galeni in libros hippocratis*, ou *Ars parva Galeni*, qui font l'un & l'autre de 1516 & qu'il a paffés fous filence dans fon catalogue.

Dézeimeris cite une édition du *Speculum* de 1527. Je ne connois point d'édition de ce livre à cette date ; ce doit donc être une faute d'impreffion, pour 1517.

Le *Speculum Galeni* eft dédié à François de Rohan, archevêque de Lyon. A travers beaucoup de galimatias, Champier dit au prélat que Galien eft le médecin du corps comme Platon eft le médecin de l'âme, mais que celui-là feul eft le médecin de l'âme & du corps qui a dit : « Venite ad me omnes qui laboratis & onerati eftis, atque ego vos reficiam ; ego fum via veritafque & vita. » Ce qui femble fignifier que, tout favant médecin qu'il étoit, Champier mettoit plutôt fa confiance en Dieu que dans les reffources de fon art.

Ce livre de Champier, fort beau d'ailleurs & très curieux par la diverfité des matières qui y font traitées & par les renfeignements que l'on y trouve, eft un des moins rares. Ce font des compilations & des extraits de quelques écrits de Galien, avec un traité *De oblivione* & la Thérapeutique ou Mégatechne du moine Conftantinus Aphricanus ; il n'y a de Champier que la Vie de Galien & le *Propugnaculum medicine*, compofé d'après les écrits de faint Ambroife, faint Auguftin, faint Grégoire, faint Jérôme, Origène, Eufèbe, Ifidore de Séville, Platon, Ariftote, Hippocrate, Afclépiade, Erafiftrate, & un grand nombre d'autres. Le chap. XII & dernier eft tout entier de Champier, « ex preclari auctoris officina proditum. » Il y expofe fa propre doctrine, au lieu de fe borner à faire connoître, comme dans les chapitres précédents, l'opinion des médecins & des philofophes anciens, des Pères de l'Eglife & des docteurs qui ont écrit fur la médecine, foit *ex profeffo*, foit incidemment, & la confidérant uniquement dans fes rapports avec la philofophie & la nature de l'homme.

Le *Speculum Galeni*, imprimé avec foin fur beau & bon papier, eft du très petit nombre des livres de Champier où il n'y a ni figures en bois, ni lettres ornées. Toutes les capitales qui s'y trouvent font d'un ufage courant & ne préfentent rien de curieux au point de vue de l'art & de la typographie. La plupart des exemplaires que j'ai vus ont cela de remarquable qu'ils font affez ordinairement dans un parfait état de confervation, quoiqu'ils aient été fouvent lus & étudiés, à en juger par leurs marges prefque toujours chargées d'annotations, d'une écriture de la fin du feizième fiècle, époque où les écrits de Champier avoient encore une valeur fcientifique. Cette confervation tient à l'excellente qualité du papier, qui a réfifté à l'action du temps & eft demeuré auffi intact & auffi blanc que le premier jour. Il faut croire auffi que ce qui a aidé furtout à préferver les livres de Champier des outrages & de la profanation qui en ont détruit tant d'autres, c'eft le foin, la correction, l'élégance, je dirai prefque le luxe avec lequel ils ont été imprimés. Tant qu'ils ont été confultés, on comprend que leurs poffeffeurs aient veillé à leur confervation, &, lorfque les progrès de la fcience ou l'engouement d'autres doctrines les a rendus inutiles, ils ont encore été refpectés comme de précieux monuments du premier âge de l'imprimerie.

(Bibl. de M. Yemeniz.)

XXIII. — Index librorum qui in hoc volumine continentur mirabilium divinorum humanorumque volumina quattuor. Primum videlicet de mirabilibus facre fcripture. Secundum de mirabilibus propofitionibus beatiffimi Pauli apoftoli. Tertium de propugnaculo religionis chriftiane. Quartum de mirabilibus mundi fecundum Ptholomeũ perlucide a domino Simphoriano Champerio lugdunenfi patritio ducis calabrum & lotharingorum primario corporis confiliario diftincta.

Primum volumen.

De mirabilibus facre fcripture in quo funt lib. ij.
Primus eft de moyfi pentatheuco & prophetis.
Secundus de nouo teftamento prenotatur.

Secundum volumen.

Mirabilium propofitionum diui Pauli apoftoli Theoremata lib. vj.
Primus in epiftolam ad Romanos.

Secundus in primam & fecundam ad Corinthios.

Tertius in epiftolam ad Galathas.

Quartus in epiftolas ad Ephefios ad Philippenfes & Col-
loffenfes.

Quintus in epiftolas ad Theffalonienfes ad Timotheum
& Titum.

Sextus in epiftolam ad hebreos.

Tertium volumen.

Mirabile religionis chriftiane propugnaculum in lib. iiij
partiales partitum.

Primus apologeticus aduerfum gentes.

Secundus in iudeos.

Tertius contra hereticos.

Quartus aduerfus Mahumetenfes.

Quartum volumen.

De mirabilibus mundi lib. ij.

Primus de moribus & mirabilibus gentium & prouin-
ciarum orbis fecundum tabulas ptolomei.

Secundus ciuitatum totius orbis cathalogus.

Quatre tomes en un vol. in-8º goth. à longues lignes ;
titre en rouge & noir. Chaque tome a fon frontifpice,
fa pagination & fa fignat. à part, 2 fig. en bois. Tom. I,
x ff. non chiffrés pour les pièces liminaires, LVI ff., fignat.
a—q.—Tom. II, XLIV ff., fignat. aa—ff. (Cette partie
eft dédiée à Gafpard de Tournon, évêque de Valence & de
Die; l'épître eft datée de Nancy, le XIII des calendes de
juillet 1514.) — Tom III, XXIV ff., fignat. aaa—ccc.—
Tom. IV, XXV ff., fignat. aaaa — dddd.

Au verfo du dernier f. du tom. IV :

Domini Simphoriani Champerii mirabilium diuinorum

humanorumque quattuor volumina. In plures libros partiales diuifa feliciter expliciunt. Impreffa Lugd. per Iacobum
marefchal. Anno dñi m. ccccc xvij menfis Augufti.

La marque de l'imprimeur Jacques Maréchal eft placée au bas
du frontifpice ; c'eft celle dont Jehan de Jonvelle fe fervoit cette
même année, pour le *Speculum Galeni*, & qui étoit en même temps
celle de Jehan Marion, puifqu'on la retrouve dans le *Practica nova*,
imprimé par lui, auffi en 1517. Ainfi cette marque étoit commune
à trois imprimeurs, dans la même ville, & la même année.

En tête du tome Ier font deux épîtres : l'une eft adreffée à Symphorien Champier par Jérôme de Pavie, chanoine régulier de
l'ordre de faint Auguftin, l'autre eft la réponfe de Champier ; elle
eft datée de Nancy 1514. Ces deux épîtres ont été publiées une
feconde fois en 1519, & font partie du *Duellum epiftolare.* A la fuite,
Champier, pour ne pas s'expofer à être accufé de plagiat, « ne in
furto deprehendamur manifefto, » dit-il, a indiqué fcrupuleufe-
ment les fources où il a puifé les éléments de fon livre.

Très bel exemplaire d'un livre rare, mar. v. (Cabinet de M. Yemeniz.)

XXIV.—Practica noua aggregatoris lugdunenfis domini Simphoriani champerij de omnibus morborum generibus. Ex traditionibus grecorum : latinorum : ac recentium
auctorum : aurei libri quinque.

Item ciufdem aggregatoris liber de omnibus febrium
generibus.

In-8º goth. à longues lignes, de CLII ff. chiffrés ; fignat.
a — t.

Titre en rouge & noir, avec la marque de Jehan Marion.

Au recto du dernier f. :

Impreſſum lugduni per honeſtum virum Iohannem marion. Anno Domini. m. ccccc xvij. Die xix. Martij.

Réimprimé ſous le même titre, à Veniſe, 1522, in-fol.
goth. ſur deux colonnes; li ff.; ſignat. A — G.

Au verſo du dernier f. :

Explicit practica noua aggregatoris lugdunenſis dñi ſim-
phoriani champerij... Venetiis impenſa & cura heredum
nobilis viri quondam dñi Octauiani Scoti Modoetienſis ac
ſociorum. Anno a natiuitate Dñi. 1522. Die 22 menſis
Ianuarij.

Il y en a une troiſième édition, Bâle 1547, in-8°, ſous le titre :

ΙΑΤΡΙΚΗ ΠΡΑΞΙΣ. Simphoriani Champegii de
omnibus morborum generibus...... Baſileae per Henri-
chvm Petrvm. 1547, in-8°.

Cette édition en caractères aldins, dédiée à Louis Martroff, a
été donnée par M. Hopper.

Champier annonce, au premier chapitre du *Practica nova*, qu'il
traitera dans ſon livre de toutes les maladies connues, « a capite
uſque ad pedem. »

(Bibl. de M. Yemeniz.)

XXV. —Ioannis Herculani veronenſis expoſitio perutilis in primam Fen quarti canonis auicenne una cum ad-
notamentis preſtantiſſimi viri domini ſymphoriani champerii ſiue champegii lugdunenſis equitis ac ſereniſſimi principis calabrum & lotharingorum primarii medici nec non
cum indice tam capitum in fen prima quarti canonis auicenne quam dubiorum in expoſitione Ioannis Herculani
contentorum. In-fol. goth., à deux col.; LXXXVI ff. chif-

frés ; à la fin, ıv pag. non chiffrées pour l'index. Signat.
a — &.

Titre en lettres rouges. Au-deſſous eſt la marque de Vincent de
Portonariis, un ange aux ailes éployées, tenant un livre ouvert ſur
lequel on lit les premières paroles de la Salutation angélique :
« Ave Maria gratia plena. »

Ad calcem :

Et in hoc finitur expoſitio ſen prime quarti canonis auicenne. Edita per D. magiſtrum Ioannem Herculanum ve-
ronenſem doctorem famoſiſſimum. Expenſis honeſti viri
Vincentii de Portonariis de tridino de Monte ferrato Lugduni cuſa anno dñi 1518 in edibus Iacobi Myt ſexto menſis decembris die.

Il n'y a, dans ce livre de Joannes Herculani ſur la première partie du quatrième canon d'Avicenne, que les annotations & les
commentaires qui ſoient de Champier. L'épître dédicatoire eſt
adreſſée aux principaux docteurs de l'univerſité de Pavie, à laquelle il avoit été agrégé en 1515 : Franciſcus de Bobio, Ruſticus
de Plaiſance, Mattheus de Curte, Regulus Campeſius qu'il appelle
ſon parent, &c.

(Bibl. de l'Académie de Lyon, ſalle Prunelle.)

Cet exemplaire a appartenu à Nicolas Chorier, de qui il porte
la ſignature ſur le frontiſpice.

XXVI. — Pronoſticon libri tres quorũ primus eſt de
pronoſticis ſeu preſagijs prophetarum. Secundus de preſagijs Aſtrologorum. Tertius de preſagijs medicorum. Petit in-4° goth. de xıı ff. à longues lignes, chiffrés ; ſ.l.n.d.
Signat. a — c..

Au recto du dernier f. :

La marque de Vincent de Portonariis gravée fur le frontifpice. On lit à l'entour : « Vincentius de portonariis de Tridino de monte ferrato. » Au bas : « Cum gratia & priuilegio. »

Finis librorum pronofticon domini Symphoriani Champerij equitis aurati : ac nobiliffimi Lotharingie ducis Antonij primarij medici excuforum impenfis Vincentij de Portonarijs bibliopole nominatiffimi.

Ce petit livre a été imprimé à Lyon pour Vincent de Portonariis qui y étoit libraire. Le nom de l'imprimeur n'étant pas dans la foufcription, je ne puis dire de quelles preffes il eft forti. Toutefois, l'impreffion ne peut être antérieure à l'année 1518, puifque cette date fe trouve en tête du dernier f., où Champier dit que le *Pronofticon* a été achevé à Lyon le V I I des kalendes d'avril 1518.

Le *Pronofticon* eft dédié à Albert du Puy, premier médecin de la reine Claude, & à André Briellus, médecin du roi.

Ce petit livret, l'un des plus difficiles à trouver, fait partie de la Bibl. de la Ville, Coll. lyonn. de M. Cofte.

XXVII. — Que in hoc opufculo habentur.

Duellum epiftolare : Gallie & Italie antiquitates fummatim complectens.

Tropheum Chriftianiffimi galliarum regis Francifci huius nominis primi.

Item complures illuftrium uirorum epiftole ad dominum Symphorianum Camperium.

In-8º de xcxvi ff. non chiffrés (*fine loco*). Titre en rouge & noir. Signat. a — m. Au recto du dernier f. eft la figure en bois du martyre de faint Symphorien.

Au verfo du f. *xxxv* :

Impreffum fuit prefens opus per Ioannem phiroben &
Ioannem diuineur alemanos fumptibus honefti uiri Iacobi
francifci Deionta Elorentini (*fic*) bibliopole Veneti. Anno
a uirginis partu M. cccccxix. Die decima Octobris.

J'avois cru ce livre imprimé à Lyon ; mais Maittaire & Panzer veulent qu'il foit forti des preffes de Venife. Jean Phiroben, ou Sy-
roben comme il fe nomme lui-même ailleurs, imprima d'abord à
Lyon avec François Fradin, à la fin du quinzième fiècle. On a
d'eux : Le Sacramentaire à l'ufage d'Uzès, *Sacramentarium fecundum
ufum uticenfem*, impreffum in ameniffima ciuitate lugdunenfi per
Francifcum Fradin & Ioannem fyroben alemanos, 1500, in-8°goth. Il
paroît que plus tard Phiroben quitta Lyon, & fut exercer fon induftrie à Venife, où nous le retrouvons en 1519, affocié avec Jean
Divineur. Bien que la foufcription porte que le *Duellum epiftolare*
a été imprimé pour Jacques-François de Junte, libraire à Venife,
ce ne feroit pas une raifon fuffifante pour affirmer qu'il a été publié dans cette ville, car les Junte ont fait imprimer fous leur
nom un grand nombre de livres à Lyon, au commencement du
feizième fiècle ; mais un argument qui paroît décifif en faveur de
Venife, c'eft que le nom de Jean Divineur ne figure pas dans la
lifte des imprimeurs de notre ville, au moins ne connoît-on rien
qui y ait paru fous fon nom. Le P. Niceron s'eft trompé lorfqu'il
a donné à ce livre la date de 1510, & il n'a pas été plus exact
lorfqu'il a dit que c'eft un recueil de quelques lettres de Symphorien Champier & de Jérôme de Pavie. Celles que l'on trouve
dans ce volume font au nombre de vingt-fept, dont trois feulement de Jérôme de Pavie à Champier, & trois de celui-ci à Jérôme.
Dans ces fix lettres, qui font fort longues, l'un plaide en faveur
de l'Italie, & l'autre pour la France. A la fuite, font trois lettres de
Champier au cardinal Campége, à Erafme & à Fabre d'Etaples ;
les autres lui furent écrites par Florimond Guttanus, Nicolaüs
Volcirus, Albert du Puy, Robert Cobhurn évêque de Ross en
Ecoffe ; par François Sylvius, Hyacinthe-Bafilides Palladio, Aloy-
fius Marliani, Alexander Benedictus, de Vérone, & Jean Pin, de
Touloufe. Il y a de plus une lettre de Jérôme de Pavie à Champier,

& une autre de Fabre d'Etaples à Joannes Longrenus, gardien du couvent de St-Bonaventure, à Lyon.

Au verso du frontispice est une épître proémiale de Rustique de Plaisance, dans laquelle, à travers les plus basses flatteries adressées à Laurent Campége, il prodigue à Champier les louanges les plus exagérées. On diroit qu'il se fait son compère, & qu'il n'a pas d'autre but que de lui gagner les bonnes grâces du cardinal & de l'amener à reconnoître la parenté que Champier prétendoit exister entre eux. « Votre nom, lui dit-il, est sans cesse sur ses lèvres; il porte aux nues votre rare éloquence, votre mérite & votre érudition; il n'est pas un seul jour sans les vanter à ses compatriotes & aux nôtres, & mille fois il m'en a entretenu dans ses lettres. Partout, à chaque instant, soit qu'il parle, soit qu'il écrive, votre nom se présente à lui, & ce nom de Laurent lui est si cher, qu'il semble ne rien aimer autant que vous, si ce n'est cependant Jean Campége votre père, le prince des jurisconsultes. Il vous compare à un fleuve qui roule des ondes d'or; en effet, est-il un homme qui s'exprime avec plus d'éclat & de splendeur, qui ait un style plus châtié & plus poli, qui peigne les objets avec plus de magnificence, qui manie l'invective avec plus de force & de fine ironie, qui distribue le blâme ou l'éloge avec plus de discernement & de gravité? Vous excellez dans tous les genres de composition; tout en vous exhale le parfum de la science de Socrate, & révèle la fécondité du divin Platon; vous avez égalé Balde & Barthole, & votre faconde est semblable à celle de Démosthènes même....» Il continue sur ce ton ampoulé, &, après avoir bien préparé le cardinal, il arrive à l'histoire des deux fils de Chrétien Champier, gentilhomme dauphinois, qui s'établirent l'un à Bologne, l'autre à Pavie, où ils furent les auteurs des deux branches des Campége & des Campése.

Il falloit cependant que le mérite de Champier exerçât une fascination irrésistible sur les savants de son temps, & qu'ils fussent entraînés vers lui par un charme secret qui désarmoit l'envie, pour qu'il s'élevât de toutes parts autour de lui un concert de louanges dont aucun autre érudit ne fut l'objet à cette époque.

Les pièces les plus curieuses de ce recueil sont les lettres de Jérôme de Pavie & de Champier. Dans la première, datée du monastère de Ste-Marie-d'Asti, 1514, Jérôme raconte à Champier qu'ayant été député pour traiter d'une affaire de fon ordre avec l'évêque de Paris, il étoit arrivé dans cette capitale après un long & pénible voyage à travers les neiges des Alpes, preffé par un défir immodéré de voir & de connoître Jacques Fabre d'Etaples & Symphorien Champier, qu'il appelle la lumière, l'ornement, l'amour & les délices des lettres; que, s'étant informé de lui à fon paffage à Lyon, il avoit appris avec un déplaifir extrême qu'il étoit en Lorraine auprès du duc; qu'il étoit parti pour Paris, confervant l'efpérance de le trouver à Lyon, à fon retour; mais qu'il avoit eu encore le chagrin de ne pas le rencontrer. « O douleur ! s'écrie-t-il, qui peut éviter fon fort? Bien que je ne vous aie jamais vu, ce que je connois de vous par vos écrits me donne une envie irréfiftible de vous voir & de vous embraffer avant de mourir, &, fi je n'étois retenu par les liens & les devoirs de ma profeffion, je retournerois en France, *pedibus manibufque*, pour embraffer & ferrer dans mes bras mon cher Symphorien. »

Champier, dans fa réponfe, avoit cru vraifemblablement être très agréable à fon ami Jérôme de Pavie & le flatter beaucoup, en lui difant qu'il n'étoit pas Italien, mais Gaulois cifalpin, & en lui récitant les merveilles de la France, aux dépens de l'Italie. Ces louanges peu mefurées de la France ne furent pas plus du goût du chanoine régulier de Ste-Marie-d'Afti, que les beaux difcours de Champier pour lui faire entendre qu'ils étoient Gaulois l'un & l'autre. Il revendique fon origine infubrienne, & répond à Champier qu'il n'a aucune envie de paffer pour Gaulois; qu'il a vu, pendant fon féjour en deçà des Alpes, que les François, ainfi nommés, non de Francus comme ils fe le figurent, mais à caufe de la Franconie d'où ils font fortis, regardent ce nom de Gaulois comme une injure, & qu'il n'en veut pas pour lui. Champier lui avoit débité force extravagances, au moyen defquelles il faifoit remonter l'origine de fa ville natale jufque dans la nuit des temps fabuleux, s'appuyant fur les prétendus récits de Bérofe (1), & donnant à

(1) Ou plutôt de frère Jean Nanni, religieux de l'ordre de faint Dominique, plus connu fous le nom de Annius de Viterbe, et ainfi nommé parce qu'il étoit né en cette ville. C'est lui qui est l'auteur et le commentateur des dix-fept livres apocryphes d'Antiquités, publiés à Rome en 1498, fous le nom de Bérofe, de Manéthon et de plufieurs autres chroniqueurs des temps anciens, dont les écrits ne font pas parvenus jufqu'à nous. Suivant les uns, Annius fut un impudent fauffaire; fuivant d'autres, il fut feulement dupe de fa crédulité. Leandro Alberti, dominicain comme lui et auteur d'une hiftoire de Bologne fa patrie, affure qu'il avoit vu à Viterbe

Lyon pour fondateur le roi Lugdus. Jérôme lui répond que ce ne font que rêveries ; que le livre attribué à Bérose est faux & suppofé ; que Lugdus n'a jamais exifté ; que Céfar n'a parlé ni de Lyon ni du Lyonnois, bien qu'il dife que la Saône va fe jeter dans le Rhône fans défigner en quel lieu, ce qu'il n'auroit pas manqué de faire fi Lyon eût exifté ; que cette ville fut fondée par Munatius Plancus, &c. « Quant aux progrès des François dans la langue de Cicéron, ajoute-t-il, ils ne font pas encore affez grands pour éclipfer la gloire de l'Italie, &, quoi que vous en difiez, les eaux du Rhône & de la Seine ne font pas près de fe confondre avec celles du Tibre. » Champier répliqua fur le même ton, c'eft ce qui a fait donner à cette correfpondance le titre de *Duellum epiftolare*. On voit par les lettres de Jérôme de Pavie, que c'étoit un homme d'une grande érudition, & qu'il n'acceptoit pas aveuglément les fables que les meilleurs efprits de ce temps adoptoient fans examen & fans critique. Champier, dans cette lutte, fait preuve d'un grand favoir, & furtout il s'y montre plein de patriotifme ; mais, on eft obligé d'en convenir, tout l'avantage refte à fon antagonifte.

Il paroît que déjà à cette époque, le langage & l'accent lyonnois ne fe recommandoient ni par l'élégance ni par la pureté, car Jérôme de Pavie, répondant à ce que Chàmpier lui en avoit écrit, ne craint pas de lui dire : « Et afin que vous ne vous faffiez pas illufion fur le langage de vos compatriotes, je vous dirai, mon cher Champier, que j'ai vu fouvent à Paris, où l'on parle le françois plus purement que partout ailleurs, les enfants mêmes huer & pourfuivre de leurs éclats de rire & de leurs fifflets les Lyonnois & les Berruyers, à caufe de la trivialité de leur accent, & de leurs mauvaifes locutions, & que plus d'une fois, les farcafmes & les bons mots de ces jeunes étourdis m'ont fait oublier les incommodités & les fatigues du voyage. Je laiffe de côté les Flamands & les Dauphinois, ceux qui habitent les bords du Rhin ou au pied des Alpes & des Pyrénées, car ils paffent en France pour avoir le jar-

---

les mss. d'où Annius avoit extrait ces fables, et celui-ci dit lui-même que le P. Matthias, revenant d'Arménie où il avoit été provincial de fon ordre, lui avoit fait préfent du ms. de Bérofe à fon paffage à Gênes où il étoit alors prieur. Quoi qu'il en foit, il n'eft pas étonnant que Champier, avide du merveilleux, ait accueilli ces menfonges qui eurent un fi grand crédit au commencement du XVIe fiècle. (V. fur Annius, Echard, *Scriptores ordinis Praedicatorum.*)

gon le plus infipide, de même que font en Italie nos Bergamaf-
ques (1). »

Le *Tropheum* eft un poème en l'honneur de François Ier, de la
compofition de Hyacinthe-Bafilides Palladio, qui, en envoyant fes
vers à Champier, le prie de taire fon nom & de ne pas dire qu'il en
eft l'auteur, voulant garder l'anonyme afin de fe mettre à l'abri de
l'envie & de l'attaque de fes ennemis. On voit par cette précaution
que Palladio étoit de la faction qui appeloit les François en Italie.
A la fuite de ce petit poème, fe trouvent la harangue prononcée
par Ruftique de Plaifance lorfque Champier fut agrégé à l'univerfité de Pavie, & le procès-verbal de fa réception.

A la fin : *Deffinitiones Afclepii Hermetis....*, traduit du grec en
latin par Louis Lazarel, & *Catalogus praeceptorum, patronorum, familiarium & auditorum S. Champerii.*

Le *Duellum epiftolare* eft un des livres les plus rares de Champier.

(Bibl. de M. de Terrebaffe, & Bibl. de la Ville,
Collect. lyonn. de M. Cofte.)

XXVIII.—Dialogue de la cure du Phlegmon où font introduits devifans Phlegmoniatros, Philochirurgus & Meteorus.

In-8° goth., f. d. Lion, Pierre de Sainte Lucie.

Cité par tous les bibliographes de Champier, fur la foi de Du
Verdier, ce volume eft introuvable, & j'ignore fi quelqu'un l'a jamais vu. Quant à moi, il m'a été impoffible de le rencontrer,
malgré toutes les diligences & les perquifitions que j'ai faites ou
fait faire dans les dépôts publics & dans les bibliothèques particulières. Il eft inconnu à la grande Bibliothèque de Paris.

---

(1)« Et ne quid tibi blandiaris in proprio idio-
mate, o Champerii, vidi ego apud Parisios in quibus magis pollet nobilitas vestri sermonis, Lug-
dunenses ac Byturiges tanquam non ad purum
gallice loquentes magnis crepitibus explodi(etiam
a pueris ipsis qui mihi risum ex itinere fatigato
sepius allicerent), exsybilarique et obscennari
exertis linguis. Taceo reliquos, Belgas, Allobroges et alios Rheno ac Pyrineis montibus et
Alpibus Sabatiis viciniores qui insulsissimi omnium putantur in sermone gallico, sicut et Ber-
gamates nostri in lingua italica. »

Je ne fais fur quel fondement Du Verdier a attribué ce Dialogue à Champier, car fon titre n'eft rappelé nulle part dans fes œuvres, bien que lui ou fes amis y fiffent affez ordinairement mention des écrits qu'il avoit déjà publiés, & il ne fe trouve ni dans les liftes que Sébaftien Coppin & Toledo ont données de fes publications, ni dans le catalogue que Hiérofme de Monteux en a dreffé en 1534, à la fuite du *Gallicum pentapharmacum*. Il n'y a pas d'autre raifon pour donner à Champier le Dialogue de la cure du Phlegmon, que l'affertion de Du Verdier, qui a été copié par Haller, par De Vigiliis, dans leurs Bibliothèques médicales, & par tous ceux qui font venus après eux.

On a attribué auffi quelquefois à Champier une traduction françoife du *Regimen fanitatis*, Lyon 1501, in-8°. Ce livre, cité par Aftruc, eft fans doute la traduction d'une des nombreufes éditions de la compilation d'Arnaud de Villeneuve; je ne connois aucun motif plaufible pour en groffir le recueil des œuvres de Champier, qui en a déjà bien affez fans qu'il foit befoin de l'affubler de celles des autres.

XXIX. — Annotamenta & caftigationes & errata in auicenne opera per Symphorianum champerium auratum equitem ac fauergie dominum compofita.

En tête du livre intitulé : *Liber canonis totius medicine ab auicenna arabum doctiffimo excreffus. A Gerardo cremonenfi ab arabica lingua in latinum reductus....* Lugduni, in-4" goth. Opera Jacobi myt diligentiffimi calcographi. Anno falutis M. ccccc. xxij.

Champier dédia fes *Annotamenta & caftigationes* fur Avicenne, à Robert Cobhurn, évêque de Ross. Il y fait connoître les trois écoles arabes, celle d'Avicenne, celle d'Al-Gazel & celle d'Averrhoès; il relève plufieurs erreurs d'Avicenne & donne l'interprétation d'un grand nombre de mots arabes.

XXX. — Ioãnis Mefue Nazareni vita a dño Symphoriano Campegio equite ac Fauergie dño compofita ad Re-
uerendum in Xpo patrem dñm Laurentium Campegium
tituli Sĉte anaftafie cardinalem ac anglie legatum digniffi-
mum.

Cette Vie eft imprimée avec les œuvres de Mefué. Le volume
où elle fe trouve, petit in-12, goth., non chiffré, contient neuf
opufcules indiqués fur le frontifpice. Les deux premiers feulement font de Champier.

La foufcription eft placée après le feptième traité, au lieu
d'être, fuivant l'ufage, à la fin du volume.

Explicit textus diui Ioannis Mefue cum Antidotario Nicolai famofiffimi medici magiftri Platearii. Impreffa Lugd.
per antonium du Ry. Impenfis vero honorati viri D. Iaco-
biq. Francifci de Giunta & fociorum florentini. Anno domini m. ccccccxxiij. die vero xvj menfis maii.

La Vie de Mefué remplit les ff. *iij* & *iv* & le recto du *v*ᵉ. Elle eft
divifée en fept chapitres, & dédiée à Laurent Campége, cardinal
du titre de Ste-Anaftafie. On a vu dans la lettre qu'il écrivit à Champier, à fon retour de fa légation d'Angleterre (1), qu'il prenoit alors
le titre de Ste-Marie *trans Tiberim*.

Au f. qui fuit le frontifpice, eft un autre opufcule de Champier :

—Doctorum artis peonie cognomina.

Malacarne mentionne ce petit écrit fous le titre :

Symphoriani Camperii auctorum famofiffimorum artis
Peoniae cognomina qui in fcholis allegantur a noftris inter difputandum & legendum. Ad clariffimum Ioannem

Clemenſinum domini cardinalis alabrenſis (1) ac regis Navarrae conſiliarium digniſſimum.

On cite une édition des œuvres de Meſué, chez les Junte, Veniſe 1523 : c'eſt celle de Lyon, imprimée aux dépens de François de Junte, par Antoine du Ry.

(Grande Bibl., à Paris, T. 3613, Imprimés.)

XXXI. — Les geſtes enſemble la vie du preulx Cheualier Bayard : auec ſa genealogie : comparaiſons aulx anciens preulx cheualiers : gentilx : Iſraelitiques : & chreſtiens. Enſemble oraiſons : lamentations : Epitaphes dudit cheualier Bayard. Contenant pluſieurs victoyres des roys de France. Charles viij. Loys xij. & Francoys premier de ce nom.

Champier.

Ont (ſic) vent leſditz liures a Lyon en rue merciere a lenſeigne de ſainct Jehan baptiſte en la maiſon de Gilbert de Villiers. Cum priuilegio.

Petit in-4° goth. de LXXVIII ff. chiffrés; VI ff. non chiffrés pour la table des matières & pour diverſes pièces en proſe & en vers latins.

Ces pièces ſont imprimées en caractères italiques. Fig. en bois; celle du frontiſpice repréſente Bayard ſur ſon cheval de bataille.

A la fin de la table :

Cy finiſſét les faictz & geſtes du noble cheualier Bayard lieutenant du Daulphine. Imprime a Lyon ſur le Roſne

(1) Amanieu d'Albret, fils d'Alain d'Albret et de Françoise de Brosse dame de Penthièvre. Il fut d'abord évêque de Pamiers et administrateur du diocèse de Pampelune, puis cardinal du titre de St-Nicolas in carcere tulliano, le xvii des kal. d'avril 1500.

N

par Gilbert de Villiers. Lan de grace M. ccccc. xxv. Le
xxiiij. de Nouembre.

Cette édition paffe pour être la première. La Vie de Bayard eft
précédée d'une épître proémiale à « reuerend pere en dieu monfeigneur Laurens des alemans feigneur & euefque de Grenoble. »
Champier lui dit que, pour ce que fes ancêtres (les Champier)
font defcendus du noble pays de Dauphiné, il lui offre l'hiftoire
des geftes de Bayard fon coufin germain ; il lui rappelle que ce
fut lui qui, logeant en fa maifon à Lyon, l'engagea, avec Falco Dau-
vreliat (1), préfident du Dauphiné, à mettre la main à la plume &
à écrire la Vie de Bayard ; qu'il a déjà parlé du Bon-Chevalier dans
le *Tropheum Gallorum* & autres écrits en langue vulgaire, «lefquels
font efchappés des boutiques des imprimeurs tant a Paris comme
a Lyon affez mal corrigés. » Il le fupplie enfuite « par la vraye
amour quil peut avoir a fa lignee & a fon fang de vouloir cefte
prefente hiftoire de fon chier coufin le noble Bayard faire bout-
ter fur les formes impreffoires. » Cette épître eft datée de Lyon,
« le xv iour de feptembre lan de grace M. ccccc. xxv. »

A la fuite de l'épître proémiale, eft une épître en vers au capitaine Bayard, avec cet envoi :

> Lettres allés fans quefguillon vous touche
> De bien parler avés facon & art
> Prefentés vous au feigneur de Bayard
> Le cheualier fans paour & fans reproche.

Epître dédicatoire « a monfieur Merlin (*fic*) de fainct Gelays
aulmofnier de monfeigneur le Daulphin. Symphorien champier
Salut. » Champier commence par la defcription du Dauphiné
& de fes merveilles : la fontaine qui brûle, la tour fans venin, la
montagne inacceffible, la vallée de Graifivaudan, & la manne de

(1) Ce Falco d'Aurillac étoit petit-fils de Jean
Rabot, de qui j'ai fait mention à l'article *Janua
Logica et Phisica* (n° 1), et fils de Laurent Rabot
et de Mérode d'Aurillac de laquelle il prit le
nom. Les armes des Rabot étoient d'or, à cinq
pals flamboyants et enclavés de gueules, deux
mouvant du chef et trois de la pointe ; au chef
d'azur, chargé d'un lion léopardé d'or, lampaffé
de gueules. (Voyez Généalogies des maistres des
Requestes ordinaires de l'Hostel du Roy ; Paris
1670, in-fol.) Guy Allard et Chorier les blason-
nent un peu diversement.

Briançon qui tombe tous les ans fur les arbres. Il ne manque pas
de faire en quelques mots l'hiftoire du dauphin, «le poiffon de mer
le plus noble & charitable, » & il ajoute : « Si fe peult dire le Daulphine eftre terre noble & domeftique laquelle produit les gens
les plus humbles, courtois, nobles, domefticques, pitoyables,
humains, hardys & preux en guerre, en paix charitables que gens
ny nations qui foyent entre les Allobroges & Gaules. »

A la fin :

Compendiofa illuftriffimi Bayardi vita : una cum panegyricis epitaphiis : ac nonnullis aliis.

Avec la même figure en bois qui eft déjà fur le frontifpice.

C'eft une Vie abrégée de Bayard, précédée d'une préface de
Nicolas de Quarcet, Parifien. A la fuite, font des épitaphes & autres
pièces élogieufes.

L'hiftoire de Bayard, de Champier, qu'il ne faut pas confondre
avec celle qui eft connue fous le nom du Loyal-Serviteur (1), eut
cependant un très grand fuccès, & elle a été réimprimée plufieurs
fois. Elle eft fouvent citée par extraits dans le fupplément de Claude
Expilly à l'Hiftoire du chevalier Bayard, & dans les annotations de
Th. Godefroy & L. Videl, ou plutôt de Salvaing de Boiffieu fous
le nom de ce dernier ; Grenoble 1651, in-8°.

Au verfo du f. *lxxiv :* « Lamentation & complainte par maniere
de chanfon de la mort du bon Bayard faicte par les aduanturiers
au retour de lombardie apres fa mort. »

> Aydés moy tous a plaindre
> Poures aduanturiers
> Sans point vous vouloir faindre
> Ung fi noble pilier.

(1) La tres joyeufe plaifante et recreatiue hiftoire compofee par le loyal feruiteur des faiz
geftes triumphes et prouesfes du bon cheualier
fans paour et fans reproche le gentil feigneur
de Bayart..... de plufieurs autres bons et vertueux capitaines qui ont efte de fon temps. Enfemble des guerres batailles rencontres et affaulx..... tant en France Efpaigne que Ytalie....
Nouuellement imprime a Paris par Nicolas Cou-
teau pour Gaillot dupre..... mil cinq cens vingt
et fept. In-4° goth.

Ceftoit le fingulier
Sur toutes les gens darmes
Car dedans ung millier
Ung tel nauoit en armes.

Le iour de Sainct Eftroppe (Eutrope)
Bayard noble feigneur
Voyant les ennemys en troppe
Il monftra fa valeur
Ceftoit par la faueur
De la faulce canaille
Dont luy vint le malheur :
Mauldicte foit la bataille.

Plourés plourés gendarmes
A cheual & a pied
Car iamais dhõme darmes
Ne vous en veinft pis.
Il a tenu bon pied
Sans faire au roy tort
Dont a luy fut le pis
Car gaigné a la mort

Le vaillant cheualier
Il penfoit nuyt & iours
Comme pourroit bailler
Aulx gens du roy fecours
Adonc il print le cours
Contre fes ennemys
Dont fes iours en font cours
Vous voyés mes amys.

Ha pouure daulphiné
Tu peultz bien dire helas
Auant quil foit finé
Tu en feras bien las.
Tu as perdu ton folas
Et encor de rechief
Tu peultz bien dire helas
Il te couftera cher.

Cette complainte, chantée par les aventuriers de l'armée de Lombardie après la retraite de Rebec, en dit plus à la gloire de Bayard que les plus beaux panégyriques.

L'exemplaire de ce rariſſime volume que j'ai ſous les yeux fait partie de la bibliothèque de M. de Terrebaſſe, qui a bien voulu me la communiquer avec quelques autres raretés de Champier.

— Les geſtes enſemble la vie du preux Cheualier Bayard auec ſa genealogie : Comparaiſons aux anciés preux cheualiers Gentilz, Iſraelitiques & chreſtiens. Oraiſons lamétatiõs & Epitaphes dud. cheualier Bayard Contenant pluſieurs victoires des Roys de france Charles. vüj. Loys. xij. & francoys premier de ce nom : tãt es italies que autres regions & pays.

In-4° goth. à longues lignes, de LXXIV ff. non chiffrés ; ſignat. A — Q (ſ. d.).

Fig. en bois ; titre en rouge & noir. Sur le frontiſpice eſt une figure qui eſt cenſée repréſenter Bayard ; mais c'eſt la même que celle qui avoit déjà ſervi dans la Chronique d'Auſtraſie, pour repréſenter le duc Antoine de Lorraine.

Au verſo du dernier f. :

Cy finiſſét les faictz & geſtes du noble cheualier Bayard lieutenãt du Daulphine. Imprime nouuellement a Paris par Iehan Trepperel marchant Libraire demourant en la rue neufue noſtre Dame a lenſeigne de leſcu de france.

Cette édition ne peut pas être antérieure à 1525, puiſqu'elle a, comme la précédente, l'Epiſtre prohemiale avec cette date. Je crois qu'elle fut publiée en même temps que celle de Lyon ; mais cette dernière, outre qu'elle eſt plus belle, a l'avantage ſur celle de Paris d'avoir été faite ſous les yeux de l'auteur.

(Bibl. de M. Yemeniz.)

— La même, Paris, Jacques Nyverd, 1525, in-4° goth., fig. en bois. Un exemplaire de cette édition a été vendu 14 liv., Gaignat.

— L'édition de Paris, Philippe Lenoir, in-4° goth. de *lxxiv* ff., fig. en bois, fans date, doit être à peu près de la même date que la précédente. (Brunet.)

—Les geftes enfemble la vie du preux cheualier Bayard… nouuellement imprime. Mil cinq cent vingt fix. In-8° goth. à longues lignes, de LXXII ff. non chiffrés. Sans nom d'imprimeur. Signat. A — P.

Fig. en bois. La lettre ornée du titre eft dans le goût de celles que l'on voit fur le frontifpice des éditions données par Antoine Vérard.

Cy finiffent les faictz & geftes du noble cheualier Bayard lieutenant du daulphine. Imprime nouuellement a Paris.

(Bibl. de l'Académie de Lyon.)

— La vie & les geftes du preux cheualier Bayard… On les vend a Lyon…. chez Oliuier Arnoullet.
Cy finift le liure nõme Bayard noble preulx & vaillant cheualier…. & fut acheue de imprimer le viij de apuril mil. ccccc. lviij. par Oliuier Arnoullet.
In-4° goth. de LV ff., fig. en bois.

— Le catalogue de la Bibl. de la ville de Lyon marque une édition de Lyon 1580, in-8°, fans autre défignation. Ne l'ayant pas vue, il m'a été impoffible de vérifier fi la date eft exacte. Ce qui me feroit croire qu'il y a faute, c'eft qu'elle n'eft pas citée par M. Brunet.

— Autre édition : Paris, pour Jean Bonfons, in-4° goth., fig. en bois, fans date.

— La même, Paris, fans nom d'imprimeur & fans date, « en la

rue Neufue noftre Dame a lenfeigne de fainct Iehan Baptifte. »
In-4º goth. de *lx* ff. non chiffrés; les pages font encadrées dans
une bordure.

— Hiftoire des geftes du preux & vaillant cheualier
Bayard Dauphinois... a Lyon, par Benoift Rigaud, 1580.
In-8º de CLX pag.; fignat. A — K; caractères ronds.

Fin des geftes du preux cheualier Bayard gentil'homme
Dauphinois.

Fig. en bois fur le frontifpice, repréfentant un combat de deux
chevaliers, en champ clos.

On a retranché dans cette édition les diverfes pièces qui fe
trouvent dans les premières.

(Bibl. de la Ville.)

— Hiftoire des geftes du prevx & vaillant chevalier
Bayard Dauphinois... Lyon, Pierre Rigaud, 1602, in-8º
de CLX pages.

(Bibl. de M. Yemeniz.)

Le P. Niceron cite une traduction latine de la Vie de Bayard,
avec ce titre : *Symphoriani Campegii liber de vita & moribus Petri
terralii cum praefatione Nicolai Quercetani ;* Bafileae 1550, in-8º. Ce
n'eft autre chofe qu'un recueil des diverfes pièces qui font jointes à la fuite de toutes les éditions anciennes du livre de Champier,
fous le titre : *Compendiofa illuftriffimi Bayardi vita, una cum panegyricis epitaphiis ac nonnullis aliis,* précédé d'une préface adreffée
à l'auteur par Nicolas de Quarcet (*a Quarceto*), que le P. Niceron
appelle mal à propos *Quercetanus.* Ce recueil a été placé à la fuite
de : *De antiquo ftatu Burgundiae Liber.* « Per Gulielmum Paradinum
virum eruditionis multae, atque judicii non vulgaris. Una cum aliis,
quorum catalogum verfa pagella reperies. » Bafileae (f. d.), petit
in-8º de *cclxxxv* pages. A la p. *ccxxxix* : « Clariff. D. fymphoriano
campegio..... Nicolaus a Quarceto, Parifinus idemque Praetorius
Mediolanenfis S. D., » finiffant par ces mots : « Vale bafilice &
vive felix. » Suivent les divers panégyriques de Bayard; le dernier,
p. *cclij,* eft : *Diftichon in defiderium Bayardi.* C'eft là ce que le P. Ni-

ceron appelle une traduction de la Vie de Bayard. Cette prétendue traduction, qui n'a pas plus de trois ff. en tout, dans l'édition
de Lyon, de Gilbert de Villiers, & qui ne se compose que de pièces
détachées de différents auteurs, en prose & en vers, est tout simplement un extrait de l'histoire de Bayard de Champier, auquel l'é-
diteur de Bâle, du livre de Paradin, a ajouté quelques autres pièces
dont voici les titres :

— « Philiberti a Chalon illust. aurengiorum principis rerum
gestarum commentariolus, Dominico Melguitio autore.

— « In ejusdem obitu oratio funebris per Ludovicum Pellata-
num.

— « Petri Terralii Bayardi vita, una cum panegyricis, epitaphiis & aliis.

— « D. Nicolai Perrenoti a Granvilla oratio. (Le card. de Gran-
velle.)

— « Ch. Pannonii ad eumdem elegia.

— « Oratio funebris in exequiis illustriss. Margaritae Austriae
principis, Broaci sepultae. Ant. Saxano autore. (Antoine du Saix,
auteur de l'Esperon de Discipline.) »

Ces opuscules, à l'exception des quatrième & cinquième, n'ayant
aucun rapport avec l'histoire de Bourgogne, on a quelque peine
à comprendre pourquoi ils ont été réunis à la suite de l'ouvrage
de Paradin. Ils ne se trouvent pas dans l'édition de Lyon, imprimée chez Estienne Dolet, Lyon 1542, in-4°.

Il y a trois erreurs à relever dans l'énoncé du P. Niceron : 1° la
Vie de Bayard par Champier n'a pas été traduite en latin ; 2° il ne
peut pas y avoir une édition de Bâle d'une traduction qui n'existe
pas ; 3° la date de 1550 ne sauroit s'appliquer qu'au livre *De antiquo
statu Burgundiae*, qui est sans date, & le P. Niceron devoit au moins
dire sur quoi il s'est fondé pour la lui donner. Après cette méprise
d'un écrivain qui faisoit métier de la bibliographie, j'hésiterois à
citer l'édition ci-après, indiquée aussi par lui, si M. Brunet ne lui
avoit donné place dans le Manuel, en en laissant toutefois la responsabilité au bon Père Barnabite :

— Les gestes & la vie du preulx & vaillant chevalier
Bayard, avec sa genealogie, mise en lumière par Augustin
Carcat. Auxerre 1634, in-8°.

Les Geftes & la Vie du preux Bayard, par Champier, ont été réim-
primés dans les Archives curieufes de l'Hiftoire de France, mais
fans les pièces en profe & en vers qui fe trouvent dans les éditions
anciennes.

Si l'on devoit juger de la valeur d'un livre par la faveur foute-
nue qui s'eft longtemps attachée à lui, la Vie de Bayard par Champier feroit un bon livre, car elle n'a pas eu moins de dix éditions,
de 1525 à 1602 (1). Cependant, rien n'eft plus rare qu'un exemplaire en bonne condition de cette Vie, de quelque édition qu'elle
foit; ce qui prouve au moins que le nom du Bon-Chevalier
l'avoit rendue populaire. Voici ce qu'en a dit M. de Terrebaffe
dans fon Hiftoire de Bayart : « L'ouvrage de Symphorien, le premier en date, n'eft que le fecond en mérite. Nous aurions plus
d'obligation à Champier fi, au lieu de remplir les deux tiers de
fon mince volume d'un fatras étranger à fon fujet, il fe fût davantage étendu fur les particularités de la vie d'un homme dans
l'intimité duquel il avoit vécu. Toutefois, cet écrivain, quoiqu'il
foit bien au-deffous des éloges qui lui ont été prodigués par fes
contemporains, n'eft pas autant à dédaigner que le prétendent
les biographes modernes. Il n'eft aucun de fes ouvrages qui ne
fourniffe des notions, des faits, des traditions populaires que l'on
chercheroit vainement ailleurs. On pourroit même comparer les
cinquante ou foixante volumes qui forment fon bagage littéraire,
à une efpèce d'encyclopédie, dans laquelle fe trouve fidèlement
conftaté l'état des fciences vers la fin du quinzième fiècle. »

XXXII. — Arnaldi vita a dño fymphoriano campegio
equite aurato ac Fauergie domino fereniffimi calabrum
& lotharingie ducis archiatro edita.

En tête du recueil des œuvres d'Arnaud de Villeneuve, « nuper
diligenti cura & ftudio caftigatum impenfis hoeredum quondam dñi

(1) L'hiftoire de Bayard par le Loyal-Servlteur, ouvrage plein de charme qu'on lit toujours avec plaisir, et avec lequel celui de Champier ne peut entrer en comparaison, n'a eu que trois réim- pressions: Paris 1616, Grenoble 1650, qu'on trouve quelquefois avec un titre refalt et la date de 1651, et Grenoble 1659. Le livre de Champier n'a dû qu'au nom de son auteur la faveur dont il a joui.

octauiani Scoti ciuis Modoetienſis ac ſociorum venetiis impreſſum fuit anno dñice ſalutis 1527 die vero 12 menſis februarij; » in-fol. goth. à deux col.; & auſſi dans l'édition de Bâle, « ex officina Pernea per Conradum Waldkirch cɔ ic xxcv, » in-fol. On cite une édition de Lyon 1520, que je ne connois pas.

C'eſt la Vie d'Arnaud de Villeneuve, fameux médecin du treizième ſiècle, que l'on a confondu quelquefois avec Michel Servet, médecin comme lui & qui prenoit auſſi le ſurnom de Villanovanus, de Villanueva en Aragon, ſa patrie, mais qui vécut deux ſiècles & demi après lui. Arnaud étoit Catalan ſuivant les uns, ou plutôt, ſuivant quelques autres, né à Villeneuve-lez-Maguelonne, près Montpellier, bien que l'auteur de l'Hiſtoire littéraire de Nîmes (Nîmes, trois vol. in-12, 1854) le faſſe naître à Villeneuve-lez-Avignon.

XXXIII. — Symphonia Galeni ad Hippocratem Cornelij Celſi ad Auicennam : una cum ſeĉtis antiquorum medicorum ac recentium a D. Symphoriano Campegio aequite aurato ac Fauergiae Domino compoſita.

Item Clyſteriorum Campi contra arabum opinionem, pro Galeni ſententia ac omnium graecorum medicorum doĉtrina a D. Symphoriano aurato equite ac Fauergiae domino digeſti contra communem arabum ac poenorum traditionem ſumma cum diligentia congeſti ac in lucem propagati.

Petit in-8° chiffré, de XLVI pages, les deux derniers ff. blancs. Imprimé tout entier en caraĉtères italiques très élégants, belles intiales ornées, ſ. l. n. d. & ſans nom d'imprimeur; ſignat. A — C.

Van der Linden lui donne la date de 1528, Lugduni, & s'il faut l'en croire, il y auroit eu une deuxième édition en 1532, chez Melchior & Gaſpard Trechſel; il a confondu avec *Hortus Gallicus* imprimé par eux cette année.

A la page *iij :* « Ad Franciſcum Sylvium Ambianorum praecipuum oratorem Praefatio. » Cette préface, en forme d'épître, eft datée : « Ex noftra bibliotheca Lugdunenfi M. D. xxviij. xv Februarij. » Cette date a fait fuppofer que le livre a été imprimé cette année ; mais je crois qu'il ne l'a été que poftérieurement.

Suivent fept chapitres, dont voici les titres :

Medicorum principes quatuor (Hippocrates Galenus C. Celfus Avicenna). — Comparatio Hippocratis ad Galenum. — Comparatio Avicennae ad Cornelium Celfum. — De fectis neoticorum medicorum. — Quae fuerint antiquorum in arte medica fectae. — De fecta Arabum & Poenorum. — Medicinae inventores.

A la fuite : « Symphorianus Campegius eques auratus optimis medicis juxta ac maximis J. Braillon Parifienfi atque Hieronymo Montuo Allobrogi S. D. » C'eft une épître à J. Braillon, médecin de Paris, & à Hiérofme de Monteux, Dauphinois. Elle fe termine par ces mots : « Valete literarum duo lumina. Lugduni ex bibliotheca noftra calendis Mart. M. d. xxviij. »

Page *xvj* :

Clyftervm campi fecundum Galeni mentem ac graecorum medicorum doctrinam : quibus quicquid in libris ipforum reconditum ad clyfterum utilitatem ad medicae artis neceffitatem conferri quoquomodo poffit contra Arabum traditionem in communem medicorum utilitatem fumma cum diligentia congeftum in lucem propagatur a Dño Symphoriano champerio equite aurato ac Fauergiae dño.

Ce traité des clyftères fe compofe de dix chapitres dont le premier eft fans titre :

—De clyfteris inventione & origine.—Arabihus ac barbaris novitii medici nimium tribuunt.—Abymeron Aven-

zoar de clyſteribus opinio. — Arabum, Poenorum ac
Phariſeorum de clyſteribus opiniones. — Clyſterum genera quatuor. — Galeni auctoritas de clyſteribus.... —
Quid de clyſteribus Aegineta Paulus & Celſius Cornelius
ſcripſerint. — Hippocraticae ſententiae. — Ex Arabibus
& horum imitatoribus quedam que an ſint probanda vi-
derint docti.

Cet opuſcule finit à la p. *xlvj*, par une exhortation de Champier,
qni conſeille au lecteur de n'avoir aucune confiance dans la fauſſe
doctrine des Arabes, & de s'attacher furtout à étudier les préceptes d'Hippocrate & de Galien, ſans oublier Dioſcoride pour la
connoiſſance des ſimples :

« Lector amice, abducito te quantum potes ab Arabum lectione
qui omnia depravarunt. Viros autem doctos in colloquium aſciſſe,
imprimis autem Hippocratem & Galenum facito tibi familiares.
Hi tibi habendi ſunt ſemper in ſinu nocturna manu verſandi, verſandi diurna. Porro quantum ad ſimplicia pertinet, Dioſcoridem
tam apud graecos quam latinos atque etiam barbaros ſummum
autorem praecipuumque ducem accipe, quem Plinius non minus
quam Theophraſtum in hac parte ſequutus eſt : poſt quem Galenus in deſcriptione ſimplicium ſuperdediſſe fatetur, quoniam
affatim ſatisfeciſſet. Praecor autem Ieſum ut ſalubribus tuis coep-
tis benignus aſpirare dignetur. Bene vale & haec quantulacunque
boni conſule. »

FINIS.

C'eſt de ce traité de Champier que Rabelais a voulu ſe moquer,
livre II, chap. 7 (Comment Pantagruel vint à Paris ; & des beaulx
livres de la librairie de Sainct Victor), lorſqu'il cite *Campi clyſteriorum* per S. C., entre le Ramoneur d'Aſtrologie & le Tire-p...
des apothecaires (la ſeringue).

Ce petit livre de Champier eſt de la plus grande rareté ; je n'en
connois qu'un ſeul exemplaire, celui de la grande Bibliothèque,
à Paris, ²¹. Les bibliographes qui l'ont mentionné ont reproduit

fon titre très imparfaitement, ce qui feroit fuppofer qu'ils n'ont jamais vu le volume, & qu'ils l'ont cité les uns après les autres fans s'en inquiéter autrement.

XXXIV. — Claudii Galeni Pergameni Hiftoriales Campi in quatuor libros congefti & commentariis illuftrati.— Clyfteriorum camporum fecundum Galeni mentem libellus utilis & neceffarius.— Ejufdem champerii de Phlebotomia libri II.—Bafileae 1532, in-fol. de LXXVII ff., fuivant Niceron, Van der Linden, Haller & Malacarne.

Je cite ce volume fur la foi de ces bibliographes, mais je n'en puis rien dire, ne le connoiffant que d'après eux. La date qu'ils lui donnent, conforme à celle que Van der Linden a affignée arbitrairement à *Symphonia Galeni*, & le *Clyfteriorum camporum libellus*, qui fe trouve à la fuite, me font foupçonner qu'il y a eu confufion dans l'énoncé du titre, & que ce dernier traité n'eft autre chofe que le *Clyfteriorum Campi* du n° précédent. Reftent *Hiftoriales Campi* & *De Phlebotomia*, celui-ci intitulé fuivant Niceron : *Difceptatio apologetica, qua docetur per quae loca fanguis mitti debeat in febrium inflammationibus, praefertim in pleuritide, ex traditionibus Graecorum, Poenorum & neoticorum medicorum* (1). Je vois dans le catalogue que Hiérofme de Monteux nous a laiffé des œuvres de Champier : *De fanguinis miffione, Symphonia Galeni ad Hippocratem & Avicennae ad Celfum*, & *Clyfterium Campi;* mais il n'y eft nullement queftion de *Hiftoriales Campi*, que je n'ai jamais vu & qui ne fe trouve même pas à la grande Bibliothèque, à Paris, où je l'ai fait chercher inutilement. Je ne le cite donc que pour mémoire, & afin que l'on ne m'accufe pas d'avoir rien négligé & de n'avoir pas tenu compte des affertions des anciens bibliographes.

(1) Ce traité fe trouve dans la table de *Caftigationes feu emendationes Pharmacopolarum*, Lugduni, J. Crespin, 1532, fous le titre : *De phlebotomia five fanguinis miffione, et praefertim in pleuritide, ex opinionibus Graecorum quorum dicta in plaerifque non intellexerunt Arabes.* Il commence au vᵉ du f. XLVII, avec un titre qui diffère un peu : *Epitomatica difceptatio, qua docetur per quae loca fanguis mitti debeat in vifcerum inflammationibus, praefertim in pleuritide.* Il eft auffi p. LVII de *Campus Elyfius: Difceptatio, qua docetur an fanguis mitti debeat in Caufono et fub cane aut prope canem.....*Ce font deux traités fur la faignée, mais pour des cas différents.

Si le livre indiqué fous le titre *Hiftoriales Campi* exiftoit réellement, & s'il y en avoit eu une édition de Bâle comme le veut Van der Linden, cè ne pourroit être qu'une réimpreffion du *Symphonia Galeni*, avec un titre modifié pour lui donner une apparence de nouveauté aux yeux du public. Je crois donc, fans rien affirmer toutefois, que ce livre n'a jamais été imprimé fous le titre *Hiftoriales Campi*, & qu'il faut au moins le ranger parmi les douteux. Je m'en remets au jugement que de plus habiles en porteront.

XXXV. — Cy commence ung petit liure de lantiquite, origine, & noblefe, de la trefantique cite de Lyon : Enfemble de la rebeine & coniuration ou rebellion du populaire de la dicte ville contre les confeilliers de la cite & notables marchans, a caufe des bledz. Faicte cefte prefente annee mil cinq cens. xxix. vng dimenche iour fainct Marc, auec plufieurs additiõs defpuis la premiere impreffion faicte a Paris : & corrections iouxte le vray exemplaire compofe en latin par meffire Morien Piercham cheualier natif de Sinoil en gaule celtique, demourant en lanciéne cite de Trieue en gaule belgique. Trãflate de latin en langue gallicaine par maiftre Theophile du mas de fainct Michel en barroys. In-8º goth., à longues lignes, de. xxxii ff., les deux premiers & le dernier non chiffrés. Signat. a—h ; frontifpice gravé (f. d.).

Au verfo du f. *xxvj* :

Cy finift la cõiuration ou rebeine du populaire de Lyon contre les notables & confeilliers de ladicte cite faicte cefte annee ung dimenche iour fainct Marc apres boyre Mille cinq cens vingtneuf.

Au recto du f. *xxvij* :

Cy apĩs fenfuyt la hierarchie de Leglife de Lyon : par

laquelle eſt demõſtree lantiquite & nobleſſe dicelle egliſe. Compoſee par le ſeigñr de la Fauerge ſelon la deſcription du ſeigñr Campeſe en ſon livre de claris lugdunenſibus.

Au verſo du f. *xxxj :*

Cy finiſt la coniuration ou rebeine du populaire de Lyon... Auec la hierarchie de legliſe de ſaĩct Iehan de Lyon. Imprime a liſle galique dicte lyõnoiſe.

On fait ici deux perſonnes du ſeigneur Campéſe & du ſeigneur de La Faverge : c'eſt toujours Champier, qui étoit ſeigneur de La Faverge.

Au verſo du dernier f. eſt l'écu des armes de Lorraine avec celui de Terrail.

Ce petit livre eſt dédié « a tres ſcauant docteur monſieur Bartholome caſtel natif de caume (Còme) docteur en Lois aſclepiades (1). » Ce très ſavant docteur eſt vraiſemblablement un perſonnage imaginaire, de même que Morien Piercham & Théophile du Mas. Sinoil eſt à peu près l'anagramme de Lion, comme Piercham eſt exactement celui de Champier ; l'île Galique eſt le quartier de Lyon ſitué entre le Rhône & la Saône, appelé autrefois « Inſula. » C'eſt en raiſon de ce pſeudonyme de Piercham, qu'Adrien Baillet a compté Champier parmi les Auteurs déguiſés; il lui donne auſſi, quoique d'une manière douteuſe, le nom de Benancio Liſet, que je n'ai trouvé dans aucun de ſes livres.

---

(1) L'épître dédicatoire eſt en latin et en françois. Dans le latin, Champier appelle Barthélemi Caſtel, « artis peonic profeſſor excellentiſſimus, » qu'il traduit par « docteur en lois aſclépiades, » pour ſignifier, ſans doute, qu'il ſuivoit la doctrine du fameux Asclépiade, né à Pont en Bithynie, et qui fut le premier qui rendit la pratique de la médecine recommandable à Rome, où il s'établit l'an 110 av. Jéſus-Chriſt. Eſprit ardent, et d'une rare faconde, il fit à la médecine l'application de toutes les philoſophies du temps: mais il adopta pour baſe de ſa doctrine la philoſophie corpuſculaire d'Epicure. Il qualifioit dans la pratique la médecine expectante de « méditation ſur la mort. » Il fut le maître de Thémiſon, chef de la ſecte des Méthodiſtes. On ne trouve que quelques fragments d'Aſclépiade dans Aétius, quoique Celſe et Cœlius Aurelianus le citent comme auteur de pluſieurs traités. Il étoit trop bouillant et trop impétueux pour s'aſtreindre et ſe plier à un ſyſtème unique, et pour faire école. Son éloquence, et ſa complaiſance pour les caprices et les fantaiſies de ſes malades, auxquels il accommodoit ſouvent ſes préceptes et ſes ordonnances, expliquent ſa grande réputation évanouie avec lui. Cependant il conſerva des partiſans qui eſſayèrent de faire revivre ſa doctrine. C'eſt ce que nous voyons trois ſiècles après lui, par l'inſcription ſuivante, qui eſt au Palais-des-Arts et où « M. Apronius Eu-

Champier, dans ce traité, compare la hiérarchie de l'églife de St-Jean avec celle de l'Eglife triomphante : les douze prêtres tenant le chœur & les foixante-douze chanoines repréfentent les douze apôtres & les foixante-douze difciples de J.-C.; les quatre cuftodes, les évangéliftes; les dignités du Chapitre, les hiérarchies de la cour célefte. Cet opufcule, rempli de rêveries comme tous fes autres ouvrages hiftoriques, n'en eft pas moins curieux. Parlant des chanoines, il dit qu'il ne leur étoit pas permis de fortir à pied du cloître,& qu'ils devoient être à cheval & accompagnés de gens d'églife; qu'ils célébroient avec la mitre & avoient quelqu'un pour les fervir lorfqu'ils s'habilloient à l'autel; qu'ils chantoient l'office fans livres & ne le fufpendoient jamais pour quelque raifon que ce fût; qu'ils n'admettoient aucune nouveauté dans la liturgie, & ne connoiffoient que le plain-chant fans orgues ni inftruments. Si un chanoine manquoit au fervice dont il étoit chargé, le Chapitre ceffoit l'office du jour, comme pour démontrer l'immobilité de l'Eglife de Lyon, & le délinquant ne recevoit point de diftribution; c'eft ce qu'on appeloit *Aprivas*. Le doyen étoit le chef du clergé, & avoit la juftice, fans que l'archevêque eût à s'en mêler. C'étoient le doyen & l'archidiacre qui faifoient examiner ceux qui fe préfentoient pour la prêtrife, & non l'archevêque. Champier ajoute

---

tropus fextumvir auguftalis » eft appelé « medicus asclepiadius, » ce qui étoit sans doute encore, au iiiᵉ siècle, une recommandation et une qualification assez honorifique pour que sa fille

la mentionnât dans son épitaphe. Voici cette infcription, dont je dois la connoissance à M.Alph. de Boissieu. (Palais-des-Arts , arcade xxvi. nᵒ 810.)

M·APRONIO

EVTROPO

MEDICO·ASCLEPI

ADIO IIIIIIVIR *(o)*

AVG·ET

CLODIAE EIVS *(uxori)*

APRONIA CLODI *(a)*

PARENTIBVS OPTIM *(is)*

qu'anciennement on récitoit l'office en grec, & il dit avoir vu
dans les archives de l'Eglife des manufcrits grecs fur écorce d'arbre, « d'une merueilleufe facture la ou eftoient tous les pfeaulmes & hymnes. » Dans fon amour des origines lointaines, il rappelle à ce fujet les Druides, « qui folis grecis literis utebantur. »

A la fin eft une épître en latin de Jehan Canappier (1) à Antoine
Champier, dans laquelle il lui dit qu'il fe réjouit de voir ce livre
plus correctement imprimé qu'il ne l'avoit été d'abord. Cette
épître eft datée de Lyon, le 16 des kalendes de janvier 1529, d'où
il reffort évidemment qu'il y a eu une première édition, & que
celle-ci ne dut paroître que vers le mois de décembre de cette
année.

Le P. Lelong cite une première édition de Paris 1519 (ce ne
peut être que 1529), pour Jehan St-Denis; elle ne fe trouve
dans aucune bibliographie, & je ne la vois citée que dans la Bibliothèque hiftorique de la France. M. Brunet lui-même femble
ne l'avoir pas connue, ce qui m'auroit fait douter de fon exiftence, fi Jehan Canappier ne la mentionnoit pas dans fon épître à
Antoine Champier, & fi Symphorien Champier lui-même, dans le
titre de l'édition de Lyon, ne faifoit pas allufion à « une première
impreffion, faite à Paris. »

A la fuite :

Cy comence ung petit liure du royaulme des Allobroges, dict lōgtēps apres Bourgongne, ou Viennois :
Auec lantiquite & origine de la trèfnoble & anciēne cite
Metropolitaine & Primace des Allobroges Vienne fus le
fleuve du Rofne. Cōpofe par meffire Simphoriē Campefe
dict Champier : cheualier & docteur en la fcience Efculapienne.

De Vienna opufculum diftinctum plenum clarum doctum pulchrum verum graue varium & utile.

---

(1) Jehan Canappier étoit médecin à Lyon. Il a publié un grand nombre de petits traités sur la médecine et la chirurgie, imprimés chez Dolet et chez Jehan de Tournes.

In-8° goth. de xx ff. non chiffrés; fignat. A—E; fron-tifpice gravé; f. d.

Au recto du f. *xx*:

Cy fine ce petit liure des frāgmãs du royaulme de Bour-gōgne.

Au verfo font les armes de Lorraine & l'écu de Bayard.

Cet opufcule eft d'une exceffive rareté (1). Il a été imprimé à la fuite de Lantiquite de la trefantique cite de Lyon... Dans les deux volumes, le frontifpice eft exactement le même. Ce font deux colonnes formant encadrement, avec leur frife & leur fou-baffement; feulement, je remarque cette particularité dans l'exemplaire de l'Antiquité de Lyon que j'ai fous les yeux : ces colonnes ont été placées par inadvertance fens deffus deffous, c'eft à dire que leur chapiteau, d'ordre corinthien, fe trouve à la bafe, & la bafe au fommet. On voit encore, par ce que Champier dit au v° du f. *B*, que ces deux traités ont été imprimés enfemble la même année 1529:« Lyon depuis cinquante ans, dit-il, eft deue-nue riche et opulente. Vienne auffi a creu en fpiritualité & bonté populaire & iuftice & na efté remplie de gens eftranges en meurs contraires : & mieulx vault ung efcu entre les fiens, que ung noble auec les eftranges & differens de meurs & conditions. Qu'a efté caufe que cefte année mil cinq cens xxix le iour fainct marc la cité de Lyon a efté troublée par eftrange populaire non nez de la cité de Lyon : mais affemblez de plufieurs pieces comme eft de couleurs la peau d'ung leopard. »

Une autre preuve que l'Antiquité de Vienne a été publiée avec l'Antiquité, origine & nobleffe de Lyon, c'eft ce que dit encore Champier dans l'épître dédicatoire à Barthélemi Portalenqui, évêque de Troyes, fuffragant de Lyon : « Quamobrem fuperiori libello (qui de Lugduneae urbis antiquitate Lugdunenfifque eccle-

(1) C'eft de lui que veut parler Jean Lelièvre, page 59 de fon Hiftoire de l'antiquité et fainc-teté de la cité de Vienne, lorfqu'il dit:« Sim-phorian Campis, au traicté qu'il a fait de Vienne, rapporte que du temps de S. Crescent la cité de Vienne estoit très-riche et opulente en tous biens. »

fiae hyerarchia abunde meminit) compendiofum hoc opufculum de Viennae urbis vetuftate ac nobilitate fubjicere volui (1). »

Ces deux petits livres appartiennent donc évidemment au même volume, & tout exemplaire où ils ne font pas réunis doit être confidéré comme imparfait. La cupidité de certains libraires, qui profeffent plus l'amour de l'argent que l'amour des livres, a profité de ce que ces pièces font fans pagination & ont chacune leur fignature, pour les dépecer & en faire deux plaquettes qui fe vendent féparément, à des prix exorbitants, car les vingts ff. de l'Antiquité de Vienne reliés par Durut, m. r., que j'ai fous les yeux n'ont pas été payés moins de 300 fr.; par ce moyen, peu digne du libraire véritablement bibliophile, la valeur marchande de cette rareté a été doublée, il eft vrai, mais on a défloré l'œuvre de Champier, & d'un volume complet on a fait deux volumes incomplets.

Champier a écrit auffi en latin fur les antiquités de Vienne, dans fon *Galliae Campus*, fous le titre *De Allobrogum regno* (2).

Ce livre eft du nombre des petites pièces pour lefquelles les amateurs fe paffionnent à caufe de leur extrême rareté.

(Bibl. de M. Yemeniz.)

La Bibl. publique de la ville de Nîmes poffède, fous le n° 11376, un exemplaire complet de l'Antiquité de Lyon, à toutes marges & dans fa première reliure. A la fuite, fe trouve deux petites pièces imprimées dans le même format & avec le même caractère gothique, ce qui a pu faire croire qu'elles appartenoient au volume auquel on les a jointes; peut-être même a-t-on cru qu'elles étoient de Champier, ce qui n'auroit rien que de très vraifemblable. Quoi qu'il en foit, elles fortent des preffes de Lyon & de celles où a été imprimée l'Antiquité, origine & nobleffe de Lyon. La première de ces plaquettes eft intitulée :

Les nouuelles venues a Lyon de la reception de nos

---

(1) « C'est pourquoi j'ai bien voulu joindre au livre précédent qui traite de l'antiquité de la ville de Lyon et de la hiérarchie de son Eglise, ce petit traité de l'ancienneté et de la noblesse de la ville de Vienne. » (Ep. prel.)

(2) Voyez *De Monarchia Gallorum Campi aurei* : Lugduni 1637.

ſeigneurs les Daulphin & duc Dorleans en france. Petit in-4º goth de ɪv ff. non chiffrés ; ſignat. A.

Au-deſſous eſt l'écu des armes de France.

Ce petit écrit parut en 1530 à l'occaſion de la délivrance des Enfants de France, reſtés en otage à Madrid après la priſon de François Iᵉʳ leur père.

Le titre de l'autre pièce eſt :

Du docteur Pierre Wild de Yſny remede conſolatoire contre la nouuelle maladie nomee Sueur angloys laquelle regne a preſent au pays de flandres & allemaigne & eſt a craindre que cy apres elle ne regne plus amplement tant aux deſſuſditz pays que par tout luniuerſel monde. Au vertueux Senat & pour la commune utilite de la noble cite de Wormbs. Petit in-4º goth. de ɪv ff. non chiffrés.

Après le titre, une fig. en bois, & au bas : « Faicte penitence car le royaulme de dieu s'approuche. »

A la fin :

Dōne le iour de ſainct Michel archange 1529.

Ces deux petites pièces étant d'une très grande rareté, il m'a ſemblé qu'il étoit bon de les faire connoître ; je reproduis en entier la première, qui offre quelque intérêt pour l'hiſtoire de notre ville. Elle fait auſſi partie de la Collection lyonnoiſe de la Bibliothèque de la Ville, ſous le nº 6022 du catalogue Coſte.

LES NOUVELLES VE-

nues a Lyon de la reception de nos
seigneurs les Daulphin & duc
Dorleans en France
Auec priuilege pour ung moys.

LE JEUDI SEPTIESME

iour du moys de juillet. m. ccccc. xxx. au consulat de la ville de Lyon
receurent lettres du roy nostre sire dont la teneur sensuyt.

A nos treschiers & bien aymez les con-
seilliers, bourgeoys & habitans de nostre
bonne ville & cite de Lyon.

De par le Roy.

Treschiers & bien aymez Nous auons p̄sentement este aduer-
tiz par nostre treschier & ayme cousin le sire de Montmorency
grand maistre & marefchal de France que nous auions longtemps
a enuoye a Bayonne pour lexecution des chofes promifes &
traictees entre nous & lempereur au traicte dernierement faict a
Cambray. Cõme ayant tout entièrement accomply hyer enuiron huyt heures du foir lefchãge qui fe deuoit faire de nos trefchiers & tres aymez enfans auec la fõme de cens mil efcus contens que nous eftions tenuz fournir pour noftre rancon fut mis
a effect au contentement dung chafcũ. Et nofdicts enfans graces a
Dieu fains & en bonne difpofition arriuez en ceftuy nr̃e royaulme
es mains de noftre dict coufin le grand maiftre. Qui eft nouuelle
de telle importance pour nous, noftre royaulme, & bien de noz
fubiects qu'il nous femble vous en deuoir en diligence & des
premiers aduertir cõme ceulx que nous fommes affeurez en auront autant de plaifir que nulz aultres de nofdictz fubiectz. Par

quoy nous vous prions en vouloir de voftre part rendre graces
a notre feigñr. & en faire au demeurant faire les proceffions,
feux de ioye, & aultres pareilles demonftrations qui ont accouftu-
me deftre faictes en pareil cas & come telle nouuelle le requiert &
merite. Trefchiers & bien aymez nře feigneur vous ayt en fa faincte
garde. Efcript a Bourdeaulx le ijᵉ iour de juillet mil. ccccc. xxx.

FRANCOYS.

ROBERTET.

Lefquelles veues par le confulat. Apres par icelluy auoir loue
noftre createur dicelles tresboñes & trefioyeufes nouuelles, ledict confulat auffi meffieurs les lieutenant & procureur du roy
en la fenefchaulcee de Lyon, monfieur le courrier, & capitaine
de ladicte ville fe font affemblez en l'eglife fainct Jehan dudict
Lyon. Et illec auec monfieur leuefque fouffragant vicaire de monfeigneur larceuefque conte de Lyon, meffeigneurs de leglife, &
grand nombre de notables apparans de ladicte ville ont ordonne
rendre graces a Dieu le createur, faire les proceffions, feftes, feuz
de ioye & aultres folemnitez cy apres en la crye & publication
declairez. Et ce faict font tous ledict iour enuiron troys heures
apres midy partis de la maifon & auditoire de la court du roy appellee Roanne montez fur mules & cheuaulx en fort bel ordre
& alloyent deuant les trompettes & auxlboys iouans trefmelo-
dieufement chanfons faictes & muficalles quil faifoit fort bon ouyr:
apres les mandeurs & officiers de la ville audeuant de mefdicts
feigneurs les lieutenant, procureur du roy, courriers, gens de
iuftice & confeilliers, capitaine, notables & apparans de ladicte
ville en grand nombre & par ung bel ordre quil faifoit tresbon veoir,
jufques aux changes ou apres ce que lefdictes trompettes & haulx-
boys eurent ioue & fonne a efte faite lecture de ladicte crye &
publication apres inferee. Et autant en a efte faict au bout du pont
de la faone en lerberie, au deuant lhoftel comun, en la grenette,
& aultres lieux carrefours dicelle ville, ou font furuenus au fon de
ladicte crye, grant nombre de marchans, banquiers, eftrangiers,
& de diuerfes nations qui frequentent & eftoyent en ladicte ville.

demonſtrans grant ioye, & les habitans d'icelle ville grans & menuz faiſoient (en louant le createur) ſi grant ioye & feſte que
iamais ny futveu le pareil ne de plus grant cueur & voulenté faire
feſte exequuter le contenu en ladicte crye & publication, laquelle
crye a eſte exéquutee, aſſauoir les feuz de ioye ledict iour, les lendemain & dimenche enſuyuans de ſoir & de matin les proceſſions
triumphantes ou eſtoient toutes les bañieres des eſgliſes des confreries & meſtiers en nombre de troys cens ou enuiron qu'il faiſoit triumphament beau veoir que len portoit audeuant des ſeigneurs de toutes les egliſes de Lyon & de Sainct Juſt, apres meſdictz
ſeigneurs les lieutenant, procureur du roy, courrier, gens de
iuſtice, d'ung coſte les conſeilliers, notables & apparans daultre
en fort bel ordre, dont la pluſpart du peuple gros & menu louant
de ce dieu le createur plouroit de ioye durant leſdictz trois iours
quilz ont faict la feſte, boutiques fermees & de ſoir marchoyent
par ladicte ville leſd. ſeigneurs deſgliſe, lieutenant, procureur du
roy, courrier, gens de iuſtice, conſeilliers, capitaine, & apparans
de lad. ville montez ſur mulles & cheuaulx a grand nombre de tor-
ches mettans le feu aux buchers qui eſtoyent þparez deuant la
grant eſgliſe Sainct Jehan, deuant ledict hoſtel du roy, ſur le pont
de Saone audeuant lhoſtel comun, & viſitans les aultres feuz par-
ticuliers en toutes rues & marchoient audeuant de eulx leſdictz
aulxboys iouans chanſons faictes & melodieuſes. Et audeuant
chaſcune maiſon deſdictz habitans & en pluſieurs lieux y auoit
tables & bancz dreſſez a tous allans & venans, dont le peuple
menoit grand feſte. Meſſieurs les conſeilliers de la ville feirent
iouer parmi ladicte ville moralitez & hiſtoires figurez & demonſtrans que Dieu nous a doñe la paix, que par ſa grace ſera du-
rable. Au moyen des traictez & boñes alliances faictz entre les
princes, eſmouuant le peuple a louer dieu & mener ioye. Et durant leſd. troys iours de feſte toutes les groſſes cloches ſonnoient
ſoir & matin, & es principalles & collegialles eſgliſes chantoyent
Te Deum laudamus & rendoient graces a dieu luy priant que la
redemption de noſdictz ſeigneurs les enfans ſoit la tranquillite
& paix du royaulme & de leurs pouures ſubiectz leſquelz de ſi
grant cueur les ont deſirez. Amen.

        Sen ſuyt la teneur de ladicte crye & publication.

De par le roy noſtre ſire.

A cauſe des treſioyeuſes & tres bonnes nouuelles quil a pleu
au roy noſtre ſouuerain ſeigneur eſcripre a monſeigneur larce-
ueſque conte de Lyon, ſeigneurs de leſgliſe, de la iuſtice, conſeilliers, manans, & habitans de ceſte ville par leſquelles il luy
plait les auertir que la dieu grace noſſeigneurs ſes enfans des
le premier iour de ce preſent moys de Juillet ſont en tresboñe
diſpoſition arriuez en cettuy ſon royaulme es mains de môſieur
de Montmorency grant maiſtre de Frãce dont conuient rendre
graces a dieu noſtre createur.

Lon faict coñandement a tous manans & habitans de ceſte ville
incontinent & a lheure preſente fermer botiques & faire la feſte
tout ce iour & de ſoir faire par les rues chaſcun deuant ſa maiſon & habitation les feuz de ioye.

Item pour ladicte cauſe lon coñande auſd. habitãs de pareil-
lement tenir boutiques fermees troys iours enſuyuans. Aſſauoir
demain q̃ eſt vẽdredy, ſamedy, & dimenche prouchains & pa-
reillement que demain dimenche de ſoir lon faſſe de rechief leſd.
feuz de ioye chaſcũ audeuant ſad. habitation. Le tout ſur peine
de vingt liures damande pour chaſcun defaillant.

Item lon faict ſcauoir que demain & dimenche ſe feront proceſſions generalles pour rendre graces a Dieu le createur, eſ-
quelles lon faict coñandement aux courriers des confreries &
aultres ayans bañieres quilz ayent a les apporter eſd. proceſſions
& eulx trouuer a Sainct Jehan demain & dimenche a ſix heures
du matin eſquelz lieu & heure departiront icelles proceſſions,
pour aller demain a Sainct Nyſier & dimenche au couuent Sainct
Bonauenture. Sur lad. peine. Amen.

Ainſi ſigne :

GRAVIER.

Rondeau pour le tresheureux aduenement de messieurs les enfans que

Dieu maintienne.

Fin de malheur ores voy sans doubtance
Puisque dieu veult que ayons la recouurance
De deux filz telz qui pour le roy leur pere
Auoyent esleu prison trop improspere
Voyre & la mort pour lofter de souffrance.
Le aliener de quelque or, nest greuance
Quant le retour plus alie en or france
En amenant royne par qui iespere
        Fin de malheur.

O lheureux iour, o desiree ayfance
De tous pays, cette saincte alliance
Mect paix au monde, & les turcz desespere
Foy chasse erreur, sil ne tient au sainct pere
Dhelie & Enoc la prophetie aduance
        Fin de malheur.

—Difcours de lantiquite origine & nobleffe de la cite de Lyon. De la rebeine & conjuration du peuple contre les confeilliers & notables marchands de ladicte cite, faicte en lan 1529 un dimanche jour de St Marc. Traduit du latin de meffire Morien Piercham chevalier par M. Theophile du Mas, enfemble de la hierarchie de l'Eglife de Lyon, extraict de la defcription du Sr campefe par le fieur de la faverge, & maintenant revu corrigé & augmenté par M. Léonard de la Ville (1). Lyon, Guillaume Teftefort, 1579. In-8° de LV pag. compris le titre & la dédicace à Claude de Fenoyl.

A la fin :

Cy finift le discours de la nobleffe & ancienneté de la cite de Lyon; enfemble la rebeine.... auec la hierarchie de l'églife St Jean de Lyon.

—Hiftoire des antiquitez de la ville de Lyon traduict de latin en francois par meffire Morien Pierchan chevalier. Enfemble de la hierarchie de l'églife de Lyon extraict de la defcription du feigneur campefe par le fieur de la fauerge. Reueu & corrige par M. Leonard de la Ville. A Lyon, chez Jehan Champion, en la place du change M. DC. XLVIII. In-4° de XLI pag. dédié par l'imprimeur Champion aux Prévôt des marchands & Echevins.

(Bibl. de la Ville.)

L'hiftoire de la rebeine a été reproduite t. II des Archives curieufes de l'Hiftoire de France de MM. Cimber et Danjou ; mais

(1) Léonard de la Ville, natif de la province de Charolois, étoit établi à Lyon, où il exerçoit la profession d'écrivain ou maltre d'écriture. Il a écrit divers ouvrages, entre autres Dacrygelasie, par Léonard de la Ville, charoloys, mais- tre descole et escriuain à Lyon, Benoist Rigaud, 1578, in-8°. Suivant le P. Menestrier, il décrivit en vers françois l'inondation du 2 décembre 1570, alors que le Rhône et la Saône se joignirent au milieu de la place de Notre-Dame-de-Confort.

on s'eft borné à extraire du volume de Champier ce qui a rapport à la rébellion du populaire.

Toutes les éditions anciennes de ce livre font introuvables, y compris même celle de 1648. Je n'ai jamais vu celle de Paris 1529 & je ne connois que trois ou quatre exemplaires de celles de Lyon 1529, 1579 et 1648.

XXXVI.—Police fubfidiaire a celle quafi infinie multitude de pauures que la ville de Lyon nourrit. Lyon 1531.

Je cite ce titre fur la foi du P. Niceron & de Dom Calmet, qui ne difent rien de plus. N'ayant jamais vu ce volume, qui eft d'une grande rareté, fi toutefois il exifte, je fuis obligé de m'en tenir à la mention qui en a été faite en ces termes laconiques par ces deux bibliographes. Malgré mes recherches, je ne l'ai trouvé ni à la Bibl. de la Ville, ni dans les bibliothèques particulières, pas même dans les grands dépôts de Paris ; je fuppofe que le P. Niceron a copié Dom Calmet, fans s'inquiéter de vérifier l'exactitude de la citation.

Il feroit pourtant curieux de voir les moyens propofés par Champier, en 1531, pour mettre ordre à la mendicité qui défoloit la ville de Lyon. A cette époque de foi, le précepte de la charité chrétienne étoit encore trop fortement enraciné dans les cœurs, pour que l'on eût feulememt la pensée de contefter aux pauvres néceffiteux le droit de demander l'aumône à la porte des riches. Cependant, Champier, qui avoit des vues très juftes en économie politique & en adminiftration, ne pouvoit manquer de fignaler cette plaie fociale & de chercher à l'empêcher de s'étendre au détriment de la fortune publique ; c'eft pour cela, fans doute, qu'il écrivit cette Police fubfidiaire, qui ne dut pas porter un remède efficace au mal, car il n'y avoit alors ni fergents de ville, ni dépôts de mendicité, & l'on n'avoit pas encore inventé la taxe des pauvres.

XXXVII. —Le myrouel des Appothiquaires & pharmacopoles par lequel eft demonftre côment Appothicai-

res communement errent en plufieurs fimples medicines
contre l'intétion des Grectz, de Hypocras, Galien, Ori-
bafe, Paule Egynette, & autres Grectz. Et par la mauluaife & faulce intelligéce des autheurs Arabes, lefqueux
ont falcifie la doctrine des Grectz par leur mauluaife, &
non entendue interpretation & intelligence faulfe.

Item les lunectes des Cyrurgiens & Barbiers auquelles
font demonftrees les reigles & ordönances & la voye par
lefquelles fe doybuent reigler les bons Cyrurgiens lef-
queulx veullent viure felon dieu & la religion creftiéne,
cöpofe par mefire Symphorien campefe cheuallier &
docteur regét de luniuerfite de Pauie, feigneur de la Fauerge premier medecin de monfieur le duc de Lorrayne
& de Bart.

Cum privilegio.

Ce titre eft encadré dans une bordure avec la devife :

Audaces fortuna juvat timidofque repellit.

In-8º de xxxii ff. non chiffrés, à longues lignes ; fignat.
A —H ; fans date.

Au recto du dernier f. :

Imprime a Lyon par Pierre Marefchal.

Au verfo du titre eft une épître dédicatoire en latin, de Symphorien Campége, premier médecin du duc de Lorraine, chevalier, feigneur de Faverges, à Jean Galfredus, docteur ès arts
& en médecine, médecin du duc de Lorraine & de Bar. Il lui envoie fon Myrouel des Appothyquaires, « partim nuper a me editum,
dit-il, partim recognitum, » & écrit en françois pour que les
apothicaires puiffent le lire.

Au recto du f. *ij* :

Cy cōmence le myrouel des Appothiquaires & aroma-
theres par lequel on peut voir la ou cōmunemēt errent
aux simples medicines a cause des autheurs mathometistes,
arabes, persiens, & aphriqueins, compose par messire Symphorien campese cheualier & premier medecin de treshault prince monseigneur le duc de Lorrayne & de bar
& calabre.

—Prologue de lacteur contenant la noblesse & anciennete de medicine.

—Des erreurs que cōmunement font les appothiqueres,
ieusnes medecins, & autres en leur grāde composition de
Tyriaque & Methrydat quant aux simples.

—Aultres erreurs des simples ou errent appothiquaires
& cyrurgiens.

Au verso du f. *xiij* :

Cy finist le Myrouel des Appothiquaires.

Cet opuscule remplit *xiij* f.

A la suite :

Les lunectes des Cyrurgiés Frācoys & aultres auxquelles
font demōstres les principes de Cyrurgie, le regime &
ordōnances diceulx Cyrurgiens sans lesqueux bōnemēt
ne peult estre vray & catholique Cyrurgien composees
par messire Symphoriē Campese dict Champier cheualier
& docteur regēt de luniuersite de Pauie, seigneur de la
Fauerge, Premier medecin de treshault prince monseigneur
le Duc de Calabre, Lorrayne & de Bart.

Suit une épître d'envoi de Claude Champier à Charles d'Estaing, chamarier de l'Eglife de Lyon & facriftain de Rhodez, « fon très digne parrain. » Il lui dit qu'il a deux pères : Symphorien Champier, « ex quo natus fum, » & Charles d'Eftaing, « ex quo vero renatus. » Le premier l'a initié à la doctrine de Cicéron & d'Ariftote, le fecond l'a confacré à Jéfus-Chrift. Il lui envoie ce petit livre imprimé depuis fon départ, & il finit comme fon père par cette formule : « Me fymphoniace ut foles ama . » L'épître eft datée de Lyon, août 1531, « in paterna bibliotheca. »

—Cy cōmācét les lunectes de Cyrurgiēs par lefquelles eft demōftre lordre, le regime, la manière de ouurer en Cyrurgie felō vraye equite, & fe que doyt fcauoir ung Cyrurgiē auant que eftudier en Cyrurgie. Auffy de la nobleffe & anciennete de Cyrurgie Compofees par meffire Symphorien Campefe dict Champier cheualier & docter en la fcience Aefculapienne.

Chapitre premier.

—Du cōmancement dung Cyrurgien & comment il doibt apprendre Cyrurgie... Chap. ij.

—Comme le Cyrurgien doibt commancer deftudier en Cyrurgie. Chap. iij.

—Du cōmācemét que vng Cyrurgien vient habiter en vne cyte fameufe. Chap. iiij.

— Des abuftz que communement fe font par Cyrurgiens Francoys. Chap. v.

—Quant & cōment & le temps que le Cyrurgien Frācoys doibt appeler le medecin, & ne ouurer fans cōfeil dicelluy. Chap. vj.

—Queffe vrayment que Cyrurgie & des efpèces dicelle Chap. vij.

— Des operations intentions & confiderations de Cyrurgie. Chap. viij.

—De la vraye intention du Cyrurgien laquelle il doybt auoir aux playes, & leur erreurs. Chap. ix.

—Se que doibt fcauoir ung Cyrurgien quil veult bien ouurer en cyrurgie. Chap. x.

— De la maniere & conuerfation que doibt auoir ung medecin auffi Cyrurgien enuers le malade, & des meurs bonnes qu'il doibt auoir. Chap. xj.

La date de l'épître dédicatoire de Claude Champier à Charles d'Eftaing indique fuffifamment que l'impreffion de ce livre ne fauroit être antérieure à l'année 1531. Il fembleroit même qu'elle devoit être terminée au mois d'août, Claude Champier écrivant à cette date, à Charles d'Eftaing, qu'il lui en envoyoit un exemplaire. Cependant, Symphorien Champier dit, à propos des Lunettes des Cyrurgiens, qu'il a traduit fes *Caftigationes* en langue françoife pour la commodité de ceux qui ne favent pas le latin (1); d'où il faudroit conclure que le Myroûel des Appothicaires & les Luneĉtes des Cyrurgiens n'ont pu être publiés qu'à la fin de 1532, puifque les *Caftigationes* furent imprimées feulement le 12 avril de cette même année.

On cite une édition de Paris 1539; je ne la connois pas; à moins que ce ne foit : « Formulaire du petit guidon en cirurgie veu & corrige, » & « Les Lunettes des cirurgiens de nouueau adiouttez & imprimez nouuellement a Paris.... » (A la fuite du Queftionaire des cirurgiens & barbiers; in-8° goth. f. d.)

Champier avoit déjà traité ce fujet en latin, dans fon *Officina apothecariorum...*, Lugduni 1511, qu'il publia de nouueau avec fes *Caftigationes feu emendationes pharmacopolarum.*

Suivant Champier, rien n'étoit plus rare de fon temps que le baume; il n'y en avoit point en Europe. Il avoit vu autrefois à madame Anne de France « dix ou douze empolles de voerre » qui avoient été envoyées par le foudan d'Egypte au roi Louis XI fon père, au duc Charles de Bourgogne & au roi Charles VIII; & il étoit d'opinion que ce n'étoit pas du baume, mais de la térében-

(1) « Pour ce que les cyrurgiens francoys lesquelz sont et prenent leur cyrurgie de montpelier, cómunement nentendent ny ecauent parler latin, mais ont leurs liures comment Guydon, de Vigo, de Gourdon, translates en francoys et aussi la pluspart des apothiquaires sont ignorant la grammaire et nentendent latin : sinest le latin de cuysiné ou bien passe par le criblo et non par l'étamine, j'ai bien voulu réduire mon livre *Caftigationum* par manière d'epithome en notre langue Gallicayne affin que les appothiquaires et cyrurgiens barhiers n'aient cause d'ignorance enuers dieu et le monde. »

thine. « Encore la vraie térébenthine eſt-elle ſi rare, ajoute-t-il, qu'une livre portée en France coûteroit plus de dix écus, & ſi tout le baume qui arrive aux foires de Lyon, d'Anvers & de Médina-del-Campo étoit véritable, il faudroit que le jardin d'Angadir eût une lieue de long, tandis que ce n'eſt qu'un tout petit jardin au Caire. » Il en étoit de même de toutes les autres ſubſtances médicales, de ſon temps. Il avoit vu à Lyon René de Villateau, apothicaire ſavant, & Claude Puiſſart « faire de la theriaque, a plain de foyre, auec des ſubſtances analogues, mais bien qu'elle fût bonne elle ne valoit pas celle d'Andromachus ni de Galien, & encore Lyon eſt-il mieux placé pour auoir toutes ſortes de ſimples que les autres marchés ; car Lyon eſt ung aultre Corinthe la ou viennent marchans de toutes regions. »

Après avoir énuméré les erreurs & les ſophiſtications des apothicaires, Champier raconte qu'un gentilhomme nommé Duclos, de la ſuite du chancelier Duprat alors légat en France, avoit été empoiſonné par un empirique allemand, qui lui avoit adminiſtré une drachme & demie de racine de titimale en guiſe de turbith ; qu'en quelques heures le pauvre gentilhomme fut couvert de boutons comme s'il avoit eu la petite vérole des enfants, avec vomiſſements, & l'urine noire comme de l'encre ; qu'on l'envoya chercher, & que ce fut à grand'peine qu'il le tira d'affaire. Champier étoit aſſiſté dans cette cure par un autre médecin lyonnois, Joannes Capellanus, médecin de la mère du roi (regiſpare). C'étoit à grand'peine, dit-il ailleurs, qu'on pouvoit de ſon temps trouver en France quatre citrons pour un écu d'or.

Champier termine ainſi le Myrouel des Appothicaires : « Par ainſy feray fin quant aux appothiquaires leſqueux ſouuëtes foys abuſent & contrefont les médecins la ou les plus ſaiges ſont bien empeſchez dõt pluſieurs ſouuët perdent la vie à cauſe que les appothiquaires veullẽt faire & contrefaire du medecin deſquelx dieu nous veulle deffendre, car pluſieurs maulx en vieñent & font ſouuent les cemetiers bouſſus auant leur terme..... »

Ce petit livre eſt plein de ſavoir & très curieux. Par ce qui ſe paſſe de nos jours, ſi parfaitement conforme à ce que Champier vitupéroit il y a plus de trois ſiècles, on voit que la ſcience ne rend pas les hommes meilleurs, & que loin de là elle leur fournit plus de moyens d'aſſouvir leur cupidité & leur ſoif de l'or. Car

qui peut dire aujourd'hui ce que font la plupart des drogues abo-
minables élaborées dans les officines, refplendiffantes de criftaux
& de porcelaines du Japon, de certains pharmaciens qui, en ré-
pudiant leur premier nom, fi fouvent en butte aux railleries de
Molière, ne continuent pas moins les traditions de leurs devanciers.

Champier donne des confeils très fages aux chirurgiens; il leur
recommande d'apprendre le latin, finon celui de Quintilien &
de Cicéron, « a tout le moins cellui de Alexander & Catholicon, &
de Guydon, de Vigo argilata, Lamphram, de Rogier ou Salicet, lefqueux parlent & ont efcript au latin barbarifque… car il eft gros
& materiel, facille dentendre aux gens de petite etude & debille
ceruelle… Si le chirurgien nentend pas le latin comme ceulx de
france, doibt ouyr Guydon, ou de Vigo ou Salicet tranflaté en
francoys, & le bien ouyr & lire, & ruminer les dictz de Galien ou
Auicenne…, & quand il aura eftudié troys ou quatre ans tresbien
& aura veu practiquer fes maiftres & ouurer, alors peult aller practiquer. » Il les engage à aller s'effayer & faire leurs premières armes
dans quelque petite ville ou village, « pour foy exercer a gens plus
forts & non tant delicats & tandres, mal nourris que ceulx des
groffes cités. » C'eft le « Faciamus experimentum in anima vili. »
Champier a mis en marge, pour appuyer ce confeil : « Timorem
experimenti nobilitas facit ejufdem fubjecti, quod non aliis affimi-
latur fubjectis. »

Après avoir déploré les inconvénients, abus & homicides qui
provenoient de l'ignorance des médecins, chirurgiens, barbiers
& apothicaires de fon temps, il ajoute : « Et feroit neceffaire a
toute cité que auant que permettre medecine ung nouveau medecin, quil montraft comme il a eftudié en uniuerfité fameufe,
& fes lettres de degré & tenir conclufions, ou qu'il fuft interrogé
deuant gens de iuftice par aultres medecins auant que permettre
de practiquer en la cité. Et ce que dis du medecin ie dis auffy du
cyrurgien qui veult exercer la premiere & plus ancienne partie
de medecine. Et quant aux appothiquaires ils deburoyent eftre
iurés aux citez & eftre interrogez par medecins & aultres appothiquaires auant que tenir & leuer leurs bouticques. »

Voici les avis qu'il donne enfuite aux médecins : « Et fil voit
fon malade eftre en danger doibt procurer enuers les parens &

amys du patient quilz le veullent admonefter & demonftrer de
faire comme ung bon chreftien, ceft de difpofer de fon ame, non
pas luy donnant entendre quil foit en danger de mort, mais que
aulcunesfoys les maladies prouiennent de lame comme il eft efcript aux fainctes efcriptures. Aulcunesfoys les medecins & les
cyrurgiens font de fi mauluaife part, fi mal inftruictz de ieuneffe,
ou de fi mauuaife race de parens quilz ne cogitent ny penfent en
aultre chofe que par phas & nephas extraire argent & pecunes du
monde... pour ce que du temps prefent les vitieux & gens mal
conditionnez font fouuent aux maifons des grans feigneurs les
plus honnorez, & fil vient aulcuns medecin Ethyope ou iuifz, ou
de langue eftrange, il fera en France le plus eftimé entre les medecins. Moyennant quil foyt grand languard & quil promecte
montz & vaulx queft la chofe queft la plus dangereufe, pour ce
que la nature du Francoys eft benigne & legiere a decepuoir, lefqueux font gens fanguins, legiers a croyre & de croyre..... »

Je n'ai jamais vu qu'un exemplaire de ce rariffime petit livre:
c'eft celui qui fait partie de la collection de M. Yemeniz (1).

XXXVIII. — Caftigationes feu emendationes Pharmacopolarum, fiue Apothecariorum, ac Arabum Medicorū Mefue, Serapionis, Rafis, Alpharabij, & aliorum iuniorum Medicorū, A domino Symphoriano Campegio equite
aurato, ac Lotharingorū Archiatro in quatuor libros ac
Tomos diuifae : in quas quicquid apud Arabes erratum
fuerit fumma cum diligentia congeftum eft.

— Liber primus de fimplicibus medicamentis, quo do-
centur errata Seplafiarum & Pharmacopolarum, fiue Aro-
mathariorū, ac recentium Medicorum, Additis eorundem
confutationibus.

(1) Il va sans dire, que lorsque, dans ces Recherches, je m'exprime ainsi sur la rareté de
certains livres, je n'entends parler que des bibliothèques particulières, et que je fais toutes ré-
serves pour les dépôts publics de Paris, surtout
pour la grande Bibliothèque, où tout se trouve,
bien que je n'aie pu parvenir à y découvrir le
Dialogue de la cure du Phlegmon et la Police
subsidiaire.

— Liber fecundus in quo continentur Caftigationes in Antidotarium feu Grabadin Ioannis Mefue, Nicolai, Serapionis, ac aliorum recentiorum Medicorum.

— Liber tertius eft de ingenio curandorum corporum per medicinas laxatiuas.

— Liber quartus complectitur curationes ac remedia aegritudinum principaliū humani corporis. Quibus adiungitur Officina Apothecariorum, & iuniorum Medicorum.

— Item de Phlebotomia fiue fanguinis miffione, & praefertim in Pleuritide, ex opinionibus graecorū, quorum dicta in plaerifque nō intellexerunt Arabes.

— Item de vinis febricitantium ex traditionibus Graecorum, Arabum, Poenorum, ac confirmationibus facrarū Literarum.

In-8°; II tom. en un vol. : le tome I de CXII ff. chiffrés, fignat. a — o; le tome II de LVI ff., le dernier non chiffré; fignat. A — G.

Au recto du dernier f. :

Finiunt vtiliffima opera, & cedro digniffima cōfummatiffimi viri Do. Symphoriani Champegii viri omniū bonarū artium callentiffimi, in quae fummis laboribus, ad medicinae ftudētium vtilitatem, quàmplurima fcitu neceffaria congefta funt, Lugduni excufa apud Ioannem Crefpin, alias du carre Anno publicae falutis Milleſimo cccccxxxij. die. xij. menfis Aprilis.

Ce livre eft dédié à François de Tournon, archevêque de Bourges & cardinal de la fainte Eglife romaine. Champier ne manque pas de revenir fur la généalogie de la maifon de Tournon, & il rappelle au cardinal qu'il fut mandé auprès de lui, avec Jean Champier, fon neveu, & Jean Petit, médecin de Valence, pour le traiter, dans une fièvre quarte contre laquelle les reffources de l'art

avaient été impuiſſantes juſque-là, & qu'il fut aſſez heureux pour
triompher du mal. Ce fut à cette occaſion, dit-il, qu'il compoſa le
préſent traité contre les erreurs des apothicaires & des médecins
qui ſuivoient la doctrine des Arabes.

Michel Servet, s'étant cru attaqué dans les *Caſtigationes*, publia
pour ſa défenſe l'opuſcule ſuivant : *Syruporum univerſa ratio ad galeni cenſuram diligenter expoſita. Cui poſt integram de concoctione
diſceptationem, praeſcripta eſt vera purgandi methodus... Michaele
Villanovano authore.* Pariſiis, Simon de Colines, 1537, in-12, & Venetiis, ex officina Eraſmiana apud Vincentium Valgriſium, 1545.
Michel Servet répond en ces termes, dans la préface de ce livre,
à la cenſure de Champier : « Illud obiter monendus eſt lector, me
non eſſe illum quem corrupta quadam in Fuchſium apologia de-
pingit Campegius, ſtudiorum Arabum ſectatorem & digeſtivorum
ſyruporum campegianum defenſorem : cum ego Arabas ipſos cum
Campegio negligendos, ſyrupos vero nec eſſe improbandos nec
barbaro more admittendos potius condiderim..... »

A la ſuite des *Caſtigationes* eſt un chapitre « de Pudendagra. »
C'eſt une réponſe aux attaques de Léonard Fuchſius, médecin
allemand. Champier dit en terminant qu'il ne traite pas dans cet
écrit de la cure de cette maladie, parce qu'il en a écrit plus au
long dans ſon *Aggregator lugdunenſis*.

Dans le petit traité *De vinis febricitantium Symphonia*, dédié à
Hiéroſme de Monteux, qu'il qualifie « Peoniae artis ac Viennen-
ſium archiatrum, » Champier lui rappelle une conſultation à laquelle ils avoient aſſiſté enſemble avec deux autres médecins, l'un
de Lyon, l'autre de Milan. En qualité de médecin ordinaire du
patient pour lequel la conſultation était faite, Champier prit la
parole le premier & expliqua à ſes confrères la marche & les progrès de la maladie. Le Milanois fut de l'avis de Champier, mais
l'autre fut d'un ſentiment contraire ; enfin Monteux, conſulté à
ſon tour, ramena le récalcitrant à l'opinion de Champier : il s'agiſ-
ſoit de ſavoir s'il convenoit de donner du vin à un fiévreux. Ce fut
à la ſuite de cette diſcuſſion qu'il compoſa cet opuſcule. On trouve
après, un traité de Jacques Sylvius, d'Amiens, ſur la même queſtion : *De vini exhibitione in febribus.* Sylvius raconte qu'ayant été appelé en conſultation avec quatre médecins fameux de Lyon, au-

près d'un vieillard atteint d'une fièvre quarte, lequel avoit l'habitude de boire beaucoup de vin fans que fa fanté en fût altérée, le fiévreux demandoit avec inftance qu'on lui en donnât ; que Champier ne vouloit pas y confentir, mais que lui fut d'avis, avec les deux autres médecins, qu'on le laiffât boire. Sylvius ne dit pas fi le malade en mourut ou s'il guérit.

(Bibliothèque de M. Yemeniz.)

XXXIX. — Hortvs Gallicvs, pro Gallis in Gallia fcriptus, ueruntamen non minus Italis, Germanis, & Hifpanis, quã Gallis neceffarius.

Symphoriano Cãpegio Equite aurato ac Lotharingorum Archiatro Authore, in quo Gallos in Gallia omnium aegritudinũ remedia reperire docet, nec medicaminibus egere peregrinis, quum deus & natura de neceffariis unicuique regioni prouideat.

Lvgdvni in aedibvs Melchioris & Gafparis Trechfel fratrvm. M. D. xxxiij.

In-8°, III tom. en I vol.—Tom. I : *Hortus Gallicus;* v ff. pour les pièces liminaires, LXXXIII pp.; fignat. *a — f.* — Tom. II, *Campus Elyfius Galliae,* IV ff., CXL pp. les v dernières non chiffrées ; fignat. A — I. — Tom. III : *Periarchon…;* II ff., LXIII pp. ; fignat. Aa — Dd.

L'*Hortus Gallicus* eft un traité des plantes médicinales qui croiffent en France, & dont Champier confeille l'ufage plutôt que celui des fubftances exotiques, Dieu ayant donné à chaque pays les remèdes des maux auxquels il eft fujet. Il blâme févèrement l'ufage qu'on faifoit de fon temps, à l'univerfité de Montpellier, de la fcammonée, de la coloquinte & d'autres plantes malfaifantes, ufage fondé fur l'ignorance, dit-il, contraire à la raifon, & introduit par la commune erreur des Arabes & des Africains.

On y trouve un chapitre fur la manne de Briançon en Dauphiné, & il renvoie pour de plus grands éclairciffements à fes *Caftigationes pharmacopolarum*. Après avoir fait l'hiftoire de la manne chez les Hébreux, il prétend que la manne de Briançon tombe auffi du ciel, comme cela arriva lorfque Charles VIII fe préparoit à envahir le royaume de Naples & lorfque François Ier entra en Italie. Champier raconte à ce fujet d'autres abfurdités, qui avoient cours à cette époque & donnoient un relief fingulier aux écrivains qui jetoient cette pâture au vulgaire, alors, comme aujourd'hui, d'autant plus avide du merveilleux, que ce merveilleux étoit plus incroyable. Il démontre par de bonnes raifons que les François n'ont pas befoin de recourir aux étrangers pour fe procurer certaines drogues laxatives d'un ufage affez ordinaire, & qu'ils trouveront en France tout ce qui pourra leur être néceffaire dans ce genre. Il finit par expofer l'analogie qui exifte entre certaines plantes médicinales des Indes, & d'autres plantes qui viennent naturellement en France, & il recommande l'emploi de celles-ci, plutôt que de fe laiffer empoifonner par les drogues pernicieufes dont une aveugle confiance dans les charlatans de l'école arabe avoit introduit l'ufage.

A la fuite :

— Campvs Elyfivs Galliae amoenitate refertus : in quo funt medicinae compofitae, herbae & plantae uirentes : in quo quicquid apud Indos, Arabes & Poenos reperitur, apud gallos reperiri poffe demonftratur : a domino Symphoriano Campegio Equite Aurato ac Lotharingorum Archiatro compofitus.

Lvgdvni in aedibvs Melchioris & Gafparis Trechfel fratrvm. 1533.

Les armes de Terrail & de Champier au v° du frontifpice.

Dédié au cardinal de Tournon, archevêque de Bourges. Après le *Campus Elyfius* fuit une differtation adreffée à fon ami Hiérofme de Monteux fur ce fujet : *An fanguis mitti debeat in caufone & fubcane aut prope canem...* Il lui rappelle que, foignant enfemble un malade, & Monteux voulant le faigner, il s'y oppofa de toutes fes forces, & que ce fut à cette occafion que, ne pouvant fouffrir que les bons efprits fe laiffaffent entraîner honteufement par les empiriques arabes, au grand détriment de l'humanité, il conçut l'idée de cet écrit dans lequel il combat leur doctrine pernicieufe fur la faignée.

Suit une épître à Champier, de Jean Campége fon neveu (Bruye-rin-Champier). C'eft un magnifique panégyrique à propos de fon livre. Il lui dit que le jardin des Hefpérides & ceux d'Adonis ne font plus rien à côté de l'*Hortus Gallicus*, & que les Anciens n'ont rien fait de plus beau en ce genre. Il le loue d'avoir dévoilé les fraudes & les fophifications qui fe pratiquoient dans les labora-toires des apothicaires, & il termine ainfi : « Adieu donc leurs hor-ribles mixtions, adieu leurs dégoûtants breuvages au fond def-quels les fouris & les araignées fe font noyées plus d'une fois, & que les chiens n'avaleroient pas impunément..... »

Champier recommande au médecin chrétien l'amour de Dieu, le mépris des richeffes & du monde ; il l'exhorte à fuir l'avarice & la cupidité, toutes chofes dont il n'étoit pas plus queftion, ce femble, dans les écoles de ce temps que dans les nôtres. Il cite parmi les mé-decins qui fe font enrichis, Jacques Cautier médecin de Louis XII, à qui ce prince donna dix mille écus d'or pour avoir été guéri par lui d'une légère maladie ; ce médecin laiffa en mourant des richeffes immenfes. Simon de Pavie, praticien lyonnois & pre-mier médecin du duc de Bourbon, amaffa des tréfors incroya-bles, fruit de la réputation qu'il s'étoit acquife en France ; pour une vifite qu'il fit à fon patron, il reçut auffi dix mille écus. C'eft ce Simon qui fit une fondation pour agrandir l'églife des Cor-deliers. Toutes les fois que Champier cite un exemple comme celui de Jacques Cautier & de Simon de Pavie, il ne manque pas de mettre en regard une preuve du défintéreffement de quelque médecin vraiment chrétien, tels que faint Rémi, faint Cofme & faint Damien, l'abbé Hilarion & faint Cyr, qui refufèrent les dons qui leur étoient offerts comme rémunération des cures qu'ils avoient opérées. « Il y a eu des médecins en France qui ont laiffé de gran-des richeffes, dit encore Champier, tels que Gabriel Miron, premier médecin de la reine Anne, Albert du Puy, premier médecin de la reine Claude. Il y a encore, auprès du roi François Ier, ajoute-t-il, des médecins très riches, Ludovicus Burgenſis, premier médecin, Guillelmus Copus, de Bâle, médecin du roi, Joannes Goeurolus, leſquels poſſèdent de beaux châteaux, des maiſons, des hôtels ſomptueux & de grandes ſommes d'argent ; à Montpellier, Gilbert Griphy & Jean Falcon ; à Avignon, Jean Guillaume ; à Lyon, Nicolas Delalande, Denis Turin, & un grand nombre d'autres, par toute la France, qui ſont tous très riches, mais je ne ſaurois dire s'ils ſont tous très ſavants : « Ditiſſimi, ſed neſcio an omnes do-ɛ̄tiſſimi. »

Après avoir fait la leçon aux médecins ſur les qualités mora-les qu'il exige d'eux, Champier leur indique la manière de pro-céder auprès de leurs malades. Il veut qu'ils ſoient d'une humeur joviale, qu'ils n'oublient pas d'avertir le patient qu'il doit faire appeler ſon confeſſeur, & qu'ils ne ſe ſervent jamais d'aucun moyen coupable pour rendre la ſanté à ceux qui l'ont perdue. Le mé-decin doit tâter le pouls avec les quatre doigts de la main droite, en ſilence, & à l'un & l'autre bras. Il s'aſſurera enſuite de l'état de la poitrine, de l'hypocondre & du foie ; il examinera la lan-gue, les dents & tous les recoins de la bouche, enſuite les uri-nes. Mais qu'il prenne bien garde, après cet examen, de porter ſon jugement en préſence du malade, car le malade eſt toujours attentif aux moindres paroles du médecin. Il lui promettra donc une guériſon certaine, dût-il ne pas dire la vérité, car dans ce cas le menſonge officieux eſt licite.

A la ſuite :

— De theriaca Gallica libellus, précédé d'une épître dé-dicatoire à Barthélemi Argentier & Baptiſte de Ferrare mé-decins à Aſti.

Cet opuſcule eſt terminé par une longue liſte des ſimples & des contrepoiſons qu'on trouve en France. Les deux derniers ff. non chiffrés ſont pour une épigramme de Jean Rainier à Fran-çois Ier, « Joannis Lagreni franciſcani ad Lectorem carmen, » & « Baptiſtae Mantuani carmina. »

— Periarchon id eſt de principiis vtrivſque philoſophiae, in quo praeclariſſima quaeq; & digna lectu quae Galenus in demonſtrativis ſermonibus, & Ariſtoteles in libris naturaliū diſciplinarum, ac Timaeus Locrus ac Plato in libris de uniuerſo ſcripſerunt, breviter, claréq; & placido ſtylo pertractantur atq; declarantur ſententiae Symphoriano Campegio aurato equite, Lotharingorum archiatro authore.

Lvgdvni in aedibvs Melchioris & Gaſparis Trechſel fratrvm. M.D.XXXIII.

Au verſo du dernier f. :

Excvdebant Lvgdvni Melchior & Gaſpar Trechſel fratres. 1533.

Dédié à Charles d'Eſtaing, protonotaire apoſtolique, chamarier de l'Egliſe de Lyon, ſacriſtain de Rhodez. Le *Periarchon* eſt une explication des principes de la philoſophie. Champier, en terminant, ſoumet tout ce qu'il a avancé ſur ce ſujet, au jugement de l'Egliſe catholique.

(Bibl. de M. Yemeniz. Très bel exemplaire mar. v. Niédrée.)

XL. — Apologetica epiſtola reſponſiva pro defenſionc Graecorum in Arabum & Poenorum errata a domino Symphoriano Campegio edita.

Avec le livre de Hiéroſme de Monteux, intitulé : *Annotatiunculae in errata recentiorum medicum per Leonardum Fuchſium germanum collecta.* Lyon, Benoiſt Bounyn, 1533.

Cette épître apologétique eſt adreſſée par Champier à Bernard Unger, médecin allemand; elle ſe trouve du f. *xx* au f. *xxiij*.

Au f. *xxv*, r° :

Epiſtolae phyſicales Manardi, Campegii & Coronaci.

Au-deffous de ce titre font les armes de France, celles de Lorraine, & l'écu de Champier, qui fe trouve encore au commencement & à la fin du volume.

A la fuite, f. *xxxvj*, v° :

Epiftola campegiana de tranfmutatione metallorum contra alchimiftas, ad D. Ioannem Capellanum, N. Miletum & H. Montuum.

Au f. *xlv*, r° :

Epiftola refponfiva Symph. Campegii in defenfionem avicennae Leonardi Frifii.

C'eft une réponfe au livre de Frifius intitulé : *Defenfio medicorum principis Avicennae ad Germaniae medicos.*

Au f. *xlviij*, r° :

Cathalogus illuftrium medicorum ac novitiorum qui temporibus noftris fcripferunt, quorum fcripta ad manus noftras pervenerunt, Symph. Campegio authore (1).

A la fuite de cette lifte des médecins fameux de fon temps, on trouve le catalogue que Monteux a fait des œuvres de Cham-

(1) Ce catalogue a été imprimé une feconde fois à la fuite de *Illuftrium maedicorum qui fuperiori faeculo floruerunt ac fcripferunt vitae, ut diligenter ita & fideliter exerptae, per Remaclum F.* (Fuchfium) *Lymburgenfem.* Petit in-8°, Parifiis apud Petrū Gromorfum, fub Phoenice, 1542.

Ce catalogue des médecins fameux du xv° fiècle eft l'œuvre de Fuchfius, de Limbourg, qui y a joint celui des médecins du commencement du xvi°. On retrouve au v° du titre de ce volume l'écu de Champier écartelé de celui des Campége de l'ologne, avec ces mots : « Infignia D. Symphoriani Campegii. » Au f. xvi, v°, eft l'écu de Terrail entouré du collier de St-Michel; ce même écu eft encore au v° du f. xxiv, mais fans collier. Cette fois, Champier n'étoit pour rien dans l'exhibition de ces pompes héraldiques : il étoit mort depuis trois ans lorfque Fuchfius fit imprimer fon livre.

(Grande Bibliothèque, à Paris, mar. rouge, aux armes de France, T⁸.)

pier & que celui-ci a inféré dans fon *Gallicum Pentapharmacum* (v. ci-après, n° XLI).

Du f. *lj* au f. *lv* & dernier :

Annulus medici chriftiani fymph. campegio authore ad antonium & claudium filios.

Ce petit traité eft divifé en trois livres.

(Grande Bibliothèque à Paris, T ʃ, imprimés.)

XLI. — Gallicvm Pentapharmacvm.

Rhabarbaro, Agarico, Manna, Terebinthina, & Sene Gallicis conftans. Symphoriano Campegio Equite aurato, Fauergiae domino, ac Lotharingorum Archiatro avtore.

Lvgdvni excudebant Melchior & Gafpar Trechfel fratres. M. D. X X X I I I I.

In-8° de L X X X pag. à longues lignes, caractères italiques, fignat. A — E.

Au milieu du frontifpice, en guife de fleuron, font les armes de France & celles de Lorraine. Au verfo eft un écu dans lequel Champier a joint fes armes à celles des Campége de Bologne. Au-deſſous, font dix vers latins (*decafticon*) à la louange de l'auteur, par Jacques Lambert, lyonnois. Suit la dédicace au R. P. Tuffano, protonotaire du St-Siége, abbé de St-Pierre-de-Honnecourt & de Sept-Fonts, prieur de Ternay, confeiller & fecrétaire du cardinal de Lorraine. Champier, dans cette épître, attribue aux Chartreux la découverte de la rhubarbe ; ils en firent l'effai pour la première fois, dit-il, à la Grande-Chartreufe, & fon ufage ne tarda pas à fe vulgarifer par toute la France. Il ajoute que c'eft à ces religieux que la médecine eft redevable de l'emploi de la noix de galle, de la manne de Briançon, du féné & de la térébenthine en larmes, qui fe trouvent en abondance dans le pays & ont remplacé les drogues pernicieufes que les apothicaires faifoient venir à grands frais du Levant & de l'Inde, & que les em-

poifonneurs remplaçoient par d'autres fubftances élaborées dans
leurs officines & non moins dangereufes pour la fanté. Il y avoit
alors en France, outre les Chartreux, un grand nombre de maifons religieufes où les moines étudioient la médecine & la vertu
des fimples, & diftribuoient des médicaments fains aux pauvres
malades; dans le nombre de ces maifons, Champier cite les Fran-
cifcains & les Dominicains de Lyon. Les Chartreux, ajoute-t-il,
dévoilèrent plus d'une fois les artifices & les fraudes des apothicaires, & s'efforcèrent de détromper la crédulité exploitée par
les charlatans. « Périffent, s'écrie-t-il, périffent à jamais ces drogues exotiques qui dépêchent les pauvres gens dans l'autre monde
après avoir vidé leur bourfe ! Mais, qu'arrive-t-il ? lorfqu'un médecin honnête & confciencieux s'élève contre ces coupables abus,
il eft en butte aux accufations les plus fàcheufes, aux menaces &
aux injures, &, pendant que les impofteurs & les fauffaires prof-
pèrent & s'enrichiffent, le praticien le plus habile eft mis en quelque forte à l'index, & il ne retire de fon dévouement au bien de
l'humanité que la vindicte publique & la haine. Honneur donc
aux Chartreux, qui ont fait faire d'utiles progrès à la fcience ! ils
ne font pas moins recommandables qu'Hippocrate, que Galien
& Avicenne. » (*Proemialis epiftola*, paffim.)

Dans ce petit traité divifé en cinq livres, Champier explique
les propriétés de la rhubarbe, de la noix de galle, de la térébenthine, de la manne & du féné que l'on recueille en France, &, les
comparant à celles des mêmes fubftances qu'on importoit de
l'étranger, il en conclut que ces médicaments extraits de notre
fol ne le cèdent en rien aux autres. Il raconte que, pour s'en affurer, il obtint de Pompone Trivulce, gouverneur de Lyon, qu'il
fît venir de la térébenthine de la Troade, de la Macédoine & de
Damas, & qu'elle étoit abfolument la même pour la couleur, l'o-
deur & le goût. La térébenthine en larmes fe trouve dans les environs de Briançon, fur le même arbre que la noix de galle & la
manne. Dans ce traité, Champier développe fon thème favori, à
favoir, que la Providence a fourni à chaque contrée les remèdes
néceffaires, & que, par conféquent, il n'eft pas befoin de recourir aux étrangers.

Après le *Gallicum Pentapharmacum* eft l'*Antidotarius*. C'eft un
recueil de prefcriptions ou recettes pour la guérifon de certai-

nes maladies. A la fin de l'*Antidotarius* font les armes de Terrail entourées du cordon de St-Michel. Suit une épître de Donatus fur la vertu de la térébenthine, adreffée à Philippe Trivulce, archevêque de Ragufe, frère de Pompone; l'écu des armes des Campége & de Champier, & une épître de Champier à Pompone Trivulce. Ce petit volume eft clos par une lifte des illuftres médecins qui ont écrit du temps de Champier & defquels il avoit lu les ouvrages.

A la fin eft un catalogue des œuvres de Symphorien Champier dreffé par Hiérofme de Monteux & divifé par ordre des matières. Il fe compofe de cent cinq articles, qui avoient été imprimés de 1498 à 1534, & auxquels il faut ajouter tout ce qui a été publié depuis cette date jufqu'en 1537, époque où il ne parut plus rien de Champier à Lyon. Ce catalogue contient fept divifions : les arts libéraux, l'hiftoire, les épîtres, les apologies, l'aftronomie, la médecine & la théologie. J'ai penfé qu'il étoit bon de le reproduire.

Index omnium D. Symphoriani Campegii Lugduneñ Medici celeberrimi Lucubrationum, a Hieronymo Montuo doctore praeftantiffimo collectarum.

Ordo librorum qui fpectant ad inftitutionem artium liberalium.

— Ianua Phyfices.
— Vocabularium philofophiae.
— Compendium philofophiae.
— Campi falubres.
— Campi morales.
— De quadruplici vita.
— Symphonia inter Platonem & Ariftotelem.
— Philofophia Platonica.
— Periarchon de principiis Platonicarum difciplinarum.
— Campi naturales.
— Campi metaphyficales.
— De Harmonia totius mundi.
— Periarchon utriufque philofophiae.
— Ifagogae in logicam.

Ordo fecundus hiftorias continens.

— Trophaeum Gallorum de quadruplici eorum hiftoria.
— Allobrogum five Sabaudiorum gefta.
— De Gallorum genealogia.
— De Gallorum imperio.
— De rerum publicarum gubernatoribus.
— De origine ac antiquitate lugduneñ urbis.
— Dialogus in gefta Mahometi.
— Galliae propugnaculum.
— Navis principum (Nef des Princes).
— Galeni vita.
— Mefues vita.
— De feditione lugduneñ.
— Trophaea ac Bayardi gefta.

— Hiftoria Auftrafiae five Lotharin-
giae.
— Trophaeum regis Ludovici XII in
Venetos.
— Ejufdem in Genuenfes.
— De Gallorum monarchia.
— De claris Lugduneñ.
— Galliae campi.
— De claris medicis.
— De legum divinarum conditoribus.
— Duellum Galliae & Italiae.
— De fcriptoribus gallicis ac lugdu-
nenfibus.
— Navis Heroidum five mulierum il-
luftrium (Nef des Dames).
— Arnaldi Neocomenfis vita.
— De antiquitate Viennenfis urbis.

Ordo tertius continet epiftolas.

— Epiftolae fratris Hieronymi Pa-
pienfis ad Campegium, & Cam-
pegii ad Hieronymum, de Gal-
liae & Italiae laudibus.
— Epiftolae Dionyfii Coroñaei ad
Campegium, & Campegii ad
Coronaeum.
— Epiftolae Bernardi Unger Germa-
ni, ac Campegii ad Bernardum.
— Epiftolae Erafmi ad Campegium
cum refponfionibus.
— Epiftolae Manardi ad Campegium
& Campegii ad Manardum.
— Epiftolae divi ac magni Antonii ab-
batis, cum commentariis cam-
pegianis.
— Epiftolae divi Ignatii cum argu-
mentis campegianis.

Ordo quartus apologias continens.

— Ad quendam theologum de ftudio
humanae philofophiae & divinae.
— Ad fratrem Hieronymum Papien-
fem pro defenfione Galliae.

— Ad Bernardum Unger Tubingen-
fem medicum.
— Ad Laurentium Frifium pro defenfione Leoniceni, Manardi & Fu-
chfii contra Arabes & Poenos.

*Ordo quintus pertinens ad
aftronomiam.*

— De vita coelitus comparanda.
— De civitatibus totius mundi.
— Commentarium in Timaeum Pla-
tonis de univerfo.
— De fitu orbis fecundum tabulas
Ptolemaei.
— Commentarium in Timaeum Lo-
crum de univerfitate mundi.
— De mirabilibus mundi.
— Pronofticum perpetuum de prae-
notionibus Aftrologorum, ac
Medicorum, & Prophetarum.

Ordo fextus Medicinalia continens.

— Medicinale bellum inter Ariftote-
lem & Galenum.
— Centiloquium Ifagogicum in li-
bros Hippocratis.
— Practica Aggregatoris Lugdunen-
fis a capite ad pedes ufque.
— Annotationes in Galenum.
— Annotationes in Avicennam.
— Epitome commentariorum Galeni
in libros Hippocratis.
— Cathegoriae medicinales.
— Paradoxa in artem parvam Galeni.
— Pilularium virorum illuftrium.
— Vocabularium Medicinae.
— Commentarium in quartum Ifido-
ri, qui eft de Medicina.
— De fanguinis miffione.
— Sylvae medicinales.
— Clyfterium Campi.
— Hortus Gallicus.
— Speculum Galeni.
— Enchiridion medici chriftiani.

— Secretorum liber.

— Experimentorum liber.

— Rofa Gallica de rebus non naturalibus.

— Aphorifmorum liber ex diverfis antiquorum libris.

— Medicinae compendium.

— Medicinae propugnaculum.

— Adnotationes in conciliator. Aponenfem.

— De Pleuritide.

— Caftigationes juniorum medicorum & pharmacopolarum.

— Officina pharmacopolarum.

— Campi Elyfii.

— Speculum Medici chriftiani.

— Symphonia Galeni ad Hippocratem & Avicennae ad Celfum.

— De curandis corporis & animae morbis.

— Margarita Gallica.

— De vinis febricitantium.

— Hiftoriae Galeni cum commentariis campegianis.

— Annulus medici chriftiani.

Ordo feptimus pertinentium ad theologiam.

— De myfteriis Druydum, five Gallorum facerdotum.

— Theoremata in epiftolas Pauli.

— Orphica Theologia.

— Trimegiftica Theologia.

— Afclepii Theologia cum commentariis.

— Symphonia Prophetarum ac Evangeliftarum.

— De mirabilibus facrae fcripturae.

— De Hierarchia Ecclefiae Lugdunenfis.

— Contra Gentiles, Iudaeos, Mahumetenfes & haereticos.

— Symphonia de poteftate Ecclefiae contra haereticos Valdenfes.

— Symphonia Favergiana de Lazaro & fororibus.

— Gallicum pentapharmacum.

FINIS.

Monteux a cité tous les traités de Champier, fans indiquer le corps d'ouvrage où ils fe trouvent. Vérification faite, je me fuis affuré de l'exactitude du catalogue, & j'aurois pu placer en regard de chaque article le volume dont il fait partie ; mais ce travail long & minutieux eût entraîné une perte de temps confidérable, qui n'auroit pas été compenfée par fon utilité. J'ai donc cru devoir m'abftenir de cette claffification, qui auroit coûté beaucoup de peine fans profit pour perfonne. Il n'y a que trois articles que je n'ai pu parvenir à découvrir, & qui font à ajouter à la lifte des ouvrages de Champier, ce font fes Epîtres à Bernard Unger, *Symphonia de poteftate Ecclefiae contra haereticos Valdenfes, & Symphonia Favergiana de Lazaro & fororibus.*

(Bibl. de M. Yemeniz. Bel exemplaire, mar. v., Trautz-Bauzonnet.)

XLII. — Cribratio medicamentorum ferè omnium, in fex digefta libros. D. Symphoriano Campegio, Medico, omnibus numeris abfolutiffimo, autore.

His accefferunt

Qvaeftio aurea de exhibitione medicinarum uenenofarum.

De Miftorum generatione, de Cōcretis, & Abftractis.

Apologia in Academiam nouā Hetrufcorum.

Apvd Seb. Gryphium, Lvgdvni, 1534.

In-8° de CLX pages, à longues lignes, caractères italiques ; fignat. a — i. La pagination finit à la p. CXLIX ; fuivent VII pp. non chiffrées pour l'index & deux ff. blancs ; fur l'avant-dernier eft la marque de Gryphius, un griffon paffant, de feneftre à dextre.

Ce traité eft dédié à Pompone Trivulce. Champier y fait l'éloge de Jacques & de Théodore Trivulce, fes oncles, de fa famille originaire de France & dans laquelle on compte plufieurs archevêques & cardinaux, entre lefquels Auguftin Trivulce fon frère, cardinal du titre de St-Adrien, & un grand nombre de vaillants guerriers dont le dernier, Camille, fon plus jeune frère, combattant devant Naples avec le prince de Vaudemont & Lautrec, tomba, « non vaincu mais fatigué de vaincre. » Champier, fans doute très fatisfait de quelques phrafes qu'il avoit faites à la louange de Juft de Tournon, tué auffi devant Naples, répète ici mot à mot, pour la maifon de Trivulce, ce qu'il avoit écrit dans la Généalogie de la maifon de Tournon. Suit un Avis au Lecteur par Hortenfius Appianus, puis la table des matières.

Le livre premier eft confacré à la vraie & falutaire doctrine, d'après Hippocrate, Galien, Oribafius, Paul & les autres auteurs grecs & latins. Voici la définition que Champier, en commençant, donne de la médecine : « C'eft un art qui combat contre les deftins & qui parvient à les furmonter ; il prolonge l'exiftence de ceux qui font languiffants & valétudinaires, & rend fouvent à la lumière du jour ceux dont on pleuroit la perte & qu'on croyoit déjà être au nombre des morts. »

Le second livre, *Lima medicinarum adulteratarum*, est sur les médicaments sophistiqués.

Le troisième, *Racematio*, est sur les poisons employés en médecine & sur les remèdes que Champier appelle bénits (*benedicta*), parce qu'ils ne peuvent pas faire de mal.

Le quatrième, *Spicilegium*, est un choix d'aphorismes ou sentences médicales tirées de divers auteurs. Dans le cinquième, Champier explique aux jeunes médecins la pratique de la médecine, & dans le sixième, il enseigne tout ce que les anciens ont dit des substances vénéneuses & des médicaments dont les effets ne peuvent être nuisibles. Il recommande aux malades d'éviter les remèdes violents des empiriques, avec autant de soin qu'ils en mettroient à fuir les lions, les crocodiles & les reptiles les plus malfaisants.

Champier a affecté pour ces divers traités des titres singuliers : *Cribratio*, cribration ; *Lima*, lime ; *Racematio*, *Spicilegium*, l'action de cueillir les grappes qui restent aux ceps après la vendange, & de glaner après la moisson.

A la fin du sixième livre, au verso de la page *cj*, on retrouve les armes de France & de Lorraine, & au-dessous, celles des Campége & des Champier, dont la planche avoit servi déjà pour le *Gallicum Pentapharmacum*, imprimé la même année chez Melchior & Gaspar Trechsel. A la suite, est une épître d'Antoine Geoffroy (*Galfredus*), de Condrieu, sous le titre *Apologia in academiam novam Hetruscorum contra Avicennam & Mesuen*. Elle est adressée à Antoine & Claude Champier, fils de Symphorien & comme lui médecins.

Vient ensuite une épître de Jean Champier (sans doute Bruyerin-Champier), médecin du cardinal de Tournon, à son cousin Antoine fils de Symphorien, & à Bernard Unger. C'est le catalogue des livres de Galien, dans l'ordre où ils doivent être lus. Il commence par dire à Antoine & à Bernard que, s'il ne leur a pas répondu plus tôt, c'est qu'il n'a reçu leurs lettres qu'à son retour d'Italie, où il avoit accompagné le cardinal & où il avoit fait un séjour de dix mois. Il les félicite d'être restés l'un & l'autre dans les saines doctrines de l'ancienne médecine, & de n'avoir pas suivi les écarts des novateurs ; ce qui prouve qu'alors comme aujourd'hui, les médecins n'étoient guère d'accord. Ceux qui restoient fidèles aux préceptes de l'Ecole étoient traités par leurs adversaifaires comme des routiniers ennemis du progrès ; à leur tour, ils accufoient la nouvelle école de témérité & d'empirifme, & c'étoient les pauvres malades qui portoient la peine de ces débats. Auffi Symphorien Champier, dans plufieurs de fes ouvrages, a-t-il foin de rappeler fouvent que le choix d'un médecin eft une affaire très importante, car il y va, dit-il, de la vie ou de la mort.

Dans ce petit traité fous forme de lettre & dont la lecture me femble devoir être utile encore aujourd'hui, Jean Champier parle de Symphorien comme de fon oncle. L'épître eft datée de Marfeille, à fon retour de Rome.

A la fuite :

— Medulla totius philofophiae naturalis ac medicinae.

Avec les armes de France & celles de Lorraine fur le frontifpice, au-deffous du titre. Au verfo font celles de Campége & de Champier, plus l'écu de Terrail. L'épître dédicatoire à Charles d'Eftaing, docteur en l'un & l'autre droit, protonotaire apoftolique, chamarier de l'Eglife de Lyon & facriftain de Rhodez, eft datée « ex bibliotheca noftra Lugdunẽ, » 10 juillet 1534. Ce petit traité, que Haller qualifie « fenilis fermocinatio » eft divifé en deux parties. Champier y profcrit l'emploi des médicaments exotiques. On trouve à la fin des vers latins de Jacques Lambert, lyonnois, à la louange de l'auteur. Il lui dit, à propos de fon livre:

> O quantum pulchrum eft aliquid feciffe futuri,
>   Quo memores noftri temporis effe queant.
> Denique fi quifquam de te fortaffe loquatur,
>   Is tecum dicit tres habitare deas.
> Juno praebet opes, doctrinam Pallas, & una
>   Perpulchrae prolis te facit effe patrem (1).

(Bibl. de M. Yemeniz. Très bel exempl. mar. v. Bauzonnet.)

(1) Jacques Lambert fait allufion ici à Marguerite Terrail femme de Symphorien. Ce Jacques Lambert avoit époufé Marie, leur fille, sœur d'Antoine et de Claude Champier.

XLIII. — Petit dialogue auquel eſt declaire que ceſt de nobleſſe & les inuenteurs dicelle. Ou le ieune Prince demande & le Docteur luy reſpond. Compoſe par ledit maiſtre Symphorien Champier.

Ce dialogue a été imprimé à la ſuite d'un volume intitulé : Le fondement & origine des titres de nobleſſe & excellentz eſtaz de tous nobles & illuſtres : quant a la difference des Empires, Royaumes, Duchés, Contés & autres ſeigneuries. Paris 1535, petit in-8º de xl ff., a lenſeigne de ſainct Iehan Baptiſte. Réimprimé à Paris, Denys Janot, 1544, in-16, & à Lyon, Jehan de Tournes, 1547.

Barbier, n. 6794 du Dict. des Anonymes, & le catalogue de la vente Nodier, 1829, n: 751, attribuent à Champier le Fondement & origine des titres de nobleſſe..... Il n'y a que le Petit Dialogue qui ſoit de lui.

Les continuateurs de Moréri lui donnent auſſi le Secret de l'art de l'armoirie....., Paris 1535, in-12, & Lyon 1537. Je ne l'ai vu mentionné que là, & ne le connois pas autrement, à moins que ce ne ſoit le même livre que celui cité ci-deſſus, avec un titre défiguré ; ce qui n'eſt pas ſans quelque vraiſemblance, la date de 1535 étant la même que celle de Fondement & origine des titres de nobleſſe.....

Le Petit Dialogue auquel eſt declaire que ceſt de nobleſſe & les inuenteurs dicelle... avoit été publié déjà par Champier dans La Nef des Princes & des Batailles, à la ſuite du Doctrinal des Princes.

(Bibl. de M. Yemeniz.)

XLIV. — Symphoriani campegii Epiſtola in libros Santis Pagnini Lucenſis ad franciſcum a turnone bituricenſis eccleſiae antiſtitem, aquitaniae primatem ſanctacque romanae eccleſiae cardinalem.

Cette épître, datée de Lyon, la veille des nones d'avril 1536, fe trouve au commencement de *Ifagogae ad facras literas* Santis Pagnini Lucenfis praedicatorii. Lugduni, Hugues de La Porte, 1536, in-fol.

On voit par la foufcription, que ce livre fut imprimé par François Jufte pour Hugues de La Porte, qui n'étoit que libraire.

Il réfulte de la date de l'épître que Champier vivoit encore au mois d'avril 1536, & par conféquent, que ceux qui le font mourir en 1535 fe trompent évidemment. Il fembleroit, d'après ce qu'il dit au cardinal, à la fin de fon épître, qu'il avoit travaillé auffi à l'*Ifagogae* : « Ad te Santis Pagnini viri religiofiffimi fimul & Symphoriani Campegii lucubrationes mittimus. »

XLV. — Symphoriani Champerii philofophi ac medici ingenio eruditioneque fummi viri libri VII de Dialectica, Rethorica, Geometria, Arithmetica, Aftronomia, Mufica, Philofophia naturali, Medicina & Theologia : Et de legibus & repub. eaque parte philofophiae quae de moribus tractat. Atque haec omnia funt tractata ex Ariftotelis & Platonis fententia.

Bafileae apvd Henricvm Petrvm.

In-8° de CXXXIV pag.; fignat. A — I.

A la fin un f. non chiffré, portant au recto la foufcription, & au verfo la marque de l'imprimeur.

Bafileae per Henricvm Petrum, menfe martio, anno MDXXXVII.

Si Champier avoit traité toutes les matières énoncées dans le titre de fon livre, il auroit rempli au moins un in-folio ; mais les gros livres n'étoient guère de fon goût, & il s'eft contenté d'effleurer fon fujet & de donner l'opinion de Platon, fur la religion, la philofophie, la morale, &c.

(Bibl. de M. Yemeniz.)

XLVI. — De monarchia Gallorum campi avrei ac Triplici imperio, videlicet Romano, Gallico, Germanico : unà cum geſtis heroum ac omnium imperatorum. Authore Symphoriano Campegio aurato equite.

Lvgdvni ex officina Melchioris & Gaſparis Trechſel fratrum. M.D.XXXVII.

Trois tom. en un vol. grand in-4°, non chiffrés. Chaque tome a ſon frontiſpice & ſa ſignature à part.

Au bas du f. *Dd iiij* du tome III :

Finis Hierarchiae, & omniũ Camporum in hoc volumine cõtentorum, a domino Symphoriano Campegio equite aurato aeditorum.

Le *Galliae Campus* eſt diviſé en trois livres, *De regno Franciae, De regno Gaſconiae, De regno Allobrogum*. A la ſuite, Catalogue des évêques de Vienne, de Lyon, & des abbés d'Ainay ; *Vaticinium ſybillae Lugdunenſis ; Parallelia quaedam de viris illuſtribus galliae*…; xx ff., ſignat. a — e.

A la ſuite :

— De Monarchia ac Triplici imperio, videlicet Romano, Gallico & Germanico. xxx ff., ſignat. A — G.

Lvgdvni ex officina Melchioris & Gaſparis Trechſel fratrum M.D.XXXVII.

Diviſé en quatre livres.

A la ſuite :

—De antiqua nobilitate domus Turnoniae, ex qua innumeri proceres tum toga tum armis clariſſimi prodiere.

Le Père Niceron donne une édition de cette généalogie, Lugduni 1527, in-fol. Je ne la connois pas imprimée à part, dans ce format,

& je ne crois pas qu'elle exifte, par la raifon qu'elle n'a que deux pages, & que je ne vois pas comment il eût été poffible de faire de ces deux pages un vol. in-fol. Le P. Niceron n'a pu citer que l'opufcule contenu dans le volume dont nous nous occupons, & il a commis une autre erreur en indiquant la date de 1527, au lieu de 1537. Cette partie eft dédiée au cardinal Jean de Lorraine, archevêque de Narbonne.

— Galliae Celticae ac antiquitatis Lugdunenfis civitatis quae caput eft Celtarum, campus. XXVIII ff.; A a — D d. Lvgdvni ex officina Melchioris & Gafparis Trechfel fratrum. M. D. XXXVII.

Dédié au cardinal Jean du Bellay, évêque de Paris.

— Galliae Celticae campvs in quo de Lvgdunenfi origine ac confulatu, & plebeia feditione agitur, a Pierchano equeftris ordinis uiro apud Carnutes in S. Martini prioratu aeditus (1).

(1) Champier dit, dans le titre de cette relation en latin de la Rebeine : « Apud Carnutes in S. Martini prioratu aeditus, » fans doute afin de dépifter le lecteur, & peut-être auffi à caufe du rapport que, dans fon amour des origines gauloifes, il trouvoit entre Chartres & Ainay ; car c'étoit à Chartres que les Druides avoient leur principal collége ; &, fuivant la tradition commune au xve siècle parmi les érudits lyonnois, l'emplacement où foixante nations des Gaules élevèrent à Rome & à Augufte un autel, fur les ruines duquel furent conftruits plus tard une chapelle dédiée à fainte Blandine & un monaftère confacré à faint Martin, étoit couvert d'une épaiffe forêt de chênes au milieu de laquelle les Druides avoient auffi une école fameufe.

On a beaucoup difcuté fur l'étymologie du nom d'Ainay, *Athanacum* ou *Athanatum*. Les uns le dérivent d'*Athenaeum*, à caufe des combats littéraires qui y avoient lieu chaque année ; d'autres le croient un nom celtique, ce qui eft plus vraifemblable ; d'autres enfin l'ont rendu par St-Athanafe, comme M. Antonin Macé, traducteur du premier livre d'Aimar du Rivail (*), qui a fait de « Anfelmus coenobii Athanacenfis Lugdunenfis abbas, » un abbé *de St-Athanafe de Lyon*, au lieu de Ainay.

(*) Defcription du Dauphiné, de la Savoie..... par M. Antonin Macé. Grenoble 1852, in-8°, p. 76. Excellent livre dans lequel le traducteur a ajouté de favantes notes qui en font un appendice très utile pour l'hiftoire de Dauphiné.

C'eſt la relation, en latin, de l'Antiquité & origine de Lyon, la Rebeine & la Hiérarchie de St-Jean, que Champier avoit publiée en françois à Paris & à Lyon en 1529, in-8°. A la fin du volume il a reproduit les inſcriptions antiques qu'il avoit déjà données en 1507 avec *De claris Lugdunenſibus*, dans ſon livre *De quadru-plici Vita* (1). Au dernier f. eſt le privilége pour l'impreſſion du livre *De Monarchia Gallorum Campi aurei*. On trouve quelquefois le *Galliae Celticae Campus* relié à part comme ſi c'étoit un ouvrage complet : c'eſt la troiſième partie de *De Monarchia Gallorum Campi aurei*, & par conſéquent, elle ne doit pas en être détachée.

Ce volume eſt un des plus beaux de la collection des œuvres de Symphorien Champier. Les frères Trechſel ſuivirent avec in-telligence l'impulſion donnée, quelques années auparavant, par Joſſe Bade, pendant qu'il étoit à Lyon, correcteur dans l'impri-merie de leur père, pour ſubſtituer les beaux caractères romains au gothique. Ils ſupprimèrent les abréviations qui font de certains mots, dans les éditions de ce genre parvenues juſqu'à nous, au-tant d'énigmes indéchiffrables pour ceux qui n'en ont pas la clé ; ils rétablirent l'uſage de la diphthongue *ae* qui, dans le gothique, étoit remplacée par *e ;* ils offrirent aux lecteurs des éditions d'une lecture facile, qui n'eurent pas de peine à détrôner le go-thique, & ils préparèrent ainſi les voies aux admirables travaux des Dolet, des Jehan de Tournes, des Gryphe & des Rouille, qui en-fantèrent tant de merveilles pendant la ſeconde moitié du ſci-zième ſiècle & firent de Lyon à cette époque la métropole des ſciences, des lettres & des arts.

(Magnifique exempl. mar. bl. Bauzonnet. Bibl. de M. Yemeniz.)

XLVII.—Epiſtolae Bernardi Unger Germani, ac Cam-pegii ad Bernardum.

(1) Le P. Janin, religieux Auguſtin de Lyon, et de qui la Bibliothèque publique de Nîmes poſſède un recueil de quelques lettres à M. Sé-guier, répond, le 15 février 1763, à ce dernier qui l'avoit prié de s'enquérir auprès de l'imprimeur de Tournes s'il n'y avoit pas des inscriptions an-tiques dans le *Tropheum Gallorum*, et il lui dit que de Tournes l'avoit aſſuré qu'il n'y en avoit aucune; ce qui prouve que de Tournes ne con-noiſſoit pas les œuvres de Champier, ou que ni lui ni le P. Janin ne s'étoient donné la peine d'ouvrir le *Tropheum Gallorum*, à la ſuite du livre *De quadruplici Vita*, non plus que *De mo-narchia Gallorum Campi aurei*, où ces inſcrip-tions ſe trouvent auſſi.

XLVIII. — Epiſtolae Eraſini ad Campegium cum reſponſionibus.

XLIX. — Symphonia de poteſtate Eccleſiae contra Haereticos Valdenſes.

L. — Symphonia Favergiana de Lazaro & Sororibus.

Je n'ai jamais vu mentionner ces épîtres de Bernard Unger & d'Eraſme avec les réponſes de Champier, ſi ce n'eſt dans le catalogue que Hiéroſme de Monteux a fait des œuvres publiées par celui-ci de 1498 à 1534. J'en dirai autant des nᵒˢ XLIX & L.: De l'autorité de l'Egliſe ſur les hérétiques vaudois, & De Lazare & de ſes ſœurs. Si ces recueils d'épîtres & ces deux opuſcules ont été imprimés, & il faut bien qu'il en ſoit ainſi puiſqu'ils ſont cités par Monteux parmi les autres ouvrages laiſſés par Champier, ils doivent être enfouis dans quelque in-folio ignoré où celui-ci les aura gliſſés, car il ne négligeoit aucune occaſion d'écrire & de livrer ſon nom à la publicité, même dans les livres des autres. Je ne connois qu'une épître de Champier à Eraſme, dans le *Duellum epiſtolare*, & une de Jean Champier à Bernard Unger, dans *Cribratio medicamentorum*, & je n'ai rien vu nulle part qui ait quelque rapport avec ſon traité contre les Vaudois, rien non plus de lui ſur Lazare & Marthe & Marie ſes ſœurs.

LORDRE DE CHEVALERIE.

Cy commence le livre intitulé Lordre de chevalerie
ouquel eſt contenue la maniere comment on
doit faire les chevaliers & de lhonneur
qui a eulx appartient & de la dignité
diceulx. Compoſé par ung chevalier lequel en ſa vieilleſſe
fut hermite.

Senſuyt le prohefme.

A lhonneur dicelluy qui par ſa providence colloca
la terre au centre du monde, qui eſt cauſe des
cauſes, duquel la ſapience a remply toutes cho-
ſes, qui eſt unité parfaite, qui donne aux princes regner, duquel proviennent toutes victoires & triumphes, qui eſt une
eſphere inintelligible, duquel le centre eſt partout & la cir-
conference en nul lieu. Pretendons ceſtuy livre parfaire qui
eſt de lordre de chevalerie pour demonſtrer que a la ſignifiance de dieu le prince tout puiſſant qui ſeigneuriſt ſur toutes les planettes, & par ſa providence, les ſept planettes qui
ſont corps celeſtiaulx ont pouvoir & ſeigneurie a gouver-

ner & ordonner les corps terreſtres, que auſſi doivent les roys & les princes avoir puiſſance & ſeigneurie ſus les chevaliers. Et les chevaliers par ſimilitude doivent avoir pouvoir & domination ſus le menu peuple. Et pour ce a Vous prince ſouverain comme a mon ſouverain ſeigneur envoye ce petit livre de lordre de chevalerie, lequel pour Voſtre humanité & non pour choſe qui puiſſe eſtre digne d'envoyer a ung tel prince, mais comme le ſerviteur doit a ſon ſeigneur de ſon povoir donner ſelon ſa faculté. Ainſi Vous envoye ce petit livre ſelon la faculté de mon debile entendement, lequel prendrez aggreable, & non conſiderant le don de Votre ſubject, mais le bon vouloir comme fiſt dieu de la Magdelene qui pechereſſe eſtoit, & ſi fut ſon don a luy aggreable, lequel livre ſera diviſé en huyt chapitres.

Le premier chapitre dit comme le chevalier hermite deviſa a leſcuier la reigle & ordre de chevalerie.

Le ſecond eſt du commencement de chevalerie.

Le tiers eſt de l'office du chevalier.

Le quart de lexamination que lon doit faire a leſcuyer quant il veult entrer en ordre de chevalerie.

Le quint en quelle maniere leſcuyer doit recepvoir chevalerie.

Le. vi. de la ſignifiance des armes aux chevaliers.

Le. vii. parle des couſtumes qui appartiennent au chevalier.

Le. viii. eſt de lhonneur qui doit eſtre fait au chevalier.

Comment le chevalier hermite deviſa a leſcuyer la reigle & ordre de chevalerie. Premier chapitre.

En une terre advint que ung ſaige chevalier qui longue-

ment avoit tenu lordre de chevalerie, & qui fa noblefse
& la force de hault couraige, & en adventurant fon corps
avoit maintenu guerres, iouftes, & tournoys, & en maintes batailles avoit eu moult de nobles & glorieufes victoires. Pource quil vit & penfa en fon couraige quil ne pourroit pas longuement vivre, comme celluy qui par long
eage eftoit par le cours de nature pres de fa fin, efleut
vie heremitaine, car nature deffailloit en luy par vielleffe,
& navoit povoir ne vertu de ufer des armes comme il fouloit. Si laiffa lors fes heritaiges & toute fa richeffe a fes
enfans & fift fon habitation en ung grant boys habondant
deaues & de haultz arbres portans fruitz de diverfes manieres, & fuyt le monde affin que la foybleffe de fon corps
en laquelle il eftoit par vielleffe cheut ne le deshonnou-
raft, qui en honnourables chofes faiges & aventureufes par
longtemps y avoit efté honnoré. Iceluy chevalier penfant
a la mort remembra le trefpaffement de ce fiecle en lautre, & luy fouvint de la trefredoutable fentence de noftre
feigneur a laquelle le conviendra venir au iour du iuge-
ment. En une des parties diceluy bois y avoit ung beau
preau ouquel y avoit ung arbre bien chargié de fruict en
fon temps : Dont le chevalier vivoit en la dicte foreft. Et
deffoubz ce pommier y avoit une fontaine moult belle &
clere qui le preau & les arbres qui environ luy eftoient
arroufoit. Et en celluy avoit acouftumé le chevalier de venir tous les iours pour illec aourer & prier Dieu, auquel il
rendoit graces de la grace & de lhonneur quil luy avoit
fait en ce monde tous les iours de fa vie. En celuy temps
advint a lentree dung fort yver que ung roy moult noble & faige & plain de bonnes couftumes manda moult
de nobles pour ce quil vouloit tenir grant court. Et par
grant renommée qui fuft de celle court par toute la terre

il advint que ung escuyer sesmeut pour y aller, en intention quil seroit fait nouveau chevalier. Et ainsi comme il
aloit tout seul chevauchant sur son pallefroy, advint que
par le travail quil avoit soustenu de chevaucher il sendormyt sur son pallafroy. Et tandiz que ledict escuyer chevauchoit en dormant, son cheval yssit hors de son droit chemin & entra dans la forest ou estoit le chevalier. Et tant
alla par la forest quil vint a la fontaine a celle heure que
le chevalier qui demouroit ou bois pour faire penitence y
estoit venu pour dieu prier & aourer & pour despriser les
vanitez de ce monde, selon ce quil avoit acoustumé chescun iour. Quant il vit venir lescuyer il laissa son oraison &
sassist ou preau en lombre dung arbre, & commença a lire
en un livret quil tenoit en son giron. Et quant le cheval
fut venu a la fontaine il commença a boire & lescuyer qui
dormoit legierement sentist que son cheval ne se mouvoit,
il sesveilla & devant luy vit le chevalier qui fust fort viel,
& avoit grand barbe & longz cheveulx & maulvaise robe
usée & desrompue par vieillesse, & par la penitence quil faisoit fut moult mesgre & descouloré. Et par les lermes quil
gectoit furent ses yeux moult degastez. Et avoit regart de
homme de moult saincte vie. Moult sesmerveillerent lung de
lautre : car le chevalier qui longuement avoit esté en son
hermitage navoit veu nul homme depuis quil avoit laissé le
monde. Et lescuyer sesmerveilla forment comment il estoit
venu en celuy lieu. Alors descendit lescuyer de son pallefroy
& salua ledit chevalier. Et laccueillit le chevalier moult saigement. Et puis sassirent sur lerbe lung emprez lautre. Et
avant que nul deulx parlast, lung regarda lautre en la
chiere.

Le chevalier qui congneust que lescuyer ne vouloit pas
premierement parler pour ce quil luy vouloit faire reve-

rence, parla premier & dist. Bel amy, quel est votre couraige ne ou alez vous, ne pourquoy estes vous ici venu. Sire dist lescuyer, renommée est par loingtaines terres que ung roy moult saiges & moult noble a mandé court generale, & doit faire soy mesme nouveau chevalier, & puis adoubera aux nouveaulx chevaliers autres barons estranges & privez. Et pour ce vay ie a celle court pour estre chevalier nouvel. Car quant ie mendormy pour le travail que iay eu des grandes journées que iay faictes, mon pallefroy se destorna du droit chemin & ma apporté en ce lieu. Quant le chevalier oyt parler de chevalerie, il luy souvint de lordre de chevalerie, & de ce quil appartient a chevalier. Il getta un soufpir & entra en grant penfée, remembrant lhonneur en quoy chevalerie lavoit maintenu longuement. Et tandis que le chevalier penfoit ainfi, lescuyer luy demanda de quoy il estoit tant pensif. Et le chevalier lui respondit. Beaufilz mon penfer est de lordre de chevalerie & de la grandesse en quoy est chevalier a maintenir le hault honneur de chevalerie.

Lors lescuyer pria au chevalier quil luy dist lordre de chevalerie & la maniere par quoy on la peult mieulx honorer & garder en hault honneur qui lui affiert felon lordonnance divine. Comment, filz, dist le chevalier, ne fcez tu pas quelle est la regle de lordre de chevalerie, & comment peux tu & ose demander chevalerie iufques tant que tu faiche lordre de chevalerie. Car nul chevalier ne peut maintenir chevalerie fil ne fcet lordre. Et nul ne peult aymer lordre ne ce qui appartient a fon ordre fil ne fcet lordre de chevalerie, & fil ne fcet congnoiftre les deffaulx quil fait contre lordre de chevalerie. Et nul chevalier ne doit faire chevalier fe luy même ne fcet lordre de chevalerie. Car defordonné chevalier est celuy qui fait chevalier & ne luy fcet monftrer lordre de chevalerie ne les couftumes dicelle. Et tandis que le chevalier difoit ces parolles & reprenoit lefcuyer qui demandoit chevalerie fans quil fceuft quelle chofe eft chevalerie, lefcuyer refpondit audit chevalier. Sil vous vient a plaifir ie vous fupplye que vous me dyez lordre de chevalerie. Car il me femble que bien le amprendroye pour le grant defir que ien ay. Et enfuivray bien felon mon povoir la regle & lordre de chevalerie fil vous plaift a la moy aprendre. Amy, dift le chevalier, la regle & lordre de chevalerie eft efcripte en ce livret que ie tiens ouquel ie liz aucunes foiz affin quil me face remembrer la grace & la bonté que dieu ma fait en ceftuy monde pour ce que ie honnoroye & maintenoye lordre de chevalerie de tout mon povoir. Car tout ainfi comme chevalerie donne au chevalier tout ce qui luy appartient, auffi le chevalier doit donner toutes fes forces a honnorer a chevalerie. Lors bailla le chevalier a lefcuyer le livret. Et quant il eut leu dedans, il entendit que chevalier feul eft entre mil hommes efleu a avoir plus noble office que tous les mil. Quant il eut entendue la regle & lordre de chevalerie, adoncques il penfa ung petit & dit. Ha fire dieu benift foyes vous qui mavez amené en ce lieu, & en tant que iay congnoiffance de chevalerie, laquelle iavoye long temps defirée fans ce que ie fceuffe la nobleffe de fon ordre, ne lhonneur en quoy dieu a mys tous ceulx qui font en lordre de chevalerie. Et le chevalier dift. Beau doux filz, ie fuis viel fi ne puis ie pas deformais guieres vivre. Et pour tant ceftuy livre qui eft fait pour recouvrer la devotion, la loyaulté & lordenement que chevalier doit avoir en tenant fon ordre vous prendrez & porterez a la court ou vous alez. Et le monftrerez a tous ceulx qui voudront eftre faictz chevaliers nouveaulx. Et le gardez chierement fe vous aymez lordre de chevalerie. Et quant vous ferez adoubez a nouveau chevalier, & vous retornerez en voftre terre & pays, paffez par ce lieu & me faichez a dire lefquelz feront faitz chevaliers nouveaulx, & nauront efté obeyffans a la doctrine de chevalerie. Lors donna le chevalier a lefcuyer fa benediction. Et lefcuyer print le livre, & print congié du chevalier moult devotement. Et puis monta fur fon cheval & fen alla moult haftivement a la court. Quant il fut venu a la court moult faigement & ordonneement il prefenta fon livre au noble roy. Et fi offrit que tout homme noble qui vouldroit eftre en lordre de chevalerie peuft avoir copie dudit livre, affin ce que aucunesfoys il le life, voye & faiche lordre de chevalerie.

Du commencement de chevalerie. Second chapitre.

Quant charité, loyauté, iuftice & verité deffaillirent au monde, lors commença cruaulté, iniure & faulfeté. Et pour ce fut erreur & troublement en ce monde. Ouquel dieu a creé lhomme pour intention que de lhomme foit congneu & aymé, doubté, fervy & honnoré. Au commencement, quant au monde fut venu mefprifement de iuftice par deffault de charité il convint que iuftice retournaft par cremeur (1) en lhonneur en quoy eftre fouloit. Et pour ce tout le peuple divifé fut par miliers. Et de chefcun milier fut efleu ung homme plus faige & plus fort & de plus noble couraige & mieulx enfeigné que tous les autres.

En apres lon chercha laquelle befte eftoit plus conve-

(1) Crainte.

nable & plus belle, plus courant & plus puiſſant de ſouſtenir travail & plus abile a ſervir lhomme : ſi fut trouvé que le cheval eſtoit la plus noble beſte & la plus convenable a ſervir lhomme. Pour ce entre toutes les beſtes lhomme eſleut le cheval & le donna a celuy homme qui fut eſleu entre mil hommes. Et pour ce iceluy homme eut nom chevalier. Quant au plus noble homme fut donné la plus noble beſte, il convint apres quon eſliſiſt de toutes les armures celles qui plus nobles & plus convenables eſtoient a batailler & deffendre lhomme de mort. Et telles armes furent données & appropriées au chevalier.

Doncques quiconques veult entrer en lordre de chevalerie, il luy convient penſer au noble commencement de chevalerie. Et convient que la nobleſſe de ſon couraige & ſes bonnes couſtumes ſe concordent au commencement de chevalerie. Car ſe ainſi neſtoit, il ſeroit contraire a lordre de chevalerie & a ſes commencemens. Et pour ce neſt pas convenable choſe que lordre de chevalerie reçoive ſes ennemys en honneur ne ceulx qui ſont contraires a ſes commencemens. Amour & cremeur ſe commencent contre haine & meſpriſement. Et pour ce convient il que le chevalier par nobleſſe de couraige & de bonnes couſtumes & pour lhonneur tant grant & tant hault qui luy eſt fait par election, & par le cheval & par les armes, fuſt aymé & doubté de la gent, & par lamour retournaſt charité & enſeignement, & par cremeur retournaſt verité & iuſtice. De tant que lhomme a plus de ſens & dentendement & de plus forte nature que la femme, de tant plus peut il eſtre meilleur que la femme. Car ſil neſtoit autant puiſſant & different a eſtre meilleur que la femme, il ſenſuivroit que bonté & force de nature fuſſent contraires a bonté de couraige & a bonnes œuvres. Doncq tout ainſi comme lhomme par fa nature eft plus appareillé a avoir noble couraige & eftre meilleur que la femme, auffi lhomme eft plus ou autant enclin a eftre vitieux que la femme. Car fil neftoit ainfi, il ne feroit pas digne quil euft greigneur (1) nobleffe de couraige & greigneur merite deftre bon plus que la femme. Garde toy, efcuyer qui veult eftre en lordre de chevalerie, que tu faras. Car fe tu es chevalier, tu recoys lhonneur & la fervitude quil convient avoir aux amys de chevalerie. Car de tant que tu as plus noble commencement & plus dhonneur, de tant es tu plus ferf & obligé a eftre bon & aggreable a dieu & aux gens. Et fe tu es maulvais, tu es ennemy de chevalerie & es contraire a fes commencemens & a fes honneurs. Tant eft hault & noble lordre de chevalerie quil ne fouffit pas que lon feift chevaliers des plus nobles perfonnes ne que on leur donnaft la plus noble befte & la meilleure, & les plus nobles armures & les meilleures, tant feulement aincoys convient & fault que on les faces feigneurs de plufieurs hommes. Car en feigneurie y a beaucop de nobleffe, & en fervitude y a moult de fubieciions.

Doncques fe tu prens lordre de chevalerie & es vil homme ou maulvais tu fais grant iniure a tous tes fubieciz & a tous tes compaignons qui font bons, car par la vilité en quoy tu es, fe tu es maulvais devrois tu eftre foubmys a ferf. Et par la nobleffe des chevaliers qui font bons eft une chofe indigne que tu fois appellé chevalier. Election, ne cheval, ne armes, ne feigneurie ne fuffifent point encores au hault honneur qui affiert a chevalier. Ains convient que on luy donne efcuier & garfon ou paige qui le fervent & prennent garde de fes chevaulx. Et convient que

_____

(1) Plus grande.

la menue gent laboure les terres pour aporter fruictz &
biens dont le chevalier & les bestes ayent leur vie. Et que
le chevalier se repose & soit a seiour selon sa noblesse. Et
se deporte sur son cheval, ou a chasser ou en autre maniere
selon ce quil vouldra & plaira. Et ait aise & delict des
choses dont ses hommes ont paine & travail.

Les clercz estudient en science & en doctrine affin quilz
puissent & sachent cognoistre & aymer dieu & ses œuvres
a celle fin quilz donnent doctrine a la gent laye & bestiale,
par bons exemple de congnoistre, aymer, servir, & honnorer dieu nostre seigneur glorieux. Car affin ce qu'ilz sachent ordonneement faire ces choses dessusdit ensuivent
ilz les escoles. Donc ainsi comme les clercz par honneste
vie & bon exemple & par science acquise ont ordre & office a encliner les gens a devotion & bonne vie : tout ainsi
les chevaliers par noblesse de couraige & par force darmes maintiennent lordre de chevalerie. Et ont celle ordre pour ce quilz enclinent le menu peuple a cremeur par
laquelle ilz redoubtent de faire tort les ungs aux autres.
La science & lescole de chevalerie est que le chevalier face
son filz aprendre a chevaucher en sa ieunesse, car sil ne
lapprent en sa ieunesse ia ne lapprendra en sa vielesse.
Et convient que le filz du chevalier pendant quil est escuyer
se sache prendre garde de cheval. Et convient quil serve
avant, & quil soit devant subgect que seigneur. Car autrement ne congnoistroit il point la noblesse de sa seigneurie quant il seroit chevalier. Et pour ce que tout chevalier
doit son filz mettre en service dautre chevalier affin quil
aprengne a taillier a table & a servir, & a armer & habilier
chevallier en sa ieunesse, ainsi comme lhomme qui veult
aprendre a estre cousturier ou charpentier il convient quilayt
maistre qui soit cousturier ou charpentier, tout ainsi con-

vient il que tout noble homme qui ayme lordre de chevalerie & veult devenir & eftre chevalier ait premierement
maiftre qui foit chevalier. Car ainfi comme defconvenable
chofe feroit que lhomme qui vouldroit aprendre a couftu-
rer aprint a couldre d'ung charpentier, tout ainfi feroit il
defconvenable chofe que lefcuier aprint lordre de nobleffe
de chevalerie dautre homme que de chevalier.

Tant eft hault & honnorable lordre de chevalerie que a
lefcuier ne fouffift pas tant feulement aprendre a garder
cheval & a fervir chevalier, & quil voife avec luy aux tournois & aux batailles, ains feroit neceffité & befoing quon
tenift efcole de lordre de chevalerie, & que la fcience en
fuft efcripte en livres, & que lart en fuft monftrée & leue
en telle façon & maniere quon lit les aultres fciences. Et
que les filz des chevaliers aprinfent premierement la fcience
qui appartient a chevalerie, & en apres fuffent efcuiers &
chevaulchaffent avec les chevaliers par diverfes terres &
contrées. Se erreur ne fuft aux clercz & aux chevaliers a
peine fuft il point daultres gens, car les clercz ilz euffent
devotion & amour a dieu, & pour les chevaliers, doubtaf-
fent a faire tort, trahifon, & barat lung a lautre. Doncques
puifque les clercz ont maiftres & doctrine & vont aux efcoles pour apprendre, & tant font de fciences qui font
efcriptes & ordonnées en doctrine, grant tort eft fait a lordre de chevalerie de ce que delle neft une fcience efcripte
& leue es efcoles fi comme des aultres fciences. Et pour ce,
celluy qui a fait ce livre fupplie au noble roy & a toute
la gentille compaignie des nobles chevaliers qui en cefte
court font affemblez a lhonneur de chevalerie, que du tort
qui luy eft fait luy foit faite amende & fatisfation.

De loffice qui appartient au chevalier. Chapitre troiziefme.

Office de chevalier eft & lintention pourquoy fut commencée lordre de chevalerie. Doncques fe le chevalier ne ufe de fon office il eft contraire a fon ordre & aux commencemens de chevalerie devant ditz, par laquelle contrarieté il neft pas vray chevalier, iacoit ce quil en porte le nom. Car ung tel chevalier eft plus vil que le marefchal ou le charpentier qui font leur office felon ce quilz doivent & ont aprins. Office de chevalier eft de maintenir & deffendre la faincte foy catholique, pour laquelle dieu le pere envoya fon filz en ce monde pour prendre chair humayne en la glorieufe vierge marie, qui pour honnourer & multiplier la foy foubftint en ce monde moult de travaulz & de peine & angoiffeufe mort. Doncques tout ainfi comme noftre feigneur dieu a efleu les clerz pour maintenir fa faincte foy catholique avec efcriptures & raifons contre les mefcreans, auffi dieu de gloire a efleu les chevaliers affin ce que a force darmes ilz vainquent & furmontent les mefcreans qui par chafcun iour font leur povoir de deftruyre faincte eglife, & telz chevaliers qui ainfi deffendent, dieu les tient pour amys honnourez en ce fiecle & en lautre, quant ainfi gardent & maintiennent la foy par laquelle attendons eftre faulvez. Chevalier qui a foy & ne ufe de foy eft contraire a ceulx qui maintiennent la foy, eft ainfi comme entendement de lhomme a qui dieu a donné raifon, & neantmoins il ufe du contraire de raifon. Doncques qui a foy & eft contraire a foy & veult eftre faulvé, il fait contre foymefines. Car fon vouloir fe concorde a mefcreance

qui eft contraire a foy & a falvation. Par laquelle mefcreance lhomme eft iugié a tourmens infinitz & pardura-
bles. Plufieurs font les offices que dieu a donnez en ce
monde affin que de lhomme foit fervy & honnouré, mais
les plus nobles & les plus honnourez qui foient font les offices des clers & office de chevalier. Doncques ainfi comme
clercz ne font point ordonnez de clergie qui foit contre
lordre de chevalerie, ainfi chevaliers ne maintiennent point
lordre de chevalerie qui font contraires & defobeyffans
aux clercz qui font obligez a aymer & maintenir lordre
de chevalerie. Ordre neft point donné a lhomme pourtant
quil ayme fon ordre tant feulement, ains doit aymer les
aultres ordres, car aymer une ordre & hayr lautre neft pas
aymer ordre, car dieu na donné ordre qui foit contraire a
aultre ordre. Et auffi doncques comme le religieux qui ayme
tant fon ordre quil eft ennemy des aultres ordres ne enfuyt pas la reigle de ordre, ainfi le chevalier na point loffice de chevalier qui tant ayme & prife fon ordre quil en
mefprife & hayt aultre ordre. Car fe le chevalier aymoit
lordre de chevalerie & hayoit & deftruyfoit aulcun aultre
ordre, il fenfuyvroit que ordre fuft contraire a dieu laquelle
chofe ne peult eftre comme il foit ainfi quil ayt eftabli
ordre.

Tant eft noble chofe loffice de chevalier que ung chafcun chevalier devroit eftre feigneur & gouverneur de bien
grant terre : mais tant font de chevaliers que la terre ne
pourroit fouffire a fignifier que ung deuft eftre feigneur de
toutes terres. Empereur doit eftre chevalier & feigneur de
tous chevaliers. Mais pour ce que lempereur ne pourroit
tout feul par foy gouverner tous chevaliers, il eft licite & convient quil ayt deffoubz foy roys qui foient chevaliers pource
quilz luy aydent a maintenir lordre de chevalerie. Et les

roys doyvent avoir deſſoubz eulx contes & vicontes, ducz, princes, valvaſſeurs. Et deſſoubz ces barons doivent eſtre chevaliers dung eſcu, leſquelz ſe doivent gouverner ſelon lordonnance des barons qui ſont es haulx degrez de chevalerie devant nommez. Pour demonſtrer lexcellence, ſeigneurie, povoir & ſageſſe de noſtre ſeigneur glorieux qui eſt ung ſeul dieu en trinité & ſcet & peult gouverner toutes choſes, ne fut pas convenable choſe que ung chevalier ſeul peuſt de par ſoy gouverner toutes les gens de ce monde, car ſi ſe peuſiſt faire dung chevalier tout ſeul, la ſeigneurie, povoir & ſaigeſſe de dieu ne fuſt point tant bien ſignifiée. Et pour ce a gouverner toutes les gens qui ſont au monde a voulu dieu quilz ſoient pluſieurs chevaliers, deſquelz il ſoit gouverneur tout ſeul ainſi comme il eſt dit au commencement. Et doncques roys & princes qui font prevoſtz & baillifz des aultres perſonnes que des chevaliers, font contre loffice de chevalerie, car le chevalier eſt plus digne davoir ſeigneurie & domination deſſus le peuple que nul aultre homme. Et pour lhonneur de ſon office luy doit eſtre fait pluſgrant honneur que a nul aultre homme qui na pas tant honnourable office. Et pour lhonneur quil recoit de ſon ordre, il a nobleſſe de cueur. Et par la nobleſſe de ſon couraige il ſencline moins & plus tard a maulvaiſtié & a tricherie & a vilains faitz que aultre homme. Office de chevalier eſt maintenir & deffendre ſon ſeigneur terrien, car roy ne nul hault baron na povoir de maintenir droicture en ſes hommes ſans ayde. Doncques ſe aulcun homme eſt contre le commandement de ſon roy & de ſon prince, il convient que les chevaliers aydent a leur ſeigneur qui eſt ung homme ſeul comme ung aultre. Et pour ce le maulvais chevalier qui plutoſt ayde a ung homme du peuple que a ſon ſeigneur & veult deſſaiſir ſon ſeigneur de la ſeigneurie quil doit avoir ſus luy ne enſuit point loffice par lequel il eſt appellé chevalier. Par les chevaliers doit eſtre iuſtice maintenue & gardée, car ainſi comme les iuges ont offices de iuger, ainſi ont les chevaliers office de les garder de force & de violence en exerçant le fait de iuſtice. Sil povoit eſtre que chevalerie & clergie faſſemblaſſent en telle maniere que chevaliers fuſſent lettrez, tant que par ſcience fuſſent ſuffiſans deſtre iuges, nul office ne ſeroit tant convenable a eſtre iuge comme ſeroit chevalerie. Car cil par qui iuſtice peult eſtre mieulx tenue eſt mieulx convenable a eſtre iuge que nul aultre homme. Et meſmement ſil eſtoit tant lettré que par ſcience fuſt ſuffiſant a eſtre iuge, car ſans ſcience nul homme neſt digne deſtre iuge.

Chevaliers doivent prendre deſtriers, iouſter, aller aux tournoyemens, tenir table ronde, chaſſer aux cerfz & aux conins, aux porcz ſangliers, aux lyons & aultres choſes ſemblables. Ces choſes ſont offices de chevalier, car par faire toutes icelles ſen exercitent les chevaliers es armes & ſen acouſtument a maintenir lordre de chevalerie.

Doncques meſpriſer & delaiſſer la couſtumance & uſaige de ce par quoy le chevalier eſt appareillé a uſer de ſon office, eſt meſpriſer lordre de chevalerie. Et ainſi comme toutes ces choſes devant dites appartiennent a chevalier quant au corps, auſſi iuſtice, ſaigeſſe, charité, loyaulté, verité, humilité, force, eſperance, legiereté & les aultres vertus ſemblables appartiennent a chevalier quant a lame. Et pource le chevalier qui uſe de ces choſes qui appartiennent a lordre de chevalerie quant au corps, & de nulles de ces vertus qui appartiennent a chevalerie quant a lame, ne uſe & neſt point amy de lordre de chevalerie. Car ſe ainſi eſtoit quil fiſt ſeparation des vertus deſſuſdites, diſant quelles

ne appartiennent pas a lame & a lordre de chevalerie enfemble, il fignifiroit que le corps & la chevalerie fuffent
tous deux contraires a lame & a fes vertus. Et ce feroit faulx.
Office de chevalier eft de maintenir terre, car pour la paour
que les gens du peuple ont des chevaliers ilz labeurent &
cultivent les terres pour poeur & crainéte deftre deftruiétz.
Et pour la cremeur des chevaliers ilz redoubtent les roys
& les princes par lefquelz ilz ont le povoir. Mais le maulvais chevalier qui nayde a fon feigneur terrien & naturel
contre autre prince eft chevalier fans office. Et auffi comme
foy fans loeuvre & comme mecreance qui eft contre foy.
Doncques fi tel chevalier fuyvoit lordre & loffice de chevalerie, en foy deftournant dayder a fon feigneur, tel chevalier & fon ordre feroient tort au chevalier qui fe combat iufques a la mort pour iuftice & pour maintenir &
deffendre fon droiéturier feigneur. Il neft office qui fouvent fe fait, qui ne puiffe eftre deffait. Et fe ce qui eft
fait ne povoit eftre deftruiét ne deffait, ce feroit femblab-
ble a dieu qui eft fait & ne peult eftre deffaiét ne deftruiét.

Doncques comme il foit ainfi que loffice de chevalerie
foit fait & ordonné de dieu & foit maintenu par ceulx qui
ayment lordre de chevalerie, & font ordonnez a chevaliers, pour ce le maulvais chevalier qui nayme point lordre de chevalier deffait le chevalier en foymefme. Mais
le maulvais roy ou prince qui deffait en foymefme lordre
de chevalier ne le deffait point en foy tant feulement,
ains le deffait auffi es chevaliers qui luy font foubmys.
Lefquelz font ce qui nappartient point a faire a chevalier
par le maulvais exemple de leur feigneur, en tant que par
defloyale flaterie ilz ne foyent aymez de luy. Et par cefte
raifon les maulvais princes ne font point tant feulement
contraires a lordre & a loffice de chevalerie, quant a leurs

perſonnes, aincoys le ſont auſſi quant a leurs ſoubmys aux-
quelz ilz deffont lordre de chevalerie. Doncques degecter
ung chevalier de lordre de chevalerie eſt grant cruaulté &
grant maulvaiſtié, moult plus grant deffault eſt den gecter
pluſieurs. Quant aucun noble prince ou hault baron a en
ſa court & en ſa compaignie maulvais chevaliers, faulx &
trahiſtres qui ne finent ne ne ceſſent de luy enhorter &
admoneſter quil face maulvaiſtiez, baratz & trahyſons
& extorſions a ſes loyaulx ſubgectz, & le bon prince par la
force de ſon noble couraige & par la grant amour &
loyaulté quil a a chevalerie, & par layde que chevalerie
luy fait, il les ſurmonte, vaincq & deſtruict, pour ce quen
ſoymeſme ne deſtruiſe chevalerie. Moult grant force de
couraige & grant nobleſſe a en ſoy tel ſeigneur & moult
eſt amy de chevalerie quant il prent vengance de telz ennemys qui luy veullent tollir le bien & lhonneur de chevalerie & corrumpre ſon noble couraige. Se chevalerie fuſt
plus en force de corps que en force de couraige, lordre
de chevalerie ſe condeſcenderoit mieulx au corps qua lame.
Et ſil eſtoit ainſi, le corps ſeroit plus noble que lame. Mais
ce eſt evidamment faulx. Doncque comme nobleſſe de couraige ne puiſſe eſtre vaincue ne ſourmontée dung homme
ne de tous les hommes qui ſont, quant elle eſt en ſa droicte
force, & ung corps eſt legierement pris & vaincu dung
autre, bien appert que le couraige de lhomme eſt plus
noble que ſon corps. Et par telle maniere le chevalier qui
eſt en la bataille avec ſon ſeigneur & par laſcheſté de couraige ſen fuyt de la bataille quant beſoing ſeroit quil luy
aydaſt, pour ce que plus il redoubte le tourment ou peril de
ſon corps que de ſon couraige, il nuſe point de loffice de
chevalier, ne neſt ſerviteur, ne obeiſſant au treshonno-
rable ordre de chevalerie. Laquelle fut commencée par la

noblesse de franc couraige. Se la moindre noblesse de couraige appartenoit mieulx a lordre de chevalerie que la greigneur, a chevalerie se condescenderoient lascheté de cueur & couhardie contre hardement (1) & force de couraige. Et sil estoit ainsi, lascheté & couhardie feroient office de chevalier, & hardiesse & force de couraige desordonneroient lordre de chevalerie. Doncque comme de cecy soit tout le contraire, pour tant tout chevalier qui ayme chevalerie quant moins a daide de compaignons & moins darmes & moins a despendre, de tant plus le convient efforcer davoir loffice de hardiesse & fort couraige & noble esperance contre ceulx qui sont contraires a chevalerie.

Et sil meurt pour maintenir chevalerie, lors il a chevalerie en ce en quoy mieulx la peult aymer & servir. Car chevalerie ne demeure tant aggreablement en nul lieu, comme elle fait en noblesse de couraige. Et nul homme ne peut plus aymer ne honnorer chevalerie, ne plus ne pourroit pour elle faire, que celluy fait qui meurt pour lamour & pour lhonneur de lordre de chevalerie. Chevalerie & hardiesse ne se peuvent accorder sans sens & discretion & sil estoit ainsi que follie & ignorance les concordassent, sens & discretion qui sont contraires a follie & a ignorance feroient contraires a lordre de chevalerie. Et cest chose impossible. Par quoy il est appertement signifié a toy chevalier qui as grant amour a lordre de chevalerie, que tout ainsi comme chevalerie par noblesse de couraige te fait avoir hardement, si que tu ne doubte peril ne mort pour ce que tu puisse honnorer chevalerie, ainsi convient il que lordre de chevalerie te face aymer saigesse par quoy tu puisse aymer lordre & honnorer contre le desordonnement & deffaille-

(1) Audace.

ment qui eſt en ceulx qui cuident ſuivre lordre de chevalerie par folie & ignorance & ſans entendement. Office
de chevalier eſt maintenir & deffendre femmes vefves &
orphelins & hommes meſaiſez & non puiſſans. Car ainſi
comme couſtume eſt & raiſon que les gregneurs & puiſſans aident aux menuz & que les mineurs ayent recours
aux greigneurs, auſſi eſt la couſtume de lordre de chevalerie que pour ce quelle eſt grande, honnorée & puiſſante,
ſoit en ſecours & en ayde a ceulx qui ſont deſſoubz luy
& moins puiſſans & moins honnorez de luy. Doncques
comme ainſi ſoit, faire tort & force a femmes vefves qui
ont beſoing dayde, & desheriter orphelins qui ont meſtier
de gouverneur, & rober & deſtruire le pouvre peuple qui
na point de povoir, & tollir & oſter a ceulx qui auroyent
beſoing quon leur donnaſt : telles choſes ne ſe peuvent
concorder a lordre de chevalerie. Car ceſt maulvaiſtié,
cruaulté & tyrannie. Et le chevalier qui a en luy telz vices, luy & ſon ordre ſont contraires a loyaulté & iuſtice &
eſpecialement a nobleſſe de chevalerie. Tout ainſi comme
dieu a donné au mecanicque yeulx pour ce quil en voye ouvrer, auſſi a il donné yeulx au pecheur affin quil en pleure ſes
pechez. Et ainſi comme dieu a donné cueur au chevalier pour
ce quil ſoit hardy par ſa nobleſſe, ainſi doit il avoir en ſon
cueur pitié & miſericorde & que ſon couraige ſoit enclin
aux oeuvres de pitié & de miſericorde. Ceſt aſſavoir ayder
a ceulx qui en pleurant requirent aux chevaliers ayde &
mercy & qui en eulx ont eſperance. Donc le chevalier qui
na yeulx dont il voie les non puiſſans & na cueur ne
penſée dont il puiſſe penſer & rememorer les beſoings de la
chetive gent, neſt point vray chevalier & neſt pas de lordre
de chevalerie. Se chevalerie qui tant eſt honnorée, office
fuſt de rober & de deſtruire les pouvres & non puiſſans

& denganner (1) & faire tort aux vefves femmes qui nont qui les deffende ſi non dieu & chevalerie, bien grant & bien noble office fuſt aider & maintenir orphelins & pouvres femmes vefves. Doncques ſe ce qui eſt maulvaiſtié & tromperie eſtoit en lordre de chevalerie qui tant eſt honnorable, & par maulvaiſtié, faulſeté & trahyſon & cruaulté, chevalerie eſtoit en tel honneur, moult plus forment ſeroit honnorée par deſſus chevalerie celle ordre qui par loyaulté, courtoiſie, liberalité & pitié auroit honneur. Office de chevalerie eſt avoir chaſteaulx & cheval pour garder les chemins & pour deffendre ceulx qui labeurent les terres. Et doivent avoir villes & citez pour y tenir droicture aux gens & pour y aſſembler gens mechanicques de pluſieurs meſtiers qui moult ſont neceſſaires a lordonnement de ce monde, a garder & maintenir vie dhomme & de femme. Doncques comme les chevaliers pour maintenir leur office ſoient tant bien louez quilz ſont ſeigneurs de villes, chaſteaulx & citez & de pluſieurs gens, ſe deſtruire chaſteaulx, villes & citez, bruller maiſons, copper arbres & plantes, occire beſtes & deſrober les chemins eſtoit office de chevalerie, ouvrer & baſtir chaſteaulx, villes & citez & garder fortereſſes, garder & deffendre les bonnes gens & tenir ſeurs les chemins & les autres choſes ſemblables a certes, ſeroient deſordonnement de chevalerié. Et ſil eſtoit ainſi, la raiſon pourquoy eſt chevalerie trouvée & ſon deſordonnement & ſon contraire ſeroyent une meſme choſe. Et cecy ne pourroit eſtre. Office de chevalier eſt encercher larrons & robeurs & les aultres maulvaiſes gens. Car tout ainſi que la coygnye eſt faicte pour copper & deſtruire les arbres, auſſi eſt étably & trouvé chevalier pour

---

(1) Tromper. De l'eſpagnol *engañar*.

deftruire les maulvais hommes. Et doncque fe le chevalier eft robeur, trayftre, larron, & trayftres, robeurs & larrons doivent eftre prins & livrez a mort par les chevaliers,
le chevalier doncque qui eft entaché de ces maulvaifes
conditions prengne & occie foy mefme fil veult ufer de
iuftice qui appartient a fon office ainfi comme il en uferoit
aux autres. Et fe en foy ne veult ufer de fon office & es
autres en ufe, de ce fenfuit il quil ayme mieulx lordre de
chevalerie en autruy que en foy.

Il neft pas chofe convenable ne loifible que lhomme fe
occie. Et pour ce le chevalier qui eft larron, trayftre & robeur doit eftre pris & mys a mort par autres chevaliers.
Et tout chevalier qui feuffre, fouftient, ou maintient trayftre, robeur ou larron, nufe point de fon office en ce faifant. Car fil en ufoit en cefte maniere il feroit contre fon
office qui veult que lon deftruie les hommes faulx & trayftres qui ne font pas vrays chevaliers. Se toy chevalier as
douleur ou aucun mal en lune de tes mains, celuy mal eft
plus pres de ton autre main que de moy ou dautre homme.
Doncque tout chevalier trayftre & robeur eft plus pres de
toy qui eft chevalier que de moy qui ne fuis pas chevalier ne de ton office comme luy, lequel tu fouftiens & eft
tel par ton deffault. Et fe celuy mal te griefve plus que moy,
pour quoy doncques te excufe tu de pugnir tel homme
qui eft contraire & ennemy de chevalerie, & ceulx qui ne
font chevaliers tu reprens de leurs deffaulx.

Chevalier larron fait greigneur larrecin au hault honneur de chevalerie en tant quil luy emble le nom de chevalerie fans caufe, qui ne fait quant il emble deniers ou
autres chofes. Car embler honneur eft donner vitupere &
malle renommée a celle chofe qui eft digne davoir louange
& honneur. Car honneur vault mieulx que deniers ne or

ne argent fans nulle comparaifon. Premierement par ce que
dit eft : ceft plus grant deffault de ravaller & tenir vil chevalerie que embler deniers ne autres chofes qui ne font
point chevalerie. Car fe du contraire eftoit il fenfuivroit que
deniers & autres chofes vauldroyent mieulx que honneur.
Secondement faulcun trayftre qui occift fon feigneur ou
couche avec la femme de fondit feigneur ou luy trahit fon
chafteau eft chevalier, quelle chofe ne quel nom a lhomme
qui pour honneur fon feigneur meurt en fait darmes. Tier-
cement & fe le chevalier trayftre de fon meffait eft deporté,
quel deffault pourra il doncques faire de quoy il foit pris
ne pugny, puis que fon feigneur ne le pugnit de trayfon :
Et fe fon feigneur ne maintient lordre de chevalerie en fon
chevalier trayftre, en quoy la maintiendra il doncques. Et
fe le feigneur ne deftruit fon trayfteur, quelle chofe def-
truyra il : & tout feigneur qui ne prent vengeance de fon
trayfteur, pour quoy eft il feigneur ne homme de nulle
puiffance. Office de chevalier loyal eft de acufer & ap-
peller trayfteur, & combatre a luy. Et office de chevalier
trayftre eft renoyer & foy efcondire de ce quon lappelle
de combatre au loyal chevalier, & ces deux offices font
bien contraires lune a lautre : car tant eft le couraige
maulvais du chevalier trayftre quil ne peult vaincre ne furmonter le noble couraige du chevalier loyal, combien que
par oultrecuidance le cuide bien aucunesfois vaincre en
combatant. Car le loyal chevalier qui pour droit fe combat, ne peut eftre furmonté. Car fe le chevalier amy de
chevalerie eftoit vaincu, ce feroit peché & contre lhonneur de chevalerie. Se rober & tollir fuft office de chevalerie, donner fuft contraire a lordre de chevalerie. Et fe
donner appartenoit a aucun autre office, combien de valeur auroit lhomme qui maintiendroit loffice de donner.

Et se donner les choses robées & tollues appartenoit a chevalerie, a qui appartiendroit rendre & restablir. Et se le chevalier ostoit au bon homme ce que dieu luy donne & le vouloit retenir comme sa possession, quelle chose deffendroit aux bonnes gens leur droit. Petit scet & garde mal celuy qui commande ses brebis en la garde du loup affamé, & qui sa belle femme met en garde de jeune chevalier traystre, & qui son fort chasteau baille a garder au chevalier avaricieux & convoiteux. Et se tel homme qui ainsi ses choses baille follement a garder comment scauroit il bien garder les autres. Est il nul chevalier que voulentiers ne vueille recouvrer son chasteau de celuy a qui il la baillé & commandé a garder. Est il aucun chevalier que voulentiers ne garde sa femme de chevalier traystre. Aussi nest il nul chevalier convoiteux & robeur qui ia se faigne de rober. Certainement nulz telz maulvais chevaliers ne peuvent estre ramenez ne radressez a lordre de chevalerie. Tenir son harnoys bel & gent & scavoir soy bien prendre garde de son cheval est office de chevalier, cest a dire que le chevalier le doit bien scavoir faire comme bon maistre affin que ceulx quil a commis le faire il les sache reprendre de leurs deffaultes. Et se jouer son harnois & son cheval estoit office de chevalier, il sensuivroit que ce qui est & ce qui ne est fust office de chevalier, comme seroit & non seroit & estre & non estre seroyent choses contraires. Se jouer & destruire son harnois est office de chevalier, quelle chose est doncque chevalier sans harnois ne pour quoy est il appellé chevalier. Commandement est en nostre loy que nul chrestien ne soit pariure. Et se faire faulx serment nestoit contre lordre de chevalerie, dieu qui fist le commandement & chevalerie seroyent contraires, où feroit doncque lhonneur de chevalerie, ne quel seroit son office. Etſe dieu & chevalerie ſe concordent, il convient que iurer faulx ferment ne ſoit pas en ceulx qui maintiennent lordre de chevalerie. Se iuſtice & luxure ſe concordoyent, chevalerie qui ſe concorde a iuſtice ſe concorderoit a luxure. Et ſe chevalerie & luxure ſe concordoyent, chaſteté qui eſt contraire en toutes choſes a luxure ſeroit contre lhonneur de chevalerie. Et ſil eſtoit ainſi, par maintenir luxure chevaliers honnoreroyent & maintiendroyent chevalerie. Et ſe iuſtice & luxure ſont contraires & chevalerie eſt pour maintenir iuſtice, doncque chevalier luxurieux eſt contraire a chevalerie. Et ſe ainſi eſt, doncque devroit plus aſprement eſtre pugny le vice de luxure quil neſt. Et ſe en chevalerie eſtoit pugny le vice de luxure ſelon ce quil devroit, de nul autre ordre nen ſeroit tant de pugnis ne tant de boutez hors comme de lordre de chevalerie. Se iuſtice & humilité eſtoyent contraires, chevalerie qui ſe concorde a iuſtice ſeroit contraire a humilité & ſe concorderoit a orgueil qui eſt contraire a humilité. Et doncque ſe chevalier ainſi comme il eſt orgueilleux maintient lordre de chevalerie, autre chevalerie eſtoit celle qui fut commencée par iuſtice & pour maintenir les hommes humbles contre les orgueilleux & iniurieulx. Et ſil eſtoit ainſi les chevaliers qui ores endroit ſont, ne ſeroyent point en celle ordre en quoi eſtoyent les premiers chevaliers. Car ſe les chevaliers qui ores ſont en tant comme il ſont orgueilleux & iniurieulx tenoyent la regle, lordre & loffice que tenoyent les premiers chevaliers, de ce ſenſuivroit que aux chevaliers orgueilleux & iniurieux qui ſont au temps preſent, ne fuſt orgueil ne maulvaiſtié. Et ſe ce qui eſt orgueil & maulvaiſtié ne ſemble eſtre maulvaiſtié & orgueil & ſont reputez pour neant, ou ſont doncques humilité & iuſtice ne en quoy ſont ilz, ne de quoy ſervent ilz. Se iuſ-

tice & paix eftoyent contraires, chevalerie qui fe concorde
en toutes chofes & doit concorder a iuftice, feroit contraire a paix. Et fe ainfi eftoit, les chevaliers doncque qui
font ennemys de paix & ayment guerres & tribulations,
pilleries & larrecins & toutes manieres de maulvaiftié faictes au monde, telz gens doncque feroyent chevaliers. Et
ceulx qui pacifient & accordent les bonnes gens & fuyent
les maulvaiftiés & tribulations du monde, telz gens au propos de deffus dit, feroyent maulvais chevaliers, faulx & iniurieux & contraires a chevalerie. Mais le hault empereur,
ceft dieu qui tout voit & congnoift, fceft bien quil eft
tout du contraire & autrement, car les iniurieulx font du
tout contraires a chevalerie & a tout honneur. Ie te demande quelz eftoyent les premiers chevaliers qui fe concordoyent a iuftice & a paix & qui accordoyent & paci-
fioyent les hommes par iuftice & par force darmes : car
tout ainfi comme ou temps ou quel commença chevalerie
eftoit office de chevalier pacifier & accorder le peuple par
iuftice, auffi eftoit office de chevalier pacifier & accorder
par force darmes. Et fe les chevaliers iniurieulx & guer-
royeurs qui lors font, ne maintiennent lordre & loffice de
chevalerie, qui font ceulx qui les maintiendront, ne quantz,
fe tous font telz. En maintes manieres doit & peult chevalier ufer de loffice de chevalerie. Mais pour tant que
nous avons a parler de maintes chofes, nous nous en paf-
fons au plus brief & plus legierement que nous povons. Et
mefmement comme a la requefte du trefcourtois efcuyer,
loyal, veritable & bien enfeigné en toute courtoifie & honneur qui moult longuement a defiré la regle & lordre de
chevalerie, ayons commencé ce livre pour lamour de luy
& pour fon defir & fa voulenté accomplir, avons propos

de parler briefment en ce livre, pour ce que briefment doit eftre adoubé & fait nouveau chevalier.

De lexamination de lefcuyer qui veult entrer en lordre de chevalerie. iiii chapitre.

Examiner lefcuyer qui veult entrer en lordre de chevalerie appartient bien, & luy convient examinateur qui foit chevalier, & que apres dieu il ayme fur toutes chofes lordre de chevalerie, car aucuns chevaliers font qui ayment mieulx grant nombre de chevaliers tant foyent ilz maulvais, que petit nombre de bons chevaliers. Et non obftant chevalerie na point de regard a multitude de nombre, ains ayme nobleffe de couraige & de bons enfeignemens dont nous avons deffus parlé. Pour ce fe lexaminateur ayme plus multitude de chevaliers que nobleffe de chevalerie, il neft point convenable ne digne deftre examinateur, aincoys feroit befoing quon lexaminaft & reprift du tort quil fait au hault honneur de chevalerie.

Premierement il convient demander a lefcuyer qui veult eftre chevalier fil ayme & doubte dieu, car fans aymer & doubter dieu nul homme neft digne dentrer en lordre de chevalerie. Car amour fait alleger les faiz de chevalerie & cremeur fait doubter les deffaulx par quoy chevalerie prent defhonneur. Doncque quant il advient que lefcuyer qui nayme ne ne doubte dieu eft fait chevalier, il prent honneur en recevant chevalerie & recoit deshonneur entant quil la recoit fans honnorer & craindre dieu de qui eft honnorée chevalerie. Pour ce efcuyer fans amour & cremeur neft pas digne deftre chevalier. Toutainfi comme chevalier fans cheval ne

ſe accorde point a loffice de chevalerie, auſſi leſcuyer ſans
nobleſſe de couraige ne ſacorde pas a lordre quil demande. Pour quoy doncque demande il ordre quil nayme,
laquelle il guette a deſtruire de ſa maulvaiſe & deſloyalle
nature. Et celuy qui deſcuyer de vil couraige fait chevalier par faveur ou autrement, pourveu quil ſaiche quil ſoit
tel, fait contre ſon ordre & en charge ſa conſcience. Ne
quiers pas nobleſſe de couraige en la bouche, car toute
bouche ne dit pas vray. Et ne la cerche pas es honnorables
veſtemens : car deſſoubz maint bel amiĉt (1) y a ſouvent
ung couraige failly plain de barat & de maulvaiſtié.

Ne la quiers pas en cheval car il ne peult reſpondre.
Et ne la quiers pas es beaux garnemens ne en beaux harnoys, car dedans beau garnement eſt ſouvent cueur maulvais & couhart. Doncque ſe tu veulx trouver nobleſſe de
couraige demande la a foy, eſperance, charité, iuſtice, force,
attrempance, a loyaulté & aux autres vertus, car en elles
demeure nobleſſe de couraige. Et par icelles ſe deffend le
noble cueur du chevalier de maulvaiſtié & de tromperie &
des ennemys de chevalerie.

Eage convenable affiert a nouveau chevalier : car ſe
leſcuyer qui veult eſtre chevalier eſt trop ieune il neſt point
digne de leſtre, pour ce quil ne peut avoir aprinſes les choſes qui appartiennent a ſcavoir a leſcuyer avant quil ſoit
chevalier. Et fil eſtoit fait chevalier en ſon enfance il ne
pourroit ia tant remembrer ce quil promeĉt a lhonneur de
chevalerie, quant meſtier ſeroit quil le remembraſt. Et leſcuyer qui veult eſtre chevalier & eſt vil avant quil ſoit chevalier, il fait vilennie & iniure a chevalerie qui eſt maintenue par fors hommes & combatans, & eſt anientie &

(1) Du latin *amiĉtus*, manteau.

ravallée par hommes lafches & failliz de cueur, non puif-
fans, vaincus & fuyans. Tout ainfi comme vertu & mefure
demeurent ou milieu de deux extremitez & leur contraire
ceft affavoir orgueil & vice demeurent es deux extremitez,
auffi chevalerie maint & demeure en laage qui faffiert a
chevalier. Car fainfi neftoit, il fenfuivroit que contrarieté
fuft entre mefure & chevalerie. Et felle y eftoit, vertu &
chevalerie feroient contraires. Et felles font contraires en
toy efcuyer qui es lafche ou tardif a eftre chevalier, pour
quoy veulx tu eftre en lordre de chevalerie. Se par beaulté
de faffon, ou par beau corps & grant & bien atourné, ou
par beaulx cheveulx & blons ou par beau regard & pour
tenir le miroer en la main ou entour foy & par les autres
iolivetez devoit efcuier eftre adoubé a chevalier, de beaulx
filz de vilains & de belles femmes de petit lignaige bas &
vil pourrois tu faire chevalier. Et fe tu le faifoyes, ton honnoré lignaige tu deshonnorerois & mefpriferois. Et la nobleffe que dieu a donnée a lhomme gregneur que a femme,
tu ferois moindre & la mettroys en viltenance. Et par tel
mefprifement tu avalle & abaiffe lordre de chevalerie en
tant que par droicture nul vilain de cueur ne doit venir a
eftre mys au treshault honneur & ordre de chevalerie.

Paraige & chevalerie fe concordent, car paraige neft autre chofe que honneur ancienne continue, & chevalerie
eft ordre & regle qui tient depuis le temps ou elle fut commencée iufques au temps prefent. Et pour ce que paraige
& chevalerie fe concordent, fe tu fais chevalier homme
qui ne foit de paraige, tu fais paraige & chevalerie eftre
contraires. Et par celle meme raifon celuy que tu fais chevalier eft contre paraige & contre chevalerie. Et fil eft
chevalier & eft contre chevalerie, en quoy eft doncque
chevalerie. Se tu as tant de puiffance quen lordre de che-

valerie tu puiſſe mettre homme qui neſt point digne, a
force convient que tu ayes tant de povoir, que de la devant dicte ordre de chevalerie tu puiſſe par force tirer &
bouter hors celuy qui par paraige eſt digne & convenable a eſtre chevalier. Et ſe le chevalier a tant de vertu
que tu ne luy puiſſe tollir & oſter ſon honneur, ne a ceulx
qui par paraige luy ſont convenables, doncque ne peulx
tu tant avoir de povoir que tu faces chevalier dhomme de
vil lignaige.

Autant eſt honnorée nature es arbres & es beſtes comme
es hommes, quant a nature corporalle, mais par la nobleſſe de lame raiſonnable qui tant ſeulement participe en
cueur dhomme, pour ce nature a plus grant vertu en corps
humain quen corps beſtial. Doncque pour ce lordre de chevalerie conſent par moult nobles couſtumes & par moult
nobles faitz & par nobleſſe de prince, quelle puiſſe avoir
en chevalerie aucun homme de nouveau lignaige honnorable & gentil. Et ſainſi neſtoit, il ſenſuivroit que mieulx ſe
commiſt chevalerie a nature de corps que a vertu dame, &
cecy eſt faulz, ains ſe commet mieulx a lame que au corps
nobleſſe de couraige qui ſaffiert a chevalerie.

A examiner eſcuyer qui veult eſtre chevalier convient
demander & enquerir de ſes couſtumes & manieres. Car
ſe maulvais enſeignemens ſont cauſes par quoy les maulvais chevaliers ſont boutez hors de lordre de chevalerie,
deſconvenable choſe eſt que maulvais cueur ſoit chevalier & quil entre en ordre dont il luy conviengne yſſir par
maulvais fais ou par deſconvenables & deſaggreables couſtumes.

Se chevalerie convient tant ſeulement par force a valeur
que tous les amys de deshonneur gette de ſon ordre, & ſe
chevalerie ne recevoit en ſon ordre ceulx qui ont valeur &

maintiennent honnesteté & ayment valeur, il sensuivroit que chevalerie se peust destruire en vilité & ne se peust refaire & restaurer en noblesse. Et cecy est faulx. Et pourtant toy chevalier qui examine lescuyer, tu es obligé plus forment a encercher noblesse & valeur en lescuyer que nulle autre chose.

Chevalier qui as office dexaminer escuyer qui veult entrer en lordre de chevalerie, dois scavoir quelle intention a lescuyer & voulenté destre chevalier. Car sil ayme chevalerie pour estre riche ou pour se aourner ou pour estre honnoré sans ce quil ne face honneur a chevalerie ne a ceulx qui honnorent chevalerie, il ayme & desire le deshonneur de chevalerie. Par laquelle chose il est indigne que par chevalerie il ayt richesse ne honneur ne nul bien. Tout ainsi comme entention se fausse & desment es clercz avec symonie par quoy ilz sont esleuz a estre prelaz, aussi maulvais escuyer fausse & desment son vouloir & son intention quant il veult estre chevalier contre lordre de chevalerie. Et se clerc qui a symonie, en tout quant quil fait est contre sa prelation, aussi lescuyer qui a faulse intention a loffice de chevalerie est contre lordre de chevalerie & tout quant quil y fait. A escuyer qui desire chevalerie convient scavoir la grant charge & les grans perilz qui sont appareillez a ceulx qui chevalerie veullent maintenir. Car chevalier doit plus doubter le blasme des gens & son deshonneur quil ne fait le peril de mort. Et vergoigne doit donner plus grant passion a son couraige que faim ne soif, ne chault ne froit ne autre necessité ne pourroit donner a son corps. Et pour ce tous ces perilz doivent demonstrer & denoncer a lescuyer avant quil soit adoubez ne fait chevalier.

Chevalerie ne peult estre maintenue sans le harnois qui appartient a chevalier ne sans les honnorables faitz & les grans defpens qui appartiennent a loffice de chevalerie. Pourtant efcuyer fans harnois & qui na tant de richeffe quil nen puiffe maintenir chevalerie, ne doit point eftre cheva-lier ne defirer a leftre. Car par deffaulte de richeffes deffault harnois. Et par deffaillement de harnois & de defpens, maul-vais chevaliers deviennent robeurs, trayftres, larrons, men-teurs, faulx & trompeurs. Et a moult daultres vices qui font contraires a chevalerie. Lhomme contraict ou trop gros ou trop gras ou qui a aulcune maulvaife difpofition en fon corps par quoy il ne puiffe ufer de lhonneur de chevalerie neft point fuffifant a eftre chevalier. Car reprouche ou viltenance feroit a lordre de chevalerie, felle retenoit homme pour por-ter armes qui fuft entaché né corrumpu ne non puiffant. Et tant eft noble & haulte chevalerie en fon honneur, que lef-cuyer meshaignez (1) daucun membre, iafoit quil foit riche & noble & de noble cueur, né de noble lignaige, neft pas digne deftre receu en lordre de chevalerie. En apres doit on enquerir & demander de lefcuyer qui demande chevalerie fil fift oncques nulle faulfeté ou tromperie qui foit contre lordre de chevalerie. Car tel fait peult il avoir fait & tant petit peut prifer le meffait quil a fait, quil neft pas digne que chevalerie le recoyve en fon ordre, ne quelle le face compagnon de ceulx qui maintiennent lordre de chevalerie. Se lefcuyer a vaine gloire de ce quil fait il neft pas digne deftre chevalier, car vaine gloire eft ung vice qui deftruict & aneantift les merites & les guerdons du bene-fice de chevalerie. Lefcuyer chueur (2) ou flateur a corrum-pue intention. Par laquelle corruption eft deftruicte & cor-rumpue la nobleffe qui affiert au couraige de chevalier.

_____

(1) Eftropié, mutilé, difforme.

(2) Celui qui, par des careffes & des paroles trompeufes, cherche à gagner les bonnes grâces de quelqu'un.

Orgueilleux efcuyer, mal enfeigné, de vilaines parolles,
de mal couraige & vilain, avaricieux, menteur, defloyal,
parefseux, ireux, luxurieux, yvrongne, glout, pariure ou
qui a autres vices femblables ne facorde point a lordre de
chevalerie.

Doncques fe chevalerie povoit recevoir ceulx qui font
contre fon ordre, il fenfuivroyt quen chevalerie ordonnance & defordonnance fuffent une mefme chofe. Et quant
chevalerie eft pour ordonnance de valeur, pour ce doit eftre examiné tout efcuyer avant quil foit fait chevalier.

En quelle maniere lefcuyer doit recevoir lordre
de chevalerie. v. chapitre.

Au commencement que lefcuyer doit entrer en lordre
de chevalerie il convient quil fe confeffe des deffaulx quil
a fait contre dieu. Et doit recevoir chevalerie en intention
que en icelle honnoure & ferve noftre feigneur glorieux.
Et fil eft net de peché il doit recevoir fon faulvement. A faire
chevalier affiert aucunes des grans feftes de lannée, fi comme
Noel, Pafques, Penthecouftes & telz iours folemnelz. Pour
ce que pour lhonneur de la fefte faffemblent ce iour maintz
hommes en celuy lieu ou lefcuyer doit eftre adoubé a chevalier. Et doit on prier dieu quil doint a lefcuyer grace &
benediction par quoy il foit a lordre de chevalerie loyal.
Lefcuyer doit ieufner la vigille de telle fefte en lhonneur du
fainct de quoy on fait la fefte celuy iour ou il doit eftre receu en lordre de chevalerie & doit aler a lefglife prier dieu.
Et doit la nuit veillier & eftre en prieres devant le iour ou
quil doit eftre adoubé a chevalier. Et doit oyr la parolle de

dieu & touchans le fait de chevalerie. Et se il escoute lors les iangleurs & les musars qui parlent de puterie & de peché, au commencement quil entre en lordre de chevalerie il commence a deshonnourer & a mespriser lordre de chevalerie.

Lendemain de la feste ou il a esté adoubé convient chanter une messe solemnellement. Et doit lescuyer venir devant lautel & se doit offrir au prestre qui tient le lieu de nostreseigneur & lordre de nostreseigneur. Et a lhonneur de dieu convient quil se oblige & soubmette a honnorer chevalerie de tout son povoir.

En iceluy iour convient faire sermon ouquel soyent racontez les xiiii. articles esquelz est fondée la saincte foy catholique, les x. commandemens & les vii. sacramens de saincte eglise & les autres choses qui appartiennent a la foy, & doit lescuyer scavoir ces choses en celle maniere quil saiche accorder loffice de chevalerie aux choses qui appartiennent a la foy. Les xiiii. articles sont telz. Croire ung dieu est le premier article, & croire le pere & le filz & le sainct esperit sont iii. articles. Et convient que lhomme croye que le pere & le filz & sainct esprit soyent ung dieu eternellement sans fin & sans commencement. Croire que dieu soit createur de toutes choses est le quint article. Et le vi. est croire que dieu soit racheteur, cest a dire quil a racheté le lignaige humain des peines denfer ausquelles il estoit iugié pour le peché dadam & de eve nostre premier pere & mere. Le vii. article est croire que dieu donne gloire a ceulx qui sont en paradis. Ces vii. articles appartiennent a la deité, & les autres sept appartiennent a lhumanité que le filz de dieu prist en nostre dame saincte marie. Le premier de ces vii. articles est croire que iesuchrist fut conceu du sainct espirit quant sainct gabriel larchange salua nostre dame. Le second est croire que iesuchrist soit né. Le tiers est croire quil ait esté crucifié

& mort pour nous faulver. Le quart eft croire que fon ame
defvalla en enfer pour delyvrer fes amys. Ceft affavoir adam,
abraham & les autres prophetes qui creoient fon fainct advenement. Le quint eft croire quil foit refufcité de mort a vie.
Le fexte eft croire quil monta au ciel le iour de lafcenfion.
Le vii. eft croire que iefuchrift viendra au iour du iuge-
ment quant tous feront refufcitez & iugera les bons & les
maulvais & donnera a chafcun peine & gloire felon ce quil
aura deffervy en ce monde tranfible. Croire convient a tout
bon creftien en ces xiiii. articles qui font vrayz tefmoings de
dieu & de fes œuvres, car fans ces articles nul homme ne fe
peult faulver. Les commandemens que dieu donna a moyfe
fur le mont de finay font x. Le premier eft que tu adore-
ras & aymeras & ferviras tant feulement ung feul dieu. Ne
foies pariure. Sainctifie le famedy, ceft a dire le dimenche.
Honnoure ton pere & ta mere. Ne fais homicide ne mur-
tre. Ne fais fornication ne larrecin. Ne porte faulx tef
moignaige. Ne convoite pas la femme de ton prouchain.
Nayes pas envie des biens de ton prochain.

A tout chevalier convient fcavoir ces x. commandemens pour ce que fon ordre ne foit defobedient aux commandemens que dieu a donné. Les facremens de faincte
eglife font vii. ceft affavoir, baptefme, confirmation, le
facrement de lautel, ordre & mariage, penitence & un-
ction. Par ces fept facremens nous nous avons tous a faulver, & chevalerie eft obligée par ferment a honnorer &
a complir ces vii. facremens. Et pour ce appartient a tout
chevalier quil faiche bien fon office & les chofes aufquelles
il eft obligé defpuis quil receut lordre de chevalerie. De toutes ces chofes devant dictes & des autres qui appartiennent
a chevalerie doit faire mention le prefcheur qui prefche en
la prefence de lefcuyer, & moult devotement doit lefcuyer

· prier dieu quil luy doint grace & benediction par quoy il
soit son loyal serviteur tous les iours de sa vie deslors en
avant. Quant le prescheur a dit tout ce quil appartient a
son office, alors convient il que le prince ou le baron qui
veult adouber lescuyer a chevalier ait en soymesme vertu
& ordre de chevalerie, si comme il appartient a lescuyer
qui requiert lordre de chevalerie & la vertu. Et se le cheva- ·
lier qui fait chevaliers nest ordonné vertueux, comment
peult il donner ce quil na pas. Tel chevalier est de pire
condition que ne font les plantes. Car les plantes ont povoir de donner leur nature les unes aux autres, & des bestes & des oyseaulx est ainsi ou semblables, mais ce ne peult
faire le chevalier. Tel chevalier faulx & maulvais qui desordonnement veult multiplier son ordre, fait tort & vilanie
a chevalerie, car il veult faire ce qui nest point convenable chose a faire & ce par quoy il devroyt estre deffait &
vituperé. Doncque par le deffault de tel chevalier advient
aucunesfois que lescuyer qui de luy recoit chevalerie nest
pas tant aydé ne maintenu de la grace de nostre seigneur
ne de la vertu de chevalerie comme il fust sil fust dung bon
& loyal chevalier. Et pour ce tel escuyer est fol & tous
autres semblablement qui de tel chevalier recoivent chevalerie. Lescuyer se doit agenoiller devant lautel & lever a
dieu ses yeulx corporelz & spirituelz & ses mains au ciel.
Et le chevalier luy doit ceindre lespée en signifiance de
chasteté & de iustice. Et en signifiance de charité le chevalier doit baiser lescuyer & luy doit donner une paulmée
affin quil soit souvenant de ce quil promet & de la grant
charge a quoy il est obligé & du grant honneur quil recoit & prent par lordre de chevalerie. En apres quant le
chevalier espirituel, cest le prestre, & le chevalier terrien
ont fait ce quil appartient a leur office quant a faire che-

valier nouveau, le nouveau chevalier doit chevaucher parmy la ville & fe doit monftrer aux gens, affin que tous faichent quil eft chevalier nouvellement fait & ordonné chevalier, & quil eft obligé a deffendre & maintenir le hault honneur de chevalerie. Car de tant aura il en foy plus grant reffrenement de mal faire : car par la vergongne quil aura des gens qui fceuent fa chevalerie, il fe retirera fouvent de mefprendre contre lordre de chevalerie. A celuy iour convient faire grant fefte, donner beaulx dons & grans & faire grans mengiers, ioufter & bouhourder, & les autres chofes qui appartiennent a fefte de chevalerie.

Et le feigneur qui fait nouveau chevalier doit donner au chevalier nouveau & aux autres chevaliers. Et auffi doit le chevalier nouveau donner aux autres celuy iour. Car qui tant grant don recoit comme eft lordre de chevalerie, fon ordre defment fil ne donne felon ce quil doit donner. Toutes ces chofes & maintes autres lefquelles ie ne vueil point or endroit raconter pour caufe de briefveté appartiennent a donner chevalerie.

De la fignifiance des armes au chevalier. vi. chapitre.

Tout ce que le preftre veft quant il chante la meffe a aucune fignifiance qui fe concorde a fon office. Et office de preftre & office de chevalier ont grant concordance. Pour ce ordre de chevalerie requiert que tout ce que a befoing le chevalier quant a ufer de fon office ait aucune fignifiance par laquelle foit fignifiée la nobleffe de chevalerie & de fon ordre. A chevalier eft donné efpée qui eft faicte en femblance de croix, a fignifier que ainfi

que noftre feigneur dieu iefuchrift vainquift en la croix la
mort de lhumain lignaige a laquelle il eftoit iugé par le
peché de noftre premier pere adam, tout ainfi doit le chevalier vaincre & deftruire les ennemys de la croix par lefpée. Car chevalerie eft pour maintenir iuftice. Et pour ce
eft faicte lefpée taillant de deux pars, & a fignifier que le
chevalier doit avec lefpée maintenir chevalerie & iuftice.
A chevalier eft donné lance pour fignifier verité, car verité eft chofe droite tout ainfi comme une lance. Et verité
doit aler pardevant faulfeté, & le fer de la lance fignifie
la force que verité a pardeffus faulfeté. Et le panoncel fignifie que verité fe demonftre a tous & na point paour de
faulfeté ne de tromperie. Et verité eft fouftenement defpe-
rance & auffi eft des autres chofes qui font fignifiées par
la lance du chevalier. Chapeau de fer eft donné a chevalier a fignifier vergoigne, car chevalier fans vergoigne ne
peult eftre obeiffant a lordre de chevalerie. Et tout ainfi
comme vergoigne fait lhomme eftre honteux & fait baif-
fer les yeulx contre la terre, ainfi chapeau de fer deffend
lhomme de regarder en hault & le fait regarder a terre,
ce eft moyen entre les chofes baffes & les haultes. Et ainfi
comme chapeau de fer deffend le chief qui eft le plus hault
& le plus principal membre qui foit au corps de lhomme,
auffi vergoigne deffend chevalier qui a le plus noble & le
plus hault office qui foit apres loffice de clerc, quil ne fen-
cline a vilains faiz & horribles & que la nobleffe de fon
couraige ne fabandonne a barat & a maulvaiftié ne a aucun maulvais enfeignement. Haubert fignifie chafteau &
fortereffe contre vices & deffaulx : car tout ainfi comme
chafteau & fortereffe font enclos tout entour affin que
lhomme ny puiffe entrer, auffi haubert eft clos & fermé de
toutes pars affin quil doint fignifiance au noble couraige

du chevalier quen luy ne puiſſe entrer trayſon, orgueil ne de-
loyaulté ne nul autre vice. Chauſſes de fer ſont données au
chevalier pour garder & tenir ſeurement ſes piedz & ſes iam-
bes de peril, a ſignifier que le chevalier avec fer ceſt aſſavoir
avec leſpée, lance & maſſe & avec les autres garnemens de
fer que appartiennent a chevalier, doit tenir ſeurs les chemins. Eſperons ſont donnez au chevalier, a ſignifier diligence
& legierté, pour ce que avec ces deux choſes puiſſe tout chevalier maintenir ſon ordre & le hault honneur qui luy affiert.
Car ainſi comme avec les eſperons le chevalier point ſon cheval pour ce affin quil ſe haſte de courir, auſſi diligence fait
haſter les choſes que lhomme a affaire, & fait procurer le
harnois & les deſpens qui ont beſoing a lhonneur de chevalerie affin que lhomme ne ſoit ſourprins ſoudainement.
Gorgiere eſt donnée au chevalier a ſignifier obedience, car
tout chevalier qui neſt obeiſſant a ſon ſeigneur ne a lordre
de chevalerie deshonnoure ſon ſeigneur & va hors de ſon
ordre. Et tout ainſi comme la gorgiere environne le col
du chevalier pour ce quil ſoit gardé & deffendu de playes
& de coups, ainſi fait obedience chevalier eſtre dedans
le commandement de ſon ſouverain & dedans lordre de
chevalerie, pour ce que trahyſon, orgueil & deſloyaulté ou
autre vice ne corrumpe le ſerment que chevalier a fait a
ſon ſeigneur & a chevalerie. Maſſe eſt donnée au chevalier
a ſignifier force de couraige, car ainſi comme maſſe eſt
contre toutes armes & fiert & frappe de toutes pars, auſſi
force de couraige deffend le chevalier de tous vices & enforce les vertus & les bonnes couſtumes par leſquelles chevaliers maintiennent lordre de chevalerie en ſon hault honneur qui luy eſt deu & qui luy appartient. Miſericorde ou
couſteau a croix eſt donné au chevalier affin que ſe ſes autres armures luy deffaillent, quil ait recors a la miſericorde.

Ou fil eft tant pres de fon ennemy quil le puiffe grever ou
ferir de la lance ou de lefpee, quil fe ioigne a luy & le
adevance & le fourmonte fil peut par la force de fa mifericorde. Et pour ce cefte armure qui eft nommee mifericorde demonftre au chevalier & fignifie quil ne fe doit point
fier du tout en tout en fes armes ne en fa force. Ains fe
doit tant fier en dieu & ioindre a luy par tresbonnes œuvres & par vraye efperance quil doit en luy avoir, que a
laide de dieu il vaincque fes ennemys & ceulx qui font contraires a lordre de chevalerie. Efcu eft donné au chevalier
a fignifier office de chevalier, car ainfi comme le chevalier
met fon efcu entre foy & fon ennemy, auffi chevalier eft
moyen entre le prince & le peuple. Et ainfi comme le coup
chiet avant fur lefcu que tient devant luy le chevalier, auffi
fe doit le chevalier appareiller & prefenter fon corps devant
fon feigneur, quant il eft en peril deftre navré ou pris. Gantelez font donnez au chevalier affin quil mette fes mains
dedans pour eftre plus feur a recevoir les coups, fe ainfi eftoit que fes autres armures maniables luy fuffent faillies.
Et ainfi comme a tout les gantelez le chevalier maine plus
feurement la lance ou lefpee, & tout ainfi comme en la
fiance des gantelez il lieve la main en hault, auffi la doit
il lever en merciant dieu de la victoire quil a eue. Par les
gantelez auffi eft fignifié quil ne doit la main lever en faifant faulx ferment ne en faifant maulvais atouchemens ne
deshonneftes de fes mains. La felle en quoy le chevalier fe
fiet quant il chevauche fignifie feurté de couraige & la
charge & le grant faiz de chevalerie. Car ainfi comme par
la felle le chevalier eft fur fon cheval, auffi feurté de couraige fait le chevalier eftre ou front de la bataille, par laquelle feurté luy aide aventure amye de chevalerie. Et par
feurté font mefprifez maintz couhars vanteurs & maintes

semblances vaines que font hommes couhars pour sembler hardiz & fors de couraige. Et par luy sont reffrenez maintz hommes en telle maniere quilz nosent passer avant en celuy lieu ou noble couraige & fort fait passer & estre seur le corps du vaillant chevalier & hardy. Et par la selle aussi est signifié la charge du chevalier. Car la selle si comme nous avons dit tient le chevalier seur sur son cheval si quil ne puisse cheoir ne soy mouvoir legierement sil ne veult. Et pour ce signifie la selle que tant est grande la charge de chevalerie que chevalier ne se doit point esmouvoir pour choses legieres. Et sil le convient esmouvoir, il doit avoir grant couraige noble & hardy contre son ennemy pour exaulcer lordre de chevalerie.

Au chevalier est donné cheval & mesmement destrier, a signifier noblesse de couraige, & affin quil soit mieulx monté & plus hault que autre homme & quil soit veu de plus loing. Cest signifiance quil soit plus prest & appareillé a faire tout ce que faire convient a lordre de chevalerie que autre homme. Au cheval est donné frain, & es mains du chevalier sont donnees les resnes du frain, affin que le chevalier puisse reffrener & retenir son cheval a sa voulenté. Cecy signifie que le chevalier doit reffrener sa bouche & detenir quelle ne parle laides parolles faulses ne mensongieres. Et aussi a signifier quil doit reffrener ses mains, cest quil ne donne point tant quil en soit apres souffreteux & quil luy convienne demander. Et ne doit point estre tant hardy quen sa hardiesse nait sens & discretion. Et par les raisnes est signifié au chevalier quil se doit laisser mener partout la ou lordre de chevalerie le veult mener ou envoye. Et quant il sera necessité & temps de faire largesse, ses mains donnent & despendent selon ce qua son honneur appartient. Et soit hardy & ne doute rien ses ennemys, car doubtance affoiblift force de couraige. Et fe le contraire de toutes ces chofes fait le chevalier, fon cheval enfuit mieulx la regle de chevalerie quil ne fait. Au cheval eft donné teftiere, a fignifier que le chevalier ne doit rien faire darmes fans raifon, car ainfi comme la tefte du cheval va devant le chevalier, auffi doit aler raifon devant tout ce que le chevalier fait, car toute œuvre fans raifon a tant de vices en foy quelle ne doit point eftre devant chevalier. Et tout ainfi comme la teftiere garde & deffend la tefte du cheval, auffi raifon garde & deffend le chevalier de blafme & de vergoigne. Garnemens de cheval font pour garder & deffendre le cheval, & fignifient que le chevalier doit garder fes biens & fes richeffes affin quilz luy puiffent fouffire pour maintenir loffice de chevalerie, car ainfi comme le cheval par fes garnemens eft deffendu de coupz & de playes & fans les garnemens il feroit en peril de mort, auffi le chevalier fans fes biens temporelz ne pourroit maintenir honneur de chevalerie & ne pourroit eftre deffendu de maulvais penfemens, car pouvreté fait penfer a lhomme baratz, faulfetez & trayfon. Et a ce propos dit lefcripture : Propter inopiam multi deliquerunt. Pourpoint donné au chevalier eft fignifiance des grans travaulx quil convient fouffrir a chevalier pour honnorer chevalerie. Car ainfi comme le pourpoint eft par deffus les autres garnemens de fer, & eft a la pluye & au vent & recoit avant les coups que le haubert ne les autres armures, auffi eft efleu le chevalier a fouftenir plus grant travail que autre homme. Et tous les hommes qui font deffoubz la nobleffe de luy & en fa garde doivent recourir a luy quant befoing leur eft, & le chevalier les doit tout deffendre felon fon povoir, & avant doivent les chevaliers eftre prins ou navrez ou mors que les hommes qui font en leur garde. Doncque comme il foit

ainſi, treſgrande eſt la charge de chevalerie. Et pour tant
ſont les princes & les barons en tant grans travaulx pour
garder leur terre & leur peuple. Seignal eſt donné au chevalier en ſon eſcu & en ſon pourpoint affin quil ſoit congneu en la bataille & quil ſoit loué ſil eſt hardy & ſil fait
beaulx faitz & donne grans coups en la bataille. Et ſil eſt
couhart ou failly de cueur & recreant (1), ceſt a dire hors dal-
laine, ſeignal luy eſt donné pour ce quil ſoit blaſmé, fuſté (2),
vituperé & repris. Et auſſi eſt donné ſeignal au chevalier
pour ce quil ſoit congneu ſil eſt amy ou ennemy de chevalerie. Pour ce que cheſcun chevalier doit honnorer ſon ſeignal
affin quil ſe garde de blaſme, lequel blaſme geête chevalier & deboute hors de lordre de chevalerie, luy eſt ledit
ſeignal donné.

Banniere eſt donnee a roy & a prince & a baron & a chevalier banneret qui a par deſſoubz ſoy pluſieurs chevaliers, a
ſignifier que chevalier doit maintenir lhonneur de ſon ſeigneur & de la terre. Car chevalier eſt aymé, loué, priſé
& honnoré de la gent, en lhonneur du royaulme & de ſon
ſeigneur. Et ſilz ſont ou deshonneur de la terre ou ilz ſont
& de leurs ſeigneurs, tels chevaliers ſont plus blaſmés &
ahontez que autres hommes : car ainſi comme pour honneur doivent eſtre plus louez, pour ce quen eulx doit eſtre
lhonneur de prince & de ſeigneur, auſſi en leur deshonneur doivent eſtre plus blaſmez. Et pour ce, pour laſcheté,
faulſeté ou trayſon ſont plus desheritez roys & princes que
nulz autres hommes.

(1) Celui qui a été mis hors de combat, qui s'avoue vaincu. C'étoit un déf-
honneur pour un chevalier d'être appelé récréant.

(2) Battu de verges, fuſtigé.

Des couſtumes qui appartiennent au chevalier. vii chapitre.

Se nobleſſe de couraige a eſleu chevalier par deſſus les hommes qui ſont deſſoubz luy en ſervitude, doncque nobleſſe de couſtume & bons nourriſſemens appartiennent a chevalier, car nobleſſe de couraige ne pourroit monter ens (1) ou hault honneur de chevalerie, ſans election de vertus & bonnes couſtumes. Doncque comme ce ſoit ainſi, il convient a force, quil appartiengne a chevalier bonnes couſtumes & bons enſeignemens. Tout chevalier doit ſcavoir les ſept vertus qui ſont racines & commencement de toutes bonnes couſtumes & bons enſeignemens, & ſont voye & ſentier de la celeſtiale gloire pardurable. Deſquelles ſept vertus les trois ſont theologales & les iiii. ſont cardinales. Les theologales ſont foy, eſperance & charité. Les cardinales ſont iuſtice, prudence, force, attrempance. Chevalier ſans foy ne peut avoir bonnes couſtumes, car par foy voit lhomme eſpirituellement dieu & ſes œuvres & croit les inviſibles choſes. Et par foy a lhomme eſperance, charité & loyaulté, & eſt lhomme ſerviteur de verité. Et par deffault de foy, meſcroit lhomme dieu & ſes œuvres & les choſes veritables qui ſont inviſibles, leſquelles lhomme ſans foy ne peult ſcavoir ne entendre. Chevaliers bien acouſtumez par la foy quilz ont en eulx, vont en la terre doultre mer en pelerinaige, & illec eſpreuvent leur force & leurs chevaleries contre les ennemys de la croix, & ſont martyrs ſilz y meurent, car ilz ſe combatent pour exaulcer la

(1) Dedans, intérieurement. Ents, ens, du latin *intus*.

saincte foy catholicque. Et auſſi par foy ſont clercz deffen-
duz par les chevaliers, des maulvais hommes qui par deffault de foy les meſpriſent, robent & deſheritent tant comme
ils peuvent. Eſperance eſt vertu qui moult ſorment appartient a loffice de chevalier. Car par eſperance ſe remem-
bre le chevalier de dieu a ſes beſoings, & par eſperance
quil a en dieu a avoir victoire de la bataille, par raiſon de
leſperance & de la fiance quil a plus grant en dieu quen
ſon corps ne en ſes armes, vient il au deſſus de ſes ennemys. Par eſperance efforcer le couraige du chevalier eſt
vaincre laſcheté & couhardie. Eſperance fait ſouſtenir travaulx & fait aventurer les chevaliers es perilz en quoy ilz
ſe mettent ſouvent. Et auſſi leur fait eſperance ſouſtenir
faim & ſoif, es chaſteaulx, es citez, es fortereſſes ou ilz ſont
aſſegiez & deffendent eulx & le chaſteau vaillamment tant
comme ilz peuvent, car ſeſperance ne fuſt, chevalier ne
peuſt uſer de ſon office. Et auſſi eſperance eſt principal
inſtrument a uſer a office de chevalerie, ainſi comme la
main dung charpentier eſt principal inſtrument de char-
penterie. Chevalier ſans charité ne peut eſtre ſans cruaulté
& maulvaiſe voulenté, car cruaulté & maulvaiſe voulenté
ne ſe concordent point a loffice de chevalerie. Pour ce
convient il que charité appartiengne a chevalier, car ſe le
chevalier navoit charité a dieu & a ſon prouchain, comment ne en quelle choſe aymeroit il dieu. Et ſil navoit pitié des pouvres hommes non puiſſans & meſaiſez, ceſt aſſavoir des hommes prins & vaincus qui demandent mercy
comme non puiſſans deſchapper, & meſaiſez de la finance
pour leur delivrance. Et ſen chevalier neſtoit charité comment pourroit il eſtre en lordre de chevalerie. Charité eſt
vertu dautre vertu & depart ung vice de lautre vice, car
charité eſt amour, de laquelle peut avoir tout chevalier &

tout homme, tant comme meftier luy eft a maintenir fon office. Et charité fait eftre legier le grant faiz de chevalerie, car tout ainfi comme cheval fans piedz ne pourroit porter le chevalier, auffi nul chevalier ne peult fans charité fouftenir le grant faiz & charge que fouftient le noble couraige du chevalier par charité pour honnorer & exaulcer chevalerie.

Se lhomme fans corps fuft homme, adoncques fuffe homme chofe non vifible. Et fil fuffe invifible il ne fuffe point homme ne ce quil eft, tout ainfi, fe le chevalier fans iuftice fut chevalier, il convenift par force que iuftice ne fuft point ce quelle eft, ou que chevalerie fuft une chofe diverfe de celle chevalerie qui eft orendroit. Et comme chevalier ait commencement de iuftice & que chevalier iniurieux fe cuide eftre en lordre de chevalerie, ce nappartient pas, car chevalerie & iuftice fe concordent fi forment, que fans iuftice ne peut eftre chevalerie. Chevalier iniurieux & ennemy de iuftice fe deffait doncque & fe gecte hors de chevalerie & de fa noble ordre & la renoye & mefprife. Prudence eft par laquelle lhomme a congnoiffance de bien & de mal & par laquelle lhomme a grace a eftre amy du bien & ennemy du mal, car prudence eft fcience par laquelle lhomme a congnoiffance des chofes qui font a venir, par les chofes prefentes. Et prudence eft, quant par aucunes cauteles & maiftries fcet lhomme efchever (1) les dommaiges corporelz & efpirituelz. Et comme les chevaliers foyent pour enchaffer & deftruire mal, car nulles gens ne mettent leurs corps en tant de perilz comme les chevaliers font, quelle chofe doncques eft plus neceffaire a chevalier que prudence. Acouftumance de cheva-

(1) Eviter, efquiver.

lier de armer & combatre ne fe concordent point tant a office de chevalier, comme ufement de raifon & dentendement & de ordonnee voulenté, car plufieurs batailles font vaincues maintesfoys, plus par maiftrie & par fens que par multitude de gens, ne de chevaulx ne de bonnes armures.

Et a ce propos dit le vaillant chevalier iudas machabee a fes gens quant il vit fes ennemys qui eftoyent en nombre fix fois plus que les fiens & venoyent abevrer pour le combatre. O mes freres dift il, ne vueillez pas doubter que dieu ne nous ayde en cefte heure, car ie vous dy bien que victoire neft point en grant multitude, aincoys y eft grant confufion. Et par le fens dicelluy machabee fut la bataille de fes ennemys vaincue & eut glorieufe victoire. Doncque comme il foit ainfi, fe toy chevalier veulx acouftumer ton filz a loffice de chevalier pour maintenir chevalerie & fon noble ordre, fay luy premierement acouftumer a ufer de raifon & dentendement, & fay tout ton povoir quil foit amy de bien & ennemy de mal : car par tel ufaige, prudence & chevalerie fe affemblent a honnorer lordre de chevalerie. Force eft vertu qui maine en noble couraige contre les pechez mortelz, qui font voye par quoy lhomme va en enfer, fouftenir griefs tourmens fans fin. Lefquelz pechez fonticeulx : gloutonnie, luxure, accide(1), orgueil, avarice, envie & ire. Donc le chevalier qui enfuict telles voyes ne va pas en loftel ou nobleffe de cueur fait fon eftaige & fon habitation. Gloutonnie engendre foibleffe de corps par oultraige de boire & de mengier, & en boire, gloutonnie charge tout le corps de viandes & engendre pareffe, lafcheté de cueur & de corps qui griefvent lame. Donc

--

(1) Pareffe, abattement qui conduit (Du Cange, Gloff.) *Acedia.*
au découragement & au défefpoir.

comme tous ces vices foyent contraires a chevalerie, pour ce fe combat le fort couraige du noble chevalier, avec layde dabſtinence, prudence, & attrempance quil a contre gloutonnie. Luxure & chaſteté fe combatent lune contre lautre, & les armes avec lefquelles luxure guerroye chaſteté, font ieuneſſe, beauté, fort boire & fort menger, coinctes (1) veſtures & polies, faulſeté, trayſon, iniure, & meſpriſement de dieu & de ſa gloire, & peu doubter les peines denfer & les autres choſes femblables a ceſtes.

Chaſteté ou forteſſe guerroye & furmonte luxure par remembrer dieu & ſes commandemens & par bien entendre les biens & la gloire que dieu donne a ceulx qui laiment, fervent & honnourent, & le mal & la peine qui eſt appareillee a ceulx qui le meſpriſent & meſcroyent, & par bien aymer dieu pour ce quil eſt digne deſtre aymé, fervi & honnoré. Et par ce chaſteté ou forteſſe guerroye & vainc luxure avec nobleſſe de couraige qui ne fe veult foubmettre a maulvais ne a ors (2) penſemens & ne veult point eſtre abaiſſee ne avallee de ſon hault honneur. Et comme le chevalier foit nommé chevalier, pour ce quil doit combatre & guerroier vices & les doit vaincre & furmonter par force de couraige, fil neſt tel quil foit fans force & nait point cueur de chevalier, il na point les armes dont il fe doit combatre.

Avarice eſt ung vice qui fait defcendre & abaiſſer noble couraige & eſtre foubmis a viles choſes, dont par deffault de force & de bon couraige, lefquelx ne fe deffendent point contre avarice, eſt foubmis & vaincu le couraige du chevalier qui deuſt eſtre noble & fort. Et par ce font les chevaliers convoiteux & avaricieux. Et par leur convoitiſe ilz

---

(1) *Coint*, élégant, foigné; de *Comptus*. (2) Impurs, déshonnêtes.

font moult de tors & de maulvaiſtiés & ſe font ſerfz, ſubiectz & chetifz des biens que dieu leur avoit abandonnez
& ſoubmis.

Forteſſe a telle couſtume que iamais ne ayde a ſon ennemy, ne ia ne aydera a lhomme, ſil ne luy demande ſecours & ayde. Car tant eſt haulte choſe & noble forteſſe
de couraige en ſoy meſme, & tant grant honneur luy eſt
digne, que aux beſoingz, travaulx & perilz doit eſtre appellee & luy doit eſtre demandee ayde. Donc quant le
chevalier eſt par avarice tempté a encliner ſon couraige a
avarice, que eſt mere de maulvaiſtié & de deſloyaulté & de
trayſon, adoncque il ſe doit recourre a forteſſe en laquelle
il ne trouvera laſcheté ne couhardie, non puiſſance ne deffault dayde ou de ſecours, car avec forteſſe, noble cueur
peut eſtre fort & peut vaincre tous vices.

Doncque toy chevalier avaricieux, pourquoy nas tu fort
couraige & noble ſi comme le noble couraige du puiſſant
roy Alexandre, qui en deſpriſant avarice & convoitiſe, avoit
touſiours les mains tendues pour donner a ſes chevaliers,
tant que par la renommée de ſa largeſſe ceulx qui eſtoyent
ſoudoyerz pour le roy convoiteux qui le guerroioyt, ſe tour-
nerent & vindrent devers luy & deſtruirent confuſiblement
ſon ennemy convoiteux qui par devant eſtoit leur maiſtre.
Et pour tant tu devrois a ce penſer, affin que tu ne ſoies
ſoubmis a vilaines œuvres & a viles penſees par avarice,
laquelle ne ſe concorde point ne nappartient point a chevalerie. Car ſelle luy appartenoit, qui doubteroit doncques
que luſurier ne fuſt chevalerie.

Accide eſt ung vice par lequel lhomme eſt aymeur de
mal & hayneux du bien. Et par ce vice peut on mieulx
congnoiſtre & veoir en lhomme ſigne de dampnation que
par autre vice. Et par le contraire de accide peut on mieulx

congnoiftre en lhomme figne de falvation que par autre
vertu. Et pour ce, qui veult vaincre & furmonter accide, a
force il convient quen fon cueur ait forteffe par laquelle
il vainque la nature du corps qui par le peché de adam eft
encliné & appareillé a mal faire. Lhomme qui a accide
ceft a dire pareffe, il a dueil & courroux, toutesfois quil
fcet que autre homme fait bien. Et quant lhomme fait
dommaige, celuy qui a accide eft trifte & doulant de ce
quil ne le fait plus grant. Et pour ce tel homme a dueil
& travail du bien & du mal des autres hommes : car ire
& defplaifance donnent paffion au corps & a lame. Pour
ce toy chevalier qui veulx vaincre & furmonter celuy vice,
tu dois prier force quelle vueille enforcer fon couraige contre accide, en fouvenant que fe dieu fait bien a aucun
homme, pource ne fenfuit il pas a celuy tout quant quil a,
ne ce quil luy pourroit donner, ne en ce donnant, ne te ofte
il rien du tien. Et de ce nous donna noftre faulveur iefuchrift exemple, en levangile de ceulx qui alerent labourer
en la vigne, quant il reprift ceulx qui avoyent œuvré depuis
le matin iufques aux vefpres de ce quilz murmuroyent pour
ce que le fire de la vigne donnoit tel falarie & loyer a ceulx
qui eftoyent venus a heure de vefpres, comme a ceulx qui
avoient labouré tout le iour. Et leur dift quil ne faifoit nul
tort & que du fien povoit faire a fa voulenté. Orgueil eft
ung vice de inequalité, ou deftre inegal a autre & non pareil, car lhomme orgueilleux avoir ne veult pareil ne egal,
mais ayme mieulx eftre feul. Et pour ce humilité & forteffe font deux vertus qui ayment egalité, & en ce font
contre orgueil. Se toy chevalier orgueilleux veulx vaincre
ton orgueil, affemble en ton couraige humilité & forteffe,
car humilité fans forteffe na point de force & ne peut tenir contre orgueil. Et orgueil ne peut eftre vaincu finon par

force. Quant tu feras armé & feras monté deffus ton grant
cheval, tu feras paraventure orgueilleux, mais fe force dhu-
milité te faifoit fouvenir la raifon & lintention pour quoy
tu es chevalier, ia ne te orgueillerois. Et fe tu es orgueilleux tu nauras point force en ton couraige, par quoy tu
en puiffe gecter & mettre hors orgueilleufes penfées. Mais
fe tu es abatu de ton cheval en bataille & es pris & vaincu, tu ne feras point tant orgueilleux comme tu eftois devant, car force de corps aura vaincu & furmonté lorgueil
de ton couraige : doncques fe force de corps peut vaincre
& furmonter lorgueil de chevalier, ia foit ce que nobleffe
de couraige ne foit point chofe corporelle, force & humilité qui font chofes efpirituelles doivent moult mieulx gecter orgueil de noble couraige, qui font efpirituelles noblef-
fes. Envie eft ung vice defaggreable a iuftice & a charité
& a largeffe qui appartiennent a lordre de chevalerie, donc
quant aucun chevalier a lafche cueur & couraige failly &
ne peut fouftenir ne fuivre lordre de chevalerie par deffault
de forteffe qui neft point en fon couraige, & napoint en foy
les vertus de iuftice, de charité & de largeffe, tel fait force,
violence, deshonneur & iniure a lordre de chevalerie. Et par
ce eft maint chevalier ennemy dautruy bien, & envieux, &
eft pareffeux dacquerir les biens deffus diz par force darmes,
& eft plain de mal couraige, enclin & preft a tollir a autruy les chofes que ne font pas fiennes & dont il ne fut oncque en poffeffion. Et par icelle envie luy convient penfer
quil puiffe faire barat & faulfeté pour acquerir richeffe dont
a la fois eft deshonnoré contre lordre de chevalerie. Ire
eft troublement en couraige de remembrement & de voulenté, & par ceft troublement, le remembrement fe convertit en oubliance, & lentendement en ignorance, & la
voulenté en nonchaillance ou haynance. Et comme remem-

brer, entendre & vouloir fouvent foyent enluminement par
lequel chevalier peut fuivre la voie & la regle de lordre de
chevalerie, qui vouldra donc geĉter de fon couraige ce
qui eſt troublement de fens & defperit, recourrir luï convient a force de couraige, a charité & a attrempance & a
patience qui ont domination fur le reffrenement de ire, &
font repos & allegeance des travaulx & des paffions que
ire donne. De tant comme ire eſt plus grant, de tant convient il que la force de couraige qui la veult furmonter, fe
ioigne avec foy, benivolence, abſtinence, charité, patience
& humilité & ainſi fera ire furmontee, & apetiſſee la maulvaife voulenté, lire & limpatience & les autres vices. Et
quant les vices font moindres & les vertus plus grans, comme
font iuſtice & fageſſe, par la grandeur de iuſtice & de fai-
geſſe eſt plus grant lordre de chevalerie.

Nous avons eu cy devant la maniere & faſſon felon laquelle force eſt en couraige de chevalier contre les fept pechés mortelz. Si dirons apres, de la vertu dattrempance.
Attrempance eſt une vertu qui demeure au milieu de deux
vices, dont lung eſt peché par grant quantité, & lautre eſt
peché par trop petite quantité. Et pour ce entre trop & peu
convient eſtre attrempance en tant amefuree quantité,
quelle foit vertu. Car felle neſtoit vertu, entre trop grant &
trop petit nauroit point de moyen, & ce ne peut eſtre. Chevalier acouſtumé de bonnes couſtumes & bien enfeigné doit
eſtre attrempé en hardieſſe, en menger & en boire, en parler,
& en habillemens, en defpens & autres chofes femblables a
ceſtes. Sans attrempance, nul chevalier ne pourroit maintenir lordre de chevalerie & ne la pourroit faire eſtre ou
lieu ou demeure vertu. Couſtume & ufaige de chevalier
doit eſtre de ouyr meſſe & fermon & adorer & prier dieu
& le aymer & doubter fur toutes chofes, car par telle acouf-

tumance doivent doncques eftre honnorez par les roys &
par les grans barons : car ainfi comme par les chevaliers
font les haulx barons honnorez par deffus le menu peuple,
auffy les roys & les haulx barons de terre doyvent tenir les
chevaliers par deffus les autres gens. Chevalerie & franchife fe concordent, & a la franchife & a la feigneurie du
roy & du prince fe concordent les chevaliers. Car le chevalier convient eftre franc pource que le roy foit feigneur.
Et pour ce convient que lhonneur du roy ou du prince &
de tout hault baron de terre foit concordant a lhonneur de
chevalier, en telle maniere que le roy ou le prince foit feigneur & le chevalier foit honnouré. A lhonneur de chevalier appartient quil foit aymé par fa bonté & quil foit
doubté par fa force, & quil foit loué par fes faitz & par fa
proueffe, & quil foit deprié par fa privaulté, & pour ce
quil eft confeiller du roy ou du prince ou dautre hault baron. Doncque mefprifer chevalier pour ce quil eft de celle
mefme nature de quoy tout homme eft, eft mefprifement
des chofes devant dictes pour quoy chevalier doibt eftre
honnoré. Tout noble baron & hault feigneur qui honnoure
chevalier & a fa court & a fon confeil & a fa table, il honnoure foy mefme. Et femblablement celuy qui le honnoure
en bataille, honnoure foy mefme. Et le feigneur qui de faige
chevalier fait meffaiger, livre fon honneur a nobleffe de couraige. Et le feigneur qui multiplie honneur en chevalier qui
eft en fon fervice, multiplie honneur en foy mefme. Et le feigneur qui ayde & maintient chevalier, ordonne fon office &
enforce fa feignourie. Et le feigneur qui eft privé de chevalier,
a amiftié & compaignie a chevalerie. Requerir de follie
femme de chevalier & elle encliner a maulvaiftié, neft point
honneur de chevalier. Et femme de chevalier qui a enfans
de vilains, ne honnoure point chevalier, aincois deftruict &

aneantit lancienneté de noble confraternité & du noble lignaige de chevalier. Celuy qui a enfans de vilaine femme, ne honnoure point gentileffe ne chevalerie. Et comme ainfi foit, gentileffe doncques & lhonneur de chevalerie fe concordent en chevalier & en dame par vertu de mariage, & le contraire eft deftruction de chevalerie. Se les hommes qui ne font point chevaliers font obligez & tenus a honnorer chevaliers, moult plus eft obligé & tenu chevalier a honnorer foy mefmes, car tout chevalier eft tenu a honnorer fon corps & eftre bien veftu & noblement, & eftre bien monté & avoir beau harnois & bon & noble, & eftre fervi & honnoré de bonnes perfonnes, affez plus fans comparaifon doit honnorer la nobleffe de fon couraige par laquelle il eft en lordre de chevalerie, lequel couraige eft defordonné quant le chevalier met en luy viles penfees, maulvaiftiés & trayfons & gette de fon couraige nobles penfees & bonnes cogitations qui appartiennent a nobleffe & a lordre de chevalerie. Chevalier qui deshonnoure foy & fon pere ceft affavoir autre chevalier, neft pas digne davoir honneur, car fil eftoit digne, tort feroit fait au chevalier qui tient honneur de chevalerie quant a foy & autre chevalier. Doncques comme chevalerie ait fa demourance en noble couraige de chevalier, nul homme ne peut tant honnorer ou deshonnorer chevalerie comme chevalier. Maintz font les honneurs & les reverences qui doivent eftre faictes au chevalier, & de tant comme le chevalier eft plus grant, de tant eft il plus chargé & obligé a honnorer chevalerie.

En ce livre avons parlé affez briefment de lordre de chevalerie, pourtant ferons nous icy fin a lhonneur & a louange de dieu noftre feigneur glorieux & de la glorieufe vierge

marie qui foyent benoiftz par tous les fiecles des fiecles.
Amen.

Cy finift lordre de cheualerie ou on peult facillement
congnoiftre & entendre la noblefle de cheualerie la maniere de creer & faire les cheualiers & la fignifiance de
leurs harnoys & inftrumens de guerre. Lequel liure a efte
nouuellement imprime a Lyon fur le rofne & acheue le
xi. iour de iuillet lan de grace mil cinq cens & dix. pour
Vincent de portunaris de trinc libraire demourant audict
lyon en la rue merciere.

PETIT DIALOGVE

DE

NOBLESSE.

PETIT DIALOGVE

de Nobleſſe, auquel eſt declairé que ceſt de nobleſſe,
& les inuéteurs dicelle. Ou le ieune Prince demande, & le Docteur luy reſpond. Cō-
poſé par ledit maiſtre Symphorien Champier (1).

———————

Le ieune Prince demande à Craton ſon docteur, ſi aucun peult
eſtre dit Noble, pour cauſe de ſes parens, & ſi un hōme pour
cauſe de ſa lignee, & de nature, dòit eſtre dit plus noble
que un autre. (Chap. 1.)

MAINTESFOIS me ſuis eſmerveillé de ce q̃ les
uns ſont appellés Nobles, & les autres nō, & les
uns Roys, les autres Ducz, les autres Comtes,
les autres Barons ou Vicōtes : veu q̃ Dieu au cōmence-
mēt ne crea q̃ un hōme & une femme, deſquelz ſommes

(1) A la ſuite de : *Le fondement &*   Lyon, Jean de Tovrnes. Petit in-8ᵉ,
origine des titres de nobleſſe, & excel-   M. D. XLVII. (Pag. 91.)
lentꝫ eſtatꝫ de tous Nobles & illuſtres...

tous venuz. Parquoy me ſemble que tous doyvent eſtre
ditz Nobles : puis q̃ de lignee noble ſont venuz & deſ-
cenduz. Auſſi un ne peut eſtre dit plus Noble q̃ un autre,
pour cauſe de la nativité : car nous liſons en Iob, XIIII.
Chap., Mortui ſunt Nobiles & innobiles fuerunt filii eorum, & non interierũt. Les nobles ſont mors, mais leurs
enfans ne furét pas nobles, & pource ilz ne furent pas
mors. Il appert donc, que un hõme, pour cauſe de ſa nativité, ne auſſi de ſes parens, ne doit pas eſtre dit Noble : car
par celle autorité, le pere peult eſtre dit noble, & le fils
nõ noble. Derechef Platon dit, q̃ Seneque recite ad Lucillum, Neminẽ regem nõ ex ſervis eſſe ortũ, & neminem
ſervum non ex regibus eſſe ortum. Lon ne peult dire, que
aucuns Roys ne ſoyẽt deſcéduz de ſerfz, ne que aucuns ſerfz
ne ſoyẽt deſcéduz de Roys, & par cõſequẽt il ſemble q̃ pour
cauſe de ſa nativité nul ne peult eſtre dit noble. Pourtant
(Craton mon bon doĉteur) ie voudroye bien eſtre informé
de la verité, & ſçavoir ce q̃ les anciens doĉteurs & Philoſophes ont entendu de Nobleſſe.

Le doĉteur Craton, premier que aucun peult eſtre dit Noble,
pour cauſe de ſes parẽs, touche des opinions des anciens Phi -
loſophes, de ceſte nobleſſe. (Chap. 11.)

IEUNE Prince, qui des ton enfance quiers à ſçavoir & cõgnoiſtre la vertu de nobleſſe, laquelle
doit en tous Princes reluire, cõme le ſoleil entre
les autres eſtoilles & planettes : à tes demãdes (leſq̃lles ſont
licites, bõnes & raiſonnables) iay propoſé de reſpõdre ſelon
mõ petit ſçavoir, & petit entédement, & ainſi q̃ les ſages, &

Philofophes anciens le nous ont par leurs haultains efcritz demonftré & donné à entédre. Il eft efcrit Ecclefiaft. cap. x. Beata terra cuius rex nobilis. La terre foit benoifte de laquelle le Roy eft noble, & la glofe expofe, quil foit de noble lignee: & à ce faccorde affez la p̄miere loy. C. de dignitatibus. & la loy Senatores. ff. de fena. Et fi aucun demandoit dont telle nobleffe defcédit premieremét, ie luy refp̄ods que la nobleffe des parés & de lignee vint premieremét de la no-bleffe des mœurs & des vertuz. Et fi pouvons mettre exem-ple de David, lequel Dieu efleut en Roy, pour les tref-grans vertuz qui eftoyent en luy. In pfalte. Elegit Deus fervū fuū de gregibus oviū. Noftre Seigneur efleut David fon ferf en Roy, & le print dempres les brebis, lefq̄lles il gardoit. Et iaçoit ce que David fuft un berger, quand Dieu le feit Roy, toutesfois fa lignee, & ceux qui font def-céduz de luy font appellés trefnobles. Quād eft de lautorité Iob, Mortui funt &c., elle (felon faint Gregoire es mora-les) doit eftre entendue de la nobleffe des vertuz : car en la fainte efcriture, ceux qui enfuyvent les deleċtatiõs char-nelles font aucunesfois appellés faux nobles, & leurs en-fans qui les enfuyvét en vice, non nobles. Celle autorité donc, parle dautre nobleffe, que de la nobleffe mondaine. Et ne fenfuit pas, que iaçoit ce que tous foyent defcen-duz d'Adam, que les uns ne foyent plus vertueux que les autres, & par cõfequent que ne doyvét eftre plus merités & honnorés. A celle autorité de Platon iottroie affez, que de nõ nobles font defcenduz nobles, & de nobles nõ nobles: car nobleffe peult eftre acquife, ou perdue par accouftu-māce, & par fa defaccouftumāce. Et pareillemét nobleffe peult eftre prefcripte : car une loy dit, que fi un ferf eft longuemét porté pour franc, il peult prefcrire la liberté. C. de prefcriptione longi téporis. l. ii. Par femblable rai-

fon, ceux qui font defcenduz dune mefme lignee, & ont toufiours exercé faitz de nobles, & fe font portez pour nobles,
tant de temps quil ne foit memoire du côtraire, ilz doyvent
eftre tenuz & reputez pour nobles. ff. de aqua quotidiana
& aeftiva. ff. hoc iure. ductus aquae. Et devons fçavoir que
les anciens Philofophes ont mis plufieurs opiniōs de celle
nobleffe. Les uns dient, que nobleffe neft autre chofe fors
que anciennes richeffes, & bonnes mœurs. Les autres dient
q̄ bōnes mœurs dun hōme feulemēt, le font eftre noble.
Les autres, que ceux font nobles, qui defcédent de parens
nobles : iaçoit ce q̄ les enfans foyent de mefchāt gouvernement & de mauvaifes mœurs. Les autres tiénent que tout
hōme eft noble, lequel eft predeftiné de Dieu, & non autrement. Que dirōs nous donq̄s de cefte nobleffe, pour
en avoir plus parfaite congnoiffance ? Nous devons confi-
derer, que nous avons trois manieres de nobleffe. La premiere eft theologique & fpirituelle : la fecōde, nobleffe
naturelle : la tierce, nobleffe politique & civile. De la premiere devons recourir au createur du firmament, Dieu
tout puiffant, lequel cōgnoit parfaitement cefte nobleffe,
& nō autre. Et felon cefte nobleffe, tout hōme humain eft
noble, qui eft en la grace de Dieu, & ne la pouvōs congnoiftre, fi ce neft par revelation divine : car il eft efcrit Ec-
clefiafti. IX. cap. Nefcit homo utrū amore vel odio dignus fit. Nul hōme ne fçait fil eft digne deftre en la grace
& amour de Dieu ou nō. Plufieurs font predeftinés en la
grace de Dieu, lefquelz nous tenōs en ce mōde pour non
nobles, cōme il appert par faint Pol I. ad Corinth. IIII.
cap. Laiffons donq̄s celle nobleffe à la difputation des fages Theologiēs, lefq̄lz ont parlé par efprit de prophetie.

La fecōde nobleffe eft dite naturelle, laquelle peult eftre
confideree en deux manieres. La p̄miere, cōme il ap-

partient aux beſtes irraiſonnables. Et en ceſte maniere les
beſtes & les oyſeaux, ſont tenuz pour nobles, & moins nobles ſelon leurs operatiõs. Nous pouvons mettre exẽples
aux beſtes mues : car nous voyons q̃ aucuns chiens ſont
plus nobles qne les autres, & les oyſeaux auſſi, dune meſme
eſpece, ſont plus nobles que les autres. Donques un hõme
ſerf, & une femme ſerve, peuvent eſtre ditz nobles, cõme
voyons que entre les ouvriers les uns ſont plus dignes que
les autres. l. Inter artifices. ff. de ſolutioni. Auſſi il eſt eſ-
crit Leviti. xix. Ibi ancilla nobilis, &c. Et de ceſte nobleſſe parle Ariſto. ii. ethicorũ, cap. v. in princi. Mais
nous ne querons pas, quant a noſtre propos, de ceſte nobleſſe. Secondement, ceſte nobleſſe naturelle peult eſtre
prinſe, cõme elle appartient a hõme humain. Et par tant
elle doit eſtre dite nobleſſe, ceſtaſçavoir introduite de
raiſon naturelle, laq̃elle les Legiſtes appellent le Prime-
rain droit des gens, & ſe doit entẽdre de vertu, laquelle
cõpete a celuy hõme qui eſt habile davoir ſeigneurie, ainſi
cõme il appert par Ariſtote, i. Politicorum ix, cap. Et ſur
ceſte nobleſſe naturelle eſt fondee la tierce nobleſſe Politique, laq̃lle peult eſtre ainſi deſcrite ou diffinie. Nobilitas,
eſt qualitas illata per ſupremũ, qua quis (ultra honeſtos) ac-
ceptus oſtenditur. Nobleſſe eſt une qualité laquelle eſt dõnee
par le ſouverain ſeigneur, par laq̃lle aucun eſt agreable,
oultre ceux qui ſont hõneſtes. Et par celle diffinition ſen-
ſuyvẽt aucunes cõſequẽces. La premiere, que nobleſſe eſt
une qualité, ce qui appert : car nobleſſe ſe peult laiſſer à
eſtre en perſõne daucũ, ſans la corruption de la perſonne.
Et peult cõmẽcer de nouvel à eſtre : car celui qui eſt noble, pour ſon vice peult laiſſer à eſtre noble. Auſſi ſi une
femme non noble ſe marie à un hõme noble, elle devient
noble, cõme dit la loy. C. de dignitatibus. lib. xii. Et

appert auffi a ceux, qui font nouveau anoblis par Lempereur, ou par le Roy, cõme il eft efcrit par tout le xii. livre
du Code. Defquelles paroles lon peult cõclure q̃ un hõme
peult eftre en une partie du temps noble, & lautre partie
non noble : pource que un hõme peult eftre reputé noble
en France, & fil vient en Italie fera tenu non noble, par la
diverfité des climatz & cõditions des païs & des regions.
La feconde confequêce qui fenfuit de cefte diffinitiõ de
nobleffe : nully ne fe peult anoblir de foy mefmes, argu-
mento, extra de inftitutionibus. cap. fin. Et fi aucun fe
vouloit dire & porter pour noble, q̃ ne foit pas, ne onques
les fiens parens ne le furent, il doit eftre tenu & reputé
faulfaire, cõme dit la loy fecõde, circa fin. ff. ad legē Iul.
maiefta. Et nully ne fe peult anoblir, fil neft fouverain
en fon païs. Si vous me repliqués que un fimple chevalier
(felõ couftume & le droit d'armes) peult faire & creer un
autre chevalier, donq̃s autre que le Prince peult anoblir,
ie vous refpons, que fi un chevalier fait un autre chevalier, pourtãt il ne lanoblift pas, mais lui dõne lordre de
chevalerie, par lequel ordre, nobleffe eft aucunemêt plus
declairee quelle neftoit paravant. Mais fil neftoit aucunement noble, il fembleroit q̃ tel ordre de chevalerie ne le
pourroit pas faire ftable : car le Prîce feul fe peult anoblir,
& nul autre fil nha puiffance de faire loy, cõme Lempereur, ou le Roy de France en fon Royaume, lequel ha efté
autrefois partage de Lempire.

Le ieune Prince Charles dit à Craton, quil sesmerveille que Lempereur, ou Roy, ou autre Prince, puisse un Plebeyen, ou Serf anoblir. (Chap. III.)

RATON mon precepteur & maistre, ie mesmerveille de ce que vous dites : que Lempereur, ou un Roy peult un pur plebeyen, ou serf faire noble & chevalier. Il me semble q̄ non, & que pour lopinion dun seul Prince, la noblesse ne peult estre acquise : car dōner les qualités lesquelles sont en lame, & graces, appartiént seulement à Dieu, & non à Prince terrien. Et pource que la chose touche à moy cōme Prince, ie voudroye bien estre informé de la verité.

Le docteur Craton respond & distingue les especes de noblesse. (Chap. IIII.)

AUTAIN Prince, qui desirés scavoir la vérité & propriété de noblesse vous esmerveillez de ce quay dit, que un Prince peult anoblir un homme de simple condition, & plebeyen : à ce respons (si parlés de noblesse, laquelle descend par lignage, & pour cause de ses parens), & vous ottroye le Roy ne pouvoir faire celuy qui nest pas noble de lignee, descendre de lignage noble. Car cest chose impossible, & en ce cas peult avoir lieu vostre raison : mais si nous parlōs de la noblesse, laquelle ne descend pas par lignage, ains de celle que une fois commence en la perſonne daucun, certes ie dis que le Roy, ou Prince peult donner & ottroyer telle nobleſſe, & creer chevaliers. Ie ne dis pas q̃ un chevalier, qui eſt noble de lignage, ne doyve plus eſtre honnoré, que celuy qui eſt de nouvel par le Prince anobly: mais ie dis que quand le Prince anoblit aucun, nous devons tenir quil ſoit noble, & quil doyve iouir des privileges des nobles. Or à ce quil eſt dit, que Dieu ſeulemẽt peult anoblir, il eſt veritable, ou quil permette : mais Dieu au commencement ha voulu, & donné autorité aux Princes danoblir, & dõner graces touchant choſes terriennes & civiles. Pource un homme peult eſtre noble de lignee, & par autorité de Prince, lequel ſpirituellemẽt ſera ſerf & vilain, plein de vices & pechés, leſquelz ſeront incongneuz au peuple, & nonobſtant il ſera tenu pour noble temporellement. Et pource, nobleſſe de mœurs eſt ſpirituelle, & à preferer à la ſeculiere, & qui les peult avoir toutes deux, ceſt le meilleur, car lune ayde à lautre, & ne ſont point contraires.

FIN.

LANTIQVITE ORIGINE

ET NOBLESSE DE LYON.

CY COMMENCE

Vng petit liure de lantiquite origine & noblesse de la tresan-
tique cite de Lyon : Enfemble de la rebeine & coniuration
ou rebellion du populaire de ladicte ville contre les
confeilliers de la cite & notables marchans a caufe
des bledz. Faicte cefte prefente annee Mil cinq
cens. xxix. vng dimenche iour fainct Marc,
avec plufieurs additiõs defpuis la premiere
impreffion faicte a Paris : Et corrections
iouxte le vray exemplaire compofe
en latin par meffire Morien Piercham cheualier natif de Sinoil
en gaule celtique demourant
en lanciéne cite de Trieue
'en gaule belgique. Trã-
flate de latin en langue
gallicaine par maif-
tre Theophile du
mas de fainct
. Michel en
barroys.

Maurinus pierchanus eques auratus humaniffimo &
undecunque doctiffimo domino Bartholomeo
caftelli novocomenfi artis peonie profef-
fori excellentiffimo. S.

ETSI longe iucundius mihi fuiffet lugdunenfis
urbis felicitatem quam inediam & clades referre :
tamen quia tempora fic tulerunt, fequemur &
nos fortune mutabilitatem, populique & vulgi ferocita-
tem & infaniam qua hoc anno civitas lugdunenfis fuit quo-
dammodo agitata defcribemus. Triftem profecto quodam-
modo materiam, fed pro cognitione noftrorum temporum
utilem ac neceffariam. Neque Livius hyftoriarum pater
cum urbem Romam a gallis captam refert minorem meretur laudem, quam cum P. Emilii triumphum illum precla-
rum de macedonibus, aut P. aphricani victorias enarrat.
Neque Seneca minorem laudem meretur cum civitatem
Lugdunenfem incendiis conflagratam ad Lucilium refert,
quam cum eundem Lucilium laudat, atque eiufdem res
geftas enarrat: hiftorie quippe eft tam profperas quam adverfas res monumentis litterarum mandare. Me etenim hec
ipfa fcribentem quamquam multa pro fingulari amore
meo erga belgas ob Valdenfium nephariam fectam con-
turbarent, tamen illa ratio confolatur quod etfi res tunc
maxime adverfas gallia Belgica perpeffa fuit, ad extremum
tamen fuperatrix externarum herefum cum fide ecclefie
catholice potentiffima remanfit. Verum differere hec fub-
tilius, alterius & temporis & contemplationis eft. Igitur
vale valeafque femper & nos ut foles ama.

A tres fcavant docteur monfieur Bartholomé caftel
natif de Caume Docteur en Loix afclepiades,
meffire morien piercham chevalier Salut.

E T fil eftoyt a moy plus plaifant defcripre les
geftes heureufes & victoires antiques des hommes heroicques qui aultresfoys font fortis & ont
eu leur commencement en la cité de Lyon, que de reciter
une rebellion populaire dicelle cité : Neantmoins pource
que le temps ou fommes maintenant conftitué tieulx accidens tollere & permect, nous fuyvrons la mutation de fortune felon le temps venue, en defcripvant la fureur & follye
temeraire & populaire par laquelle la cité de Lyon cefte
année prefente a efté troublee & dommaigee. Et fi la matiere de cefte hiftoire eft aulcunement trifte & douloureufe,
fi eft elle utile a fcavoir felon la condition du temps ou
nous fommes, & neft pas moins a louer Tite lyve pere des
hiftoriens quant il defcript comme Romme fut prife &
bruflee par ceulx de Gaule, que de ce quil defcript le triumphe de P. Emilius quil euft des Macedoniens, ou bien les
victoires de Scipio aphrican. Ne Senecque neft pas moins
a louer quant il efcript a fon amy Lucille comme Lyon
cité tres fameufe, par une nuict par feu fatal fut bruflee,
que quant il defcript les louenges dudict Lucille. Et fi cefte
annee noftre Gaule belgique a efté troublee par la faulce
fecte vauldoyfe en plufieurs lieux, ce nonobftant dieu a
toufiours deffendu fon eglife & eft permanente & victori-
ieufe. Mais den efcripre plus amplement le remectons a
aultre temps. Et a tant te dis falut, te priant nous aymer
comme toufiours as faict le temps paffé.

LA NOBLESSE

ET

ANCIENNETE DE LYON.

GAULE eſt une region en Europe diviſée par pluſieurs nobles fleuves en troys parties : ceſt Belgique, Celtique, & Aquitaine. Belgique tient
depuis le fleuve dict Scalda : ceſt leſcau iuſques au fleuve de
Seine : & depuis Seine iuſques au fleuve de Garonne eſt
appellée Gaule celtique, dont le chief eſt la cité de Lyon. Et
deſpuis le fleuve de Garonne iuſques au montz pyrenées eſt
Aquitaine. Ptolomée diviſe la Gaule en quatre parties. La
Belgique, Lyonnoiſe, Aquitaine, & celle de Narbonne :
mais la premiere diviſion eſt la plus conforme aux anciens :
car celle de Narbonne peult eſtre compriſe ſus la lyonnoiſe.
Les anciens ont dict que ceux de Belge eſtoient les plus fortz,
& ceux de Celte, les plus ſaiges des gaules. Appianus hiſtorien dict que Gaule celtique eſt dicte & nommée du filz
de Poliphemus lequel ſe nommoit Celtus & conquiſt celle

region. Les autres dient quelle eſt appellée gallia celtica a celto monte, lequel en langue gallicque eſt appellé le Cantal pres ſainct flour en Auvergne. Ceſar dictateur, en ſes commentaires, dict que ces troys parties de Gaulle ſont differentes de langaige, loix, & conditions, pource que les belges ſont plus fortz, plus barbares, agreſtes & variables : les celtes plus ſaiges, prudentz, dociles & humains : ceulx de Aquitaine plus legiers, mobiles & coleriques, tenant de la melancolie plus que les autres : les belges plus flegmatiques avec ſang : les celtes plus temperés que les aultres, pource que les celtes ſont en terre plus plaine ſans grandes montaignes ne vallées comme ſont les Belges & Aquitains.

Entre les celtes Lyon eſt la cité capitale & metropolitaine de toute ancienneté moyenne entre Allobroges, Belges, & Aquitaine : ne trop chaulde comme Narbonne, ne trop froide comme les Belges. Laquelle eſt ſituée entre deux nobles fleuves : ceſt le Roſne & la Saone leſquelz ſont entre tous ceux de gaule les plus renommés des hiſtoriographes & poetes. Et print ſon nom le Roſne dune cité, ainſi que recite ſainct Hieroſme en ſon epiſtre ad Paulam & Euſtachium, au proeſme du ſecond livre de ſainct Pol ad Galatas, Rhoda laquelle fut ediffiée des Rhodiens leſquelz vindrent Cum phoceis & ediffierent Marſeille en Prouvence : & comme dict Varro, ilz parloyent trois langues. Ceſt aſſavoir Grecque, Latine, & Gallicque. Et de celle cité Rhoda fut nommé le Roſne, & dict Rhodanus a colonis rodiorum. La Saone eſt dicte Sagona a ſanguine martyrum : Car anciennement eſtoit appellée Arar. De laquelle parle Virgille quant il dict : aut Ararim parthus bibet aut germania tygrim. Et du temps de Anthonius Verus fuſt nommée Saone du ſang des dixneuf mille martyrs. Leſquelz furent deſcollez en la montaigne en ung lieu que mainte-

nant on appelle la croix de Coille. Et defcendit le fang
iufques au fleuve Arar, & fe arrefta aulcunement en ung
lieu que maintenant eft une rue a Lyon qui fe nomme
Gourgoillon. Et monta le fang defdictz martyrs contre
mont le fleuve iufques a la cité de Mafcon. Et alors fuft
mué le nom de Arar au nom de Saone a rayfon du fang
defdictz martyrs. Le chief & principal martyr des deffuf-
dictz martyrs eftoit appellé fainct Hyreneu quon nomme
en latin Hyreneus fecond evefque de Lyon. Et fes principaulx compaignons ceftoit Alexandre trefdocte medecin
& Hypipodius : lefquelz prindrent & fouffrirent martyre
avecques leur evefque Hyreneus. Le premier evefque de
Lyon avoit nom beatus Phutinus : lequel ung temps devant
avoit efté decollé, & fon corps bruflé avecques quarante
huyt martyrs : dont lung defdictz martyrs fuft fainct Blandine avecques fon filz Pontius qui navoit que quinze ans.

Cefte noble cité de Lyon fuft dicte & appellée infula
gallica ceft a dire lifle gallique comme il eft efcript par
Plutarche en la vie de Hannibal de carthage. Les aultres
dient comme le livre attribué a Berofe de caldée, quelle
print fon nom du roy Lugdus lequel habita le premier a
Lyon du temps du roy Macaleus, duquel temps regnoit fur
les Tudefques Hercules alemanus, & fur les gaulles celti-
ques regnoit ledict roy lugdus, comme dict & afferme Annius commentateur dudict livre : mais pource que ce livre
attribué a Berofe femble eftre hiftoire fabuleufe a caufe des
noms barbares quilz font dedans nommez lefquelz font incogneus a tous aultres hiftoriens, ne croy point iceux frag-
mens attribuez a Beroze eftre œuvre faicte par luy : Lequel
efcript les hiftoires des Caldées, des Hebreux, & Egyptiens
defpuis le deluge de Noé, comme efcript Iofephus en fes
antiquitez iudaiques. Aulcuns ont voulu dire que lyon fuft

nommé lugdunum a lugda cefaris legione, laquelle legion
de genfdarmes habitoit a lyon ordinairement, comme recite Armannus en fa cronique. Les aultres ont dit quelle
fuft nommée Lugdunum a luceo, pource que anciennement avoit ung miroer faict dung merveilleux artifice par
art de perfpective, la ou eft a prefent Fourviere : par lequel
miroer on pouvoit veoir des montaignes des Allobroges
par radiation la cité de lyon, & ce a caufe des foyres ef-
quelles on venoit de toutes les parties du monde, comme
recite Eufebe pamphile en fa cronique. Aultres aucteurs
dient quelle fuft nommée athanacus a caufe des atheniens :
& encore retient le nom la noble & ancienne abbaye Defnay fituée entre les deux fleuves. Car long temps devant
que les rhodiens donnaffent le nom au Rofne, du temps
de Minos roy de crete & de fes freres Rhadamantus & Sar-
pedon & de Thefeus duc de athenes, la guerre fuft fi
merveilleufe contre les atheniens par les troys freres deffus
nommez a caufe du filz de Minos lequel avoit efté tué a
Athenes, que les plus grans philofophes dathenes laifferent
grece & vindrent a Marfeille : & de Marfeille vindrent du
long du rofne iufques a lifle gallicque fituée entre le Rofne
& Arar quon dict maintenant Saone. Et edifierent une academie quon nomme de prefent univerfité : & nommerent
la cité Athanacus, des Atheniens.

Et apres longue efpace de temps, & du regne de Cefar,
ledict Cefar paffa les monts penines dictes de Hannibal
penus, & defcendit par les Allobroges que maintenant on
appelle Savoye & Daulphiné, & paffa le fleuve du Rofne
& fuft longtemps en icelle academie des Atheniens. Et
pource que de fon temps, fur tous les aultres il eftoit renommé grant orateur & aymoit grandement les lettres,
il voulut ouyr par aucuns iours les orateurs Atheniens.

Et iceux ouys, & contemplé leur doctrine, il ne voulut
destruire lacademie des Atheniens mais icelle augmenter.
Et fist edifier aupres dicelle des Atheniens une Sapience
latine & la voulut nommer de son nom Ara Cesaris. Et
apres, du temps de Caius Caligula, fust ordonné une foys
lannée, disputations publicques tant en langue grecque
que latine, la ou venoient de toutes regions tant de Asye,
Affricque & Europe, Orateurs grecz, latins & aultres a
orer, audict temple Ara Cesaris. Et estoit promis a celuy qui
mieulx oreroit tant en grec que latin une grosse somme dor &
dargent. Et ceulx qui fauldroyent a orer estoit ordonné quilz
osteroient avecques la langue leur orayson du parchemin,
ou seroient executez ou bastus de verges, ou si mieulx aymoient estre gectez trois foys dedans le fleuve de Arar. Et a
celle cause ceulx qui devoient orer, de paour devenoient
palles, de crainte dicelle sentence. Parquoy dict Iuvenal en
sa premiere satyre.

Palleat ut nudis pressit qui calcibus anguem.
Aut lugdunensem rhetor dicturus ad aram.

Iulle cesar de celle academie des atheniens nen faict
point mention, pource quil instituca celle des latins. Et pour
obfusquer & obtenebroser celle des atheniens, ne fist nulle
mention que de celle quil institua & nomma de son nom
ara cesaris, affin de mieulx obfusquer celle des atheniens,
en son sixieme livre la ou il faict long sermon des Druydes,
lesquelz vindrent de Dreulx pres chartres, lesquelz boutoient lame raysonnable en lhomme immortelle. Et du
temps de Caius calligula ces druydes estoient tenus certain
iour aller a Lyon orer contre les dessus dictz atheniens : &
dura icelle academie iusques au temps de Neron.

Et pource que la cité de Lyon fuſt ediffiée par Plancus
romain a la montaigne maintenant appellée Forviere, elle
bruſla toute en ung iour par feu, comme dyent les philoſophes, fatal, ainſi que recite ſenecque en lepiſtre ad Lucillum,
la ou il dict que entre une grande cité & rien ny euſt que une
nuict entiere. Et diſt Senecque en ce meſme lieu, que de
ſon origine par Plancus romain iuſques a ce quelle bruſla
par feu fatal, ny eut que cent ans, que neſt pas leage parfaict de lhomme, ſelon la deſcription de Platon. Et diſt oultre
Seneque en ceſte matiere : civitas arſit opulenta orna-
mentumque provinciarum quibus & inſerta erat & excepta.
La cité pleine de biens, riche, lornement des provinces eſt
bruſlée. Laquelle cité eſtoit le chief de toutes les Gaules.
Mais comme il diſt : Sepe maiori fortune locum fecit iniuria:
multa ceciderunt ut altius ſurgerent. Et aucune foys dieu
deſtruit les citez pour les faire apres plus grandes, & pugnit ung homme pour apres le faire plus parfaict. Parquoi
diſt Seneque. Equo animo ferre debemus urbium excidia.
Hoc enim inquit unum ſcio : Divina mortalium opera
mortalitate damnata ſunt : inter peritura vivimus : & for-
taſſe lugdunenſis colonia conſumpta eſt ut in melius exci-
taretur. Non vides quemadmodum Achaie clariſſimorum
urbium iam fundamenta conſumpta ſunt, nec quidquid
exſtat ex quo appareat illas ſaltem fuiſſe. Hec Seneca.

En icelle cité au plus hault de la montaigne la ou a preſent eſt Forviere eſtoit ung temple la ou il y avoit lx. colump-
nes de lx provinces leſquelles eſtoient ſubiectes a la colump-
nie Lyonnoiſe. Et une chaſcune columpne avoit eſté faicte
par une region. En icelle cité du temps de lempereur Anthonius verus eſtoient a lyon deux choſes ſingulieres ſur
toutes les cités du monde. La premiere eſtoit academic
grecque & eloquence latine. La ſeconde eſtoit les foires

aufquelles, comme dict Eufebe pamphille evefque de Ce-
farée, venoient de toutes les provinces du monde marchans
avecques previleges de toutes franchifes données par les
empereurs Romains. Et oultre, la monnoye eftoit fignée
comme celle de Rome. Et avoit mife par tout le monde
comme celle de Rome, comme recite Strabo hiftoriogra-
phe gregoys & comme recitent ledict Strabo & Eufebe.
La ou eft a prefent Fourviere eftoit Emporium : ceft le lieu
des foyres & le lieu ou lon battoit la monnoye de toutes
les gaules, & non ailleurs. Et defpuis ce temps lon appelle
ce lieu Fourviere : ceft forum Mercurii ou bien le lieu des
foyres. Les autres dient quil fe appelloit forum Veneris &
que defpuis ont ediffié ung temple audict lieu au nom de
la vierge Marie mere du redempteur Iefus, & lont nommé
noftre dame de Fourviere, au contraire de Venus. Car il neft
rien fi contraire a Venus que virginité. Et de cefte hyftoire
ceftaffavoir du temple de Venus, neft rien efcript aux hyftoriens de certain, & pource on en croira ce quon en vouldra croire, nonobftant quil y ait quelque apparence du
temple lequel eftoit en la montaigne pres Fourviere dont
lon a pris la plufpart des pierres de fainct Iehan. Appert
encores le fondement diceluy temple, & defpuis xxv. ans
en fa lon a faict une petite maifon a quatre quarres, au
deffus de Lantiquaille tirant a Forviere.

Cefte cité a efté deftruicte par feu deux foys. La premiere du temps de Nero comme a efté dict deffus. La feconde foys fut du temps de Severus & Albinus empereurs
romains. Car albinus vint a lyon & Severus le fuivit & le
print a lyon & bouta le feu dedans la ville, pour ce quilz
avoient retiré en leur ville Albinus, & fift trancher la tefte
au dict albinus, comme recite Herodianus hiftorien en fon
troyfieme livre. Cefte cité entre toutes celles de gaule a

fleury au temps des Romains : & auffy devant lempire
romain par plufieurs ans, comme demonftrent les ars venant defpuis fainct Eftienne de furans en foreftz iufques
a fainct Iuft la ou foulloit eftre Lyon. Et a prefent verrez
des ars faictz de groffe bricque & de chaulx, faitz dung
merveilleux artifice, maffis & grandz plus que pont qui
foit en France. Et pardeffus eftoit le conduyt de leaue venant dune riviere appellée furans, depuys ledict fainct
Eftienne iufques a Lyon, & tomboit ladicte eaue devant
la ou furent decollés les martyrs, ou eft a prefent la croix
de coille. Et eftoit ung artifice que de prefent tout lavoir
des francois a peine pourroit reedifier. Et comme dient
les hyftoriographes, furent faictz aux defpens communs de
toutes les gaules: & durent lefdites gaules depuis Colognefur
le Rin iufques aux mons pyrenees. Les ars que de prefent fe
demonftrent donnent a congnoiftre que de ce temps quilz
furent eflevez & conftruis, Lyon eftoit la cité capitale de
toutes les cités & provinces des Gaules. Et encores de prefent trouverez lefdictz ars fus lefquelz paffoit leaue au deffus de Lyon tirant vers foreftz aupres de Chapono, cent
ou deux cens defdictz ars. Et ou il ny a point dars, trouverez les montaignes percées par ou paffoit leaue, & avoit
fon cours dung merveilleux artifice, lefpace de cinq ou fix
lieues.

Cefte cité de Lyon peult eftre comparée a Hierufalem
en paleftine : car ainfy que Hierufalem a efté par antiquité la premiere en paleftine, auffy a efté Lyon la premiere floriffante en Gaule. Et ainfy que Hierufalem fut
ediffiée par Melchifedech roy de paix tres antique, auffy
Lyon fut edifié par les philofophes Atheniens aymans paix
& fapience. Et ainfy que Hierufalem a efté deftruicte plufieurs foys par leur faulte & mutation de bonté, delaiffant

leur dieu, & enfuyvant les Gentilz ainfy quil eftoit du temps
du Roy Roboam, du temps du roy Achas, Manaffes, Ioram & de Sedechias, auffi la cité de lyon a efté punie du
temps que les vauldoys que lon appelle aux allobroges cha-
niartz, delaifferent la voye de leglife & furent tous chaf-
fez de la cité de Lyon : & fuft renouvellée par les bons roys
de France de gens bons & catholicques. Et ceulx qui furent bannis fen fuirent les ungz au royaulme de Naples
dont encore il y a des gens dicelle fecte : les aultres fen-
fuyrent aux montaignes des alobroges en une vallée qui
eft appellee la vaupute. Et ainfy que Hierufalem du temps
des Machabees fuft troublee par la malice daucuns de la
cité, lefquelz appellerent le roy Antiochus qui fut caufe de
la ruyne de Hierufalem, auffy la cité de Lyon, environ lan
mil. ccccc. xxx., firent aucune rebellion contre le roy & la
chofe publicque dont le roy en fift pendre plufieurs dicelle cité. Et depuys ceulx de Lyon ont appellé icelle rebellion la rebeine.

La cité de Lyon eft une cité metropolitaine fur toutes
les citez de Gaulle : car larchevefque eft appellé le primat
de Gaulle, & que toutes les citez gallicques doibvent en
fpiritualité obeiffance au primat de lyon. Par laquelle rayfon, ceulx des eglifes de lyon, aux haultes meffes, prebf-
tres, dyacres, foubzdyacres chantent la meffe avecques
les myttres qui neft permis aux aultres citez. Et auffi des
cerimonies quon faict a fainct Iehan de lyon, ie men deporte pour le prefent, pource que meffire Campefe dict
en langue gallicque champier, chevalier & docteur en la
fcience apolonicque, a amplement efcript en fon livre De
claris lugdunenfibus, & auffi en fon livre de Origine civitatis lugdunenfis, la ou il parle de la Hierarchie de leglife
de lyon & des hommes illuftres dicelle cité, & comme lan-

cienne cité de lyon ediffiée par les Atheniens & par Iulle
cefar a efté quoddam Omen & augure de celle que a prefent
eft eglife & primaffe de Gaulle : & comment leglife de fainct
iehan a efté ediffiée materiellement des pierres du temple
de Cefar & du temple lequel eftoit en la montaigne, dont
appert par les pierres de marbre toutes dune grandeur &
ligneation, autour du cuer de fainct Iehan de lyon, qui eft
chofe digne de contemplation a toutes gens dentendement. Ie delaiffe les epythaphes des anciens grecz & romains que ledict meffire campefe a efcript en fon livre De
claris lugdunenfibus, par lefquelz eft demonftré lancienneté de lyon & les hommes illuftres dicelle cité. Et pource
que iay comparé lyon en Gaulle a Hierufalem en paleftine,
ie puis dire que ainfi que de Hierufalem font fortiz les plus
dignes perfonnes & hommes & femmes qui oncques furent en paleftine en afie, foit la mineure ou la grande, comme
David, Salomon, Ezechiel, les prophetes Efaye & Hiere-
mye & le grant roy & preftre de dieu Melchifedech, auffi
dicelle font fortiz les plus inicques & maulvais dicelle region de paleftine comme Hieroboam, Ioram, Achas, Sedechias, Cayphe, Anne & tous ceulx qui leur meffias en
croix bouterent. Auffi puis ie dire de la cité de Lyon laquelle a produict les meilleurs fruictz & auffi les pires des
Gaulles. Les bons, comme dix neuf mille martyrs dont eft
parlé cydeffus : comme fainct Iuft, Phutinus, Blandine,
Niceffius, Bardomerus, Sacerdos, Enemondus, Alexander, Hyreneus, Hypipodius, Eucherius & autres plufieurs
fainctz & martyrs. Ainfi comme dict eft de Hierufalem,
dicelle font fortiz plufieurs pervers hommes plains de toute
iniquité : comme les vauldoys que lon dict Pauperes de
lugduno inventeurs dicelle fecte mauldicte dont eft de
prefent infecté une partie feptentrionalle. Laquelle a pre-

fent eft caufe de la ruyne de plufieurs citez & monafteres, & font caufe de grandes guerres immortelles. Et eft a craindre quilz foyent les precurfeurs de lantechrift, comme on peult congnoiftre par la faincte efcripture. Auffy dicelle cité font fortiz plufieurs tyrans & feducteurs : lefquelz furent caufe dicelle rebeine qui fuft faicte comme eft dict deffus. Et ne fe fault esbahyr fi de prefent ont voulu faire la feconde fedition quilz appellent rebeine, veu la diverfité des gens de toutes nations & de toutes pieces de coleurs comme la peau dung leopart, qui eft une chofe bien a craindre. Et a cefte caufe eft neceffaire a la maiefté royalle mettre ordre & police a la chofe publicque de lyon, en y maintenant iuftice plus que en aultre cité de France. Et ce par plufieurs rayfons. La premiere eft pource que ceft une cité de frontiere pres & circonvoyfine de toutes nations differentes de conditions & meurs, comme Alobroges, Breffiens, Bourguygnons, Helvefiens & aultres nations. La ii. rayfon, a caufe des fleuves lefquelz paffent par dedans & dehors la cité qui font raviffans & gros, & par lefquelz les ennemis pourroient navigier de nuict en peu dheures, fi la iuftice & police neftoit bonne. La iii. raifon cefta caufe des eftranges nations lefquelles habitent audict lyon : lefquelles peuvent fecretement & cauteleufement advertir les ennemis, qui eft une chofe moult a craindre. La iiii. rayfon, a caufe des foyres lefquelles font caufe que de toutes regions & royaulmes vient or & argent & diverfes marchandifes, la ou fe peult faire plufieurs tromperies & deceptions, larcin, ufures, rapine, au detriment de la chofe publicque, la ou iuftice & bonne police peut bouter ordre. La v. raifon eft pource que aux foyres lon porte billon dor, argent, cendrees, & puis rapportent de lyon argent monnoyé, & foubz umbre des gardes des ponts fe peuvent faire gros abus &

larrecin, la ou bonne iuftice peult remedier. Et par con-
clufion veulx dire que en france nya ville ne cité qui aye
meilleur befoin de bonne iuftice que Lyon, ny ou la maiefté royalle doibve bouter meilleur ordre a celle garder,
tant par iuftice comme par reparation des murs de la cité
lefquelz font moult debiles en plufieurs lieulx & impar-
faictz par faute de deniers communs.

De la police dune cité & comment la cité
de lyon depuys l. ans a efté gouvernee
& du nombre des confeilliers.

Au temps du roy Charles feptieme lyon eftoit une noble cité par deux raifons. Lune parce que la plus part des
riches de lyon eftoient nobles & gentilz hommes, comme
la maifon des villeneuve, de varey, des chevrieulx que lon
dict la duchere, des bletreins, de chapponay & autres plufieurs. Et eftoit gouvernée la cité par bonne iuftice : & alors
les foyres que a prefent font a lyon eftoient a Genefve fus
le lac de lofane. Et pour ce que ceulx de genefve furent
rebelles a leur prince le duc de Savoye, il fift tant envers le
roy loys unzieme quil les colloqua a lyon & donna alors
franchifes & previleges a la cité de lyon. Et adonc la plus
grande partie des nobles de lyon delaifferent la ville &
allerent demourer aux champs & par ainfi la nobleffe fuft
transfiguree en marchandife la ou habitent gens de toutes
nations, comme italiens, florentins, genevoys, luquoys,
alobroges, alemans, heifpagnolz & aultres nations, & fut
faicte une cité de plufieurs pieces & nations. Et fuft gou-

vernee la chofe publicque par xii. confeilliers dont toutes
les annees le iour fainct Thomas devant Noel, on en eflit
fix nouveaulx, & les aultres fix on retient pour icelle annee, iufques a lautre année iour fainct Thomas. Et alors
en leglife fainct Nyzier ilz font nommez, & faict une
oraifon a la louenge des confeilliers & de la chofe publicque, ung docteur par eulx eflu, & ainfi ont touiours continué.

Environ lan de grace mil cinq cens & cinq fe efleve-
rent ung tas de populaire& fe nommerent artifans comme
fi les aultres plus gros fuffent gentilz hommes non artifans ny marchans, & fe emeurent contre les confeilliers : fi
playderent longtemps contre eulx, qui fut lorigine & previfion de cefte maudicte rebeine, laquelle a efté cefte annee. Neantmoins environ lan de grace Mil cinq cens & xx.
le roy contraignit iceulx artifans venir a raifon : laquelle
chofe fut faicte, & lors deffendu de ne plus parler de celle
fecte artifanne, & euft eté gros bien que onc neuft eté parlé
dicelle. Car fa efté le commencement de cefte commotion
populaire. Ou de parler du confulat de Lyon, me femble
que fi lyon eftoit comme Orleans, ou Bourges, ou Poytiers,
que le nombre de xii. feroit bon. Mais veu que lyon eft faict
& compofé de toutes nations, eft bien difficile trouver tous
les ans fix nouveaux confeilliers natifz de la ville, & quilz
ayent enfans & biens, aymans le bien de la chofe publicque autant ou plus que les fiens, comme doibvent faire
confeilliers, ainfi que recite Cicero : & croy que feroit bien
difficile trouver deux hommes, tous les ans, nouveaulx confeilliers, riches, prudens, aymant le bien de la chofe publicque, natifz de Lyon : qui font chofes requifes a tous confeilliers. Vray eft que fi Lyon eftoit comme Orleans faict
des gens du pays, le nombre de douze feroit bon : car le

nombre de douze a esté esleu par nostre redempteur en ses
apostres. Et aussi au vieil testament eust douze prophetes
ou patriarches & enfans de Iacob & douze tribus de israel
ou douze pierres qui furent prises par le peuple de Israel
au fleuve de Iordain des douze pierres precieuses nommees
par moyse: comme Iaspis, Adamas &c. & dautres figures, lesquelles nous ont esté figurees par le nombre de douze.
Comme les douze figures de bestes, par les Astrologiens
appellees signes du zodyaque comme Aries, Taurus, Can-
cer, Leo &c. Mais pource que la douziesme partie de la
cité de lyon ne sont gens natifz dicelle cité, a ceste cause
seroit bon de reduyre le nombre de xii. au nombre de iiii.
en ensuyvant la composition du monde qui est des quatre
angles du monde, Orient, Occident, Mydi & Septentrion.
Les quatre elemens, le Feu, Aer, leaue, & la Terre. Les
quatre dimentions, la Dextre, Senestre, le Hault & le bas.
Les quatre scribes Evangelistes du Redempteur, comparez
aux quattre animaulx Laigle, le Lyon, le beuf, & Lhomme.
Les quattre complexions de lhomme comme Sanguin, Col-
lericque, Fleumatique & Melencolicque, comparez aux
quattre humeurs, le sang, la collere, la fleume, & la me-
lencollie. Ayant les quatre qualitez premieres, chault, froi-
dure, moyteur & secheresse. Les quatre fleuves sortissans
de paradis, Geon, Physon, Tygris & Euphrates. Et par ainsy
faisant, on esliroit tous les ans deux nouveaulx conseilliers
& deux vieulx demoureroient: & seroit bon avoir gaiges
pour ayder a vivre & nourrir leur famille. Car ceulx de
lyon ou la pluspart sont marchans, & nya peu qui puissent
vivre de leurs biens sans marchandise & ny a riens qui plus
fatigue lentendement de lhomme que negociations & mar-
chandises. Et seroit bon que lon eust conseilliers qui ne fussent point occupez en negociations, comme docteurs &

bourgeoys doctes, fcavans & bien famés : bourgeois riches
& prudens, & de leage de foixante ans ou environ ou bien
de l. ou de xl. pour le moins : car avant xl. ans lhomme ne
peult avoir veu beaucop. Et fens & ieuneffe communement
ne peuvent eftre enfemble. Car comme dit Cicero, bon
confeil aux batailles donne pluftoft la victoire que les
armes ne la force : auffi, bon confeil en une cité conferve
la cité & garde de ruine pluftoft que force ne richeffe mondaine. Et pource dit le faige Salomon que les batailles fe
gouvernent mieulx par confeil que par force. Et eft donnee la victoire a ceulx qui ont le meilleur confeil. Mais
comme difoit le faige Platon, il eft moult difficile a ung
bon confeillier dune cité bien confeillier & profiter a la
chofe publicque & de plaire a ung chafcun. Et comme difoit platon, une petite cité eft difficille a bien regir & gouverner, & les grandes citez trefque difficiles.

· Les confeilliers de lyon font efleus par les maiftres des
meftiers, lefquelz communement font gens imbecilles dentendement, nouveaulx venuz & eftrangiers comme Bourguygnons, Savoyfiens, Pyemontoys, Breffiens, Allemans &
de nation eftrange lefquelz ne congnoiffent les gens de la
ville. Mais debveroient eftre efleuz par les plus notables &
bien famés de la cité de Lyon, lefquelz effiroient vingt des
plus notables mieulx famés de ladicte ville pour eftre coad-
iuteurs des confeilliers en cas eminent & affaires urgentz
de ladicte cité. Et qui euffent puiffance deflire lefdictz
confeilliers & leur donner gaiges aufdictz confeilliers pour
povoir fupporter & ayder a vivre leur famille & de navoir
excufe ne occafion de vacquer a aultre chofe que aux affai
res de la ville. Car comme on a veu cefte annee, la rebellion populaire ne fuft point advenue a la cité, fi meffieurs de
la ville de lyon apres quilz eurent veuz & leuz les tilletz

quilz avoient mys & affichez par les places & carfourcz, la
ou il y avoit efcript que le dimenche iour fainct Marc fe
trouveroient quatre cens en la place des cordeliers pour
bouter ordre aux blez, meffieurs de la ville par bonne
previfion & providence debvoient mettre xl. ou cinquante
hommes darmes ou plus pour garder les portes dicelle
place, & autant en la place des Iacopins. Et par ainfi
euffent gardé le peuple de faire affemblee : car les chofes
preveues font le moins de dommaige. Et nya lieu en
lyon ou fe puiffe faire affemblée nuyfante a la cité que en
ces deux places : & pour ce on les doibt fortifier & garder.

La caufe principale de la rebeine nouvellement faicte a Lyon.

Comme eft dict deffus les hommes de art mecanique,
ceft de artifice manuel, lequel art eft neceffaire a une chofe
publicque & fans lequel on ne peult bonnement vivre, occupant le nom de Artifans, comme eft dit deffus, nonobftant que tous marchans, foit de foye, drap, & tous aultres
vivant de operation manuelle fe peuvent dire artifans par
art, & fuft elle liberale. Neantmoins iceulx meftiers prindrent le nom de artifans audict lyon, & defpuis la deffence du roy dont monfieur des Roches filz de feu maiftre
Adam fumee trefrenomme tant en lart efculapienne que
en droit civil euft la commiffion & en fuft audit lyon ex-
preffement chargé. Et pource que apres la deffence faicte
par ledict feigneur des Roches nofoient elever la crefte de
Artifan, attendoient toufiours occafion de trouver moyen

faire quelque mal aufdictz confeilliers & a la chofe publicque. Et pour ce que cefte année Mil cinq cens vingt &
neuf le Blé a efté du pris affez haultain. Le bichet du pris
de vingt cinq folz : combien que de noftre temps il ayt
efté plus chier de quinze folz pour bichet, du temps du roy
Loys unziefme environ lan mil. cccc. iiii. vingtz ung, &
encore defpuis, environ lan mil cinq cens & quatre fe vendoit le blé vingt fix folz, & fi mouroit le peuple de faim par
les rues. Et nonobftant icelle famine le peuple de lyon eftoit paifible fans murmuration aulcune : mais depuis la
venue de cefte faulce fecte nouvellement non trouvée,
mais renouvellée de ces mauldictz vauldoys & chaignartz
venans de feptentrion, Unde omne malum & iniquitas, le
peuple a prinfe une elevation & malice en luy qui ne veult
eftre corrigé ne de maiftre ne de feigneur ne de prince fy fe
neft par force. Et les ferviteurs veullent auffi bien eftre traictez que les maiftres : & au lieu que de noftre temps les
ferviteurs eftoient humbles aux maiftres & eftoient fobres
& boutoient force eaue au vin, & les vignerons fe conten-
toient du bruvaige qui eft aux vendenges faict avecque
de leaue mis dedens le marc apres que le vin eft tiré de
deffus ledict marc : mais de prefent veullent boire du meilleur vin comme les maiftres fans eaue ne mixtion aucune,
qui eft chofe contre toute raifon : car dieu veult quil y ait
difference entre le maiftre & le ferviteur, & le commande
fainct Pierre lapoftre en fon epiftre eftre obeiffant a fon
maiftre & croire fon commandement, aultrement le monde
feroit fans ordre, & les biens de terre demoureroient fans
cultiver & labourer comme font en hongrie, la ou la terre
eft tresbonne entre les aultres terres de europe.

  Mais les gens font negligens lefquelz ne veullent eftre
obeyffans a leurs maiftres & ayment mieulx mourir de faim

que cultiver la terre, ny labourer. Et apres la creation du monde par lespace de mil six cens ans, le monde fut sans boire vin, sans manger chair, & estoit le peuple plus sain. Et alors on vivoit de simple pain & herbes & fruictaiges & vivoit long temps le peuple sans maladies aulcunes. Et despuys que Noé planta la vigne & que le monde print ces voluptez, la vie humaine est touiours abregée & amoindrie, & sont multipliez les maladies : car plusieurs hommes & femmes sont mortz par voluptez, & ont esté plus tuez par trop boire & manger que par glaives ne par famine : & la varieté des viandes trouvees par les hommes a esté cause de plusieurs maladies lesquelles estoient incognuez a nos ancestres & predecesseurs, comme podagres, gouttes, mentagres, maladie neapolitaine & aultres, lesquelles sont venues par voluptez charnelles & inventions de bruvages, & viandes estranges & desordre de boire & manger plus que par aultres choses. Et dit sainct Hierofme que plusieurs goutteux & podagres riches & opulans en biens avoient perdu leurs biens par feu ou guerres, lesquelz sont gueris dicelles maladies par abstinence des viandes exquises. Et du temps des Romains femmes mariées lesquelles portoient enfans, durant le temps ne buvoient point de vin pource quil nest chose plus contraire a bonne & noble generation que le vin : & les enfans des femmes lesquelles boivent vin ne sont sy parfaictz dentendement, ne si fors de corps que les autres dont les meres sont sobres & qui boivent plus deaue que de vin. Et anciennement nestoit permis aux grecz de boire vin iusques a tant que lhomme avoit vingtz ans passés : car il nest chose si nuisible ne si contraire a ieunesse que le vin. Car comme dict Galien donner a boire vin aux enfans cest bouter feu sur feu en boys legier & facile a brusler : & a cause du vin les enfans de present

font debiles des membres & du cerveau, fubiectz a pail-
lardife & a dame Venus qui eft caufe que maintenant les
hommes font vitieulx & ne fe fault efmerveiller fi du temps
paffé les gens defglife eftoient chaftez, & fi les femmes
leurs ont efté deffenduez & prohibeez. Car de ce temps les
gens eftoient fobres, bien moriginez, bien aprins des peres & meres : la iuftice eftoit bien obfervee & gardee, &
aux villes avoit bonne police fur blé & fur vin. Et par ainfi
la luxure ne les voluptez & concupifcences de la chair
neftoient fi grandes : qui eft une caufe que plufieurs herefies
font renouvellez pour trouver occafion de vivre de la vie de
Sardanapalus & des Epicuriens : ceft a boire, manger &
paillarder : car fans les viandes delicieufes & fans le vin,
Venus eft refroidie & ne peult regner. Et pource neft de
merveille fi on delaiffe a cultiver les blez ne labourer la
terre pour planter les vignes de laquelle Noé fuft inven-
teur : dont fuft par fes enfans democqué & blafmé.

Ie delaiffe les fables des poetes, de Bacchus, Ceres &
autres inventeurs des voluptez humaines : mais une chofe
veulx dire : que une des principales caufes de la ruine
humaine & renovation des herefies prefentes, ceft la faulte
de iuftice, touchant la cultivation de la terre & du commun
peuple, quant au pain & au vin diftribuer par mefure : car
en ce faifant le peuple nauroit faulte de riens ne de boire
ne de manger, & les biens multiplieroient, & dieu feroit
content de nous. Or pour condefcendre a mon propos &
revenir de la ou eftoit propofee la queftion, il y a environ
quatre ans ou plus que le roy manda a meffieurs de la ville
de Lyon quilz euffent a parfaire leurs rampars boullouars
ia de longtemps commencez : lefquelz eftoient de groffe
magnifacture, de grans & merveilleux fraictz. Meffieurs
de la ville confiderant que la ville na pas troys mille li-

vres tournoys ou environ tous les ans, de certain revenu,
convocquerent tous les notables & artisans de la ville,
pour scavoir comme la chose se feroit pour le mieulx &
le mointz dommageable pour leurs deniers, pour faire &
parfaire lesdictz rempars & boullouars. Si furent assemblez
la plus grant partie des notables artisans, peuple menu : &
vindrent a la maison de la ville. Et fut proposé & demons-
tré par le docteur conseillier dudict conseil le commandement du roy : & demonstra quil estoit necessaire veu que
la ville navoit pas deniers communs pour parfaire lesdictz
rempars & boullouars : quil estoit necessité lever argent sur
aucune danree de marchandise venant en la ville : & que
plusieurs avoient opiné quil seroit bon mettre quelques
deniers sur les bledz venans de pays estrange au moins
mal que lon pourroit, ou sur les farines venans du moulin : ou que lon levast ces deniers sur le vin qui entreroit
en la ville. Plusieurs estoient de lopinion le mettre sur le
blé, ou sur les farines : le docteur conseillier de la ville demanda a messire Campese dict Champier conseillier &
premier medecin de treshault prince monsieur le duc de
Calabre & de Lorraine son opinion, & qui lui sembloit le
meilleur des deux de lever ces deniers sur le blé ou farines,
ou sur le vin.

Ledict Campese demonstra & recita plusieurs histoires
tant hebraycques que grecques, egyptiacques que latines
& romaines : les inconveniens qui estoient survenus aux
Romains du temps de Sila, de Marius, de Scipio Aphrican & aultres a cause des impositions faictes sur les bledz
venans a Romme : aussi comme des Lacedemoniens au
temps du roy Lasdilaus & Licurgus qui sestoient mal trouvez de mettre subside sur le blé : car le blé est une chose
dont personne ne se peult long temps passer. Et a ceste

caufe Scipio Aphrican apres tant de victoires contre Hannibal, delaiffa Romme pour aller labourer & cultiver la terre, & pour furvenir au peuple de blé aux neceffitez. Et apres plufieurs hyftoires recitées pour venir fur le vin, comme dict Platon qui recite que de fon temps les Atheniens delaifferent a cultiver les bledz, & la ou eftoient les bonnes terres a froment faifoient des vignes en tant que le peuple athenien vint a fi grant famine que les ungz tuoyent les autres. Et pour icelle caufe fut ordonné que lon arracheroit toutes les vignes la ou pourroit croiftre & venir des bledz & fpeciallement froument. Et dit oultre ledict campefe que de fa ieuneffe il avoit veu communement le bichet de froument ne fe vendoit que trois gros qui font trois folz tournois & trois lyardz, & le feigle fix blancz : & que depuis trente cinq ans que les vignes ont efté fi fort multipliees ordinairement, que le blé a coufté huyt ou dix folz le bichet, & dient que fi ne paffe dix folz que ceft bon marché, & ce eft caufe des famines que multiplication de vignes.

Alors ung tas de vignerons & taverniers murmurerent beaucoup pource quilz euffent mieulx voulu quon euft mys deniers fur le blé que fur le vin, non pas qui le fiffent pour le bien de la chofe publicque : mais pour leur proffit particulier. Adonc meffieurs les confeilliers & enfemble tous les notables de la ville furent de lopinion dudict Campefe. Et fut dit que pour chafcun poinfon de vin venant en la ville payeroit trois blancs, & pour fix ans advenir feullement iufques lefdictz rampars & boullouars feroient parfaictz. Or quant fut icelle rebeine le iour fainct Marc, aulcuns maiftres dartillerie vineufe & bons biberons hantans les tavernes pluftoft que les eglifes, quant ilz furent a la place des Cordeliers, aulcuns entrerent de-

dans les Cordeliers & monterent au clocher & fonnerent
les cloches comme fi le feu euft efté en la ville en plufieurs
lieux : que fuft caufe de la plus groffe emeution diceluy
peuple incenfé. Les aultres & la plus groffe flocte voyant
la maifon dudict Campefe devant icelle place ou font les
armes de Hierufalem au plus hault de la tour, il leur fouvint de ce quil avoit efté de lopinion pluftoft mettre deniers
fur le vin que fur le blé. Et pource que feftoit apres difner
& apres le bon vin, machinerent non pas pour prendre le
blé dudict Campefe : car il navoit aulcun blé que ainfi que
fes ferviteurs luy amenoient de fes moulins ou metairiez
pour fa defpence, car oncques ne vendit blé ne achepta
en marché quelconques, mais vift de fon revenu du iour a
la iournee.

Ce peuple comme forcené le nombre de deux mille
vindrent a fa maifon de grant fureur, rompirent la porte
difant que les confeilliers de ville eftoient muffez chez
luy & quilz avoient retiré leurs blez en fa maifon. Alors
ledict feigneur Campefe leur dift telles parolles : meffieurs
que demandez vous. Ilz refpondirent quil avoit du blé
muffé en fa maifon : il leur fift ouvrir toutes les chambres & luy mefmes leur monftra tout fon blé queftoyt environ deux charges de cheval dedans ung tonneau. Et pendant qui leur monftroit les chambres, les aultres & bien
deux cens femmes defrompoient le bas de fa maifon la ou
eftoient les figures fainct Pierre & fainct Paul dune part
& de noftre feigneur de lautre part : ilz defrompirent la
face de Iefus, celle fainct Pierre & fainct Pol. Et y en avoit
daultres comme Pythagoras, Democritus, & Ypocrates, ef-
quelles ilz ne toucherent aulcunement. Et alors que ledict campefe vift la ruyne dicelles figures dict : o mauldicte fecte vauldoyfe tu prins ton commencement entre

les deux rivieres, & tu veulx renover la malice & cruaulté
en deftruyfant les fainctes ymages, dont iulien lapoftat fut
fi griefvement pugny en la bataille contre les Parthes par
ung chevalier incongneu : lequel comme dient aulcuns
feftoit fainct Maurice chief des dix mille martyrs. Ie pro-
mets a dieu que oncques ne habiteray entre les deux rivieres, que iuftice ny regne aultrement quelle neft pour le
prefent. Et monta ledict campefe a cheval & delibera aller devers fon maiftre monfieur le duc de Lorraine. Mais
fur les chemins trouva aucuns de fes amys qui le retindrent
long temps faifant bonne chere.

O peuple infenfé ie me esbahis de toy comme de ton malefice fur celuy qui toufiours a efté pour toy & pour la chofe
publicque, lequel du temps quil eftoit confeillier de la ville,
le prins pour toy entre tous aultres, lequel tint toufiours
pour le peuple. Et fut caufe que appoinctas avecques ceulx
de la ville, luy eftant confeillier dicelle, comme chafcun
fcait, qui pour lors eftoient les principaulx artifans. O peuple mal confeillé, tu fcays que toufiours il a efté pour la
chofe publicque, & encore defpuis deux ans il a efté caufe
que tu as colliege : & a fa requefte as efté content le mettre
en la maifon de la trinité, qui eft ung commencement du
plus grant bien qui fcauroit eftre en la cité : car tous les ans
alloit merveilleux argent aux univerfitez de France pour les
enfans. Et au retour de leftude, au lieu dung livre & de fcience rapportoient ung coufteau ou rapiere a leur ceinture pour
ribler au lieu de eftudier. Et maintenant les voys profiter
devant tes yeulx. De ceft affaire nay voulu efcripre pource
que ingratitude eft ung des plus grans & enorme peché
qui foyt au monde : & auffi que iai congneu ledict feigneur
Campefe a Pavye lequel fut faict Docteur Regent & le
premier de luniverfité de Pavie que oncques ne fut faict

en noftre univerfité, de laquelle ay eu lauree couronne long
temps a. Et ce a efté caufe defcripre cefte hyftoire : car
depuys Pavye ay congneu ledict feigneur Campefe en la
cité de Metz en Lorraine & aufii a Paris & en plufieurs aultres lieux. Et tous les iours lyfons fes livres lefquelz furent
approuvés par toute la noble univerfité de Pavye moy prefent & de ce donné lettres patentes, & en les lifant me
fuys plus efmerveillé de loutraige que a luy a efté faict,
pource que de la cité de Lyon il a efcript troys livres. Le
premier des gens Illuftres qui ont eu origine, & font yf-
fus de la cité de lyon. Le fecond du Regime de la dicte
cité avecques loraifon quil fit Lan de grace Mil cinq cens
& quatre, le iour fainct Thomas a fainct Nizier. Le tiers
de lorigine & commencement de ladicte cité, delaiffant la
fabuleufe hyftoire du livre attribué a Berofe, de Lugdus a
quo ut volunt Lugdunum nomen fumpfit.

Des maifons principalles lefquelles furent pillées en ladicte rebeine.

Apres les chofes deffus dictes faictes, le populaire & malfaicteurs allerent rompre la maifon dung nommé Morin
marchant lequel navoit point de bledz, mais force de bons
vins, lefquelz ilz aymoient mieulx que blé. Et pource que
ledict Morin a une des plus belles vignes du pays ou croift
le meilleur vin, entrerent en la cave, & pource quilz avoient
tant beu chez ledit Campefe, en forte que la plus part
eftoient yvres & fendormoient en leftable dudict Campefe,
quant ilz furent chez ledict Morin perferent & defonce-
rent les tonneaulx & repandirent le vin par la cave. Sem-

blablement avoient ilz faict chez ledict feigneur Campefe :
& pource que ledict Morin ne faifoit fa demeure en icelle
maifon ou il ny avoit que vin, fen allerent en la rue merciere & entrerent par force chez ung nommé Laurens patiffier lequel lannee precedente avoit vendu aucuns bledz
& navoit refervé quelque petite quantité pour luy, lequel
neftoit pas bon & pource ne lavoit voulu vendre de paour
deftre reprins. Ilz pillerent la maifon & tout fon mefnaige
& ne luy laifferent chofe quilz peuffent emporter & luy
firent ung merveilleux dommaige : car il eftoit riche. Et a
la refiftance y fuft tué ung homme qui eftoit tonnellier,
par cas de fortune en paffant par la rue. Ledict patiffier fuft
moult bleffé au chief & ailleurs & le menerent en prifon
a Rouenne, comme filz euffent efté gens de iuftice.

Apres vindrent chez ung honorable marchant & homme
prudent lequel neftoit pour lors confeillier de la ville, mais
lavoit efté lannee de devant & fe appeloit Gymbre homme
riche & bien famé dung chafcun, lequel avoit deux filles
preftes a marier : & comme le bruyct eftoit, avoit tout preft
largent pour les marier, ces larrons & pillars vindrent &
voulurent entrer par force en fa maifon. Mais ledict Gymbre fit fi bonne refiftance quilz ne peurent entrer par le
bas & ny fuffent point entrez : mais le diable qui toufiours
conduyt fon peuple & fes ferviteurs a mal faire, donna confeil a fes vaffaulx & ferviteurs de monter par deffus les
maifons de fes voifins, laquelle chofe fut faicte : car foub-
dainement monterent fur les maifons prochaines & par
la couverture de ladicte maifon entrerent dedans la maifon de ce bon marchant Gymbre, lequel craingnant la fureur du peuple fe fauva pardeffus les maifons de fes voy-
fins & non pas fans eftre bleffé, & filz leuffent trouvé il eftoit
en danger de fa perfonne & deftre tué & occis. Ces faulx

pyrates terriens pillerent toute sa maison, & prindrent tout
son argent, lequel il gardoit pour marier ses filles : & comme
estoit le commun bruit quil y avoit de deux a troys mille
escuz & tout son meuble & marchandise desrobé & ne
trouverent nulz blez, quest chose donner a entendre & a
congnoistre que leur intention nestoit pour trouver blé :
mais pour piller & desrober, car oncques ne furent en maison qui eust bruyt davoir blé, & delaisserent ceulx qui tousiours avoient eu bruyt de acheter, vendre & garder bledz.
Aultres maisons plusieurs furent par eulx visitees & aucunement pillees : mais survint la nuyct, & phebus delaissa
nostre orizon & vint aux antipodes & angle vers le polle
antarticque, qui fust la cause que la pillerie cessat & print
fin la nuyct venant : & croy que si le iour eust duré ung
moys quilz neussent cessé de piller maisons. Car ie croy
que ainsi que dieu abregera les ans au temps de lante-
crist, ainsi il abregea le iour dicelle rebeine, laquelle commença apres boire.

Monsieur le baron Doyn, dict de fugieres, nepveu de
feu Le chevalier blanc (1), luy accompaigné de troys de ses
serviteurs, rebouta & chassa ce populaire bien lespace de
une grosse heure : & sil eust eu une douzaine dhommes
avec luy il les eust deffaictz & gardez du pillage, car il en
blessa plusieurs sans estre blessé, & il demonstra lhardiesse
de ses predecesseurs lesquelz ont esté vertueux aux armes.

---

(1) C'est Antoine d'Arces, appelé
le Chevalier blanc, parce qu'il portoit
toujours des armes blanches. Il étoit
capitaine de cinq cents hommes-d'armes, comme nous l'apprend Champier dans le Triumphe de Loys XII.
Il fut lieutenant général au royaume
d'Ecosse, où il fut tué par trahison en
1507. (Voy. Hist. du chevalier Bayard
par le Loyal-Serviteur, Grenoble 1651,
in-8°; — Aymari Rivalii *De Allobrogi-
bus*, Lugduni 1844, in-4°) — N. de Fou-
gères en Beaujolois, baron d'Oingt,
étoit neveu, par sa mère, d'Antoine
d'Arces, dit le Chevalier blanc.

Comment lendemain dicelle rebeyne qui fuſt le
lundy la ville miſt ordre aucunement aux
pilleries faiĉtes par le populaire.

Lendemain le lieutenant du roy de Lyon, lequel eſt homme
doulx & gracieux, ſcavant & aymé dung chaſcun grans &
petits de la cité de Lyon, lequel vint a ce peuple incenſé
& inſtabile avecques le procureur du roy & aultres de la
iuſtice. Si leur demonſtroit gracieuſement comme il ſcavoit
bien faire, car alors ne failloit prendre le peuple par me-
naſſes, mais par doulceur : ſi leur diĉt : Meſſieurs queſt ce
que querez : ilz reſpondirent quilz vouloient avoir du blé,
& que ung tas de marchans avoient gros greniers cachez
& muſſez & que en labbaye de liſle Barbe il y en avoit
plus de trois mille charges de cheval. Alors il leur diĉt gracieuſement : meſſieurs ie veulx aller avec vous touſiours
pour viſiter tous les greniers : & avoir viſité ceulx de la
ville ie iray avecques vous a liſle, & ie vous delivreray le
blé a ſeize ſoubz le bichet : & affin que nayez faulte, Meſſieurs de la ville ont mille chevaulx chargez de blé, leſquelz
mont preſenté & promis delivrer a ſeize ſoubz le bichet.
Alors le peuple fut aulcunement apaiſé & alors meſſieurs
de la ville firent cryer le blé a ſeize ſolz le bichet la ou
tout ce peuple couroit ſans ordre ne raiſon : car tel navoit
beſoing que de troys bichets qui en prenoit dix & en deſ-
roboit ce quil pouvoit : qui fut cauſe que deſpuis ilz en
ont eu grant faulte : car a cauſe dicelle rebellion la ou le
bichet ne couſtoit que vingtz cinq ſoulz, il monta iuſques

a trente & a trente cinq, & ſi neuſt eſté ceſte rebeine, le
blé neuſt de ceſte annee monté plus hault de xxviii ſoubz
iuſques a trente, & neuſt eſté la cité au trouble ne danger
ou elle a eſté bien grant.

Le mardi monſieur le lieutenant fut contrainct faire conduire par le maiſtre des portz le peuple a liſle, la ou il ne
fut pas touſiours maiſtre. Car pluſieurs deſroboient les religieulx de pluſieurs choſes : & ne trouverent pas le blé
quilz penſoient trouver & ce qui fut trouvé fut diſperſé a
ceulx qui en avoient beſoing : car icelle abbaye eſt touſiours fournye de blé pour les religieux pour toute leur
annee : la ou ilz ſont pluſieurs religieulx officiers bien ren-
tez, leſquelz ont par leurs offices beaucoup bledz de rente
& revenu : comme le Selerier, le Chamarier, Laumoſnier,
le grant Prieur, les deux Secretains, Veſtiere, Enfermier,
Chambrier & autres, leſquelz ſont gens nobles & de maiſon d'honneur & nobleſſe. Et fuſt icelle abbaye comme
lon dit, fondee par le roy Charlemaigne empereur de Romme. Et en icelle abbaye a pluſieurs ſainctes relicques, comme
la ſaincte couppe ou le redempteur donnoit a boyre a ſes
diſciples, & eſt de la pierre precieuſe que lon appelle Eſ-
meraulde : laquelle pierre porte vertu de chaſteté. Auſſi la
eſt le cornet de Rollant lequel il avoit a ſa mort aux montaignes de Roncevaulx. Et aupres eſt le corps ſaincte Anne
mere de la glorieuſe vierge Marie mere du redempteur.
Auſſy eſt le corps de ſainct Longin, lequel recouvra la veue
en boutant la lance au corps de noſtre ſaulveur & redempteur apres ſa mort.

Quant eſt de la couppe de liſle la ou Ieſuchriſt donna
a boire a ſes diſciples, lon pourroit dire que en la choſe
ny a point daparence : pource que le ſainct Greal lequel eſt
a ſainct Georges a Gennes eſt le vray vaiſſeau auquel Ie-

fuchrift fift la cene a fes difciples. A ce ie refpons que Iefus fift la cene & fes pafques avecques ung calice lequel iai veu en une ville du bas Lymofin appellee Brive la Gaillarde : lequel calice lon monftre troys fois lannee. Et a le toucher & veoir nya homme qui fceuft dire de quelle matiere il eft faict. Et femble pluftoft eftre de pierre cendreufe que d'aultre matiere, a mon femblant. Et a ce que lon dift du fainct Greal de Gennes & de la faincte Couppe de lifle pres Lyon, ie dis & refpons que nous lifons que Iefuchrift avoit efté en conviz fpeciallement troys foys. La premiere fuft en Galilee en la maifon de Simon le pharifien, la ou la pechereffe lava & oingnift les piedz de Iefu chrift : & luy remift fes pechez pour la grant amour & foy quelle avoit a Iefuchrift, ainfi quil eft efcript en fainct Luc au feptiefme chapitre. La feconde foys fuft en Bethanie en la maifon de Symon le Lepreux lequel Iefus avoit aultresfoys guary de la lepre, la ou eftoit le Lazare apres fa refurrection, Marie fa feur & Marthe, & ou Marie bouta & refpandit le precieux unguent nardi piftici gardé dens alebaftre & en oingnit & frota fes piedz, en demonftrant la fepulture future de fon feigneur noftre redempteur Iefuchrift dont le faulx Iudas fcariot murmura grandement. La tierce foys nous lifons que Iefuchrift avoit mangé avecques fes difciples par maniere de convis ou myftere appartenant a noftre falut futur : ce fut a la Cene le ieudi fainct la ou il inftitua le fainct facrement de lautel. Lequel les nouveaulx berengueres & feducteurs de peuple denyent contre loppinion de tous les fainctz qui ont efcript defpuis quinze cens ans en ca : dont font procedez des maulx fans nombre aux terres feptentrionales, dont dieu nous vueille garder & deffendre par fa grace. Doncques pouvons dire que le fainct Greal de Genes fuft celuy

de Bethanie chez Simon le lepreulx. Et la couppe de noftre dame de lifle pres Lyon fuft celle ou beuft noftre feigneur en Galilee chez Simon le pharifien. Et le calice qui
eft a Brive la gaillarde en Lymofin eft celuy ou il fift la
Cene avecques fes difciples & apoftres. Et comme iai veu,
en iceluy calice ya une brefche laquelle comme on dit
demoura en la bouche de Iudas en beuvant dedens : &
ladicte brefche eft dedens le calice. Le fainct Greal eft
dune piece & de efmeraulde, & auffi la couppe de lifle
de lyon. Ie croy que ce a efté miraculeufement faict :
car oncques fi groffe piece de efmeraulde ne fut trou-
vee en terre naturellement. Ce neft pas plus grant miracle de faire de plomb ou aultre metail une pierre de
efmeraulde, que de faire de leaue vin comme fift noftre feigneur aux nopces de Architriclin : parquoy a Dieu il neft
riens impoffible.

Et pour revenir a mon propos dont fommes defcen-
duz, quant le maiftre des portz & le confeil veit la malice du peuple & quilz eftoient tous deliberez de mal
faire, fi leur dict gracieufement : Meffieurs vous voyez
que meffieurs les religieux font de bon vouloir & quilz vous
ont monftré tout ce que avez voulu veoir, & delivré des
bledz felon leur faculté & puiffance : ils vous prient & moy
auffi que foyez contens. Et pource quil neftoit pas temps
de ufer de force, de menaffes ne de iuftice, par gratieufes
parolles fift tant quil les admena & retourna en la ville de
lyon le mieulx quil luy fuft poffible. Alors que ledict maiftre des portz eftoit a lifle, les confeilliers de la ville & aultres prudens citoyens affemblerent environ fix vingtz hommes & les acouftrerent de harnoys & les prindrent a gaigés
par moys. Et fuft faict capitaine & ordonné pour conduire
ces fix vingtz hommes par monfieur le gouverneur de lyon

monſieur Pomponie de Trevulſe, noble Anthoyne de Varey baron de Maleval, ſeigneur de Belmon : qui fuſt cauſe que le peuple refrena ſa colere & malice. Et fuſt bien ordonné par ledict ſeigneur gouverneur : car le peuple luy avoit voulu faire force en ſa maiſon. Mais comme ſeigneur magnifique & ſcavant non degenerant, mais enſuyvant la prudence, Trevulſe miſt ſi bon ordre a la iuſtice que celle furioſité populaire feuſt abbatue & aulcunement remiſe : qui fuſt choſe plus divinement faicte que par ſapience humaine. Et donnerent a entendre au peuple que lamas que la iuſtice avoit faict ceſtoit pour chercher les greniers de la ville & pour eſtre puiſſans pour les rompre ſi meſtier eſtoit, laquelle choſe relacha le cueur & la malice du peuple.

Si fut la iuſtice en pluſieurs maiſons la ou ilz ne trouverent pas beaucoup blé, & pource que les riches de la ville de lyon ne vivent que du iour a la iournee du pain des boullengiers, qui eſt une tres maulvaiſe couſtume : car tout homme riche doibt faire comme le formy : ceſt de faire ſa proviſion de blé aux maiſons pour toute ſon annee, & debveroient eſtre contrainctz par iuſtice a ce faire pour eviter les inconveniens qui ſen peuvent enſuyvir, & ſil eſtoit neceſſité ſecourir & ayder au paovre populaire. Mais il y a ung tas de gros & riches marchans & pluſieurs riches & grans uſuriers qui ne ſe ſoucient que de congreger biens mondains, or & argent, & ne ſcavent pour qui ilz les amaſſent : car dieu permet que les enfans des uſuriers & avaricieux ſont prodigues, & ce que leurs parens peres & meres ont acquis en trente ou quarante ans ilz le dependent en moins de dix ans : ou ſe ſont filles, dieu permet quelles ſont mariees a quelque maulvais meſnagier & prodigue. Et par ainſi les biens mal acquis ne peuvent longuement durer. Car uſure eſt prohibee & deffendue en toutes loix, foit par les Gentilz, comme recite Platon en fes loix, par les Hebrieux Ifraelitiques & auffi par la loy chreftienne.

Ledict lieutenant du roy deux iours apres que la fureur du peuple fut aulcunement appayfee & remife, fift fecretement prendre aulcuns des principaulx de ce malefice, lefquelz il fift pendre bien toft apres : car il avoit comme deffus eft dit, gens armez aux gaiges de la ville, & durant ce temps attendoient nouvelles du Roy, pour ce que meffieurs de la ville avoient faict advertir le Roy du tout.

Comme le roy envoya le prevoft de Lhoftel a lyon.

Ce temps pendant que monfieur le gouverneur Trevulfe & le lieutenant & la iuftice de lyon faifoient informations fecrettes des malfaicteurs, & auffi quilz faifoient ouvrir les greniers de la ville, arriva le capitaine feigneur de Botieres (1) natif du Daulphiné Prevoft de lhoftel du roy : lequel eftre arrivé a lyon, fift faire informations defdictz malfaicteurs, fi en fift prendre plufieurs : les ungs pendre, les aultres mettre en galaires : les aultres tant hommes que femmes fift fuftiguer & battre par la ville. Mais la plufpart des malfaicteurs fenfouyrent en Savoye & en fuft prins aucuns lefquelz avoient beaucoup dargent fur eulx & fpecialement ung fut prins a Mefieux trois petites lieues pres

---

(1) Guigues Guiffray, feigneur de Boutières en Dauphiné, dit le chevalier de Boutières, chevalier des ordres du Roi, capitaine de cinquante hommes-d'armes de fes ordonnances, gouverneur de Turin, lieutenant général dans les armées d'Italie.

de Lyon, lequel comme lon difoit, avoit fur luy pour fept cens francs ou plus de teftons quil difoit avoir prins chez Gymbre. Ledict feigneur de Botyeres prevoft de lhoftel apres quil euft faict vifiter les greniers & congneuft que a caufe dicelle rebeine les bledz avoient efté deffrauldez & mal diftribuez par le menu, il fen alla en Bourgoigne avecques mandement du roy. Et par fa diligence fift tant que en brief on admena deux mille charges de blé, qui a efté caufe que la ville de lyon a eu fecours de vivres, neantmoins que par tous pays lannee a efté fterille de bledz & communement partout a efté chier. Et a caufe de cefte rebellion le bled eft monté a lyon en brief temps a trente cinq folz tournoys le bichet, qui eft fix bichetz pour la charge dung cheval. Defpuis long temps apres, ledict feigneur de Botyeres a demeuré a Lyon faifant pourfuyte de ces malfaicteurs & par plufieurs fois il en a prins & faict iuftice. Et ceulx qui fen font fouyz a faict crier pour les faire revenir, ou aultrement filz ne venoient pas, les bannyr du royaulme de France. Et par ainfi la iuftice a efté en partie faicte de ces pirates terriens qui eft une chofe moult bien faicte de extirper les maulvaifes herbes davecques le bon blé, auffi de feparer les bons davecques les maulvais : car comme dict Platon en fes loix, il eft neceffaire congnoiftre les bons hommes & les maulvais. Dieu tout puiffant eft moult indigné quant les hommes delaiffent les bons & elifent les maulvais, pource que fur toutes chofes eft a preferer lhomme bon : & le maulvais qui eft plain de malice eft a vituperer & blafmer. Parquoy difoit fainct auguftin que obeiffance eftoit neceffaire au peuple dune cité. Et fans icelle toutes autres vertuz font annullees & prophanes, pource que obeiffance eft la maiftreffe des aultres vertuz, & fans laquelle ne peuvent regner. Et le figne

Y

dung maulvais peuple, ceſt quant il eſt rebelle a iuſtice
& ſans craincte ne obeiſſance : qui fut la cauſe que du
temps de Marius & de Scylla le peuple ſe rebella a Romme
contre le ſenat dont Romme cuyda eſtre deſtruicte : &
par la rebellion populaire fut ſi merveilleuſe ſedicion,
que pour ung iour morurent plus de dixhuyt mille Rom-
mains. Et pource ſi une cité veult regner fault que le peuple ſoit obeiſſant aux maieurs. Car comme dict ſainct Paul,
toute puiſſance vient de dieu : & qui reſiſte aux maieurs
& a iuſtice, il reſiſte aux commandemens de dieu : car
les miniſtres de dieu, ce ſont les princes & les gens de
iuſtice.

Et pource dict Iulius firmicus grant aſtrologue que les
princes & gens de iuſtice ne ſont point ſubiectz aux in-
fluences des planettes ny aux eſtoilles du ciel : mais ſeul-
lement ſont ſubiectz a dieu, & pource les pechez des princes & des gens de iuſtice ſont plus dangereux que ne ſont
ceulx des aultres. Auſſy les biens par eulx faictz ſont de
plus grande efficace que ne ſont ceulx de plus petite condition & puyſſance. Et eſt dict en la ſaincte eſcripture que
les princes & roys ont ung ange de dieu pour leur guide
& garde expres, que nont pas les aultres : lequel ange eſt
deputé a ce royaulme dont le roy eſt prince & ſeigneur.

Et pource les princes ou ceulx qui ont la charge de la
choſe publicque doibvent ſur toutes choſes mettre ordre aux
vivres dune cité & ſpeciallement aux bledz : & doibt avoir
une cité touſiours bledz pour troys annees comme ſont
ceulx de Metz en lorraine, comme iay veu aultres foys &
mont demonſtré les ſeigneurs dicelle ville & cité leurs
greniers fourniz pour troys annees advenir. Et tous les
ans renouvellent, car ilz vendent les vieulx & acheptent
des nouveaulx, pour & affin deſtre proveuz & de nen

avoir faulte. Et par ainſy le peuple de Metz na iamais faulte de blé.

A ceſte cauſe les hiſtoriographes louent moult Traian empereur, lequel durant ſon regne Romme eſtoit touſiours proveue de bledz pour ſept ans advenir : & pource entre tous aultres empereurs gentilz Traian a eſté loué le plus, tant en iuſtice que en prudence humaine. Saint Gregoire dit comme on lit en ſes geſtes, que quant il liſoit lyſtoire & geſtes de Traian il fut tout eſmeu de pitié & compaſſion de Traian, lequel avoit eſté ſi iuſte & prudent, & quil eſtoit non chreſtien & ſans bapteſme : & dient aulcuns que ſainct Gregoire pria pour luy noſtre ſeigneur & quil luy ottroyaſt ſa requeſte en luy ſuppliant quil pardonnaſt les pechez dudict Traian. Et afferment aucuns docteurs que dieu ſcavoit par ſa providence loraiſon ſainct Gregoire eſtre future pour ledict Traian, & ſuſpendit la ſentence divine dudict Traian iuſques a ce que ſainct Gregoire priaſt dieu pour luy. Mais pource que la preſcience de dieu tranſcende lentendement de lhomme, ie remetz la determination de ceſte ſentence Traiane a meſſieurs les theologiens : car comme diſt ſainct Auguſtin a la fin de ſon livre, de libero hominis arbitrio : apres avoir veu & allegué pluſieurs auctoritez & raiſons, il confeſſe & dit que icelle matiere eſt ſi treshaulte, que tant plus il en cuyde ſcavoir, tant plus grande eſt ſon ignorance : & de trop ſenquerir dicelle eſt ſigne de curioſité & ignorance & fragilité dentendement, qui eſt une partie cauſe des renovations des preſentes hereſies dont le monde eſt troublé : car le temps eſt venu que les hommes & femmes ignorans, ſans lettres, veullent diſputer de predeſtination, providence, preſcience divine : laquelle congnoiſſance & ſcavoir & intelligence dieu ſeul a parfaicte. Croyons donc-

ques a ce que ſommes tenus a croire, & le ſurplus remet-
tons a dieu lequel ſcait les choſes avant leur advenement,
delaiſſant theologie aux theologiens. Et icy ferons fin.

Cy finiſt la coniuration ou rebeine du populaire de
Lyon contre les notables & conſeilliers de ladicte
cite faicte ceſte annee ung dimenche iour
ſainct Marc apres boyre Mil cinq cens
vingtneuf.

Cy apres fenfuyt la hierarchie de Leglife de Lyon :
par laquelle eft demonftree lantiquite & nobleffe dicelle eglife. Compofee par le feigneur de la Faverge felon la defcription du feigneur Campefe
en fon livre de claris
lugdunenfibus.

De la hierarchie de fainct Iehan de Lyon Eglife metropoli-
taine & primace de France.

OURCE que de lorigine & antiquité de la cité de
lyon plufieurs hyftoriens en ont amplement efcript comme Berofe caldee lequel dift avoir efté
conftruicte & edifiee premierement par Lugdus roy des
Gaules, duquel comme dift, print premierement fon nom :
auffi dicelle cité en a parlé Suetone en la vie de Caligule
empereur Rommain & Tite live & Plutarche en la vie de
Hannibal de Carthage, & Strabo de crete en fa Cofmo-
graphie, & Senecque en fes epiftres, & Ptolomee & aultres plufieurs. Et des modernes : Sabelicque en fes Eneades :

& fi a meffire Campefe dict champier amplement en troys livres par luy compofez. A cefte caufe delaiffe den plus efcripre en general de la cité : mais pource que les hyftoires deffus nommees ont delaiffé la hyerarchie de leglife de fainct Iehan de Lyon, ay propofé en brief efcripre felon la faculté de mon petit entendement, & felon ce que aultrefoys ay peu trouver aux antiquitez de ladicte eglife & archives dicelle eglife de lyon metropolitaine.

Premierement fuft fondee par fainct Phutin premier evefque de lyon & luy fucceda Hyreneus lequel fuft decollé & print martyre foubz Anthonius verus avecques xix. mille martyrs. Apres un temps fuft edifiee leglife fainct Eftienne la ou furent plufieurs evefques, & apres que la cité fuft parfaicte & creut en Iefuchrift, fuft tranfportee au lieu que maintenant eft leglife fainct Nizier & fe nommoit ecclefia quadraginta octo martyrum lefquelz furent decollez a Efnay, pourquoy ceulx Defnay dient leur Eglife eftre fondee diceulx martyrs. Cefte eglife des martyrs que a prefent eft dicte fainct Nizier eftoit metropolitaine & en icelle regnerent plufieurs fainctz evefques comme fainct Iuftz, Alpinus, Anthiocus, Elpidius, Sicarius, Eucherius, Defyderius, Veranus, Patiens, Affricanus, Rufticus, Stephanus, Viventiolus, Lupus, Agobardus, Sacerdos, Niceffius, Arigius, Annemundus, Genefius, Lambertus, Remigius, fainctz evefques & canonifez par leglife, & tous firent leur refidence a l'eglife des martyrs, five in ecclefia martyrum, que maintenant eft fainct Nizier.

Et long temps apres, du temps des roys de Bourgongne, leglife cathedrale fuft remife & tranfportee au lieu de fainct Eftienne & furent nommes les chanoines, canonici fancti ftephani, & encores retiennent le nom & fe dient chanoines fainct Eftienne : pource que fainct Iehan

neſt que chappelle & nya aucune ymage ſur lautel ny
corpus domini en demonſtrant ne eſtre egliſe cathedrale,
mais chapelle.

Long temps apres que legliſe de lyon fuſt tranſlatee du
lieu que maintenant eſt dict ſainct Nizier a ſainct Eſtienne,
le roy Iehan de Bourgongne voyant legliſe ſainct Eſtienne
en laquelle navoit que xii. chanoines au nom des xii. apoſtres & larchevesque tenant lieu de Ieſuchriſt, fit edifier legliſe
de ſainct Iehan dung des coſtez de ſainct Eſtienne, & ſaincte
Croix de laultre coſté, la ou il conſtitua legliſe parrochialle.

Et ce roy de Bourgongne, apres quil eut edifié ſainct
Iehan & ſaincte Croix, conſtitua la hierarchie metropolitaine de lyon ainſi quil ſenſuyt ad inſtar eccleſie triumphantis. Ceſt que ainſi que en legliſe triumphante laquelle
eſt paradis il y a ung dieu en trinité, ainſi en legliſe de
lyon ſont troys egliſes : ſainct Iehan, ſainct Eſtienne &
ſaincte Croix. Sainct Eſtienne repreſente le pere, ſaincte
Croix repreſente le filz, ſainct Iehan repreſente le ſainct
Eſperit, trois en perſonnes, ung par eſſence. Et fuſt ordonné
que les troys eſgliſes commenceroient loffice au ſon dugne
cloche, demonſtrant ung dieu en eſſence, aux trois egliſes
demonſtrant trinité en une eſſence. Et ainſi que en leſgliſe triumphante a xii. apoſtres avecques Ieſuchriſt leur
maiſtre, auſſi fonda le dict roy de Bourgongne xii. preſtres
tenant le cueur ordinairement, & le treizieme eſt labbé de
ſainct Iuſtz lequel eſt larchevesque de lyon tenant le lieu de
Ieſuchriſt. Et ainſi que en leſgliſe triumphante a ſeptante
deux diſciples de Ieſuchriſt, ainſi fonda ledict roy ſeptante
deux chanoines leſquelz deſpuis ſont redigez en trente deux.
Et ainſi que en legliſe triumphante a quatre Evangeliſtes &
ſcribes, ſainct Iehan, ſainct Matthieu, ſainct Luc, ſainct Marc,
ainſi en legliſe de lyon ſont quatre cuſtodes, deux a ſaincte

Croix, ung a fainct Eftienne dict fecretain, ung a fainct Iehan dict treforier de lefglife. Et ainfi que en lefglife triumphante a troys hierarchies en neuf ordres des anges, auffi en lefglife de lyon, en troys efglifes font neuf dignitez lefquelles reprefentent les neuf throfnes des anges en troys hierarchies. En la premiere hierarchie font Seraphim, Cherubim, Throni. En la feconde font Dominationes, Virtutes, Poteftates. En la derniere & la plus baffe font Principatus, Archangeli, Angeli. Ainfi en lefglife de lyon font neuf dignitez. Les troys premieres font, Larchevefque, Doyen, Archidiacre reprefentans la premiere hierarchie. Les troys moyennes font, le Precenteur, le Chantre, le Chamarier, reprefentans la feconde hierarchie. Et les troys dernieres dignitez font, Secretain, Cuftode & le Prevoft de Forviere reprefentans la tierce hierarchie des anges. Et ainfi que en lefglife triumphante, Seraphim par lefquelz eft fignifié charité en lamour divine, & Cherubim par lefquelz eft reprefentee fapience & fcience, & Throni par lefquelz eft contemplation defmontree, ont fur tous les aultres, charité, fcience, contemplation & amour divine en plus grande perfection que les aultres infimes, auffi Larchevefque, Doyen & Archidiacre doibvent fur tous abonder en charité, fcience & contemplation fur tous aultres inferieurs : car ilz font en lefglife primitiale comme la premiere hierarchie en lefglife triumphante. Et comme le foleil, la lune & iuppiter font au ciel donnans lumiere a toute aultre creature, par les aultres hierarchies font demonftrees toutes vertus, non pas par fi grande excellence que aux premieres : mais apres les fuperieures doibvent illuminer par vertus theologales, & les aultres eftre fur la terre comme font les planettes & eftoilles au ciel, donnant clarté au monde inferieur & aux elemens. Hierarchie felon fainct Denys apoftre des Fran-

coys peult eftre ainfi diffinie. Hierarchie eft ordre facré &
fcience & operation laquelle a la femblance de dieu, de
fa puiffance faict operation, & par fon induftrie donnee
de dieu, enfuyt la lumiere divine & amour de dieu. Sainct
Denys & fes infectateurs donnent icelle diffinition : Hierarchia eft ordo facratior & fcientia & operatio que ad
dei fimilitudinem pro viribus nititur & pro modo fuo ad
illius imitationem ex indulta fibi divinitus intelligentie luce
fubvehitur.

Perficientes & purgantes.	Seraphim. Cherubim. Troni.	Suprema hierarchia.	Movens & eft ipfa purga-tio. Ad fe convertens furfum-que agens, & eft illumi-natio.
Purgantes & purgati.	Dominationes. Virtutes. Poteftates.	Media hierarchia.	Formans de informeque reddens, & eft ipfa per-fectio.
Purgati illuminati perfecti.	Principatus. Archangeli. Angeli.	Infima hierarchia.	Sacrorum principatuum fupremi purgant, illu-minant, perficiunt.

Divina beatitudo que do-
minus Jefus eft.

Poftremi purgantur, illu-
minantur, perficiuntur.

Purgat.　　　　　　　　　　　　Perficit.

Illuminat.

Medii vero viciffim pur-
gantur & purgant, illu-
minantur, illuminant.

En leglife de lyon a fept docteurs chevaliers de ladicte
eglife pour deffendre les droys dicelle eglife & pour deffendre leglife des faulx infideles & heretiques dont leglife

a esté & est apresent infestee de plusieurs heresies tant orientales comme machometiques, que septentrionales & vaudoyses pleines de venin & infection diabolique. Et si orient est infect par les Arabes & secte mauldicte machometique, loppofite Septentrion est infect par la secte vaudoise. Dieu veuille garder loccident ou nous sommes par sa grace: car le mydi a esté fort infect & en danger par une aultre secte demy iudaique. Ces sept chevaliers sont representez par les sept candelabres, lesquelz veit sainct Iehan en lapocalypse.

Et pour revenir a leglise de lyon, le roy de Bourgongne institua & ordonna que les chanoines fussent de maison noble, ou de generation ou de vertus, pour bien regir leglise: car communement le bon arbre produit le bon fruict comme est escript en levangile. Et sainct Pol ad Timotheum escript quilz constituassent les evesques & prestres de gens saiges & quilz fussent bien & saigement regir & gouverner leur famille, & quilz fussent scavans & expers aux choses politiques & humaines: car qui ne scait bien gouverner une maison, a grant peine scaura gouverner une chose politique & divine. Au surplus ledict roy de Bourgongne ordonna que les chanoines de lyon ne sortissent a pied du cloistre sainct Iehan ou bien du prez, quilz ne fussent a cheval & accompaignez daultres gens deglise: & ce pour donner occasion aux gens laiz de honnorer & avoir a reputation gens deglise, comme est escript au vieil testament des Levites & des filz de Aaron.

Et donna le conté de Lyonnois a leglise: par quoy on appelle encore les chanoines contes, & larchevesque conte de Lyon. Et les cries lesquelles se font par la ville, font au nom de monsieur de Lyon & de messieurs de leglise. Ladicte eglise comme a esté escript si dessus, fut edifiee des pierres du temple de Forviere & de Ara cesaris.

Ceste eglise est la premiere des Gaules par honneur & auctorité, & ha des previlieges que nont les aultres de gaule, comme de chanter avecques les mitres, ne se abiller a lautel sans serviteur : de chanter tous les pseaulmes de David sans livre : de ne laisser a chanter ny officier si loffice est commencé, pour aucun homme qui entre au cueur durant loffice, fust roy, duc, evesque, ny aultre dignité : de ne faire aucune nouveaulté en loffice ny muer coustume aucune en nouvelle : par quoy est dict que leglise de lyon est immuable & quod non suscipit novitates. Parquoy en icelle on ne chante que plain chant sans aucune chose faicte, ny orgues, ny aultres instrumens quelconques. Et pour demonstrer la immobilité de leglise de lyon, a esté ordonné que si aucun chanoine ou bien officier dicelle eglise fault a chanter ou a faire le service a aucune heure de leglise, toute leglise cesse loffice pour le iour. Si cest a matines, on delaisse matines a celle heure : si cest a vespres, on delaisse vespres : & celuy qui fault est corrigé par tout le clergé & ahonté dung chascun & na aucune distribution de ce iour. Mais le Secretain de leglise est tenu tenir xii. prestres pour dire loffice derriere le grant autel pour suppleer aux faultes du cueur & de celuy qui a failly a loffice : & appellent icelle faulte Aprivas : cest privé loffice, & pour icelle cause ung chascun faict son devoir & continue loffice, pour paour de scandalizer leglise.

Le Doyen de leglise est le chief de tous les gens deglise & ha la iustice sur eulx : & ne sont aucunement subiectz a larchevesque : & quant larchevesque faict les prestres, le doyen & archidiacre font examiner les prestres & ne les peult interroger ni examiner larchevesque.

Et pour demonstrer lancienneté de leglise de lyon, an-

ciennement on difoit loffice en lettre grecque, comme iay
veu des livres lefquelz font aux archives de leglife, efcriptz
en lettre grecque en efcorce darbre dune merveilleufe facture, la ou font tous les pfeaulmes & hymnes : en demonftrant comme anciennement ceulx de lyon navoient
aultre lettre ny langage que grec, comme efcript Iule Cefar au vi. livre de fes commentaires, quant il parle des
Druydes, difant quod folis grecis litteris utebantur.

O toy qui liras ce livre, confidere en toy combien nous
qui fommes maintenant, degenerons a nos ancetres, lefquelz eftoient faiges, aymans les lettres, dieu & fon eglife :
& maintenant neft queftion que de voluptez charnelles,
de avarice, ufures, tromperies, orgueil & de tous vices. Voys
la cité de lyon fondee de plufieurs grans perfonnages &
de plufieurs fainctz archevefques, comme deffus eft dict :
lefquelz ont fondé plufieurs eglifes comme le roy de Bourgongne, fainct Iehan : fainct Sacerdos, fainct Pol : & dautres
qui ont fondé fainct Iuft, dont meffieurs de Tornon furent des principaulx fondateurs parens de fainct Iuft, dont
encore celuy qui eft feigneur de Tornon doibt avoir nom
Iuft. Aultres fainctz ont fait edifier fainct Hyrini eglife tres
antique, Efnay, fainct Nizier, fainct Pierre des nonnains,
la Platiere, les quatre mendiens, & aultres eglifes plufieurs
comme Forviere, fainct George, & aultres de ladicte cité.

Et pour caufe de briefveté feray fin a cefte hierarchie,
pour ce que meffire Campefe en a aultre fois efcript en
fon livre de claris lugdunenfibus, auquel livre pourras veoir
de la hierarchie Lyonnoife, ce que en ce livre nay eu loy-
fir efcripre, priant celuy qui par fa puiffance colloqua la
terre au centre du monde, lequel comme dict Platon par
fa bonté crea le monde, lequel par fa mifericorde envoya
fon filz fur terre pour racheter le genre humain, qui doibt

a la fin venir iuger bons & mauvais, quil luy plaife avoir
par fa mifericorde pitié de fes pouvres creatures. Amen.

Cy finift la coniuration ou rebeine du populaire de
Lyon contre les notables & confeilliers de ladicte cite. Avec la hierarchie de leglife
de fainct Iehan de Lyon. Imprime a
lifle galicque dicte Lyonnoife.

Joannes Cannaperius Parifienfis Lugduneae iuventutis
moderator Antonio Campegio. S.

ERLEGI paucis his diebus S. Pierchani de Lugdunenfi feditione libellum, Antoni fuaviffime. Quem eo
attentius accuratiufque fuccifivis praefertim horis evolvi, quod in urbem iftam florentiffimam, illuftrium
virorum parentem & doctorum altricem (unde praeclaris fane na-
talibus originem ducis), dira haec & omni faeculo execranda peftis
(nefcio quo fato) faevire ac debacchari potius non verita eft. Quod
non minus jucundum quam frugiferum opufculum tibi fore non
diffido, fimul quod humaniffimi patris tui viri confularis (cujus nominis authoritate ac fplendore excitari debet ingenua indoles tua)
paffim meminit, fimul quia fideliore praelo excuffum longe aliud
quam quod erat videbitur, ob crebras emendationes, gravioref-
que fententias tum additas, tum in priftinum candorem reftitutas.
Sed profecto qua fcriptum reliquit author lingua legi mallem.
Non quod de interpretis fide (quae nimirum fincera eft) queri vi-
dear : verum quia politiorum literarum elegantiorifque doctrinae
ftudiofos latina magis quam vulgari aeditione oblectari palam eft,
in quorum albo quoniam non infimas partes tenere (nec mea me

fallit opinio) mihi perſuaſi brevi hac & familiari epiſtola familiarem & mihi amiciſſimum te hortari volui, ut tuae aetati non inutiles hos de Lugdunenſi ſeditione commentarios (intermiſſis gravioribus ſtudiis) aliquando verſares, eoque liberali ocyo cujus & M. Cato reddendam rationem putat, laxares pauliſper animum. Tu interim ſi quid pumice dignum offenderis, id pro tua humanitate modeſte caſtigato. Bene vale meque (ut ſoles) aequo foedere redama.

Lugduni xvi calendas Ianuarias. Anno chriſtianae ſalutis m.d.xxix.

Eiuſdem hexaſticon.

Reddita libertas Bruto tibi conſule Roma
Hiſtoriae princeps Livius iſta refert,
Sic tibi Lugdunum decio ſub iudice florens
Seditio fraĉta eſt, conſulibuſque tuis,
Quid Romae Brutus, decio cum iudice conſul
Eſt tibi, Morinus Livius alter adeſt.

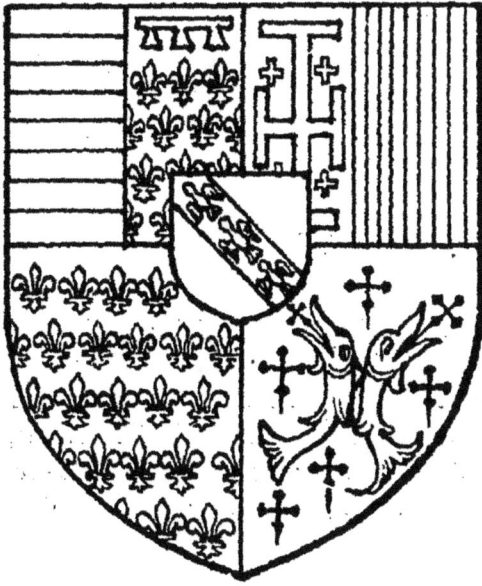

LANTIQVITE DE VIENNE.

CY CŌMENCE

Vng petit liure du royaulme des Allobroges dict lōgtéps
apres Bourgōgne ou Viénois : Avec lantiquite &
origine de la trefnoble & anciéne cite Metropolitaine & Primace des Allobroges Vienne
fus le fleuve du Rofne. Cōpofe par
meffire Simphorié Campefe
dict Champier chevalier &
docteur en la fcience
Efculapienne.

De Vienna
Opufculum
Diftinctum
Plenum
Clarum
Doctum
Pulchrum
Verum
Grave
Varium &
Utile.

Reverendo patri ac domino Bartholomeo Portalenquio (1) lucenſi Troyano epiſcopo, ſuffraganeo
domini archiepiſcopi, ac Primatis Galliarum : divinarum litterarum doctori
eximio : Symphorianus Campegius. S.

EVOLVI ſuperioribus diebus (nec citra admira-
tionem) reverende praeſul, libellum de lugduneae
urbis vetuſtate, ſimul de lugdunenſis eccleſiae
(quae divo Joanni ſacra eſt & praeter ceteras Galliae capita-
lis) hierarchia. Non quod mihi non magnopere probetur :
verum quia de Viennae urbis claritate nihil prorſus me-

---

(1) Barthélemi Portalenqui Lucenſis, évêque *in partibus* de Troade, ſuffragant de François de Rohan archevêque de Lyon, & non Portal, comme
on l'a dit. Il n'étoit pas non plus évêque
titulaire de Troie, qui étoit *in partibus infidelium*. Antoine de Arena lui a
dédié ſon poème macaronique *De
guerra Romana* : « Ad reverendiſſi-
mum in Chriſto patrem dominum dñm
Bartholomeum Portalenqui, Troianen-
ſem epiſcopum lugdunenſemque ſuf-
fraganeum. » Cette dédicace ſe trouve
en ces termes dans un petit volume intitulé : *Antonius de Arena provincialis
de Bragardiſſima villa de Soleris ad*
*ſuos compagnones..... cum guerra Ro-
mana.....,* imprimé à Lyon chez maître Pierre de Vingle, & ſe vendant en
la maiſon de Claude Nourry dit Le
Prince. Champier, comme on le voit
ici, dédia auſſi au même perſonnage
ſon livre ſur l'antiquité & nobleſſe de
Vienne, où il lui donne le même nom
avec la déclinaiſon latine : « Bartholomeo Portalenquio Lucenſi, » faiſant de
l'italien Portalenqui, Portalenquius.

Ce Barthélemi eſt vraiſemblablement le même qu'un Barthélemi du
Luc, évêque *in partibus* de Troade,
cité par Charvet, d'après les regiſtres
de l'archevêché, p. 535 de ſon Hiſtoire

minit, quum ab omni antiquitatis memoria inter Lugdunum & Viennam (perinde atque forores geminas) intima
fuerit cognationis propinquitas : adeo ut Lugdunenfes in-
diffolubiliamicitiaevinculo Viennenfibus connexi hactenus
permanferint. Fuerit argumentum : quod abhinc annum

de la fainte Eglife de Vienne, comme
réfidant en cette ville & y rempliffant
les fonctions épifcopales au nom & en
l'abfence du cardinal-archevêque de
Vienne Frédéric de St-Sévérin, puis
d'Alexandre fon fucceffeur & fon neveu. Ce dernier mourut en 1527, &
avec lui finirent les pouvoirs qu'il avoit
donnés à Barthélemi du Luc. Pierre Pal-
mier, doyen du Chapitre de St-Mau-
rice, ayant été élu archevêque de Vienne, & Guichard de Leffart, évêque de
Hiéropolis, fuffragant de l'archevêque
de Lyon François de Rohan, étant mort
auffi vers ce temps, Barthélemi dut
quitter Vienne, où fa préfence étoit
déformais inutile, & il prit la place de
Guichard de Leffart comme fuffragant
de Lyon, où nous le retrouvons en
cette qualité, en 1529.

Les regiftres de l'archevêché de
Vienne, confultés par Charvet, font
en latin, & Portalenqui n'y aura été
défigné, ainfi que cela fe pratiquoit
affez fréquemment alors, que fous le
nom de *Bartholomeus Lucenfis* ou *de
Luco*, dont l'hiftorien de l'Eglife de
Vienne a fait *du Luc*. La Mure, dans
fon Hiftoire eccléfiaftique de Lyon,
l'appelle *Portalenqui ou de Luco*. Une
infcription qui fe trouve encore dans la
chapelle de Reventin près Vienne nous
apprend que « B. de Luco epifcopus
troianus » confacra cette chapelle en

1535. Il n'y eft pas qualifié fuffragant
de Lyon, bien qu'il dût l'être encore,
François de Rohan qui lui avoit conféré
ce titre n'étant mort qu'en 1536. Le
mot *Lucenfi* de la dédicace de Champier à Portalenqui, dont quelques-uns
ont fait *de Lucques*, a été traduit par
Charvet, *du Luc*, foit qu'il ait pris ce
nom pour celui de fa famille, foit qu'il
ait cru que c'étoit le lieu de fa naiffance.
Toujours eft-il qu'à Lyon il nous eft
connu fous le nom de Barthélemi Portalenqui, Lucenfis ou de Luco, évêque
in partibus de Troade & fuffragant, &
qu'à Vienne il y avoit eu, environ deux
ans plus tôt, un Barthélemi du Luc ou
de Luco, auffi évêque de Troade & fuffragant, lequel ne peut être autre que
notre Barthélemi Portalenqui Lucenfis. Il avoit longtemps habité Vienne,
lorfqu'il adminiftroit ce diocèfe, avant
d'être nommé fuffragant à Lyon, &
c'eft fans doute ce qui donna à Champier l'idée de lui dédier l'Antiquité,
origine & nobleffe de Vienne. Barthélemi Portalenqui, de Lucques, de Luco
ou du Luc, n'a pas laiffé, que je fache,
d'autres traces parmi nous, que celles
que j'ai fignalées, & je ferois, je l'avoue,
très embarraffé de juftifier autrement
fes titres à l'honneur que lui firent Antoine de Arena & Symphorien Champier, en lui dédiant leurs écrits.

aut circiter Viennenſis eccleſiae canonici virum genere
Lugdunenſem, generoſa domo natum, Petrum Palme-
rium in praeſulem archiepiſcopum primatemque ſibi dele-
gerunt. Cui iure optimo cognomen inditum crediderim :
nam a teneris (ut aiunt) unguiculis palmam imitatus eſt.
Quae (ut author eſt Ariſtoteles philoſophorum facile princeps), quo graviori onere premitur, eo magis ſuapte natura
aſſurgit altiuſque erigitur. Ita etiam novus hic antiſtes &
archipreſul Palmerius multis a parvulo inſignitus ſacerdo-
tiorum titulis, quanto pluribus fortune munuſculis cumu-
latus eſt, tanto maiore virtutis gloria ac ſplendore caeteris
praeluxit & tanquam palma ſublimius ſeſe extulit. Non ab
re igitur Palmerii cognomentum ſibi vindicat, cui Petri
nomen non immerito accedit : quandoquidem (ut petra
firmiſſima) virtuti adeo conſtanter heſit, ut voluptatum
illecebris (quas Plato malorum eſcas ſcite appellat) nunquam ſuccumbere viſus fuerit. Quamobrem ſuperiori libello
(qui de Lugduneae urbis antiquitate Lugdunenſiſque eccleſiae hierarchia abunde meminit) compendioſum hoc
opuſculum de Viennae urbis vetuſtate ac nobilitate ſubjicere
volui, idque potiſſimum quod te & urbis & archiepiſcopi
Viennenſis amantiſſimum facile dijudicavi. Cuius utraque
tum ſpiritualis tum humana civiliſque iuſticia duabus (noſtra praeſertim aetate) palmis regitur quarum fructus (ut
ſatis conſtat) uberrimus Palmerius noſter predicatur. Te
itidem Platonico more bene agere precor.

Senfuyt ung petit livre de lantiquite origine & nobleffe
de la trefrenommee cite de Vienne entre les Allobroges metropolitaine & primace : compofe par
meffire Symphorien Campefe dict Champier chevalier & docteur en la fcience
Efculapienne.

IENNE eft une cité fituee entre le Rhofne &
les monts penines, du cofté oriental, & devers
occident elle a gaule Celtique : devers feptentrion Bourgongne & Lorraine : devers mydi Narbonne &
Hefpaine. Et eft fituee entre deux nobles citez voifines
Lyon & Valence : a cinq lieues de Lyon & a douze de Valence, & font les troys citez fus ung fleuve ceft le Rhofne.
Vienne & Lyon font fituees par afpect contraire. Vienne
eft defcouverte devers occident, & a la montaigne devers
orient : Lyon par le contraire, ceft que eft defcouverte
vers orient, & la montaigne du cofté de occident. Vienne
a le regard vers Gaule, & Lyon vers Italie. Et pour ce que
de toute ancienneté comme recite Strabo, Lyon & Vienne
ont efté citez comme feurs germaines, & par leur confe-
deration & amour quelles ont eu toufiours enfemble elles
ont long temps regné & profperé, nonobftant quelles
euffent plufieurs ennemys contraires, comme firent les

deux citez en grece Athenes & Lacedemonie, du temps
de Lycurgus & Ladiflaus lacedemoniens & de Socrates
& Themiftocles Atheniens: mais quant elles eurent guerres enfemble, devinrent a declin & fuft caufe de leur ruyne :
mais Vienne & Lyon ont efté toufiours en amour & al-
liees & font encore de prefent.

Et par icelle raifon & caufe ay propofé defcripre de lantiquité & origine de la cité de Vienne entre les Allobroges radiente comme le foleil entre les planettes. Et ainfi
que Rome eft en italie, Naples en Cecile, Lyon entre les
Celtes, Paris en france occidentale, Trieve entre les belges, Bordeaulx en aquitaine, Tholofe en languedoc, Londres en la maieur Bretaigne, Renes en la mineur, Co-
loigne en Germanie, Bude en pannonie, Lubet en Dace,
Prague en Boeme, Cracovie aux Sarmates que lon dict
poloine, Burgues en Caftille, Saragoffe en Aragon, Hyf-
pale ou Civille en Andalofie, Lysbonne en Portingal,
Grenade en Bethique : ainfi eft Vienne radiante & metropolitaine entre les allobroges. Les citez principales des
allobroges font Vienne, Genefve, Avignon, Valence,
Grenoble, Ambrum, Gapt, Belay, Tarentefe, Morianne,
Orange & fainct Pol. Et furent nommees allobroges
comme recite Annius commentateur des fragmans attribues a Berofe, de Allodrox que puis fuft nommé Allobrox
lequel conquift defpuys les mons penines iufques au fleuve
du Rhone & une partie de Provence & Languedoc iufques
a Narbonne. De lantiquité de vienne & origine dicelle
Lybius noble hyftoriographe en fes annales dift que Vienne
cité trefantique fuft conftruite & edifiee par Venerius lequel vint Daphrique & de luy print fon nom Bienne &
ung peu apres fuft ofté *B* & au lieu fuft mis *V* & fuft dicte
Vienne. Et fuft premierement nommee Bienna pour ce

que Venerius aphricain en deux ans la fift edifier : ceft
quod biennio perfecta fuerit. Et ce fuft du quart eage du
monde du temps de Aventinus Silvius Remuli maioris filius, & du temps de Lycurgus roy & legiflateur des Lacedemoniens, & du temps du roy Amafias filz de Ioas roy
de Iudee & de Helyfee le prophete.

Apres longtemps fuft par les Romains acquife & la nommerent la cité du fenat : car apres ung temps les Romains
colloquarent a Vienne cinq legions de genfdarmes, &
une chafcune legion fift edifier ung chafteau tout autour
de la cité la ou eftoient loges les genfdarmes fans que aucun fuft logé en la ville. Et en chafcune legion avoit ung
tribun romain chief dicelle legion, & nommerent les
cinq chafteaux du nom des cinq Tribuns. Et lung des
chafteaux nommerent Grappum : le fecond Eumedium :
le tiers Sofpolum : le quatriefme Quiriacum : & le dernier
Prompeciacum. Nous lifons en Tite live en la troifiefme
Decade du fecond livre de bello punico que quant Hannibal vint de Carthage pour aller faire la guerre aux Romains vint du long du Rhone iufques a Vienne & de la a
lifle gallique que maintenant eft appellee Lyon. Et la demoura aucun temps pour ce quil trouva le lieu plaifant :
& dift en ce mefme licu que aupres de lifle Gallique font
& habitent les allobroges lefquelz en richeffes, renommee
& honneur ne font point moindres que ceulx de Gaule. Et
Aule Gelle en fon xe livre chapitre vii. parlant des nobles
fleuves de Europe dit en allegant Varro, que le Rhone eft
ung des troys le plus noble fleuve de Europe : & nya ny
le Dannube lequel paffe par Bude en pannonie, ne Eri-
danus dict le Pau, ne le Rin lequel fepare les Gaules de
Germanie, qui foit plus noble que le Rhone par plufieurs
raifons. La premiere quil paffe & fepare les plus fertiles

provinces lefquelles foient defpuis les mons penines iufques en la grande bretaigne comme les Allobroges fepare
de France, & Prouvence de Languedoc. Lefquelles font
provinces moult fertiles en bledz, vins, olives, felz, meilleur
que Scitique en tous fruitages & herbages, en toutes bef-
tes tant domeftiques que fauvages. La feconde raifon car
le Rhone paffe par vii. tres anciennes & nobles citez entre
toutes celles de Europe, comme Genefve, Lofanne, Lyon,
Vienne, Valance, Avignon, Arle, & par plufieurs moyennes & bonnes villes, Tornon, Montelimart, le Pont fainct
efperit, Tarafcon, & plufieurs aultres. La tierce raifon
que ceft ung des fleuves de toute Europe le plus raviffant
& le plus fain & qui eft le moins paludeux ny limoneux,
& eft le fleuve le plus renommé par les hyftoriens que
fleuve qui foit en Europe & fpecialement des hyftoriens
Affyatiques & Gregeois. La quarte raifon ceft pource que
fus le Rhone font les plus beaulx ponts qui foient fur fleuve
de Europe. Le premier le pont de lyon : le fecond le pont
de Vienne : le tiers le pont fainct efperit : le quart le pont
de Avignon, & entre tous celluy de Vienne eft le plus ancien & le premier qui fuft oncques fur le Rhone : car Tyberius Gracchus Sempronius romain quant il alloit aux
Efpaignes fift edifier le pont de Vienne fus le Rhone & fift
faire groffes tours aux deux rivages pour garder le pont,
queft chofe digne de memoire, & croy que ceft le plus
antique & le premier pont des gaulles & duquel ayent efcriptz les hyftoriens.

Anciennement larchevefque de Vienne eftoit chancelier du royaume de Bourgongne, comme recite Gervafius
marefchal du roy de Arle en fon livre des merveilles du
monde. Et dict que de fon temps Vienne fe nommoit
Maxima fedes gallie. Et dit le dict Gervafius que Lyon ef-

toit dict prima sedes simplement, & Vienne maxima sedes gallie. Et est de merveille que maintenant on appelle larchevesque de lyon, Galliarum primas, & celluy de Vienne primas primatum : veu que du temps des roys de Bourgongne Lyon estoit dict prima sedes, & Vienne maxima sedes gallie. Et semble que ledict Gervasius mareschal de Bourgongne vueille dire que lyon est le premier primat de france non pas de Gaule : car il ne comprent pas Vienne soubz france mais bien soubz Gaulle. Et par ainsi lyon est le premier primat en France : le second peult estre celluy de Bourges ou bien de Bordeaulx, lequel est dict de Aquitaine primat & non le premier : car celluy de lyon est le premier en France. Celluy de Vienne se peult dire tresgrant primat en Gaule, cest a dire quil na superieur a luy en Gaule : non quil soit premier mais non subiect ne inferieur a aultre primat. Car du temps que le royaulme de Bourgongne estoit en vigueur, larcevesque de Vienne estoit chancelier du royaulme & primat, & tous les archevesques du royaume estoient subiectz a luy & par consequence tous les evesques : & avoit le royaume de bourgongne trente evesches sans celle de Vienne, laquelle estoit la premiere & Arle estoit la capitale en la temporalité du royaume comme Paris est en france : & en spiritualité estoit Vienne, comme est Lyon en france. Et ne se fault donner tristesse ny trouver estrange si Vienne aultresfoys a esté quatre foys plus grande & riche quelle nest a present : car ainsi a esté des aultres citez comme Rome, Athenes, Lacedemoine, Hierusalem, Thebes, & les citez plusieurs en Achaye & Syrie & Macedoine sont par tremblement de terre ruinees, & la cité de Lyon par une nuyct brulee, & Cypre & Candie plusieurs foys ont esté destruictes par tremblement de terre. Tout est subiect a fortune & est moins de merveille que

Vienne foit de richeffes & grandeur abaiffee & amoindrie,
que totalement ruinee comme Athenes & les citez de
Achaie, ou bien Lyon par une nuyɕt brulee. Et fi Lyon
defpuis cinquante ans eft devenue riche & opulante, Vienne
auffi a creu en fpiritualité & bonté populaire & iuftice, &
na efté remplie de gens eftranges en meurs contraires :
& mieulx vault ung efcu entre les fiens, que ung noble
avec les eftranges & differens de meurs & conditions :
qua efté caufe que cefte annee Mil cinq cens xxix. le iour
fainɕt Marc, la cité de Lyon a efté troublee par eftrange
populaire, non nez de la cité de Lyon, mais affemblez de
plufieurs pieces comme eft de couleurs la peau dung leopard. Et neft rien a lhomme plus decent ny plaifant, ny
plus doulx a nature que vivre en fon pays avec les fiens &
ceulx de fa nation : car comme diɕt Virgile, lamour de fon
pays doibt vaincre toute aultre amour humaine.

Comment la cité de Vienne fuft faiɕte chreftienne par les difciples des apoftres. Chapitre ii.

Sainɕt Pol apoftre du temps quil prefchoit aux Galathes
envoya a Vienne ung de fes difciples nommé Crefcens,
lequel demoura trois ans ou environ prefchant la foy
chreftienne la ou il fift plufieurs miracles & convertit tout
le peuple a la loy chreftienne. Ado en fes commentaires
diɕt que fainɕt Pol en allant aux Hefpaignes paffa par
Vienne & la delaiffa Crefcens fon difciple : & de la paffa
par la cité de Arles & delaiffa en Arles un aultre difciple
nommé Trophimus pour illec prefcher la loy chreftienne.
Et demoura alors fainɕt Pol deux ans en Hefpaigne & apres

revint a Rome & en repaſſant par Vienne envoya Creſcens preſcher en Galice. De ce temps Vienne eſtoit cité
treſriche & opulante en tous biens laquelle cité eſt fondee
ſus le Rhoſne la ou long temps devant, Tyberius Gracchus
Sempronius en allant de Rome aux Heſpaignes fiſt faire &
conſtruire ung pont de pierre ſus le fleuve du Rhoſne avecques groſſes tours de tous coſtez du fleuve pour le pont deffendre & garder & tenir la cité en ſubiection aux Romains.

En icelle cité du temps que Hypocrates & Democritus
floriſſoient en Grece, ceulx de Sens & ceulx de Vienne
edifierent le temple de Mars en ſigne de victoire au milieu de la cité du coſté vers orient. Et dient aucuns que
encore appert laiguille dudict temple au milieu des vignes
tirant le bas de la riviere, queſt une choſe dune merveilleuſe ancienneté. Les aultres dient que ce temple eſtoit
devers le ſoleil levant au deſſus de la montaigne.

De ſainct Zacharie, ſainct Martin & ſainct Verus martyri-
ſez ſoubz lempire de Traian. Chapitre iii.

Sainct Zacharie floriſt eveſque ſoubz Traian empereur & fiſt pluſieurs miracles : il eſtoit fort vieux & fuſt par
les ſatellites de Traian martyriſé. Apres fuſt eveſque ſainct
Martin lequel fut diſciple des apoſtres & preſcha la loy
chreſtienne touſiours a ceulx de Vienne & a tous ceulx
de la province, & faiſant pluſieurs miracles print martyre
ſoubz Traian empereur. Apres fuſt eveſque de Vienne
ſanctus Verus lequel fuſt auſſi diſciple des apoſtres de ieſuchriſt : lequel eſtoit grant philoſophe & theologien, & de
ſon temps convertiſt pluſieurs Gentilz a la foy chreſtienne
& mouruſt auſſi ſoubz Traian empereur.

De sainct Denys, de sainct Paracocles evefques de Vienne.
Chapitre iiii.

Sainct Denys evefque de Vienne fuft difciple des apoftres du temps que fainct Hyrinier fecond evefque de lyon
mourut avecques xix. mille martyrs. Ce fainct Denys ne
fuft pas celluy de Paris lequel a efcript les hierarchies des
anges, difciple de fainct Pol, dict Areopagite : ny auffi celluy
qui fuft evefque de Corinthe qui fuft fcavant auffi : mais
fuft ceftuy homme de grande doctrine & de vie auftere.
Apres fainct Denys fuft evefque de Vienne Paracocles tres
magnanime tant en fcience que en vertus & vefquit fainctement iufques au temps de Maximian empereur, duquel
temps fainct Zacharie evefque de lyon floriffoit en toute
faincteté & vertu : & vefquift iufques au temps que Severus fift trancher la tefte a Albinus, lequel Albinus eftoit
né a lyon & fe fift eflire a ceulx de Gaule empereur. Parquoy apres la mort de Albinus, Severus fift bouter le feu
& brufler Lyon en defpit de Albinus & pour ce que ceulx
de lyon lavoient retiré en leur ville.

De plufieurs aultres evefques de Vienne. Chapitre v.

Victorinus empereur fuft faict & creé par ceulx de Gaule
empereur lequel apres fuft tué & occis a Vienne. Et de ce
temps eftoit evefque de Vienne Lupicinus homme fcavant
& faige bien gouvernant fon peuple. Apres Lupicinus fuft

evefque de Vienne Pafcius, faige, prudent, lequel endura plufieurs maulx des empereurs Maximian & Diocletian. Apres fuft faict evefque de Vienne fous Conftantius filz du grant Conftantin, Nactarius homme de grant doctrine lequel au concile de Vaifon tint contre les Ariens, quod pater, filius & fpiritus fanctus eftoient dune effence en troys perfonnes & dune puiffance: & de ce temps mouruft fainct Anthoine hermite en leage de cent & cinq ans aux deferts de Egypte. Du temps de lempereur Theodofius eftoit evefque de Vienne Niceta tres catholique, & de ce temps eftoit evefque de Lyon fainct Iuft lequel apres alla mourir aux deferts de Egypte & ceulx de Lyon allerent querir fon corps & laporterent a Lyon. Sainct Mamertus fuft evefque de Vienne du temps du roy Clovis, premier roy chreftien en France. Ce Mamertus par fon oraifon & larmes preferva la cité de Vienne du tremblement de terre & du feu, lefquelz toutes les nuyctz tormentoient la cité : & tomboit le feu du ciel en plufieurs lieux, & fuft la cité diviniment fi troublee par divers accidens que les loups, les cerfz, lefquelz font naturellement craintifz & timides, & auffi les ours venoient en fi grant nombre par les conduictz & lieux fecretz de la cité dans la ville que perfonne neftoit en fureté en fa maifon : mais par loraifon & priere dudict fainct Mamertus dieu delivra la cité diceulx accidens.

Au temps de Valantinian & Placida eftoit evefque de Vienne Ifitius lequel regna a Vienne & floriffoit en vertus iufques au temps de Zeno empereur. Et de ce temps queftoit Ifitius evefque, vint a Vienne prefcher fanctus Severus lequel eftoit indien de nation. Ce Severus deftruifit le temple de Mars la ou il y avoit cent idoles & fift plufieurs miracles a Vienne. Et pour ce quil vouloit faire confacrer leglife de fainct Eftienne a Vienne, longtemps at-

tendit la venue de fainct Germain lequel luy avoit promis
foy trouver a la dicte confecration. Pource que le dict faint
Germain cependant mourut, advint que devant que loffice fuft commencé miraculeufement, le corps de fainct
Germain fuft apporté dans leglife fainct Eftienne, & par
ainfi fuft fatisfaict fainct Severe de la promeffe qui avoit
efté faicte par fainct Germain. Avitus fuft auffy evefque
de Vienne trefeloquent & fcavant lequel a efcript plufieurs
livres contre les Arriens, du temps de Iuftinian empereur
& de Bellifarius : & fuft Avitus frere de fainct Apolinar
evefque de Valence. Du temps de Iuftinian auffi fuft evefque de Vienne Iulianus lequel fuft catholique faige & bien
regiffant fon peuple. Apres Iulian fuft evefque de Vienne
Donninus lequel eftoit fcavant aux lettres divines & amateur des paouvres, & des captifz redempteur : car quant
il fcavoit aucun chreftien prifonnier il le racheptoit voluntiers & de tout fon pouvoir: & de fon temps le corps
de monfieur fainct Anthoine moyne, par divine revelation
fuft trouvé & porté en Alexandrie & enfevely en leglife
de fainct Iehan baptifte, & long temps apres fuft tranfporté a fainct Anthoine de Viennois la ou maintenant fon
corps eft honoré.

Du temps de Childeric & de fainct Germain de Paris
evefque & du roy Sigibert eftoit evefque de Vienne fanctus Mamertus noble de generation & plus noble par
fcience & vertu & par eloquence. Du temps de fainct Gregoire docteur de lefglife eftoit evefque de Vienne Verus
lequel floriffoit en toutes vertus : & de ce temps regnoit
en france la royne Brunichilde, une aultre Ziefabel, &
eftoit fainct Defyderius Diacre en leglife de Vienne foubz
ledict Verus. Apres Verus fuccedat ledict Defyderius diacre lequel vefquit fainctement : lequel fouvent reprenoit

& demonſtroit a la royne Brunichilde comme elle vivoit par tyrannie & contre la loy chreſtienne : parquoy la royne le fiſt mourir au territoire de Lyon, lequel comme martyr fuſt bouté au cathalogue des martyrs.

Du temps du roy Dagobert roy de France eſtoit eveſque de Vienne Singulphus lequel veſquit peu de temps : lequel fuſt ſaige, prudent & aymant dieu & ſon egliſe. Apres luy fuſt eveſque de Vienne Hecdicus, homme de grande religion & de vie ſainⷷe, lequel veſquit iuſques a la mort de lempereur Iuſtinian. Apres la mort de Hecdicus fuſt faiⷷt eveſque de Vienne Cadeoldus lequel fuſt homme ſaige, prudent, & veſquit iuſques au temps du roy Theoderic. Apres Cadeoldus fuſt faiⷷt eveſque de Vienne Dololenus, du temps que Childeric fuſt tué des Francoys, lequel veſquit peu de temps. Quant Dololenus fuſt mort, fuſt eſleu eveſque de Vienne Bobolinus, homme magnifique, plain de ſaigeſſe, de ſcavoir & doⷷtrine, du temps de Giſulphus roy des Lombars. Apres Bobolinus fuſt eveſque George dune grande vertu & ſaigeſſe. Fuſt eveſque de Vienne apres George, Deodatus homme de grande abſtinence & devotion. Apres Deodatus fuſt eveſque de Vienne Blidrandus duquel on ne lit gueres de ſes geſtes, & fuſt homme politique. Apres Blidrandus fuſt eveſque Eoldus lequel eſtoit de la lignee des roys de France. Ce Eoldus dedans la cité fiſt edifier une petite egliſe au nom de monſieur ſainⷷt Maurice & ſes compaignons, la ou il miſt & colloqua pluſieurs reliques dudiⷷt ſaint Maurice, & deſpuis legliſe de Vienne fuſt inſtituee au nom de ſainⷷt Maurice : car par avant eſtoit dediee au nom des ſept martyrs des Machabees.

Du temps de Charles martel, maieur du palais de france, pere du roy Pepin, les ſarrazins dheſpaigne vindrent en

France & gasterent & ruinerent la Prouvence & Languedoc, & depopulerent & pillerent Vienne & Lyon : & de
ce temps estoit evesque de Vienne Austrebertus homme
plain de religion, lequel endurat beaucoup de maulx des
Sarrazins. Alors ledict Charles martel congregat beaucoup de francoys, & donnat la bataille aux Hespaignolz
sarrazins : si les deffist & chassast de france. Apres la mort
de Austrebertus fust evesque de Vienne Vuilicarius : lequel
apres que les Sarrazins eurent bruslé leglise des martyrs
laquelle estoit aupres du fleuve du Rhosne, ledict Vuilicarius fist porter les ossemens & corps de sainct Ferreol & le
chief de sainct Iulian martyr dedans la cité de Vienne, &
les fist bouter en une petite eglise laquelle il fist construire
& edifier a lhonneur diceulx martyrs. Ce devost evesque
voyant que les seigneurs & princes francoys occupoient
les biens de leglise & les mettoient en leurs usages, delaissa
son eveschié & entra en ung monastere la ou il usa le re-
sidu de ses iours en toute vertu & religion, delaissant le
monde aux mondains.

Apres la mort de ce sainct evesque, a cause que les Sarrazins & aussi les tyrans & pirates terriens avoient pillez &
occupez les biens des citez, furent ces deux nobles citez
Vienne & Lyon longtemps sans pasteur ny evesques. Et
alors les gens lays & populaire detenoient tous les biens
de leglise, & estoient les eglises sans evesques & sans
service divin : & alors dieu donna grace aux Francois, car
Pepin filz de Charles martel fust faict roy de France, lequel restituat une partie des biens aux eglises. Et apres vint
son filz Charles le grant lequel edifia plusieurs monaste-
res en France, & a Lyon fist edifier labbaye de nostre dame
de Lisle & laorna de plusieurs sainctes reliques, comme
du corps de saincte Anne & de sainct Longin & de la

coupe ou dieu beut en la maifon de Symon le pharifien, avec le cornet de fon neveu Rolant.

Apres la venue de Charles le grant furent Vienne & Lyon eglifes faictes metropolitaines & en plus grande auctorité quelles navoient efté paravant. Et fuft faict evefque de Vienne Urfus, & evefque de Lyon ung nommé Addo : & apres Addo, fuft gouverneur de leglife de Lyon non evefque, fon nepveu Hilduinus par aucuns temps : mais apres fe fift moyne in infula barbara la ou il vefquit fainctement. Apres Urfus evefque de Vienne fuft fait evefque Ulphetus. Apres fuft Bernardus evefque de Vienne, & Agobardus de Lyon : & ces deux evefques allerent enfemble devers le filz de lempereur Clothaire pour les affaires de leurs eglifes : & avoir impetré leur demande fen revinrent en leurs eglifes. Apres la mort de Bernardus fuft evefque de Vienne Aglimatus, & de Lyon eftoit evefque Amulus : lefquelz furent evefques prudens & faiges & fcavans en lettres divines.

Des aultres evefques qui ont efté defpuis que regnoit en France le roy Charles le fimple ie men deporte. Mais icy iay voulu defcripre la plufpart diceulx qui ont efté fanctifiez & qui ont efté des premiers, pour demonftrer que les deux citez capitales & metropolitaines des Gaules ont efté toufiours conioinctes par amour enfemble : tant par leurs evefques que auffi des citoïens dicelles citez, queft chofe plus divine que humaine. Et plufieurs fois ceulx des eglifes de Lyon ont eu & efleu ceulx de Vienne en leur eglife, & ceulx de Vienne femblablement ont faictz de ceulx de lyon : & a prefent defpuis ung an en ca ceulx de Vienne ont efleu pour leur metropolitain & prelat ung natif de Lyon & dune maifon laquelle fe peult par nom & raifon nommer la palme lyonnoife : & fil eft dict en la saincte escripture : Iustus ut palma florebit, ceulx de Lyon & de Vienne peuvent maintenant dire palma, id est Palmerius ut iustus non solum florebit sed nunc floret.

Ie prie celluy qui par sa prudence colloqua la terre au centre du monde, veuille par sa grace celle palme faire longuement florir & fructifier par bonne & divine doctrine & exemple.

De leglise primace & metropolitaine des Allobroges Vienne. Chapitre vi.

Nous lisons aux livres des machabees comme Mathatias prestre de la loy iudaique, pour observer la loy de Moyse, fist la guerre contre le roy Antiochus, la ou furent prins les sept freres & martyrisez : & furent apres nommez les sept martyrs, & au nom diceulx martyrs fust premierement construicte leglise de Vienne. Et ainsi que lon dict que leglise de nostre dame de Charstre fust construicte avant ladvenement de nostre seigneur in honorem virginis pariture, aussi on pourroit dire que celle de Vienne, ante Christum natum, fust honnoree par les martyrs ante Stephanum martyrem primum. Et soubz le nom diceulx martyrs levites fust honoree leglise de Vienne & dicte leglise des sept martyrs iusques au temps de lempereur Leo : Et alors ung sainct evesque de Vienne lequel estoit de la maison des roys de France nommé Eoldus augmenta leglise & mua le nom des sept martyrs machabees au nom des martyrs chrestiens de Thebes & principalement de sainct Maurice le chief & capitaine diceulx martyrs. Long temps apres Bosemet roy de Bourgongne second de ce nom, filz du roy Rodulphe roy darles reedifia leglife de Vienne en lhonneur de monfieur fainct Maurice, & trefpaffa lan Mil cent xxxv. fans hoirs.

Adoncques Guydo le gras lung de fes capitaines ufurpat le Daulphiné & Prouvence, & Humbert des blanches mains ufurpat Savoye, Piemont, & Milan qui lors eftoient dudict royaulme. Iehan roy de Bourgongne fonda leglife de fainct Iehan de lyon : & encore appert la lettre de fondation fcellee dor. Et y fonda xii. comtes chanoines de ladicte eglife & ung duc doyen dicelle : & defpuis fuft fondee par fes fucceffeurs ad inftar ecclefie triumphantis. Et par ainfi les deux eglifes primaces de gaule ont efté fondees par les roys de Bourgongne : queft une raifon que ces deux eglifes & deux citez ont toufiours efté comme feurs germaines.

Comparaifons & fimilitudes des deux citeʒ & eglifes metropolitaines & primaces des Gaules & Allobroges Vienne & Lyon.

Vienne fuft premierement edifiee par ceulx Daphrique au quart eage du monde : Lyon fuft premierement conftruict par les Grecz & ceulx Dathenes. Vienne euft premierement ung temple au nom de Mars dung merveilleux artifice & ung des fpectacles du monde : Lyon euft deux temples, en lung avoit lx. colonnes de foixante provinces fubiectes a la colonie lyonnoife. Vienne eft une cité fus le plus beau & noble fleuve de toute Europe comme recite Strabo : Lyon eſt entre deux fleuves tres renommez des hyſtoriens, lung eſt le Rhoſne, & lautre eſt la Saonne. Vienne eſt la plus ancienne cité des Allobroges : Lyon eſt la plus antique de France. Vienne ha ung pont de pierre ſus le Rhoſne tres antique : Lyon ha deux pontz de pierre : lung eſt ſus le Rhoſne, lautre eſt ſus la Saonne. Vienne eſt primace & metropolitaine des Allobroges : Lyon eſt auſſi primace des Gaules. Vienne fuſt a la foy chreſtienne reduicte par ung diſciple de ſainct Pol nommé Creſcens : Lyon par ung diſciple de ſainct Policarpe diſciple de ſainct Pierre nommé Phutinus. Vienne fuſt nommee la cité du ſenat romain : Lyon fuſt colonie romaine. Vienne euſt cinq chaſteaulx autour delle faictz de cinq Tribuns romains : Lyon euſt une Achademie la ou venoient docteurs une foys lan orer de toutes provinces. Vienne eſtoit une cité la ou on releguoit les princes leſquelz eſtoient contraires au ſenat & empire Romain : Lyon eſtoit cité la ou eſtoit emporium : ceſt le lieu des foires la ou venoient gens de toutes parties du monde. Vienne eſt une cité dou ſont ſortis & ont eu origine pluſieurs hommes illuſtres comme Avitus lequel a eſcript pluſieurs livres en metres heroiques dune merveilleuſe eloquence, & ſi fuſt ſcavant en theologie comme il demonſtrat au concile de Conſtantinople : de lyon ſont ſortis & ont origine Lucius Plotius lequel fuſt precepteur de Cicero & fuſt le premier comme dict Cicero qui monſtra aux romains rhetorique latine. Auſſi fuſt de Lyon natif Fauſtus orateur lequel a eſcript epigrammes de la foy chreſtienne. Vienne eſt cité laquelle a eu pluſieurs ſainctz eveſques, comme Creſcens, Zacharie, Martinus, Verus, ſainct Denys & aultres ſainctz martyrs & confeſſeurs : de lyon lon peult dire quelle a produict pluſgrant nombre de martyrs que ville de Europe comme xix. mille, leſquelz furent decollez avec-

ques leur evefque Hyreneus, & xlviii. avecques Phutinus,
& auffi plufieurs fainctz evefques comme fainct Iuft, Sacerdos, Enemundus, Eucherius, Niceffius, & aultres plufieurs de grande faincteté. Vienne eft terre fertile laquelle
produit bledz a force, & tres bon vin, ayant regard vers
occident: Lyon eft territoire fertil lequel auffi produit bledz
& fruictages de diverfes manières, ayant regard vers orient.
Et pour conclure cefte matiere puis dire de ces deux citez
quelles font les plus anciennes par origine & par gens
illuftres lefquelz ont habitez & font nourris en icelles,
que citez qui foient en Gaule. Et croy fermement que il
feroit difficile trouver au monde deux citez fi prochaines
& voifines lefquelles ayent regné fi longtemps en paix &
amour fraternelle.

Lacedemoine ne fceut fouffrir Athenes fans la infefter de
guerre & la mettre en la fubiection de trente tyrans. Mem-
phis que lon dict le Cayre ne peult fouffrir Thebes laquelle
eftoit aornee de cent portes & en chafcune avoit une forte
tour. Rome ne fceut fouffrir cité aupres delle, comme Ca-
pue, ny loingtaines, comme Corinthe & Carthage lefquelles ilz detruifirent & mirent fubiectes a elle. Venife
oncques ne peult fouffrir la feigneurie de Padue, laquelle
eftoit grande, ny celle de Veronne, ny voyfine cité fans
la fubiuguer, fi elle peult : & na tenu a icelle, quelle naye
mys Ferrare foubz fa feigneurie. Florence ne peult fouffrir Pife cité tres antique & noble fans la fubiuguer : & na
tenu a elle que elle na efté maitreffe de la cité de Lucques.
Et generalement les grandes citez ont toufiours voulu regner & eftre maitreffes des moindres & des voyfines : fors
Lyon & Vienne, lefquelles toufiours ont efté enfemble
comme feurs germaines fans difcention ny guerres : mais
toufiours amour maiftreffe de paix les ha confervé en

toute prosperité & felicité humaine. Amour est celle qui faict lhomme vivre en lamour divine, cest celle laquelle fust cause que dieu crea le monde, & par laquelle dieu envoya son filz au monde.

Les fragmans de la cronique du royaume des Allobroges
que lon dict Bourgongne, despuis le commen-
cement iusques a ce quil fust reduit
a la coronne de France.

Iaphet le tiers filz de Noé eust sept filz : lequel apres quil eust la benediction de son pere Noé vint habiter en Europe, & de ses sept enfans sont sortis sept generations. Le premier filz fust Gomer duquel sortirent les Galathes, desquelz est dicte Galice. Ce Gomer eust troys filz desquelz sont sortis ceulx de Sarmace, ceulx de Paphlagonie region en Asie la mineur, & ceulx de Frigie laquelle aussi est en Asie la mineur. Le second fils de Iaphet eust nom Magog : duquel sont sortis les Scithes & les Gothz. Le tiers filz de Iaphet fust Medar sive Madeus : duquel sont venuz les Medes prochains des Perses. Le quart filz fust Iavan : duquel sont issus les grecs. Cestuy Iavan eust quatre filz. Le premier fust Helissan duquel Eolii, lesquelz sont en une isle in siculo mari, pres de Italie xxv. milles. Le second filz de Iavan fust Tharsus, lequel en la mineur asie colloquat les Tharses, desquels fust sainct Pol apostre : laquelle region se disoit Cilicia. Le tiers filz de Iavan se nomme Thaysa autrement Cethym, duquel fust habitee & dicte

lisle de Cypre. Le quart filz de Iavan fust nommé Doda-
nim : duquel sont sortis les Bourguignons en une insule
ou isle dicte Rhodis. Du cinquiesme filz de Iaphet dict
Thubal vindrent les Hespaignolz. Du vi. filz dict Moloch
vindrent ceulx de Capadoce. Du vii. filz de Iaphet dict Thi-
ras, sont sortis ceulx de Trace laquelle est en Scithie.

Et pour condescendre a nostre matiere, les Bourguignons lesquelz estoient descendus du filz de Iaphet, lesquelz habitoient en lisle dicte Rhodis du temps que Atha-
naricus roy des Gothz persecutoit les chrestiens, ceulx de
lisle de Rhodis a cause de sterilité de biens & aussi que
icelle isle ne pouvoit nourrir si grosse quantité de peuple,
se assemblerent bien lxxx. mille hommes de la dicte isle &
vindrent en Gaule belgique sus le rivage du Rhin. Et apres
ung espasse de temps marcherent plus avant & vindrent
en une region dicte secani entre le fleuve Arar & le Doux
pres du fleuve du Rhosne, la ou ilz demourerent ung temps.
Et alors prindrent la loy chrestienne & furent nommez
Burgundi a burgis, & la esleverent aux Allobroges ung
royaume, lequel fust dict le royaume de Bourgongne : car
paradvant du temps que le Lazare & Marie & Marthe vindrent a Marseille, se disoit le royaume des Allobroges, duquel apres fust transmué le nom au royaume de Bourgongne.

Et pource que pretens icy descripre aucuns fragmans
des roys des Allobroges, que long temps apres la venue
du Lazare & des Maries fust dict le royaume de Bourgongne, lequel despuis a esté par mariage reduit a la coronne
de France, pretens en matiere de epithome descripre aucuns fragmans dudict royaume, ainsi que iay pu veoir des
archives des eglises de Bezanson, de Trieves, Colonie,
Vienne & aultres eglises construictes ou augmentees par

les roys des Allobroges. Et pour condeſcendre a icelle hyſtoire eſt a noter que deſpuis le noble Clovys premier roy chreſtien de France, ou bien peu de temps devant, Gaule ciſalpine eſtoit diviſee en troys royaumes : le premiereſtoitleroyaume de France, le ſecondeſtoitleroyaume des Allobroges dict Bourgongne, le tiers & le moindre eſtoit celluy de Gaſcoigne. Le chief en temporalité de France & la cité capitale eſtoit Paris, & en ſpiritualité eſtoit la cité de Lyon & primat de France, & ſe diſoit Lyon prima ſedes Francie, & avoit le primat de Lyon ſoubz luy ſeptarcheveſchies & cinquante deuxeveſchies. Le royaume des Allobroges dict apres Bourgongne avoit la cité de Arles en Prouvence en la temporalité comme le chief du royaume, & en la ſpiritualité avoit la cité de Vienne & communement ſe diſoit le royaulme de viennois : & quiconques eſtoit archeveſque de Vienne eſtoit chancelier du royaume de Bourgongne & aultre ne le pouvoit eſtre : & avoit ſoubz lui ſix archeveſchies & xxv. eveſchies. Le royaume de Gaſcongne eſtoit moindre que les aultres, & eſtoit le chief Tholoſe & navoit que deux archeveſchies & xviii. eveſchies.

Une choſe eſt a noter que en ces fragmans ne ſont pas mys les roys de Bourgongne ny allobroges par ordre mais ainſi que les ay trouvez diſperſez en pluſieurs egliſes ſelon les fondations que avoient faictz leſdictz roys aux egliſes : car des hyſtoires ne povons certifier que ce que voyons de noſtre temps ou bien ce que trouvons eſcript aux anciens hyſtoriens. Et pource que Bourgongne a eſté conioincte & annexe a la coronne de France par pluſieurs foys &le royaume de Bourgongne tranſmué en France, fuſt faict de la moindre partie, mais la plus fertile, une duché ſubiecte aux roys de France, & fuſt faict ung des pers de

France. Et ainfi que au royaume de Auftrafie, duquel le chief eft la cité de Metz, avoit ung roy & ung duc, dont Guerin eftoit le duc : lequel eft encore tout entier comme iay veu en lefglife de fainct Eftienne de Metz, & le nomment Guerin le lorrain, lequel fift du temps du roy Pepin plufieurs faictz dignes de memoire contre les Vandales & contre les Gothz, ainfi que aultrefoys ay efcript aux croniques du royaulme de Auftrafie dict Lorraine : auffi en Bourgongne avoit ung roy & ung duc & ung conte. Le premier filz eftoit roy, le fecond eftoit duc, & le tiers eftoit conte. Et le duc & conte tenoient leurs pays du roy de Bourgongne, comme le duc Guerin lorrain tenoit la duché de Lorraine du roy Pepin lequel eftoit roy de France & Dauftrafie. Et defpuis Otho le tiers empereur, neft demouré que la duché de Lorraine : comme du royaume de Bourgongne a prefent navons que la duché & conté de Bourgongne. Dont la duché a caufe quelle eft perrie de France eft demouree a la coronne unie, & ne peult eftre que aux enfans mafles defcendans de la coronne ainfi quil eft efcript aux conftitutions des roys de France & croniques.

Du temps du roy Clovis roy de France premier chreftien, eftoient roys de Bourgongne deux freres heretiques Arriens, ceft Gondebaldus & Gondegifilus, & eftoient freres de la royne Chrotildis laquelle fuft caufe que le roy Clovis print la foy chreftienne. Lefquelz freres a caufe de leurs herefies le roy Clovis perfecutat & fift la guerre long temps apres quil euft prins la foy chreftienne. Ces deux freres tenoient tout du long du Rhofne & de Arar iufques a Marfeille : & de ce temps ou bien peu devant le royaume des Allobroges commenca a prendre le nom de Bourgongne : car du temps de Valentinian empereur, les Bourgui-

gnons qui eſtoient au rivage du fleuve du Rin vindrent
en Italie prendre toute la terre que maintenant eſt dicte
Lombardie, & au retour occuparent le royaume des Allobroges & toute la terre queſt deſpuis Langres iuſques a
Marſeille du long de Saonne, du Rhoſne & du Doux, & la
nommerent Bourgongne, iuſques au temps que les roys
de France par mariage reduirent la Bourgongne a la coronne de France.

Lan xiiii. apres la reſurrection noſtre ſeigneur la treſglo-
rieuſe Magdalaigne convertit par ſa predication a Marſeille
le roy & la royne des Allobroges, & deſpuis furent bap-
tiſez par ſainct Maximin en Aix en Prouvence : leſquelz eurent ung filz par la priere de la dicte Magdalaine. Ledict
premier roy chreſtien des Allobroges euſt nom Trophame,
pour ſainct Trophame premier archeveſque Darles qui fuſt
nepveu de monſieur ſainct Pol lapoſtre.

Le ſecond roy euſt nom Eſtienne, & fuſt celuy que dieu
a la priere de ladicte Magdalaine reſſuſcitat, & ladicte
royne ſa mere : & regna roy lii. ans. Et fuſt celuy qui fiſt
porter la croix de monſieur ſainct Andry, laquelle eſt a
monſieur ſainct Victor a Marſeille : & la print & volu la
porter pour ſon enſeigne, & ordonna eſtre portee a tous
ceulx qui ſeroient chreſtiens en ſon royaume : car il fiſt
crier que tous ceulx qui ne ſe baptizeroient ſortiſſent hors
de ſon royaulme. Ainſi deſpuis a eſté & encore eſt la
dicte croix enſeigne des Allobroges.

Sainct Sigiſmond martyr & roy des Allobroges fonda
xxii. egliſes tant cathedrales que abbayes. Et deſcendirent
de luy les troys gemeaulx deſquelz la royne eſtoit enceinte quant ledict ſainct Sigiſmond fuſt martyriſé par Diocletian empereur, comme appert par la legende dudict
ſainct Sigiſmond queſt a Vienne en legliſe ſainct Mauris.

Fauſtus conte de Aoſtung fuſt filz du roy des Allobroges, frere germain dudict ſainct Sigiſmond martyr & roy des Allobroges, & de ſaincte Leonille ducheſſe de Langres.

Saincte Leonille ducheſſe de Langres fuſt fille du roy des Allobroges & ſeur dudict Fauſtus pere de ſainct Simphorien, & les troys gemeaulx nepveuz de la dicte Leonille & dudict Fauſtus, couſins germains dudict ſainct Simphorien.

Sainct Simphorien fuſt filz dudict Fauſtus conte de Aoſtung & ſeigneur de Saulieu. Et fuſt baptizé audict Aoſtung lan xcvi. apres la reſurrection noſtre ſeigneur : & fuſt la mere ſaincte Auguſte.

Sainct Oyant & ſainct Lupune furent diſciples de monſieur ſainct Iehan levangeliſte & apporterent lapocalipſe es Allobroges.

Chippere premier de ce nom roy des Allobroges receuſt devotement ledict ſainct Oyant & Lupune, & fonda & edifia le lieu ou ilz ſe reduyrent avec leurs diſciples : lequel lieu lon dict a preſent ſainct Claude. Et leur donna les premieres rentes & libertez que de preſent Labbé & convent de monſieur ſainct Claude tiennent en Bourgongne & en Savoye.

Bruno filz du roy des Allobroges fonda de ſon partaige Beaune & Gigny deſquelz fuſt fondé lordre de Clugny. Longtemps apres ſainct Gondrand roy des Allobroges vint apres & fonda ſainct Marcel lez Chaſlon.

Sigiſmond iie de ce nom roy des Allobroges fonda ſainct Mauris en Chamblay.

Odrand roy des Allobroges iie de ce nom augmentaſt & perfeiſt legliſe dudict ſainct Marcel & la fiſt mettre de lordre de Clugny.

Sainct Mauris eſtoit nepveu filz de la ſeur de Sigiſmond

iiiie de ce nom roy des Allobroges, comme il eſt eſcript a ſainct Mauris en Chamblay. Et par ainſi avec luy furent martyriſez pluſieurs princes & aultres nobles de la maiſon des roys des Allobroges.

Theophime iie de ce nom roy des Allobroges donna a legliſe la cité Davignon & tout ce que le pape tient deca les montz du patrimoine de la dicte egliſe de rome que fuſt deſpuis occupee par aucuns capitaines & deſpuis recouvree par les papes.

Gondebault roy des Allobroges oncle de ſaincte Clote & frere germain du pere de la dicte ſaincte Clote qui paradvant ledict Gondebault fuſt roy des Allobroges.

Thierry roy de Bourgongne deffiſt en bataille Lotaire ii^e de ce nom roy de France, lan ſix cens & cinq apres la reſurrection noſtre ſeigneur. Lors furent occis plus de trente mille hommes. Et en icelle bataille fuſt veu ung ange qui ſur le peuple tenoit en lair une eſpee traicte toute nue. Adoncques euſt victoire ledict Thierry contre ledict Lothaire roy de France, & conquiſt toute la terre qui eſt entre Saonne & Oyſe comme il appert es croniques de France ou ce eſt bien eſcript & declaré.

Sainct Eutrope fuſt filz du roy des Allobroges & eſt ſon corps en legliſe deſſus Oranges.

Raoul roy des Allobroges fonda legliſe de Coulongne, de Mayence, de Treves, de Strasbourg, & leveſché de Paſſo. Ce roy euſt a femme la ſeur du roy de France.

Sainct Germain Dauxerre fuſt filz du roy des Allobroges : & ce peult lon veoir par ſa legende.

Iehan roy de Bourgongne fonda legliſe de monſieur ſainct Iehan de Lyon ſur le Rhoſne : & eſt la lettre de la fondation ſcellee dor. Et y fonda douze contes chanoines de la dicte egliſe, & ung duc doyen dicelle.

Eftienne roy de Bourgongne iie de ce nom fonda leglife de monfieur fainct Eftienne de Sens, & fainct Eftienne de Metz, & plufieurs aultres eglifes comme Mafcon & Chaflon, qui defpuis furent reediffiees & fondees par Charlemaigne en lhonneur de monfieur fainct Vincent.

Chippere iie de ce nom roy de Bourgongne fonda Luceul au nom de monfieur fainct Columban.

Sainct Claude archevefque de Bezanfon filz du conte de Bourgongne lequel conte eftoit feigneur de Bracon, & de Salins mondict feigneur fainct Claude.

Dyocus fuft roy de bourgongne & fonda Vezelay.

Girard de Roffillon perfift ledict Vezelay & y fuft apporté le corps de la tres glorieufe Magdaleigne : & fuft filz du roy de Bourgongne. Lequel Girard fonda dix fept abbayes & recouvra tout le royaulme de Bourgongne que les roys de France avoient ufurpé. Et fift refaire le chaftel de Grifmont fur poligny, auquel fe faulva & retira en temps de fon adverfité.

Sainct Hugues qui fonda Clugny lan viii. cens & douze eftoit nepveu du roy de Bourgongne & filz du duc de Bourgongne.

Sainct Anthide fuft filz du roy de Bourgongne & feigneur de Ruffay fur Longon & de plufieurs aultres feigneuries ou conté de Bourgongne.

Theodore roy de Bourgongne & Brunchadis royne dudict Bourgongne reediffierent & myrent fus leglife de Bezanfon qui apres fainct Anthide avoit efté deftruicte par les Vandales.

Sainct Niceffe filz du roy de Bourgongne & de la dicte royne Brunchadis fut archevefque de Bezanfon longtemps apres le trefpas dudict fainct Anthide. Et alors quil fut ar-

chevefque ladicte eglife & la iurifdiction eftoit en totale
ruyne de longtemps comme deftruicte.

Sainct Defiré archevefque de Bezanfon fut filz du duc
& conte de Bourgongne : defcendit en droicte ligne du
roy de Bourgongne.

Sainct Donat fut archevefque de Bezanfon, filz du conte
de Bourgongne, nepveu du roy de Bourgongne.

Sainct Hugues defcendit de la maifon de Bourgongne
& donna les feigneuries de Lhoteray a leglife douftung, a
quoy fe confentit le roy de Bourgongne.

Sainct Bernard chappellain de la vierge Marie eftoit yffu
de la maifon des roys de bourgongne, & par luy furent
fondees dix huit abbayes de lordre de cifteaulx & commenca a faire fes fondations lan mil lxxxviii.

Sainct Vault duquel le corps eft a Chaftillon fur Seyne
eftoit filz du duc de Bourgongne & nepveu du roy de Bourgongne.

Rodulphus roy de Bourgongne ii^e de ce nom augmen-
taft leglife de noftre dame de Vaulx lez Poligny ou eftoient
alors & font de prefent les religieulx moynes noirs.

Bofemet roy de Bourgongne & Darles filz du roy Rodulphus reediffia leglife de Vienne fondee par fes prede-
ceffeurs roys de Bourgongne, en lhonneur de monfieur
fainct Mauris, & trefpaffa lan mil cent xxxv. fans hoirs de
fon corps. Adoncques Guido le gras lung de fes capitaines ufurpat le Daulphiné & Prouvence, & Humbert blanches mains ufurpat Savoye, Piedmont, & Millan qui alors
eftoient dudict royaulme de bourgongne.

Bietrix emperiere fille du frere du roy Bofemet recouvra
partie des Allemaignes & daultres pays de bourgongne,
lan mil cent quatre vingtz & troys.

Federic empereur & nepveu de la dicte Bietrix entretint ce qui avoit esté recouvré par icelle Bietrix.

Otho dei gratia comes palatinus burgundie fust filz de ladicte Bietrix & trespassa lan mil cxci. vi. calendas Iulii : lequel augmentast & reedifia plusieurs eglises.

Iehanne fille de lempereur fust femme dudict Otho & dame de bourgongne : & est son corps inhumé en leglise monsieur sainct Estienne de Bezanson.

Otho duc de Merence & comte Palatin de Bourgongne, de Mascon & de Vienne fut filz de ladicte Iehanne & dudict Otho lequel aydez quereloit ledict royaulme de bourgongne, & fonda les chanoines de Poligny qui despuis furent translatez a Dole & fist ladicte fondation Lan mil cc. xlviii. vii. calendas Iulii, en la chapelle des ducz & contes de Bourgongne ou de present sont les freres prescheurs.

Alix contesse de bourgongne palatine & contesse de Savoye fille dudict Otho fist par le sainct pere le pape faire ladicte translation desdictz chanoynes de Poligny audict Dole. Et audict Poligny furent, au lieu desdictz chanoynes, lesdictz freres prescheurs en ladicte chapelle lan mil cc. lxxi.

Otho conte de bourgongne Palatin fut filz de Hugon de Chaslon & de ladicte Alix laquelle prinst a mary & espoux ledict Hugon de Chaslon filz de feu Iehan conte de Chaslon seigneur de Salins. Lequel Iehan de Chaslon fonda les cordeliers dudict Salins en partie : & paradvant iceluy Iehan avoit eschangié la conté de Chaslon quil tenoit a cause de Mahault sa femme mere dudict Hugon, avec soixante queues de vin quil prenoit chascun an de rente a Beaulne es celliers de Hugues duc de bourgongne, & de longue court & larbergement devant Seurre, contre la sei-

Bb

gneurie & faulnerie dudict Salins que tenoit ledict Hugues
duc de Bourgongne en fiefz du conté de bourgongne, &
deux mil marcz dargent que ledict Iehan avoit receu du
mariage de ladicte Mahault fa femme : & en recompenfa
ledict Hugon fon filz de la feigneurie de Bracon & de mille
livres de rentes que retiennent chafcun an au moys de may
avant tout partaiges en la faulnerie dudict Salins. Et re-
print en fiefz iceluy Iehan de ladicte Alix conteffe palatine de bourgongne & dudict Hugon ladicte faulnerie de
Salins & toutes les feigneuries & fiefz... (1). Ce fut faict
le iour de pafques flories lan mil. cc. lxii.

Otho conte de Bourgongne filz de ladicte Alix fonda
lhofpital de Bracon : & Mahault conteffe Darthoys fa
femme comme ayant la charge de lexecution de fon teftament perfeift ladicte fondation dudict hofpital, lan mil
ccc. xii. le iiie iour de feptembre.

Iehanne royne de France & de Navarre fuft fille dudict
Otho conte palatin de bourgongne.

Philippe roy de France print a femme & efpoufe ladicte
Iehanne & euft & engendra au corps dicelle Iehanne
Loys qui defpuis fuft roy de France & Philippus fecundo
genitus conte Palatin de bourgongne : & fuft faict le mariage dudict roy & de ladicte Iehanne lan mil. cclxv. Et
obtint ledict roy difpenfe du pape pour accomplir ledict
mariage, & trefpaffa ledict roy lan mil. cccxvi.

Defpuis ce Philippe feurent plufieurs ducz en bourgongne ceftaffavoir Philippe le hardy & Iehan fon filz & le
bon duc Philippe & Charles fon filz, lequel mourut devant
Nancy en lorraine & ne laiffa que une fille, laquelle fuft

---

(1) On lit à la fuite : « Reprendre
de eulx tous fes aultres enfans, » ce qui
eft inintelligible & ne préfente aucun
fens.

conioincte par mariage a Maximilian Archeduc dauſtri-
che roy des Romains. Et a celle cauſe revint la duché de
bourgongne comme perrerie & per de france a la coronne,
& par la loy ſalicque laquelle veult que fille ne ſuccede en
perrerie. Et par ainſi ferons fin a ces fragmans, delaiſſant
pluſieurs hiſtoires leſquelles ſont eſcriptes aux croniques
de France & de Bourgongne.

Cy fine ce petit livre des fragmãs du
royaulme de Bourgõgne.

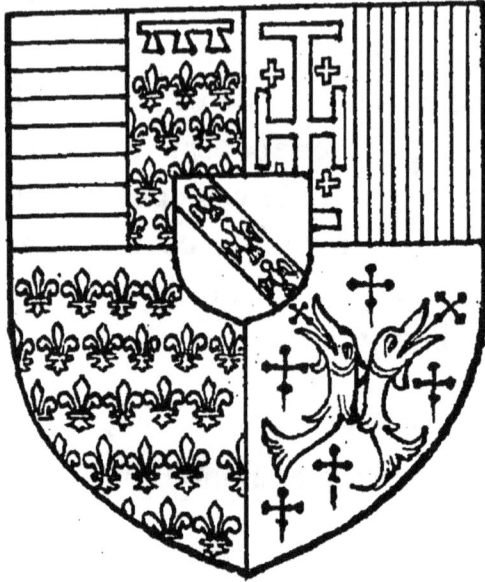

ADDITIONS ET CORRECTIONS

Claude Le Laboureur a commencé la généalogie de Champier à Jean, qui auroit eu de damoiselle Perronnelle de La Roche, d'une maison noble de nom & d'armes, Guillemin père de Claude qui fut père de Symphorien & étoit neveu de Martin Champier moine de l'Ile-Barbe en 1428. (Masures de l'Isle-Barbe, tom. II, p. 271.) Je trouve ailleurs que ce Guillemin avoit épousé Pernette de La Liègue en Forez, mais on ne donne aucune preuve de ces alliances; c'est à cause de cela que je m'en suis tenu à la généalogie donnée par Guichenon que Le Laboureur a suivi, en ajoutant toutefois aux auteurs de Symphorien ces deux générations, desquelles l'historien de Bresse & Bugey n'a point fait mention.

A ajouter à l'article de Claude Champier, p. 34.

Ce Claude figure en 1552, dans un acte de vente de la chastellenie, terre, mandement & seigneurie de Trévoux. Il est qualifié « noble homme Claude Champier, seigneur de La Bastie, maistre d'hostel & procureur (fondé de procuration) du duc de Nemours. » Cet acte fait partie des chartes, titres & documents inédits du seizième siècle, relatifs à l'ancienne principauté de Dombes, recueillis par M. Valentin-Smith conseiller à la Cour impériale de Lyon, qui a bien voulu me le communiquer (1).

(1) Ce recueil, qui peut être comparé aux grands travaux d'André Du Chesne, de Baluze & de nos immortels Bénédictins, sera un jour une mine précieuse pour tous ceux qui voudront écrire l'histoire de la petite province à laquelle M. Valentin-Smith a voué son amour & ses études. Il se compose déjà d'un fort volume d'environ 600 pages in-4°, qui se grossit tous les jours feuille par feuille, au fur & à mesure des découvertes. Cette œuvre, qui atteste au même degré l'érudition, la haute intelligence & la patience véri-

On trouve encore Claude Champier dans le procès-verbal de l'assemblée des Etats de Dombes (4 novembre 1567) pour la con-vocation du ban & arrière-ban contre les Huguenots, qui s'étoient emparés de Mâcon. Il présida cette assemblée comme gouver-neur du pays de Dombes pour Mgr le duc de Montpensier. Il est qualifié dans le procès-verbal, « escuier & seigneur de La Bastie & Corcelles. »

A la suite de l'article de Jacques Champier, p. 35.

Jacques Champier mourut en 1625, & fut inhumé dans une cha-pelle des Minimes de Montmerle. On voyoit autrefois sur sa tombe l'inscription suivante, conservée par Gacon qui avoit pris soin de la relever sur les lieux :

« Cy gist haut & puissant seigneur M. Jacques de Champier, chevalier de l'ordre du roi, gentilhomme ordinaire de la chambre à la clef dorée sous Henri III & Henri le grand, capitaine de soixante hommes-d'armes, gouverneur de la ville & château de Châtillon-les-Dombes & bailly de Bresse ; & sous Louis le Juste, conseiller de ses privés conseils d'Etat; & sous hauts & puissans princes Louis, François & Henri de Bourbon, ducs de Montpen-sier, gouverneur général de la principauté de Dombes, baron de La Bastie, seigneur d'Argis, Portebœuf, Dommartin, Langes, &c., le-quel décéda le 13 octobre 1625 ; & puissante dame Françoise de Langes, son épouse, laquelle décéda le 3 octobre 1607. » (M. Va-lentin-Smith, *ubi supra*.) (1).

Page 102, ligne 18. *Lisez* cinquante-quatre.

Page 128, après la ligne 19, ajoutez :

Cette édition citée ainsi par Malacarne n'est pas in-4°, mais in-8°; elle est de 1514 & non de 1509. — x ff. non chiffrés pour le

tablement monacale de son auteur, a sa place marquée d'avance dans toutes les bibliothèques sérieuses.

(1) D'après quelques expressions qui n'appartiennent pas au style lapi-daire même le plus humble, on seroit porté à croire que cette épitaphe étoit en latin, & que Gacon ne nous en a transmis que la traduction. On n'a ja-mais dit : « Gentilhomme de la cham-bre *à la clef dorée*, » non plus que : « Conseiller des *privés conseils* d'Etat. »

Chapitre vniuerfel & treffingulier; *cclxxxiv* ff. pour le Guidon; fignat. A — B. a — &. — A — N.

Au recto du f. A ii :

Chapitrevniuerfel & tres fingulier auql font contenuz les louenges & chofes generalles & treffutilles a chacun qui veult proufficter en la fcièce & art de cirurgie lequel a efte icy arefte & compofe par maiftre Simphoriē champier.

Au verfo du f. B iiii :

Cy finit le chapitre vïuerfel & treffingulier cōprenant en fomme & briefuement ce qui eft cōtenu en ce Guidō auec les louenges de cyrurgie cōpofe par maiftre Symphorien champier.

Ad calcem, au verfo du f. *cclxxxiv* & dernier :

Cy finift Guidon en cirurgie auecques les addicions enfēble le chapitre vniuerfel & treffingulier icy adioufte & compofe par maiftre Simphorien chāpie habitant a lion & practicquāt en la fcience hyppocratique.

Imprime a Paris pour Francoys Regnault libraire de luniuerfite de Paris demourant a la rue fainct Jaques a lenfeigne fainct glaude. Lan. M. ccccc. & xiiii. le xii. iour de decembre.

Page 148, ligne 8. On pourroit croire qu'il, *lifez* que l'exemplaire.

Page 49, après la ligne 2, ajoutez :

Il ne m'eft jamais tombé fous la main un feul volume portant la fignature de Symphorien Champier ou une marque quelconque indiquant qu'il lui avoit appartenu. M. le docteur Munaret, médecin à Brignais, ayant appris que je recherchois tout ce qui a rapport à Champier, a eu l'obligeance de me communiquer un joli petit volume, autrefois relié avec foin, & confervant fur les plats le nom de Claude Champier fils de Symphorien, au milieu d'un cartouche où l'on retrouve l'étoile de leurs armes placée en dehors, deux en chef & deux en pointe ; à l'intérieur font deux oifeaux & le nom de Claude. Ce même cartouche eft répété fur l'autre plat, au milieu duquel on lit: Chāpier. Sur le premier feuillet blanc ëft écrit à la main le nom de Jacques Champier, fils de Claude, qui continua la lignée, & de qui l'on vient de lire l'épi-taphe. Ce volume eft un traité de Galien, *De affectorum locorum notitia libri fex*, traduit par Guillaume Copus, de Bâle, Paris, Gervais Chevallon, 1513, petit in-8°.

Je donne dans la planche ci-contre, le fac-fimilé du cartouche & de la fignature de Jacques Champier. Ce fera une marque de plus pour les amateurs qui recueillent les volumes avec armes fur le plat.

A ajouter p. 389, à la fuite de la note :

Jacques Severt, p. 481 de fa Chronologie des archevêques de Lyon, 1628, donne une lifte de quelques évêques fuffragants parmi lefquels figure notre Barthélemi Portalenqui, de l'ordre des Carmes. Une infcription gravée fur une pierre appliquée contre une des murailles de la chapelle de la fainte Vierge, dans le cloître de l'Hôtel-Dieu, dit Severt, prouvoit qu'en 1527, il étoit fuffragant de François de Rohan. J'ai cherché vainement cette pierre, qui a difparu avec la chapelle, fans doute lorfque les recteurs des Hofpices firent reconftruire l'entrée du cloître en 1708 par Ferdinand de La Monce. Severt ajoute qu'on a encore la preuve qu'il vivoit à cette époque, dans un poème fur la Paffion de N. S. dont Portalenqui étoit auteur & qui fut publié & dédié à ce prélat par un religieux Carme, frère Jean Diophilax, de Gand.

Le P. Cofme de St-Etienne de Villiers, dans fa *Bibliotheca Carmelitana*, tom. I, p. 248, xxviii, dit de Portalenqui qu'il étoit françois, né au Luc, en Provence ; qu'il avoit été d'abord prieur de la maifon des Carmes, à Avignon, puis évêque *in partibus infidelium* de Troie, & fuffragant d'Orlando del Carretto archevêque d'Avignon, en 1523 ; ce que l'on ne peut admettre, bien que le P. Cofme appuie fon affertion fur les *Acta confiftorialia* d'Adrien VI & fur le *Speculum Carmelitanum*, puifque, fuivant Charvet, Portalenqui étoit à cette époque fuffragant d'Alexandre de St-Séverin, archevêque de Vienne. Le P. Jacob dans fa *Bibliotheca Carmelitarum*, qui fe confervoit manufcrite au couvent des Carmes des Billettes, à Paris, affure que Portalenqui avoit été fuffragant de Vienne & de Lyon, mais il ne dit point qu'il ait rempli les mêmes fonctions à Avignon.

Le poème fur la Paffion attribué par Severt à Portalenqui étoit l'œuvre de frère Jean Diophilax & non Démophilax comme l'appelle le P. Cofme. Voici le titre de ce rare & curieux volume, qui

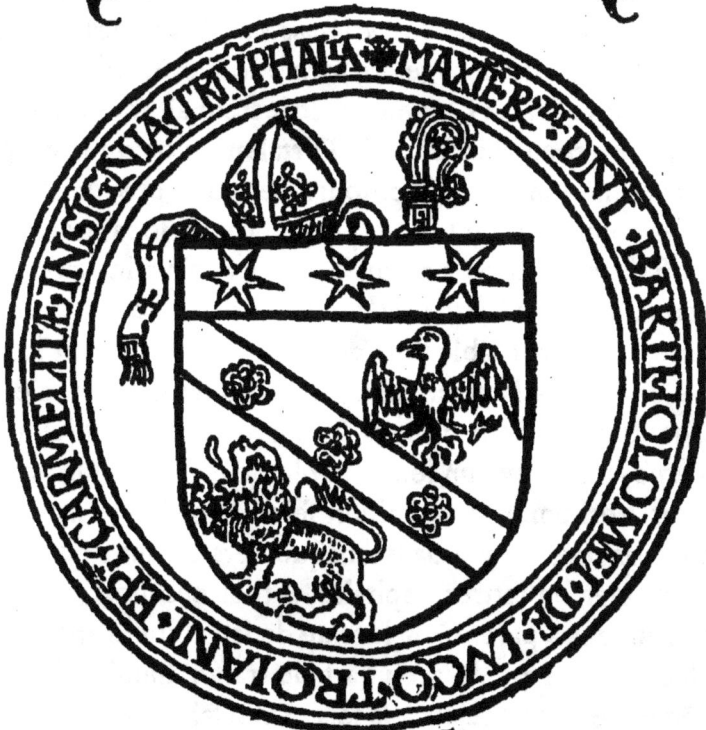

Impr. Louis Perrin - Lyon.

appartient à la Bibl. de la Ville : *Chriſtomachia* autore F. Joanne Dio-
philace Gandenſi, Theomuſo ſacratiſſimi ordinis beatiſſimae Chri-
ſtiferae virginis Mariae de monte Carmelo.... In-8° de 67 ff. non
chiffrés, ſignat. A — B pour les pièces liminaires, & b — h pour
le *Chriſtomachia* & quelques pièces détachées à la fin ; titre en
rouge & noir, avec le portrait de l'auteur, gravé ſur le frontiſpice. On voit par la ſouſcription, qu'il fut imprimé à Lyon en 1527,
par Jehan de La Place, demeurant « Mercuriali in vico Pilloſi pu-
tei, » & aux dépens de révérend Père Barthélemi Portenlenqui
(*ſic*) Lucenſis, évêque de Troie, ſuffragant des diocèſes de Lyon
& de Vienne. Ce volume contient ſous forme de préface une longue épître latine de Barthélemi Portalenqui, en tête de laquelle
il ſe qualifie docteur en théologie, ſuffragant de Lyon & de Vienne,
évêque de Troie. Elle eſt adreſſée à François de Clermont cardinal du titre de St-Etienne *in monte Coelio*, archevêque d'Auch &
légat *a latere* du St-Siége, à Avignon. Cette épître eſt ſuivie d'une
pièce de vers acroſtiches au même cardinal, & d'une autre, auſſi
de B. Portalenqui, à l'auteur du *Chriſtomachia*, frère Jean Diophilax. A la ſuite on trouve des vers de ce religieux à B. Portalenqui
ſon mécène : c'eſt la dédicace du *Chriſtomachia*. Les armes du prélat ſont gravées au bas de la page, en forme de ſceau, telles que je
les ai fait reproduire (v. la Pl.), afin que le lecteur ait ſous les yeux
tout ce que j'ai pu recueillir ſur ce B. Portalenqui ou du Luc, qui
étoit à peu près inconnu juſqu'à ce jour. Ces additions, en même
temps qu'elles complèteront la note à laquelle elles ſe rapportent,
ſerviront auſſi de correction à ce qu'il peut y avoir d'inexact.

Le *Chriſtomachia*, & non *Chriſtomathia* comme l'intitule le P. Coſme
de St-Etienne, eſt un véritable tour de force, c'eſt à dire un long
acroſtiche d'un bout à l'autre. Ainſi, en réuniſſant la première
lettre de chaque vers à celle du vers ſuivant & continuant juſqu'à
la fin du poème, on trouve un ſens complet, c'eſt l'Evangile « In
principio erat Verbum » & la Paſſion ſelon ſaint Jean ; mais ce
n'eſt pas tout encore : il y a dans chaque vers un mot qu'on a
eu ſoin d'imprimer en lettres capitales, & tous ces mots raſſem-
blés forment un ſens à part : c'eſt le texte de la Paſſion d'après les
SS. Evangiles. Ainſi le poète a eu l'art de traiter ſimultanément
dans les mêmes vers trois ſujets à la fois : Dieu fait homme, mourant ſur la croix pour le ſalut du genre humain, c'eſt le poème,

Chriſtomachia; l'évangile de ſaint Jean en acroſtiches; la Paſſion
en lettres capitales; & tout cela, ſans que la marche du poème
ſoit jamais arrêtée ni même ralentie par les difficultés incroyables
que l'auteur s'eſt volontairement impoſées.

Voici pour les curieux le commencement du *Chriſtomachia.*

— nclytus aethereo princeps EGRESSVS olympo,
N aturae vinctus laqueis EST conditor oeui,
ꟼ raeclarae nuper pacis renouator IESVS
ꓤ upit auernaeam toruo CVM dite paludem,
— gnotum qui DISCIPVLIS deitatis honorem
N otificare SVIS, nulla prius arte politis
Ɔ ontendens, variam TRANS vatum fertur arenam.
— mmenſum veri TORRENTEM Coelicus autor
ꟼ erfectae CEDRON ſophiae patefecit abyſſum,
— nuiſas VBI percepit proſerpina leges,
O bductis ERAT atra comis veſtita colubris.
ɯ umenidum diras HORTVS referauit erinnes,
ꓤ auciſonum ſtygius releuatur IN aera planctus,
⅄ rduus adſpiciens trifido QVEM cerberus ore
⊣ errificum INTROIIT tenebroſi gurgitis antrum.
< eridicis vatum modulis fons IPSE ſalutis,
ɯ xiit optatus, noſtras ET concitat oras
ꓤ egificis hunc DISCIPVLI venerantur auenis.
Ꙅ arbaries longos EIVS protracta per annos,
< enturam nemeſis cladem malefida SCIEBAT.
ꓱ e autem tartarei ſeruantem limina tecti.....

Le poème continue ainſi juſqu'à la fin. Il contient de huit cent
cinquante à neuf cents vers, outre les pièces liminaires qui ſont
toutes auſſi en acroſtiches, à l'exception de deux pièces de « Antonius Perriſſodi gebennenſis, » maître ès arts & bachelier en droit
civil & canon, l'une ſur le *Chriſtomachia,* l'autre à Portalenqui, &
d'une troiſième de Jean Reinier de Trévoux, « Paedotrines, » à
Fr. Jean Diophilax. Je ne ſais s'il manque un feuillet dans l'exemplaire que j'ai ſous les yeux: les pièces liminaires finiſſent au bas
de la dernière page de la feuille B & le poème commence au
feuillet b.

TABLE ALPHABETIQUE

DES

OEUVRES DE S. CHAMPIER.

---

428 TABLE.

TABLE DES PLANCHES

TABLE GENERALE

DES MATIERES.

IN ERAT
PRIN VER
CIPIO BVM

L P

Achevé d'imprimer le 5 avril 1859.

www.ingramcontent.com/pod-product-compliance
Lightning Source LLC
Chambersburg PA
CBHW060954280326
41935CB00009B/714